5판

무역결제

박광서

INTERNATIONAL PAYMENTS

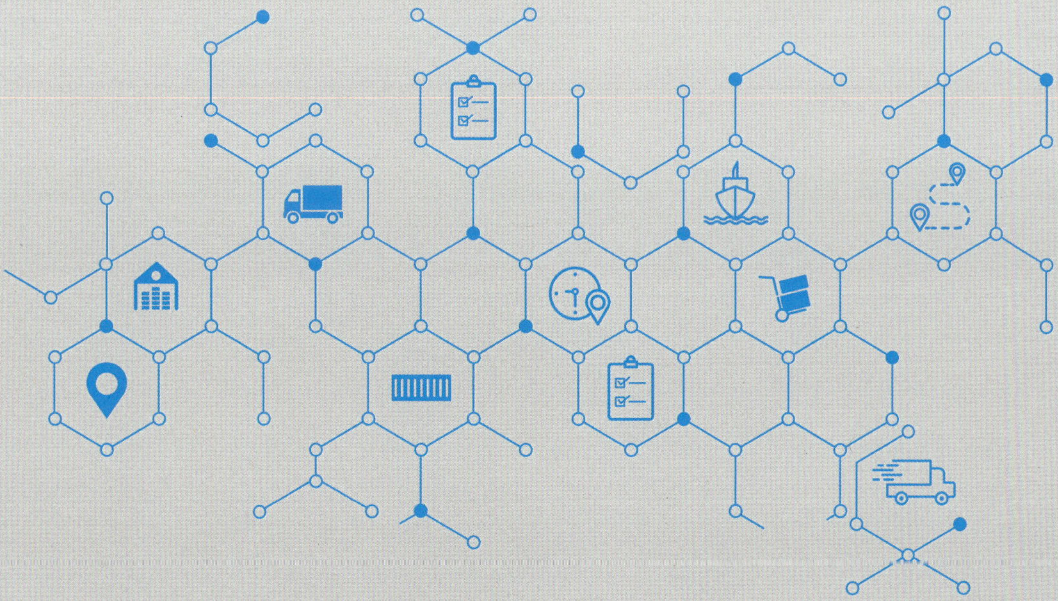

三英社

제5판 머리말

2017년 제4판을 출간한 이래 2023년을 맞이하여 제5판으로 인사를 드리게 되었다. 그 동안 부족한 졸저(拙著)임에도 불구하고 많은 사랑을 보내주신 교수, 학생, 무역인 여러분께 감사의 말씀을 드린다.

블록체인 등 디지털기술의 발전과 함께 무역거래형태가 B2B와 소품종－대량판매에서 B2C와 다품종－소량판매방식으로 변화됨에 따라 결제형태에도 많은 변화가 이루어졌다. 그러나 전통적 결제방식으로서 신용장 등을 이해하는 것이 국제간 결제 메커니즘을 이해하는 출발점이 되며, 더불어 간편결제, 청구보증, 팩토링, 포페이팅 등의 활용도 중요하다.

제5판에서는 제4판 이후 변경된 국제규칙(eUCP v.2.0)을 교체하고, 내용이 부족한 부분을 보완하고 무역서식을 추가하여 강의와 학습효과를 높였다. 이 책이 학생과 무역인에게 대금결제를 학습하는데 길라잡이가 된다면 큰 영광으로 알겠다.

끝으로 Charles Molloy(1676, 아일랜드)의 무역에 대한 글을 소개한다.[1)]

> What would this island(England) be without foreign trade, but a place of confinement to the inhabitants, who (without it) could be but a kind of hermites, as being separated from the rest of the world. it is foreign trade that renders us rich, honourable and great, that gives us a name and esteem in the world.

2023년 2월

저 자

---

1) 재인용 : Schmitthoff "The law and practice of international trade", 12th edition, SWEET & MAXWELL, 2012, 표지

제4판 머리말

2008년 초판, 2010년 제2판, 2014년 제3판에 이어 제4판으로 인사를 드리게 되었다. 먼저 그 동안 부족한 졸저(拙著)임에도 불구하고 많은 사랑을 보내주신 교수, 학생, 무역인 여러분께 감사의 말씀을 드린다.

글로벌화와 디지털경제의 가속화로 무역거래 형태도 전통적인 B2B거래에서 B2C, C2C(P2P)거래로 확대되고 있다. 이에 따라 무역결제에도 FinTech 관련 결제방식이 등장하는 등 많은 변화가 일어나고 있다. 제4판에서는 이러한 무역환경 변화에 발맞추어 다음과 같은 점에 중점을 두어 개정하게 되었다.

우선, 다양한 결제방식을 수용하기 위해서 목차를 재구성하였다. 제3판에서의 제2장 무신용장방식을 제4판에서는 제2장 송금·추심방식, 제4장 기타 결제방식으로 구분하여 내용을 대폭 보강하였다.

둘째, 제2장 송금방식에서는 청산결제방식인 O/A거래를 자세하게 설명하는 한편, BPO결제방식을 별도의 절로 구분하여 설명하였다.

셋째, 제4장 기타 결제방식에서는 Factoring, Forfaiting, 전자결제를 보완하는 한편, 새롭게 국제리스와 전자상거래 간편 결제방식을 상세하게 소개하였다.

마지막으로 독자의 이해를 돕기 위해서 분야별 그림을 많이 추가하고, 설명이 부족한 부분을 대폭 보완하여, 학습하는데 부족함이 없도록 최선을 다하였다.

모쪼록 이 책이 무역인들에게 대금결제를 학습하는데 길라잡이가 될 수 있다면 더 없는 영광으로 알겠다.

2017년 8월

저 자

제3판 머리말

2008년 초판, 2010년 제2판에 이어 2014년을 맞이하여 제3판으로 인사를 드리게 되었다. 먼저 그 동안 부족한 점이 많은 졸저(拙著)임에도 불구하고 많은 사랑을 보내주신 교수님들을 비롯한 학생, 무역업계 실무자 여러분께 감사의 말씀을 드린다.

제3판 개정에서는 다음 사항에 역점을 두었다.

우선, 학습하기 편하도록 목차를 조정하여 내용이 중복됨이 없도록 구성하고, 내용이 부족한 부분을 보완하였다.

다음으로, 그 동안 개정 또는 제정된 결제 관련 국제규칙을 반영하였다. 따라서 개정된 ISBP 745, URDG 758에 맞게 내용을 조정하였으며, 새롭게 제정된 URF 800, URBPO 750을 소개하였다.

마지막으로 신용장과 서류 파트를 중심으로 내용을 대폭 보강하고, 관련 서식도 보완 또는 최신 것으로 대체하였다. 특히 리스크와 관련하여 보증신용장 및 청구보증에 관한 부분을 추가하였다.

모쪼록 이 책이 무역인에게 대금결제를 학습하는데 충실한 길라잡이가 된다면 더 없는 영광으로 알겠다.

Albert Einstein이 말한 무역에 관한 덕담을 소개한다.[2)]

> "If I had my life to live over again, I would elect to be a trader of goods rather than a student of science."

2014년 2월

저 자

---

2) 재인용 : David J. Hennah, The ICC Guide to the Uniform Rules for Bank Payment Obligations, ICC, 2013, p. 7

제2판 머리말

2008년 9월에 초판을 발간하고 2010년을 맞이하여 개정판(제2판)으로 인사를 드리게 되었다. 먼저, 부족한 점이 많은 졸저(拙著)임에도 불구하고 많은 성원을 해 주신 대학생, 무역업계 실무자를 비롯한 여러 교수님들께 이 자리를 빌려 감사의 말씀을 드린다.

최근 국제무역환경에 많은 변화가 있었다. 우선, 2008년 미국에서 시작된 금융위기가 전 세계의 패러다임을 바꾸고 있는 한편, 우리나라는 2008년에 92.3%라는 사상 최고의 무역의존도를 기록하였다. 이는 2007년까지 무역의존도가 60%대이었던 것을 감안하면 놀랄만한 지수의 상승이다. 높은 무역의존도는 우리나라에서 무역의 중요성을 말하지만, 우리나라 내수시장의 취약성과 우리 경제의 높은 대외 의존도에 따른 '위험(危險, risk)'을 의미한다.

2009년에 우리나라는 글로벌 금융위기 속에서도 404억달러라는 사상 최대 무역 흑자를 기록하면서 세계 9위의 수출국이 되었다. 이는 국가가 추진해 온 '세계 무역 8강'에 한 발자국 다가섰다고 볼 수 있다. 아울러 우리나라는 2010년 11월 '2010 G20 정상회의'의 의장국으로서 중요한 시점에 있다.

이러한 세계경제 및 글로벌 금융시장의 불안정성은 빠른 기술진보와 함께 우리 기업에게 해외시장 및 리스크의 중요성을 일깨워주고 있다. 기업의 해외진출에 있어서 물품 및 서비스의 해외 판매 못지않게 대가(代價)의 회수가 중요해지고 있다. 특히, 급격한 환율 변동에 따른 환위험도 증가하여 무역거래에 있어서 상대방 선택, 무역계약 체결, 대금결제방식 및 시기선택 등에 있어서 보다 세밀한 주의가 필요하다.

이 책은 본인의 무역관련 기본서인 『무역상무』에 이은 대금결제에 관한 각론서로서 리스크 관점에서 대금결제를 다루었다. 제1판과 마찬가지로 '실무중심·Topic중심·사례중심'으로 기술하였고, 독자의 이해를 돕기 위하여 표와 그림 등을 추가하였다. 모쪼록 이 책이 무역인과 학생들에게 리스크 관점에서 대금결제를 학습하는데 필요한 길라잡이가 된다면 더 없는 영광으로 알겠다.

끝으로 리스크(위험)에 관한 중국 회남자(淮南子)에 나오는 말을 소개한다.

> 天下 有三危 (천하 유삼위)
> 少德而多寵 一危也 (소덕이다총 일위야),
> 才下而位高 二危也 (재하이위고 이위야),
> 身無大功而 受厚祿 三危也 (신무대공이 수후록 삼위야)
> (세상에는 세 가지 위태로움이 있으니,
> 첫째는 덕이 모자라는 터에 남보다 많은 사랑을 받는 것,
> 둘째는 재능이 낮은데 직위가 높은 것,
> 셋째는 스스로 큰 공이 없으면서 후한 봉급을 받는 것이다.)

2010년 2월

저 자

머 리 말

무역은 국가를 달리하는 당사자 간 물품과 대금의 교환이다. 따라서 수출자는 물품을 성실하게 인도할 의무를 지는 한편 수출대금을 수령할 권리가 있고, 수입자는 대금을 지급할 의무를 지는 한편 수입물품을 수령할 권리를 가진다.

무역은 물품과 대금이라는 두 수레바퀴를 중심으로 권리와 의무 측면에서 바라볼 수 있다. 따라서 무역결제는 수출자에게는 권리로서 대금회수에 관한 리스크관리 측면에서, 수입자에게는 의무로서 상대방에 대한 대금지급의무 이행 측면에서 매우 중요한 과목이라 할 수 있다.

이 책은 저자의 무역 관련 기본서인 『무역상무』에 이은 첫 각론서이다. 이 책은 저자의 현업 및 강의 경험을 바탕으로 대학생과 무역현장 실무자에게 필요·충분한 내용으로 구성되었다. 특히 2007년부터 농수산물유통공사(www.kati.net)의 대금결제 전문가로 활동하면서 게재하고 있는 칼럼을 기반으로 실무중심·Topic중심으로 기술하였다.

따라서 이 책의 저술에는 한국무역협회, 우리은행 및 무역업체의 실무 자료가 많은 도움이 되었음을 밝히며, 이 자리를 빌려 관계기관 여러분께 감사의 말씀을 전한다.

이 책의 특징은 다음과 같다.

첫째, 실무중심의 기술이다. 이론적인 부분은 과감히 생략하고 실무현장에서 꼭 필요한 내용으로 「Topic 80」 형식으로 구성하였다.

둘째, 사례중심의 기술이다. 대금결제에 사용되는 무역서식을 수록하는 한편, 월간무역에 소개된 사례를 엄선하여 해당 부분에 수록함으로써 학습자의 이해를 돕고자 하였다.

셋째, 주요 무역결제 관련 국제규칙의 국·영문 수록이다. 2007년 개정 시행된 UCP 600와 ISBP는 물론, eUCP와 URC 522 등 4개의 무역결제 관련 국제규칙의 영문 원문과 한글 해석을 수록하여 학습자의 편의를 도모하였다.

모쪼록 이 책이 강의하시는 분들께는 충실한 교재로서, 실무현장에서는 실무지침서로서 역할을 할 수 있다면 더 없는 영광으로 알겠다.

그 동안 학문적으로 자리 매김할 수 있도록 지도와 격려를 해주신 본인의 지도교수인 성균관대학교 오원석 교수님께 깊은 감사의 말씀을 올린다.

끝으로 본서의 원고 정리에 수고해 준 건국대학교 대학원 조연희, 이세희, 김자연 양에게 감사하며, 부족한 책을 기꺼이 출간해 주신 도서출판 삼영사에 심심한 감사를 드린다.

2008년 8월

저 자

Contents

Contents

Contents

Contents

표 목차

Contents

그림 목차

사례 목차

Contents

CHAPTER

1

무역결제 입문

1. 무역결제의 의의
2. 무역계약과 무역결제
3. 외국환
4. 외국환거래법
5. 환율
6. 환리스크관리
7. 외국환거래약정
8. 송금수단
9. 외화수표
10. SWIFT

Chapter

1 | 무역결제 입문

1 • 무역결제의 의의

무역(貿易, Trade)은[1] 물품(goods), 용역(service) 또는 전자적 형태의 무체물[2] 등의 국가 간 이동을 말하는 것으로 나라와 나라를 달리하는 사람 사이의 상거래(commercial transaction)를 말한다. 세부적으로 무역거래의 대상에 따라서 상품무역, 서비스무역, 전자무역, 디지털무역 등으로 부를 수 있다.

전자무역(e-trade)이란 재화 또는 서비스의 국제간 거래인 무역행위의 본원적 업무는 물론 지원업무를 인터넷을 포함한 정보기술 수단을 활용하여 전자적·정보집약적 방법으로 수행하는 무역 활동이다.

무역의 의의는 거래 당사자가 대상과 대가의 교환을 통해서 이익을 창출하고, 국가는 국민의 후생을 증진시킬 수 있다는 점이다. 한편으로 무역거래에는 다음과 같은 위험도 존재한다.

첫째, 국가관리 위험이 있다. 국가는 개인 사이의 자유로운 거래인 무역거래를 대외무역법, 관세법, 외국환거래법 및 기타 무역 관련 60여개 법을 수단으로 관리와 진흥을 하고 있다. 따라서 무역거래자는 사전에 취급하려는 물품에 관한 「품목별 수출입요령」을 점검할 필요가 있다.

---

1) 대외무역법 제2조(정의)

2) 전자적 형태의 무체물은 소프트웨어, 부호·문자·음성·음향·이미지·영상 등을 디지털 방식으로 제작하거나 처리한 자료 또는 정보 등을 말한다(대외무역법시행령 제4조). 디지털 재화란 디지털 형태로 제작되고 공급되는 데이터로서 영상·음성, 응용프로그램, 디지털게임, 전자적 출판물 등을 포함하는 디지털콘텐츠라고 할 수 있다.

둘째, 상대방에 대한 위험이 존재한다. 무역은 물품과 대금의 교환으로 수출자와 수입자에게는 권리와 의무가 존재한다.

수출자(exporter)에게는 물품 인도의 의무와 대금 수령의 권리가 있고, 수입자(importer)에게는 대금 지급의 의무와 물품 수령의 권리가 있다. 의무는 성실하게 이행하여야 하며, 권리는 남용하지 말아야 하는 것이 민법의 대원칙이다[3].

권리는 다른 측면에서는 상대방이 성실하게 이행해 주지 않을 때 지게 되는 위험(risk)이라 할 수 있다. 따라서 수출자에게는 대금 회수에 대한 위험이, 수입자에게는 물품의 계약 적합성과 납기에 대한 위험이 존재한다.

〈표 1-1〉 무역 당사자의 권리 · 의무

	의 무	권 리		위험회피 수단
		권 리	위 험	
수출상	물품 인도	• 대금 수령	• 대금 회수	• 결제조건
수입상	대금 지급	• 물품 수령	• 물품의 계약 적합성 • 납기	• 선적전검사 • 선적조건

수출자의 대금회수 위험은 상대적으로 안전한 결제조건(terms of payment)을 선택함으로써 줄일 수 있다. 본질적으로 수출상은 무역거래에서 선적에 앞서 대금을 미리 받고 싶어 하지만, 반대로 수입상은 물품을 확인한 후 대금 지급을 원한다.

이러한 사전 또는 사후송금에 의한 대금결제 방식은 수출상 또는 수입상 한쪽에게만 유리한 조건이기 때문에 신뢰가 쌓인 거래선이 아니면 선뜻 따르기가 곤란하다. 따라서 무역거래자는 이해관계에 따라서 전통방식과 기타방식을 적절하게 혼용하여 사용한다.

전통적인 결제방식으로 사전 또는 사후 송금(remittance)방식 사이에

3) 대한민국 민법 제2조(신의성실) ① 권리의 행사와 의무의 이행은 신의에 좇아 성실히 하여야 한다. ② 권리는 남용하지 못한다.

는 신용장(letter of credit), 추심방식(collection) 및 이들을 결합하여 사용하는 혼합방식(mixed payment) 등이 있다.

기타 방식으로 전통적인 송금, 추심, 신용장 방식 이외에도 국제 팩토링(international factoring), 포페이팅(forfaiting), 신용카드(credit card), 국제 리스(international lease), 에스크로우(escrow), 전자결제(bolero project or trade card 등), 소액결제(paypal, alipay 등), 웹사이트결제, 모바일결제 등이 존재한다.

셋째, 시간적 · 공간적 Gap에 따르는 위험이 존재한다. 계약 체결과 실제 물품 수령 사이에는 시차(time gap)가 존재하기 때문에 환리스크(foreign exchange risk)와 시황 리스크(market risk)를 지게 된다.

아울러 당사자 사이에 국가를 달리하는 거래이므로 공간적 차이(place gap)가 나기 때문에, 국가 간에 언어, 법률, 관습, 문화 등의 차이에서 오는 위험이 존재한다.

2 • 무역계약과 무역결제

무역계약을 체결할 때 결제조건은 주요한 계약조건[4] 중의 하나로서 양 당사자가 반드시 합의한다.

결제조건(terms of payment)을 결정하는 데는 ① 당사자 사이의 관계 및 신뢰도, ② 거래 상대방의 신용도, ③ 거래의 규모 및 기간, ④ 해당 국가의 신용도 및 수출입규제, ⑤ 상품의 특성, ⑤ 기타 제3자에 의해 부여된 조건 등을 종합적으로 고려하게 된다.

---

4) 무역계약 7대 조건
Ⅰ. 거래대상에 관한 조건: ① 품질조건, ② 수량조건, ③ 가격조건, ④ 포장조건
Ⅱ. 계약이행에 관한 조건: ⑤ 인도조건, ⑥ 결제조건, ⑦ 보험조건

〈표 1-2〉 결제방식에 따른 당사자의 위험도

	위험도	대금결제방식 · 시기	위험도	
매도인 (Seller)	높음 ↑ 낮음	○ **사후송금방식(later remittance)** • O/A(Open Account)결제 • 현물상환방식 COD(cash on delivery) • 서류상환방식 CAD(cash against document) ○ **추심결제방식(collection)** • 인수인도방식(document against acceptance) • 지급인도방식(document against payment) ○ **신용장방식(Letter of Credit)** • 기한부신용장(usance L/C) • 일람불신용장(sight L/C) ○ **사전송금방식(advance remittance)** • CWO(cash with order) • Payment in advance by T/T	낮음 ↓ 높음	매수인 (Buyer)

결제(決濟, settlement)는[5] 매도인과 매수인 간에 체결하는 주계약인 매매계약(sales contract)의 한 부분인 결제조건을 실행하기 위하여 당사자가 은행 등 제3자와 체결·이행하는 종속계약이다.

일반적으로 무역계약에서 정하는 결제조건은 결제시기, 결제방법, 결제수단, 결제통화 등이다.[6]

---

5) • 결제(決濟, settlement)는 매매대금을 주고받아 당사자 사이의 거래관계를 종결지음
• 금융(金融, finance, banking)은 금전을 융통하는 자금조달
• 지급(支給, payment)은 지급인(매수인)이 수취인(매도인)에게 보내는 것

6) 무역계약서에 표시되는 결제조건의 예를 보면 다음과 같다.
① Sight L/C : By irrevocable & confirmed documentary L/C, in favour of Charlie's Corporation, Seoul and draft at sight
② Usance L/C : By irrevocable & confirmed documentary L/C, at 30 days after sight to be opened in favour of Charlie's Corporation, Seoul
③ D/P contract : Under D/P at sight in U.S. dollars
④ D/A contract : Under D/A at 30 days after sight in U.S. dollars
⑤ Remittance basis : Payment in advance by T/T basis in U.S. dollars

(1) 결제시기에 따른 구분

결제시기를 일률적으로 나누는 것이 어렵지만 물품선적 시점 또는 선적서류의 인도시점을 기준으로 선지급, 후지급, 동시지급, 분할지급 등으로 구분할 수 있다.

선지급(advance payment)은 매도인이 물품을 매수인이나 운송인에게 인도하기 전에 물품 대금을 지급받는 방식이다. 선지급은 일반적으로 견본 구매나 소액거래 시에 주로 이루어지고, 매수인이 매도인을 신뢰하여 자금을 융통해 주고자 할 때 이용된다. 지급방식으로는 전신환(T/T)이 주로 이용된다.

후지급(deferred payment)은 물품 또는 서류가 매수인에게 인도되고 일정기간 경과 후에 매도인이 대금을 지급받는 방식을 말한다. 후지급 방식은 지급자가 매수인인 경우와 매수인의 거래은행인 경우로 나눌 수 있다. 전자에는 순수한 사후송금(deferred payment), 지급인도방식(D/P), 인수인도방식(D/A) 등이 있으며, 후자에는 기한부신용장(usance L/C)방식이 있다.

〈표 1-3〉 결제시기에 따른 무역결제방식

<table>
<tr><th>시기</th><th>결제방식</th><th>내 용</th><th>결제방식</th></tr>
<tr><td>선지급</td><td>사전송금</td><td>• 수입자(지급인)가 미리 지급</td><td></td></tr>
<tr><td>동시지급</td><td>–</td><td>• 물품과 대금의 직접교환</td><td>현물상환방식(COD)*</td></tr>
<tr><td rowspan="3">후지급</td><td>L/C(신용장)</td><td>• 지급인이 매수인의 거래은행인 경우</td><td rowspan="2">서류상환방식(CAD)</td></tr>
<tr><td>Collection(추심)</td><td>• 지급인이 매수인인 경우</td></tr>
<tr><td>사후송금</td><td>• 수입자(지급인) 사후 지급</td><td>현물상환방식(COD)*</td></tr>
<tr><td>혼합지급</td><td>분할지급</td><td>• 선급금 · 중도금 · 잔금 형식으로 지급</td><td></td></tr>
</table>

* 현물상환방식(COD)은 시각에 따라 동시지급 또는 사후지급에 해당함

한편 현불상환방식과 서류상환방식도 있다. 불품 인노 시에 대금지급이 이루어지는 것이 현물상환방식(COD : cash on delivery)이며, 서류 인도 시 지급이 이루어지는 것은 서류상환방식(CAD : cash against document)이다.

서류상환방식은 서류가 은행을 통하지 않고 제시되는 경우와 서류가 은행을 통하여 제시되는 경우가 있다. 서류가 은행을 통하여 제시되는 경우에는 지급자가 매수인인 경우와 거래은행인 경우로 나눌 수 있는데, 전자를 지급인도방식(D/P)과 인수인도방식(D/A)이고, 후자에는 신용장방식(L/C)이 속한다.

분할지급(progressive payment)은 여러 단계로 구분하여 지급하는 방식이다. 예를 들어 선급금은 계약 체결 시에 지급하고, 잔금은 선적 후 또는 선적서류가 인도된 후 2회 이상으로 분할하여 지급하는 방식이다.

(2) 결제방법에 따른 구분

결제방법은 크게 신용장방식(L/C basis)과 무신용장방식(non-L/C basis)으로 나눌 수 있다.

L/C basis는 지급시기에 따라 sight L/C와 usance L/C로 나눌 수 있고, 지급형태에 따라 negotiation L/C, payment L/C, deferred payment L/C, acceptance L/C로 나눌 수 있다.

Non-L/C basis는 크게 contract basis와 transfer basis로 구분할 수 있다. contract basis는 지급시기에 따라 D/P와 D/A로 나눌 수 있고, transfer basis는 송금방식에 따라 T/T(전신환, telegraphic transfer), M/T(우편환, mail transfer), D/D(은행수표, demand draft)로 구분할 수 있는데, 거의 대부분 T/T방식을 사용한다.

〈표 1-4〉 결제방법에 따른 무역결제방식

구 분	중분류	내용
L/C방식	지급시기	Sight L/C, Usance L/C
	지급형태	Negotiation, Payment, Deferred Payment, Acceptance
Non-L/C 방식	Contract Basis	D/P, D/A
	Transfer Basis	T/T, M/T, D/D
기타방식	팩토링, 포페이팅, 신용카드, 에스크로우, 전자결제, 소액결제(paypal) 등	

(3) 결제수단에 따른 구분

결제수단에 따라서 현금방식, 수표방식, 환결제방식, 환어음방식, 기타방식 등으로 구분할 수 있다.

현금(cash)방식은 현물상환지급(COD)과 서류상환지급(CAD) 가운데 서류가 은행을 경유하지 않고 전달되는 경우에, 매수인이 매도인에게 현금(cash)을 지급하는 방식이다. 실무에서 흔히 '보따리 무역상'에 의한 대금지급이 대표적인 현금방식이라 하겠다.[7]

환(transfer)결제방식은 송금은행이 송금을 의뢰하는 매수인에게 수표(D/D : demand draft)를 발행하는 대신에 수출지에 있는 지급은행에 일정 금액을 매도인에게 지급해 줄 것을 위탁하는 지급지시서(payment order)를 발급하는 것이다.

지급지시서를 전신으로 보내는 것을 전신환(T/T : telegraphic transfer), 우편으로 보내는 것을 우편환(M/T : mail transfer)이라 한다.

수표(check, 手票)방식은 수표를 사용한 결제방식이다. 수표는 발행인이 금융기관을 지급인으로 지정하여 수취인 기타 정당한 소지인에게 일정한 금액의 지급을 위탁하는 유가증권이다.

7) 보따리상은 주로 한국과 중국을 오가는 여객선에 탑승해 휴대품으로 면세점에서 구매한 상품과 중국의 농산물을 한국에 가져오거나 한국산 공산품을 중국에 반입하는 상인을 말한다. 중국어로 대신 전달하는 사람이라는 뜻의 따이공(代工)이라 부르기도 한다.
한국과 일본 사이의 여객선을 이용하는 한-일간 보따리 무역상도 있다.

수표는 은행수표(banker's check)와 개인수표(personal check)로 구분할 수 있는데, 후자는 사후 지급거절 및 계좌의 잔고 부족에 따른 부도위험성이 있으므로 국제결제수단으로 사용할 때에는 주의해야 한다.[8)]

또한 수표는 자기앞수표, 당좌수표, 가계수표, 여행자수표(Traveller's Check) 등으로 구분된다. 자기앞수표는 발행인과 지급인이 동일한 수표로서 은행이 발행한 수표이다. 당좌수표는 법인이 당좌계좌를 만든 뒤 사용하는 발행인이 지급인에게 지급을 위탁하는 수표이다.

환어음(draft or bill of exchange)방식은 채권자가 채무자 또는 채무자 거래은행 앞으로 발행하는 환어음을 사용하는 것이다. 어음에는 발행인이 일정한 금전의 지급을 약속하는 약속어음(約束어음, promissory note)과 제3자에게 그 지급을 위탁하는 환어음(換어음, draft, bill of exchange)이 있다.[9)]

어음은 만기가 도래할 때까지 지급을 유예하는 신용기능이 있지만, 수표는 단지 지급편의를 위해 발행하는 것으로 지급제시를 하면 바로 지급해야 한다는 점에서 차이가 있다.[10)]

〈표 1-5〉 환어음 vs. 약속어음

	발행인	지급인	본질	주사용
환어음	채권자 (수출상)	채무자 (수입상/지급은행)	금전 지급 위탁증권 (제3자에 대한 지급위탁)	주로 국제거래
약속어음	채무자	채무자	금전 지급 약속증권 (당사자 간 지급약속)	주로 국내거래

환어음은 채권자가 발행하여 지급을 지시하기 때문에 추심어음 또는 역환어음이라고 한다. 또한 수출자는 자신이 발행하는 환어음에 선적서류를 첨부하여 화환어음(documentary bill of exchange)이라 한다.

8) 수표법 : 법률 제1002호, 1963.1.1시행
9) 어음법 : 법률 제1001호, 1963.1.1.시행. 제1편 환어음, 제2편 약속어음으로 구성
10) 어음은 베다(자르다)는 뜻의 '엏'에서 나온 순우리말이라는 것이 정설이다. 한 장의 채무증서를 반으로 잘라 채권자와 채무자가 한쪽씩 나눠 가진 관습에서 '엏'이라는 어원과 이어졌다(차현진의 돈과 세상, 어음과 디지털금융, 2021.12.15.).

이러한 화환어음은 지급인을 매수인 또는 개설은행으로 할 것인지에 따라 추심방식과 신용장방식으로 나누어진다.

기타방식으로 상기 방식의 혼합결제, 전자화폐, 국제팩토링(international factoring), 포페이팅(forfaiting), 신용카드결제(credit card), 페이팔(paypal) 등이 있다.

3 • 외국환(Foreign Exchange)

국제거래에서 대금결제는 주로 현금(cash)이 아닌 외국환(foreign exchange)에 의해 이루어진다.

환(exchange)이란 격지자 간의 채권·채무 관계를 직접 현금으로 결제하지 않고, 금융기관의 중개를 통한 지급위탁의 방법으로 결제하는 수단이나 방법을 말한다.

외국환(foreign exchange)은 추상적으로는 국제간의 대차결제 또는 자금이동 수단이며, 구체적으로는 외국환거래에서 실제 사용되는 수단이다.

외국환거래법에서 외국환이라 함은 대외지급수단, 외화 증권 및 외화 채권을 말한다(법 제3조 제1항 제11호). 지급수단은 정부지폐, 은행권, 주화, 수표, 우편환, 신용장, 환어음, 약속어음, 지급지시, 증표·플라스틱카드 등 통화를 갈음할 수 있는 것이다.[11)]

11) • 국제표준화기구(ISO)는 모든 통화에 대해 다음과 같은 공식적인 약어를 제정하여 사용하고 있다
• Korean Won(KRW), US dollar(USD), Euro(EUR), Chinese yuan*(CNY), Japanese yen(JPY), Hong Kong dollar(HKD), Pounding sterling(GBP), Swiss franc(CHF), Canadian dollar(CAD), Swedish krona(SEK) 등
* 엔(yuan)은 계산의 단위에 기초해 있지만, 연민비(Renminbi)는 실질 통화의 이름을 나

외국환은 다음과 같은 특징이 있다.

① 환율문제 발생 : 다른 국가 간 대차결제로 해당국 통화 간의 교환 비율(환율)이라는 변수가 개입하고, 환율 변동에 따른 환위험이 존재한다.

② 대차(貸借)관계 발생 : 국제적인 채권 · 채무의 지급결제 거래로 인하여 국가 간의 대차관계 및 국제수지가 발생한다. 대차(貸借)란 빌려주거나(貸), 빌려오는 것(借)을 말한다.

자산 · 부채 · 자본의 증감변화를 구체적으로 기록 · 계산 · 정리하는 단위를 계정(計定, account)이라 하며, 계정의 왼편을 차변(借邊, debit), 오른편을 대변(貸邊, credit)이라 하고, 양자를 총칭하여 대차(貸借, debit and credit)라고 한다.

대차대조표의 차변에는 자산이, 대변에는 부채와 자본이 표시되며, 손익계산서의 차변에는 비용이, 대변에는 수익이 표시되며, 이 두 표에서 차변합계와 대변합계는 반드시 일치한다.

③ 결제차액 발생 : 국가 간의 결제거래로 인하여 대차관계의 차액이 발생하고, 이로 인하여 다양한 국제금융 거래가 파생된다.

④ 이자요소 개입 : 국가와 국가 간의 지급결제라는 특성으로 일정한 기간이 소요되고 이에 대한 자금 손실분에 대한 보상 차원의 이자요소가 개입한다(예 환가료).

외국환의 발생원인은 경상거래 및 자본거래이다.

① 경상거래(current transaction)는 국제거래에서 이루어지는 자본거래 이외의 거래를 말한다. 상품수출입거래, 운수, 여행 등 서비스거래, 임금과 이자 등 소득거래, 무상원조 및 증여성 송금 등 이전거래에 의해 발생한다.

② 자본거래(capital transaction)는 해외직접투자, 대부 및 차관거래 등으로 발생한다.

외국환의 형태에는 여러 가지가 있다.

타냄

① 당발환(outward exchange)과 타발환(inward exchange) : 외국환거래의 시발점이 자신 은행인 경우가 당발환이고, 상대 은행인 경우는 타발환이다.

② 송금환(remittance exchange)과 추심환(collection exchange) : 자금을 보내주는 순환이 송금환이고, 자금을 청구하는 역환이 추심환이다.

③ 매도환(selling exchange)과 매입환(buying exchange) : 은행이 원화의 수납을 대가로 외국환을 매각하는 것이 매도환이고, 은행이 원화의 지급을 대가로 외국환을 수납하는 것이 매입환이다.

[그림 1-1 외국환의 종류]

송금환 : 대차관계를 결제하기 위하여 자금을 보내는 것
추심환 : 자금을 청구하여 국가 사이의 자금을 결제하는 것

4 • 외국환거래법

외국환거래법(Foreign Exchange Transaction Act)은 외국환 및 대외거래의 원활화, 국제수지의 균형, 통화가치의 안정을 도모하여 국민경제의 건전한 발전을 위해서 외국환관리법을 대신하여 1998년에 제정된 외국환거래에 관한 기본법이다.[12)]

12) 제정(1998. 9. 16, 법률 제5550호)
* 외국환관리법: 제정(1961. 12. 31, 법률 제933호), 외국환거래법 제정과 함께 폐지

외국환거래법의 법령체계는 외국환거래법, 외국환거래법시행령, 외국환거래규정, 제통첩(기획재정부), 외국환 거래업무 취급세칙 및 절차·제통첩(한국은행), 외국환 거래업무 취급지침(외국환은행), 외국환업무 감독규정·제통첩(금융감독원) 등으로 구성된다.[13)]

외국환거래법의 관리형태도 대외무역법 및 관세법과 마찬가지로 주체(人), 객체(物), 행위(行)관리로 구분할 수 있다.[14)]

주체관리는 거주자와 비거주자에 대한 관리이다. 거주성은 국적과는 관계없이 국내에 일정기간 거주 또는 거주할 의사가 있거나, 경제활동 유무 등을 기준으로 거주자로 본다.[15)]

거주자는 ① 재외공관 파견 직원, 일시 귀국하여 3개월 이상 체재한 국민, ② 국내영업소, 사무소 근무자, 국내 개인사업자, 6개월 이상 체재자, 출국 후 6개월 이내에 다시 6개월 이상 체재할 목적으로 재입국한 외국인, ③ 국내에 주된 사무소가 있는 법인·기관, 대한민국 재외공관 등이다.

비거주자는 거주자가 아닌 자이다.

객체관리는 외국환, 내국지급수단 및 귀금속에 대한 관리이다. 외국환은 대외지급수단, 외화증권, 외화채권(債券)[16)]이며, 내국지급수단은 대외지급수단을 제외한 내국통화 및 기타이고, 귀금속은 금, 합금, 지금, 금화 등 금을 주재료로 하는 가공품을 말한다.

---

13) 통첩(通牒, notification) : 행정관청이 하부기관 및 지방정부에 어떤 사항을 통지하는 형식을 말하며, 훈령(訓令, official instruction)의 성질을 지님

14) 대외무역법은 무역거래자, 품목관리, 수출입승인, 특정거래형태 인정제도 등으로 관리하고, 관세법은 수출입 하주, 수출입통관, 수입관세, 관세환급, 보세제도 등으로 관리한다.

15) 거주자 vs 비거주자 시도상선 사례: 국세청은 권회장이 국내에 근거지를 두고 사업을 하면서도 조세피난처 거주자로 위장했고, 시도상선도 세법상 내국 기업인데도 외국 법인으로 위장했다고 밝혔다(2011. 4. 12. 신문기사).

16) • 채권(債權)은 특정인이 다른 특정인에게 어떤 행위를 청구할 수 있는 권리를 말한다.
• 채권(債券)은 사업에 필요한 자금을 차입하기 위해 발행하는 유가증권으로 공채, 국채, 회사채, 지방채 등이 있다.

지급수단은 정부지폐, 은행권, 주화, 수표, 우편환, 신용장, 환어음, 약속어음, 지급지시, 증표, 플라스틱카드 등 통화에 갈음할 수 있는 것이다. 대외지급수단은 외국통화, 외국통화로 표시된 지급수단, 표시통화와 상관없이 외국에서 사용할 수 있는 지급수단이다.

증권(證券)은 국채, 지방채, 사채, 채권, 주식, 출자 지분 및 동 증서, 수익증권 및 이권, 기타 양도성예금증서, 유동화증권 등 투자의 대상으로 유통될 수 있는 증권 또는 증서이다. 채권은 예금, 신탁, 보증, 대체 등으로 생기는 금전채권이며, 외국환거래법상 채권은 금전채권으로써 지급수단이나 증권에 해당되지 않는 것이다.

행위관리는 외국환의 지급과 수령에 대한 관리이다. 외국환거래법상 모든 외환거래는 원인행위, 지급 및 수령행위, 지급 및 수령방법 등 3가지 측면에서 각각의 절차를 정하고 있다.

외국환거래법의 적용대상이 되는 거래행위는 다음과 같다.

① 대한민국 내에서 일어나는 외국환거래, 기타 이와 관련되는 행위(예 국내에서 거주자 간의 외국통화 매매)
② 대한민국과 외국 간 거래, 지급, 수령, 기타 이와 관련되는 행위(외국에서 발생하여 국내에 효과가 미치는 것 포함)(예 거주자의 수입대금 해외송금, 거주자와 비거주자 간 금전대차계약)
③ 외국에 있는 개인과 외국에 본사가 있는 법인이 내국통화로 거래하는 행위(예 비거주자 간 원화거래 매매 및 원화표시계약 체결)
④ 국내에 있는 개인 및 대리인(사용인, 종업원)이 외국에서 개인의 재산 또는 업무에 관하여 행한 행위(예 일반해외여행자의 해외부동산 취득)
⑤ 국내에 본사가 있는 법인, 대표자, 대리인(사용인, 종업원)이 외국에서 법인의 재산 또는 업무에 관하여 행한 행위(예 국내기업 대표가 해외에서 기술이전 계약 체결)

외국환거래의 관리방법은 사전·사후관리방법이 있다.

사전 관리방법은 외국환거래에서 거래 당사자 사이나 관리 주체들이 거래실행 이전에 사전적으로 이행하고 수행해야 할 법규상의 절차를 말한다. 해당 거래가 시장에 미치는 영향과 자본시장 자유화의 단계별로 사소한 거래부터 확인사항, 신고사항, 신고수리사항, 허가사항, 인정사항으로 분류하여 관리한다.

사후 관리방법은 외국환거래 당사자 및 외국환업무 취급기관은 일정한 기준에 따라 거래내역을 사후적으로 각 기관에 보고토록 하고 있다. 정부는 거래규모나 거래동향 등을 파악하고 분석하는 기본 정보로 사용하고, 모니터링 결과를 토대로 외환시장의 조기경보시스템 가동이나 시장안정 등에 효과적으로 대응하기 위해 마련된 관리제도이다.

사례 1 제3자 지급

질문

당사는 미국의 A사에 물품을 수출했는데, A사는 물품대금을 한국의 거래처인 B사로부터 원화로 수령하라고 한다. B사가 당사에 원화로 지급할 경우 제3자 지급에 해당하는가?

답변

외국환거래법상 거주자와 비거주자와의 외화표시 경상거래에서 거래 당사자인 거주자가 제3자인 거주자로부터 외화를 수령하는 것은 제3자 지급에 해당되어 한국은행에 신고해야 한다. 그리고 '수령'은 외국환은행을 통해서 받는 것을 뜻하는 것으로 외화표시 수령 행위가 발생해야 한다. 따라서 동 거래처럼 원화표시로 수령하는 것은 제3자 지급의 개념에 해당되지 않는다.

외국환거래법상 수출채권 회수의무(미회수 잔액이 미화 10만 달러를 초과하는 대외채권을 채권 만기일 또는 조건 성취일로부터 6개월 이내에 국내로 회수할 의무)가 이행된 것은 아니고, 다른 거주자가 비거주자를 위해 대신 지급한 비거주자의 채무가 소멸될 때(비거주자가 다른 거주자에게 지급을 하거나 기존 채권채무를 상계할 때) 채권 회수가 된 것으로 판단한다.

(출처: 월간무역)

사례 2 수입시 신용카드 결제

질문

외국에서 수입 시 해외현지 또는 한국에서 신용카드로 결제해도 되나?

답변

대외거래의 결제는 원칙적으로 외국환은행을 통해서 지급(수령), 추심, 계정 간 이체를 해야 한다. 신용카드의 해외사용은 외국환은행을 통하지 않은 지급 등의 방법이므로 외국환거래규정상 인정된 경비 이외에는 사전에 한국은행에 신고해야 한다(외국환거래규정 제5-11조 제1항, 제9호).

인정된 경비는 외국에서 해외여행 경비, 거주자가 국제회의 등 가입비, 회비 및 분담금, 거주자의 외국간행물(논문집 등) 게재료 등 경비, 기타 비거주자와의 인정된 거래로서 결제대금을 국내계정에서 지급하는 경우 등이다.

결론적으로 신용카드를 사용한 무역대금 결제는 소액거래나 전자상거래의 경우에는 유용한 수단이 될 수 있지만, B2B의 무역거래에서는 한국은행 신고와는 별도로 신용카드 수수료가 과다하기 때문에 현실성이 떨어진다고 볼 수 있다.

5 • 환율

환율(換率, foreign exchange rate)은 자국통화와 외국통화의 교환비율로서 외국환이라는 상품에 대한 자국통화의 대외가치(가격)를 말한다. 미국 달러가 기축통화[17] 역할을 하므로 일반적으로 달러를 기준으로 표시하기 때문에 환율이 올랐다고 할 때는 원화가치가 하락했다는 것을 의미한다.

17) 기축통화(基軸通貨, key currency)란 국제결제나 금융거래의 기준이 되는 기본 통화를 말하는 것으로 1944년 브레튼우즈체제 이후 지금까지 기축통화는 미국 달러화다.

〈표 1-6〉 외국환은행 대고객 매매율 예시

대고객 매매율		산출근거 및 용도	환율(금액)	증 감
매도율	현찰매도율 (Cash Selling Rate)	• M+(M×1.75%) • 외화 현찰 매도	₩1,017.50	+1.75%
	여행자수표 매도율 (T/C Selling Rate)	• M+(M×1.0%) • 여행자 수표 매도	₩1,010.00	+1.0%
	전신환 매도율 (T/T Selling Rate)	• M+(M×0.97%) • 당발송금, 타발추심, 수입신용장 결제	₩1,009.70	+0.97%
기준율	대고객 매매 기준율	전일 외환시장 가중 평균(M)	₩1,000	
매입률	전신환 매입률 (T/T Buying Rate)	• M−(M×0.97%) • 타발송금 지급, 당발추심, 수출환어음매입, 외화수표매입	₩990.30	−0.97%
	여행자수표 매입률 (T/C Buying Rate)	• M−(M×1.0%) • 여행자 수표 매입	₩ 990.00	−1.0%
	현찰 매입률 (Cash Buying Rate)	• M−(M×1.75%) • 외화 현찰 매입	₩982.50	−1.75%

특별인출권(SDR; special drawing rights)은 국제통화기금(IMF) 가입국이 유동성이 부족할 경우를 대비해 금이나 달러 등 준비자산을 보완하는 2차 준비자산으로 IMF와 각국 중앙은행 간 거래에 사용된다.[18]

환율의 종류는 크게 매매기준율(시장평균환율, 기준환율), 재정환율, 외국환 매매율 등으로 구분한다.

매매기준율은 미달러화는 국내 외환시장에서 외국환 중개회사를 통해 거래가 이루어진 미화의 현물환 매매 중, 익일영업일(2영업일, 2 working days) 결제거래에서 형성되는 율(외국환은행 간 장내 거래율)과 그 거래량을 가중 평균하여 산출되는 시장평균환율로 결정된다.

18) 우리나라의 특별인출권은 106억SDR이다. SDR의 가치는 미국 달러(USD) 유럽연합 유로(EUR) 영국 파운드(GBP) 중국 인민폐(CNY) 일본 엔(JPY) 등 5개국 바스켓 통화의 환율을 고려해 일별로 산출된다.

재정환율(裁定換率, arbitrage rate of exchange)은 환율산정에서 기준으로 삼는 특정국가(미국)의 환율을 기준환율로 하여 간접적으로 계산한 제3국의 환율(cross rate)을 말한다.

외국환은행의 외국환 매매율은 각 외국환은행장이 자율적으로 당해 통화의 매매기준율에 일정한 율을 가감한 범위 내에서 정하여 고시한다. 따라서 대고객 매매율(M)은 은행마다 약간의 차이가 있고, 업체에 따라서 차등 적용한다. 달러를 사고(buying) 파는(selling) 기준은 은행이므로 매도율이라는 의미는 은행이 달러를 팔고(selling) 고객이 달러를 산다(buying)는 의미이다.

수출업체가 은행에 서류를 매입하는 경우 적용하는 환율은 외국환매매율 중 외국환은행의 대고객 매매율이다. 외국환은행 대고객 매매율은 다시 대고객매매기준율, 전신환매도・전신환매입률, 여행자수표매도율・여행자수표매입률, 현찰매도율・현찰매입률 등으로 구분된다.[19)]

〈표 1-7〉 현재 환율 조회 예시

통화	현찰		송금 전신환		T/C 사실때	외화 수표 파실때	매매 기준율	환가료율	미화 환산율
	사실때	파실때	보낼때	받을때					
미국 USD	1,260.88	1,217.52	1,251.30	1,227.10	0.00	1,226.36	1,239.20	2.15116	1.0000
중국 CNY	204.46	185.00	196.67	192.79	0.00	0.00	194.93	5.02150	0.1571
일본 JPY 100	1,070.59	1,033.77	1,062.49	1,041.87	0.00	1,041.33	1,052.18	2.06045	0.8491
유로통화 EUR	1,379.25	1,325.43	1,365.86	1,338.82	0.00	1,338.29	1,352.34	1.42700	1.0913
영국 GBP	1,644.96	1,581.42	1,629.32	1,597.06	0.00	1,595.92	1,613.19	2.59000	1.3018

자료 : KEB하나은행(https://www.kebhana.com), 2022.3.14 현재

19) • 전신환 매도율에는 당발송금, 타발추심, 수입신용장 결제 등에 적용된다.
• 전신환 매입률에는 타발송금, 당발추심, 외화수표매입, 수출신용장 네고, 수출환어음 매입 등에 적용된다.

환율표시 방법에는 직접표시법과 간접표시법, 유럽식 표기법과 미국식 표기법 등이 있다.

직접 표시법(direct quote)은 자국의 화폐 단위를 이용하여 표시하는 것으로, 1USD=1061.20KRW과 같이 표시한다. 간접 표시법(indirect quote)은 외국의 화폐단위를 이용하여 환율을 표시하는 것으로 1KRW=1/1061.20=0.000942USD와 같이 표시한다.

유럽식 표기법(European term)은 미 달러화를 기준통화로 표시하는 방식으로, 1USD=1061.20KRW과 같이 국제금융시장에서 대부분의 통화가 이와 같이 표시한다. 미국식 표기법(American term)은 미 달러화를 피고시 통화로 표시하는 방식으로, 1EUR=1.3350USD, 1GBP=1.9925USD 등으로 표시하며 일부 예외적인 통화에서 표시한다.

우리나라는 시장평균환율제도를 거쳐, 지금은 은행이 자유롭게 기준환율을 고시할 수 있는 자유변동환율제도를 채택하고 있다.

환율제도는 크게 고정환율제도(fixed exchange rate system), 자유변동환율제도(free floating exchange rate system), 기타제도로 구분된다.

자유변동환율제도는 환율이 외환시장에서 외환의 수요와 공급에 따라 자율적으로 결정되도록 하는 것이다. 자유변동환율제도 아래에서는 자본이동이 자유롭게 이루어지므로 국제유동성 확보가 용이하고, 외부충격이 환율 변동에 의해 흡수됨으로써 거시경제 정책의 자율적 수행이 수월하다.

〈표 1-8〉 우리나라 환율제도 변천

시행기간	제 도	주 요 내 용
1945. 10 ~1964. 5	고정환율제도	• 원화 대 미국 달러화 환율을 일정범위 내로 정부가 고정
1964. 5 ~1980. 2	단일변동환율제도	• 시장에서 형성되는 외화증서제도율을 환율에 변동시키는 제도 • 실제로는 달러 고정환율제도(dollar peg system)
1980. 2 ~1990. 2	복수통화바스켓제도	• SDR 바스켓에 의해서 산출된 환율과 독자 바스켓에 의하여 산출된 환율을 조정하여 결정
1990. 3 ~1997. 12	시장평균환율제도	• 외국환은행들이 외환시장에서 거래한 전일자의 환율을 가중 평균하여 당일 시장평균환율 결정 • 변동제한폭이 존재
1997. 12 ~현재	자유변동환율제도	• 외환의 수요와 공급에 의해 환율 결정 • 은행이 자유롭게 환율(기준율) 고시 • 변동제한폭 없음

어떤 환율제도라도 통화정책의 자율성, 자유로운 자본이동, 환율 안정 등의 정책목표를 동시에 만족시키기는 현실적으로 어려운 삼불원칙(impossible trinity, trilemma)이 존재한다.

재화의 가격이 시장의 수요와 공급의 크기에 의해 결정되는 것과 마찬가지로, 환율의 변동요인은 기본적으로 외환시장에서의 수요와 공급의 크기에 의하여 결정되지만, 시장의 투기적 요인이나 심리적인 변화 등 다양한 요인이 작용한다.

따라서 환율은 외환의 대고객 외환수급 현황, 외국인자금 유출입 동향, 해외시장에서 달러의 가격동향, 원화 자금사정, 환율기대심리 등에 따라 다르게 영향을 받는다.

〈표 1-9〉 환율의 변동요인

변동요인	주 요 내 용
물가	• 장기적 환율변동요인 • 자국 물가의 상대적 오름세 → 수출경쟁력 약화 → 수입수요 증대 → 경상수지 악화(외환의 초과수요) → 자국통화의 가치하락 → 환율 상승
경제성장	• 전통적 케인즈 이론(상대적인 장기적 환율변동요인) • 상대적 높은 성장률 → 수입증대, 경상수지악화(외환 초과수요) → 자국통화의 가치하락 → 환율 상승
	• 시장의 즉각적 변동(즉각적인 가치상승) • 상대적 높은 성장률 → 자국 금리상승 기대 → 자국경제 신뢰도 상승 → 자국통화 매입증대 → 자국통화 가치 상승 → 환율 하락
금리	• 단기적 환율변동요인 • 자국 금리상승 → 자국통화표시 금융자산 수익률 상승 → 투자 증대 → 자국통화 매입수요 증대 → 자국통화 가치상승 → 환율 하락
통화량	• 자국 통화량의 상대적 증가 → 자국 금리의 하락요인 → 기대 인플레이션의 상승요인 → 자국 통화의 가치하락 → 환율상승 • 지속적 통화량 증가현상은 자국통화의 장기적인 가치하락
중앙은행 개입	• 중앙은행이 자국 통화를 대가로 A국 통화의 매입조작을 실행 → 외환시장에서 자국 통화의 공급증대, A국 통화의 수요증대 → A국 통화 강세, 자국 통화 약세
정치적 여건	• 정치적 안정 → 신인도의 제고 → 해당국가 통화 강세 • 세계정세 불안요인 → 안전통화 선호 → 기축통화(미 달러화) 강세

6 • 환리스크관리

대부분 무역거래자는 자신의 주요 비용을 자국 통화로 계산한다. 그러나 오퍼쉬트나 송장 작성에는 자국 통화가 아닌 기축통화나 국제결제통화[20]를 이용하기 때문에 필연적으로 환리스크에 노출된다. 환위험의 크기는 대금을 수령하기 전까지 특정기간과 관련된다.

20) 국제결제 통화 비율은 미국 달러(39.92%), 유로(36.56%), 파운드(6.3%), 위안(3.2%), 엔(2.79%), 캐나다 달러(1.6%), 호주 달러(1.25%), 홍콩 달러(1.13%) 순이다.
(SWIFT 2022.1월 기준)

환리스크(foreign exchange risk)란 일반적으로 이종 통화 간 교환 비율인 환율의 변동이 외화자산 및 부채의 가치변화를 초래함으로써 기업 또는 경제적 주체가 손해를 입게 될 가능성을 의미한다. 다시 말해서 환리스크란 외화로 표시된 여러 거래에서는 계약시점과 결제시점간의 환율 차이로 인하여 현재 보유하고 있거나 장래 보유 예정인 외화표시 자산 및 부채의 가치가 변동함에 따라 발생할 수 있는 금전적 손해발생의 가능성을 말한다.

환리스크관리(foreign exchange risk management)는 예상치 못한 환율변동에 따라 기업의 경제적 가치를 변화시키는 환위험이 존재하는 경우에 이러한 환리스크를 사전에 예측하거나 사후에 인식함으로써 환차익의 극대화나 환차손의 극소화를 추구하는 일련의 활동을 말한다.

환리스크 관리기법이란 예상하지 못한 환율변동에서 초래되는 환리스크를 극소화하거나 또는 환차익을 극대화하기 위한 관리기법을 말한다.

전통적으로 기업 자체적으로 내부에서 실시할 수 있는 내부적 관리기법과, 금융기관에서 제공하는 헤지(hedge) 기법을 이용하는 외부적 관리기법으로 구분하고 있다. 내부적 관리기법이란 기업 내부에 의한 환리스크를 최소화하려는 모든 기법을 말하며, 외부적 관리기법이란 이와 같은 대내적 관리기법에 의해 커버되지 못한 환노출로 발생할지도 모르는 환손실을 최소화하려는 조치를 말한다.

(1) 내부적 관리기법

내부적 관리기법은 해당기업 또는 금융기관이 별도의 환위험 관리를 위한 추가적인 거래 없이 내부적으로 해결하는 것으로, 이는 재무제표의 조정이나 가격정책의 변화, 현지 생산의 비중조정 등 일상적인 영업활동을 통하여 환리스크를 예방 또는 감소시키거나 경우에 따라서는 환차익까지도 획득하는 수단을 말한다.

〈표 1-10〉 환리스크 내부적 관리기법

관리기법	내 용
상계 (Netting)	• 본지사 간에 일정기간 동안 발생하는 채권 채무를 개별적으로 결제하지 않고 서로 상계[21]한 후 차액만을 결제함으로써 외환거래 비용을 절감하고 환리스크를 최소화하는 방법
매칭 (Matching)	• 외화자금의 흐름시기, 즉 자금의 수취시기와 지출시기를 결제 통화별로 일치시킴으로써 외화자금 흐름시기의 불일치에서 발생할 수 있는 환리스크를 원천적으로 제거하는 방법
리딩・래깅 (Leading & Lagging)	• 환율변동에 대비하여 외화자금의 수입 또는 지출시기를 의도적으로 앞당기거나(Leading) 지연(Lagging)시킴으로써, 환율변동에 따른 환차손을 극소화하거나 환차익을 극대화하기 위한 환노출 관리기법 • 거래상대방과 이해관계가 상충될 수도 있으며 또한 자금조달 비용에 대한 고려 필요. • 실제 환율이 예상과 반대방향으로 움직일 경우 환차손이 발생하는 등 투기적 요소를 내포하고 있어서 위험이 존재
가격정책 (Pricing policy)	• 가격정책이란 수출입 상품의 가격을 수시로 조정하거나 거래통화를 조정하여 환리스크에 대응하는 기법 • 환리스크를 없애기 위하여 수출입거래를 자국통화로 하거나 수출은 강세통화, 수입은 약세통화로 하는 방법
자산・부채관리 (Asset-Liability Management)	• 환율(금리) 전망에 따라 기업이 보유하고 있는 자산, 부채의 포지션을 조정함으로써 환(금리)리스크를 효율적으로 관리하는 기법 • 주로 환산위험이나 거래적 위험을 관리하는 목적
포트폴리오 (Portfolio)[22]	• 여러 종류의 통화로 자산과 부채를 구성하여 통화 간의 환율변동이 서로 상쇄되는 효과를 통하여 자연스럽게 환율변동에 따른 위험을 줄이는 전략

단기적으로 상계(netting), 매칭(matching), 리딩・래깅(leading & lagging), 자산부채 종합관리(asset liability management), 결제통화조정, 재송장 등의 기법을 사용한다.

장기적으로 영업 환리스크에 초점을 두고 가격조정, 시장 선택, 판매촉진 등과 같은 마케팅 관리기법과 원자재 및 부품투입 구조를 조정하

21) 상계(相計) : 채무자가 그 채권자에 대해 동종의 채권을 가지는 때에 그 채권과 채무를 대등액에서 소멸시키는 의사표시를 말함

22) 포트폴리오(Portfolio) : 자산을 분산 투자하여 포트폴리오를 만들게 되면 분산투자 전보다 위험을 감소시킬 수 있음

거나 공장입지를 전략적으로 선택하는 생산관리기법, 인사 및 조직부문의 조정을 통한 인사조직기법 등을 사용한다.

(2) 외부적 관리기법

외부적 관리기법은 외환 및 금융시장을 통한 별개의 외환매매거래나 단기금융거래를 함으로써, 내부적 관리기법으로 제거하지 못한 환위험을 제거 또는 감소시키려는 기법을 말한다.[23] 외부적 관리기법은 주로 거래 환위험의 관리에 초점을 두고 외환, 금융시장 등을 이용하여 환위험을 최소화 내지 제거하는 기법이다.

외부적 관리기법은 외환매매상품으로서 현물환거래와 파생외환거래로 구분할 수 있다.

현물환거래(spot exchange transaction)는 현물환율로서 외환의 즉각적인 매매, 즉 결제일이 거래일로부터 2영업일 이내인 거래를 말한다.

파생외환거래에는 선물환(forward exchange), 통화선물(currency futures), 통화옵션(currency options), 통화스왑(currency swap) 등이 있다. 아울러 단기금융시장을 이용하거나 환율변동보험, 국제팩토링 등이 활용되기도 한다.

선물환거래(forward exchange transaction)는 거래 당사자인 은행 또는 고객이 미래의 일정 시점에 사전에 정한 환율과 금액으로 외환을 매입 또는 매도하는 환거래이다.

선물환시장은 통화선물거래소라는 조직적인 시장이 없고 당사자 사이에 자유롭게 거래가 이루어지며, 거래량도 표준화되어 있지 않고, 만기일 이전에 청산이 불가능하다.

23) Shani Shamah, A Foreign Exchange Primer, John Wiley & Sons Ltd., 2003, p. 39.

〈표 1-11〉 환리스크 외부적 관리기법

관리기법	내 용
선물환 (Forward)	• 외화자산 또는 외화부채의 환율변동위험을 방지하기 위하여 거래 당사자 간 외화를 장래의 일정시기(기간)에 미리 약정한 환율에 의하여 매매하기로 약정하고 만기일에 가서 약정된 환율로 외화를 매매하는 거래 • 계약시점과 결제시점간의 차이에서 발생하는 환율변동위험을 회피하는 방법
통화선물 (Futures)	• 선물환거래와 같이 장래의 환율변동위험을 회피하기 위하여 특정 통화를 미래의 일정 시점에 매입(call option) 또는 매도(put option)하기로 약정하는 방법 • 선물거래소를 통해 거래가 이루어지기 때문에 반드시 증거금이 필요하며 선물환거래와는 달리 통화, 거래금액, 가격, 만기일 등이 정형화되어 있어 실수요거래와 일치시키기 어려움
통화스왑 (Currency Swap)	• 장래 특정 시점 또는 일정기간 동안의 현금흐름에 대한 환리스크를 회피하기 위하여 보유한 금융자산 또는 부채의 통화를 다른 통화로 변경하는 방법 • 가장 단순한 스왑은 외환스왑(FX Swap)으로 특정 통화를 현물환거래로 매도(or 매입)함과 동시에 선물환으로 동일 금액을 매입(or 매도)하여 환리스크를 회피하는 방법으로 양 통화의 금리 차이에 의한 이자를 만기일의 선물환율에 반영시킴
통화옵션 (Currency Option)	• 기초자산(underlying asset)인 통화를 장래의 특정 일자 또는 일정 기간 이내에 정해진 행사가격(strike price)으로 매입(call option) 또는 매도(put option)할 수 있는 권리 • 옵션매입자는 자신에게 유리한 경우에 권리를 행사할 수 있으므로 권리취득의 대가로 보험료 성격의 프리미엄(premium)을 옵션 매도자에게 지급 • 옵션 매도자는 프리미엄을 수취하는 대신 옵션매입자가 옵션을 행사할 경우에 언제든지 매매에 응할 의무가 있음

통화선물거래(currency futures transaction)는 통화선물거래소[24]에 상장된 통화에 한하여 통화선물시장에서 형성된 시세로 미래의 일정 시점에 일정한 통화량을 매입(call option) 또는 매도(put option)하는 거래이다.

대부분 선물환거래와 다르게 만기 이전에 매매를 통하여 청산이 이루어지기 때문에 현물 시세의 변동상황에 따라 적절하게 대응할 수 있다.

24) 한국거래소(http://www.krx.co.kr/)

〈표 1-12〉 선물환과 통화선물의 비교

	선물환(Forward)	통화선물(Futures)
성격	상대방 사이 1:1거래 거래보증은 상대방 신용도	불특정 다수간 거래(선물거래소) 거래이행 보증은 확실
가격결정	은행별(쌍방 간 협상)	다수 간 경쟁 호가 방식
거래장소	당사자 간 직접거래 계약 가능	선물거래소
거래조건	자유(계약 단위, 만기일 등)	표준화(계약 단위는 5만$의 배수, 만기일은 매주 셋째 수요일)
신용한도	필요	불필요
증거금	불필요(신용에 따라 차등)	증거금 필요
거래시간	24시간	선물거래소 거래시간 이내
중간청산	제한적(상대방과 합의 필요)	자유(항상 청산가능)
중간자금수급	없음(만기결제만 있음)	증거금 일일정산(정산소)
수수료	거래환율에 수수료 포함	별도 수수료 납부

통화스왑거래(currency swap transaction)는 외환리스크의 헤지, 결제일의 조정, 기타 통화자금의 조달 등을 위해 거래 방향이 반대되는 현물환거래와 선물환거래 또는 선물환거래와 다른 선물환거래를 동시에 행하는 거래이다.

일반적으로 외환을 현물환시장에서 매입/매도하는 동시에 선물환시장에서 매도/매입하는 형태로 이루어진다.

통화옵션거래(currency options transaction)는 일정한 옵션 프리미엄을 대가로, 계약 시 약정한 실행환율(strike price)로 외환을 일정 기간 내에 언제든지 매매할 수 있는 권리인 옵션을 가지는 거래이다. 즉, 미리 정한 환율로 최종거래일에 통화를 매수 또는 매도할 수 있는 권리를 매매하는 거래이다.

Call option을 가지는 사람은 약정한 실행환율로 외환을 매입 또는 포기할 수 있는 권리를 가지며, Put option을 가지는 사람은 매도 또는 포기할 수 있는 권리를 가진다. 통화옵션 상품으로 KIKO가 있었다. 현재 상장되어 있는 통화는 미국달러이며, 만기도래시 실물인수도가 이루어지는 상품이다.

환변동보험은 수출거래와 관련하여 발생하는 환율변동에 대한 환리스크 관리를 위해 한국무역보험공사(舊 한국수출보험공사)에서 도입한 보험상품이다. 환율변동으로 인한 기업의 손실은 보전하고 이익은 환수하는 보험제도로 수출입 대금에 대한 보장환율을 정하고 실제 결제환율과 보장환율이 다를 경우 차액을 정산하는 방식이다.

일반적으로 무역업체는 대외거래가 수출 또는 수입으로 비교적 단순하기 때문에 내부적 관리기법을 사용하고 있지만, 해외에 자회사를 보유하고 있는 다국적 기업들은 매우 복잡한 환리스크에 노출될 가능성이 높기 때문에 내부적 관리기법과 외부적 관리기법을 포함한 모든 대응책이 필요하다.

사례 3 KIKO사태

질문

2008년도에 글로벌 금융위기 여파로 환율이 급등하면서 환율 하락을 예상하고 KIKO 계약을 체결한 수출중소기업들이 엄청난 환손실을 입게 된 KIKO사태가 발생하였다. KIKO란 무엇이며 시사점은 무엇인가?

답변

KIKO(Knock-In Knock-Out Option Contract)는 환율이 일정 범위 안에서 변동할 경우 미리 약정한 환율에 약정금액을 팔 수 있도록 한 환 헤지 파생금융상품이다.

약정환율과 변동의 상한 및 하한을 정해놓고 환율이 ① 일정한 구간 안에서 변동한다면 약정환율을 적용받지만, ② 하한 이하로 떨어지면 계약을 무효로 하고, ③ 상한 이상으로 올라가면 약정액의 1~2배를 약정환율에 매도하는 방식이다.

【예시】 행사(약정)환율 995원, 하한선(Knock-Out) 910원, 상한선(Knock-In) 1,050원, 계약기간은 6개월 상한선 돌파 시 옵션 2배로 은행과 계약하였다고 가정

① 기간 중 환율이 910원 이하 터치 시(Knock-Out) 계약이 무효가 되어 환손실을 감수함

② 1,050원을 터치(Knock-In)하지 않은 경우
ⓐ 만기환율이 910~995원인 경우에는 행사환율 995원에 외환을 매도

할 수 있으므로 기업이 이익임

ⓑ 만기환율이 995~1,050원인 경우에는 권리행사 없이 현물환율대로 매도하여 기업 손실이 없음

③ 1,050원 이상을 터치(Knock-In)한 경우

ⓐ 만기환율이 910~995원이면 기업이 이익임

ⓑ 995원을 초과하는 경우에는 기업은 995에 매각하므로 손실임

ⓒ 특히, 1,050원 이상으로 오를 경우 약정금액의 2배 이상을 매각해야 한다는 옵션이 붙기 때문에 손해가 더욱 커짐

[그림 1-2 KIKO계약업체의 PAY OFF]

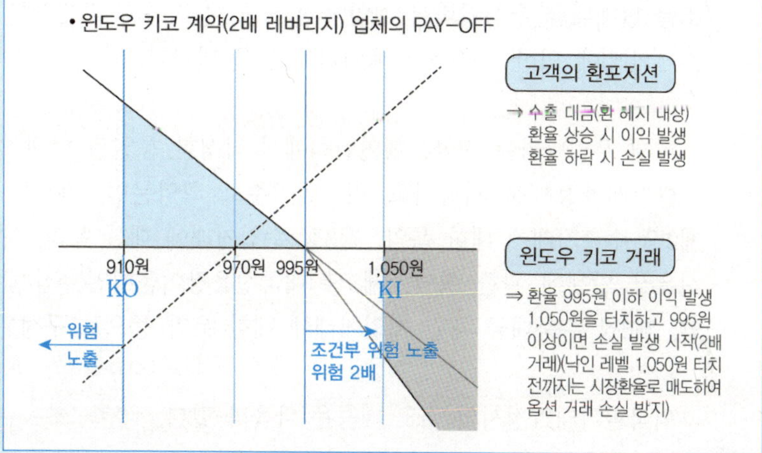

결과적으로 환 헷지 상품인 KIKO는 환투기상품이었다. 환율이 하한과 상한 사이에서 변동한다면 기업에게 어느 정도 이익을 안겨줄 수 있지만, 궁극적으로는 얻을 수 있는 이익에 비하여 손실의 위험성이 훨씬 컸다.

중소기업의 환율예측 실패, 환율변동성 및 환리스크관리에 대한 지식 부족, 은행 등 금융기관의 파생금융상품에 대한 무지, 감독기관의 규제미흡이 복합적으로 작용한 참사였으며, KIKO는 환율급등으로 얻었을 중소 수출기업의 이익이 외국투자자에게 넘어간 사건이었다.

7 • 외국환거래약정[25]

외국환거래약정서(foreign exchange transaction agreement)는 수출입자가 은행과 외국환거래를 함에 있어, 은행 여신거래[26] 기본약관이 적용됨을 승인하고 여러 조건을 따를 것을 확약하는 약정서로서, 은행과 고객과의 환거래에 관한 계약서에 해당한다.

외국환거래라 함은 수출, 수입, 내국신용장 발행, 내국신용장 환어음 또는 판매대금 추심의뢰서 매입(추심)거래, 선적통지 결제방식 수출거래(O/A거래)에 의한 수출채권 매입거래 등을 말한다.

현재 우리나라는 전국은행연합회에서 작성한 통일된 인쇄 양식인 '외국환거래약정서'를 사용하고 있는데, 주로 확약문언, 제1장 공통사항, 제2장 수출거래에 대한 특약, 제3장 수입거래에 대한 특약, 제4장 내국신용장 발행에 관한 특약, 제5장 내국신용장어음매입(추심)에 대한 특약, 제6장 수출대금 채권 매입거래에 대한 특약 등으로 구성된다.

외국환거래약정서의 주요 내용은 다음과 같다.

① 신용장 발행과 관련된 비용과 위험을 포괄적으로 약정하여 모든 채무와 비용은 개설의뢰인이 부담
② 신용장에 의하여 발행되는 환어음이 결제될 때까지 관련 물품은 개설은행의 담보로써 소유권은 개설은행에 있음
③ 은행은 운송서류상의 부정확 또는 불명확에 대해서 면책이며, 우편 또는 전송상 사고 또한 면책
④ 수출자가 발행한 환어음 매입과 관련하여 환어음의 발행인인 수익자로부터 환어음 매입에 따르는 담보 문제, 사고에 따른 책임소재, 부도 또는 인수거절되었을 경우 처리 문제 규정

25) 외국환거래약정서 ⇨ 붙임 양식 참조
26) 여신(與信, loan): 은행 등 금융회사에서 고객에게 돈을 빌려 주는 일

⑤ 기타 비용 부담에 관한 약정
⑥ 약정되지 아니한 사항은 신용장통일규칙, 추심에 관한 통일규칙, 은행 간 신용장 대금 상환에 관한 통일규칙, 국제표준은행관습, 기타 국제규약, 전자무역업무 표준약관, 은행의 관련 규정을 따름

특히 수입거래에 대한 특약으로 다음과 같은 내용을 규정하고 있다.

① 신용장은 신용장 개설신청서 등에 기재된 대로 발행·통지됨
② T/R(대도) 물품은 입고, 운반, 출고, 가공, 매도 이외의 목적으로 사용하거나 은행의 권리를 해하는 행위를 할 수 없음
③ 은행은 신용장 조건과 불일치하는 화환어음에 대하여 수입자의 동의 없이 지급 또는 인수를 거절할 수 있음
④ 수입자가 대금결제 기일 내에 결제하지 못한 경우 익일 영업일에 외화지급보증 대지급금 계정으로 처리하며 수입자는 원화금액을 상환함
⑤ 수입자가 L/G(수입화물선취보증서)의 발급을 원할 경우에는 사전 승낙을 받아야 하고, 은행은 수입결제 대금의 적립을 요청할 수 있음
⑥ 은행은 수입상이 신청한 경우에 한하여 신용장을 취소 또는 조건변경할 수 있고, 그 효력은 개설은행, 수익자, 확인은행(확인신용장의 경우) 전원의 동의가 있어야 발생함

8 • 송금수단(by T/T, M/T, D/D)

송금(remittance)은 국내 송금의뢰인의 신청에 따라 원화 또는 외화를 외국에 있는 지급은행을 통하여 수취인에게 보내는 것(이체, transfer)을 말한다. 송금하는 수단으로 전신환, 우편환, 수표, 현금 등 다양한 형태로 할 수 있다.

무역거래에서 사용되는 송금방식은 크게 ① 은행 간 직접 이체를 위한 지급지시서(payment order)를 이용하는 방법과 ② 송금수표(demand draft)

를 이용하는 방법으로 구분되며, 전자에는 전신송금과 우편송금이 있다.

전신송금(T/T : telegraphic transfer)은 송금의뢰인의 신청에 따라 은행이 자기 책임 아래 해외지점 또는 환거래은행을 통하여 수취인에게 일정한 금액을 지급하여 줄 것을 위탁하는 지급지시서(payment order)를 전신으로 발송하는 방법을 말한다.

전신(telegraphic)은 cable 또는 SWIFT(Society for Worldwide Inter bank Financial Telecommunication) 방식을 이용하는데 요즘에는 후자가 대부분이다.

지시방법이 우편(mail)이 아닌 전신이라는 점에서 M/T와 구별되며, 신속, 정확한 장점이 있으므로 송금금액이 많거나 신속한 송금이 필요한 경우에 가장 많이 이용되는 방법이다.

우편송금(M/T : mail transfer)은 송금은행이 지급은행(해외지점 또는 환거래은행)에 대하여 일정한 금액을 수취인에게 지급하여 줄 것을 위탁하는 지급지시서(payment order)를 직접 우편 발송하는 방법으로 현재는 잘 사용되지 않는다.

이 방법은 긴급하지 않거나 소액송금에 사용되며, 지급지시서가 우송도중에 분실되더라도 부본에 의해 지급할 수 있으므로 안전한 송금방법이다.

우편송금은 지급은행에 수취인 계좌가 있어야만 가능하다. 지급은행이 수취인에게 지급하는 방식에 따라 청구불(P/A : payment on application)과 통지불(A/P : advise and pay)로 구분된다. 청구불은 수취인이 청구에 의해서 은행이 지급하는 것이며, 통지불이란 은행이 수취인에게 통지에 따라서 지급이 진행된다.

송금수표(D/D : demand draft)는 송금의뢰인의 요청에 따라 은행이 송금수표를 발행하면 그 송금수표를 송금의뢰인이 수취인에게 직접 송부하고, 수취인이 송금수표의 표시대로 지급은행에 제시하면 지급은행은 송금수표 개설은행에서 보내 온 송금수표 발행 통지서와 대조한 후 수취인에게 대금을 지급하는 방법이다.

송금수표의 우송 도중 분실에 대한 위험을 송금의뢰인이 지기 때문에 금액이 많거나, 무역거래에는 잘 이용되지 않고, 과거에 해외시험 응시료, 외국서적 구입비, 견본 대금 등에 이용되었다.[27]

9 • 외화수표

국제간 대금결제 수단으로 많이 활용되는 것이 환어음과 수표이다.

수표(check or cheque)는 발행인이 은행 등 제3자에게 당좌예금 자금으로 일정 금액의 지급을 의뢰하는 유가증권이다. 현금에 의한 지급은 불편하고 위험하므로 은행에 무이자의 당좌예금계좌(checking account)[28]를 개설하고 수표책을 교부받아 수표 발행에 사용하는 인장을 신고하여 수표를 제시한다. 당좌예금을 수표자금으로 지급을 요청하는 수표계약(당좌거래계약)을 체결하면, 은행을 지급인으로 한 수표를 발행할 수 있다.

외화수표에는 은행수표, 개인수표, 여행자수표, money order, 국고수표, 환거래은행이 보증한 수표 등이 있다.

① 은행수표(banker's check)는 우리나라의 자기앞 수표에 해당하는 것으로 은행 서명권자가 발행・서명한 수표이다. 환거래은행이 아닌 은행이 발행한 수표는 서명을 확인할 수 없으므로 개인수표에

27) D/D의 계약서 규정:
The Buyer must pay the invoice amount of the goods by means of D/D within 10 days after the B/L.

28) 당좌예금(當座預金) : 예금자가 수표를 발행하면 은행이 어느 때나 예금액으로 그 수표에 대한 지급을 하도록 되어 있는 예금

준하여 취급한다.

② 개인수표(personal check)는 우리나라의 일반 당좌수표에 해당하는 것으로 은행에 당좌예금 계좌를 가지고 있는 예금주가 은행을 지급인으로 하여 발행한 수표이다.

③ 여행자수표(traveler's check)는 여행자의 현금 휴대의 불편함과 위험을 예방하기 위하여 사용되는 여행자용 수표이며 은행수표에 준한다.

④ money order는 발행기관이 수표 대금과 수수료를 받고 발행한 소액수표로써 bank money order, personal money order, postal money order 등이 있다.

⑤ 국고수표(treasury check)는 미국 정부 기관이 발행한 수표로써 은행수표에 준한다. 환거래은행이 보증한 수표는 개인수표에 은행이 보증의 서명 및 'certified' 또는 'accepted'라는 표시를 한 수표로써 은행수표에 준한다.

외화수표의 추심은 지급지가 외국으로 되어 있는 외화수표를 매입하거나 지급은행 앞으로 추심하여 대금을 청구하는 과정으로 추심 전 매입과 추심 후 지급이 있다.

추심 전 매입은 은행이 외화수표를 매입하여 대금을 매입의뢰인에게 선지급 후 지급은행 앞으로 추심하여 매입자금을 회수하는 방식이다.

추심 후 지급은 지급은행 앞으로 추심한 수표가 결제되어 추심의뢰은행 예치금계좌에 입금 통지를 받고 매입의뢰인에게 대금을 지급하는 것이다.

외화수표는 지급지가 외국으로 되어 있어 우리나라의 수표법과 같이 강력한 유통력이 보장되어 발행되는 것이 아니라 법, 제도, 상관습이 전혀 다른 외국에서 발행되는 것으로 부도위험 등이 있다.

예컨대, 미국 수표법은 수표 발행인이 발행서명의 위조, 중요한 변조는 1년 이내, 배서서명의 위조는 3년 이내에 지급은행에 그 사실을 통보하면 지급은행은 지급이 완결된 수표대금을 발행인에게 반환하여야 한다. 따라서 수출입자가 미국은행으로부터 수표대금을 회수하였더라도 나중에 부도처리가 되는 경우도 있음을 주의해야 한다.

10 • SWIFT

SWIFT(Society for Worldwide Interbank Financial Telecommunication, 국제은행간 금융정보 통신망)는 국제은행 사이에 자금결제, 각종 메시지 교환을 신속, 저렴, 안전하게 처리하기 위해서 1973년 벨기에 브뤼셀에서 설립된 글로벌 메시지 시스템이다.

전 세계 200여 개국 금융기관 11,644개가 SWIFT로 돈을 지불하거나 무역대금을 결제하고 있으며, 우리나라는 1992년 3월부터 설치·운영하고 있다.[29)]

〈표 1-13〉 SWIFT FIN의 메시지 종류

	MT분류	내 용
이체지시	Category 1	고객자금이체
	Category 2	금융기관간 자금이체
	Category 8	여행자수표 관련 추심업무
	Category 9	결제현황 등의 조회 및 통보
재무	Category 3	외환, 단기금융상품, 파생금융상품의 거래
	Category 6	귀금속, 신디케이션 관련
증권거래	Category 5	증권매매
교역	Category 4	수금 및 예금증 송부 등
	Category 7	신용장 관련
기타	Category 0	시스템 메시지(SWIFT 이용 청구서 발송 등)

29) 중국은 2015년에 위안화 결제 안정성과 효율성을 높이기 위해 SWIFT와 별도로 CIPS (Cross-border Interbank Payment System, 위안화 국제결제시스템)를 도입했다.

SWIFT 전문(FIN message)은 금융기관 간 거래정보 확인, 지급지시, 이체확인 등 MT(message type)에 따라 거래유형, 결제일, 계좌정보 등을 포함하게 된다.

MT의 점유비율은 은행 간 자금이체(MT200~210, bank transfer, 30%), 고객송금(MT100~112, customer transfer, 25%), 특별통지(MT900~973, special MSG, 22%), 국제대출 및 예금(MT320~350, int'l loans/deposit, 13%), 추심(MT400~430, collections, 5%), 취소 및 조회(MT90~99, common MSG, 1.5%), 신용장(MT700~754, documentary credit, 1.5%), 유가증권(MT500~580, securities, 1.5%), 여행자수표(MT800~ 882, traveller's cheques, 0.5%) 순이다.[30)]

BIC(Bank Identifier Code)는 SWIFT가 국제표준화기구에서 명시한 코딩 시스템을 바탕으로 가입은행 등 금융기관에게 부여한 고유 코드이다.

BIC는 8자리 또는 지점코드를 사용할 때는 11자리로 구성되는데, 왼쪽으로부터 알파벳 4자리(bank code)－알파벳 2자리(country code)－알파벳 or 숫자 2자리(location code)－LT－4자리(branch code)이다. LT (logical terminal)는 자체고유 단말기 코드를 말한다. 주로 A가 사용되며 앞 8자리 코드가 등록되어 사용되고 있다는 의미이다.

예를 들어 KOEXKRSEFCL은 KEB하나은행 지점/부서를 의미하고, HVBKKRSEXXX는 우리은행 본점을 의미하며, SHBKKRSE은 신한은행 본점을 의미한다.[31)]

---

30) 화환신용장 관련 메시지 : MT700/701(issue of a documentary credit), MT705(pre advice of a documentary credit), MT707(amendment to a documentary credit), MT710 (advice of a third bank's documentary credit), MT720(transfer of a documentary credit), MT730(acknowledgement), MT734(advice of refusal), MT750(advice of discrepancy), MT750(authorization to pay, accept or negotiation), MT742(reim- bursement claim), MT754(advice of payment, acceptance, negotiation), MT756(advice of reimbursement or payment), MT740(authorization to reimburse)

31) https://www.theswiftcodes.com/

CHAPTER

2

송금 · 추심방식

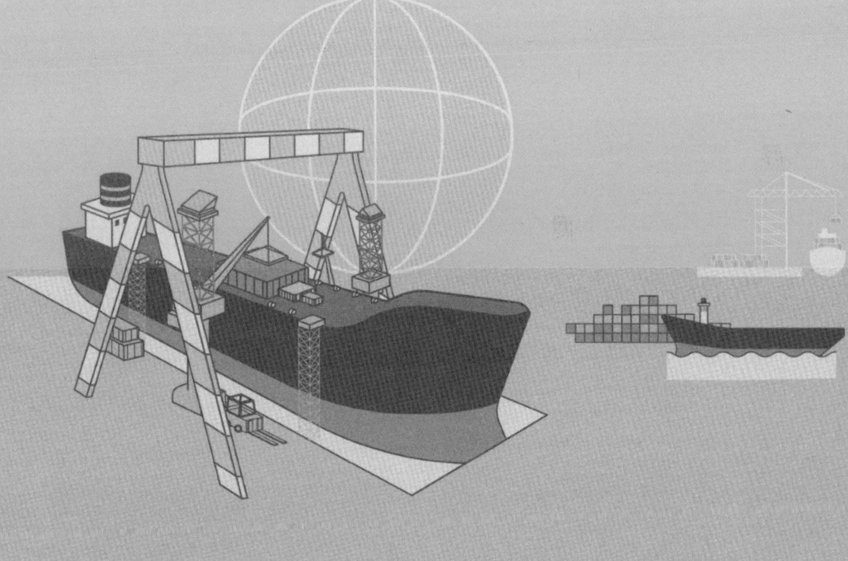

1. 송금방식
2. 추심방식
3. BPO결제

Chapter

2 | 송금 · 추심방식

본 장에서 신용장방식을 제외한 송금방식, 추심방식 등 無신용장방식을 먼저 설명하고, 제3장 신용장방식, 제4장 기타 결제방식, 제5장 무역결제서류, 제6장 무역결제 국제규칙 순으로 설명한다.

우리나라 기업들이 활용하는 대금결제 형태는 2021년 기준으로 단순 송금방식(63.7%), 사후 또는 동시송금방식(9.0%), 위·수탁가공무역(6.2%), Usance L/C(5.5%), D/A(5.1%), Sight L/C(4.9%) 순이다.[1)]

주요 결제방식 비율을 정리하면, 송금방식 72.7%, 신용장방식 10.4%, 추심방식 5.4%로서 10년 전에 비해서 신용장 사용 비율이 크게 줄어든 반면에 송금방식 사용 비율이 대폭 늘어난 것이 특징이다.

세부적으로 수출에서 대금결제 형태는 단순송금방식(58.8%), 사후 또는 동시송금방식(11.5%), 위·수탁가공무역(8.2%), D/A(8.0%), Sight L/C(4.8%), 기타유상(3.7%), Usance L/C(2.8%) 순이다.

수입에서 대금결제 형태는 단순송금방식(68.8%), Usance L/C(8.5%) 사후 또는 동시송금방식(6.5%), Sight L/C(5.0%), 기타유상(4.7%), 위·수탁가공무역(4.0%), D/A(2.0%), D/P(0.3%), 순이다.

송금방식이 늘어나는 주요한 요인은 무역업체들이 결제에 소요되는 비용과 시간을 중요하게 여기고, 우리나라와 무역업체의 국제 신용도 상승과 함께 본·지사 거래 비중의 증가 등을 이유로 들 수 있다.

1) 한국무역액(단위: US천달러) : 2013(1,075,217,949) → 2014(1,098,179,113) → 2015(963,255,476) → 2016(901,618,827) → 2017(1,052,172,717) → 2018(1,140,062,085) → 2019(1,045,575,557) → 2020(980,130,801) → 2021(1,259,493,815)

신용장거래는 은행이 대금지급을 약속하기 때문에 안전성이 높아지는 장점이 있지만, 개설수수료 등 거래 비용이 과다하고, 관련 서류가 복잡하며, 처리절차와 시간이 과다하기 때문에 신뢰할 수 있는 거래당사자 사이에서는 신용장거래보다는 간편한 송금방식을 선호하고 있다.

〈표 2-1〉 우리나라 결제형태별 수출입 실적(2021년)

〈단위 : US천달러, %〉

결제형태	수출액	비중	수입액	비중	무역액	비중
단순송금방식(T/T, M/T)	378,733,020	58.8%	423,252,219	68.8%	801,985,239	63.7%
사후/송금방식(COD, CAD)	74,022,041	11.5%	39,828,150	6.5%	113,850,191	9.0%
위탁(수탁)가공무역	52,967,027	8.2%	24,703,243	4.0%	77,670,270	6.2%
기한부 L/C	17,831,274	2.8%	52,025,098	8.5%	69,856,372	5.5%
기한부추심(D/A)	51,465,446	8.0%	12,219,839	2.0%	63,685,285	5.1%
일람출급 L/C	31,015,293	4.8%	31,014,986	5.0%	62,030,279	4.9%
기타 무상	10,907,588	1.7%	29,116,689	4.7%	40,024,277	3.2%
기타 유상	23,913,030	3.7%	467,829	0.1%	24,380,859	1.9%
일람출급추심(D/P)	1,967,544	0.3%	1,579,758	0.3%	3,547,302	0.3%
계좌이체(상호계산방식)	1,351,280	0.2%	718,409	0.1%	2,069,689	0.2%
분할영수(지급)방식	226,824	0.0%	167,227	0.0%	394,051	0.0%
총계	644,400,368	100.0%	615,093,447	100.0%	1,259,493,815	100.0%

자료 : 한국무역통계(www.kita.net) 정렬: 무역액순

특히, 무역 규모가 작은 중소무역업체들은 주로 송금방식을 사용하고 있다. 송금방식은 사전 또는 사후방식에 따라 결제리스크가 수출자 또는 수입자에게 전적으로 있기 때문에 리스크 관리방안이 요구된다.

결제리스크 관리를 위해서는 다음과 같은 방안을 적극적으로 검토해야 한다.

① 상대방에게 전가하는 것이다. 즉, 수출자 입장에서는 사전송금방

식 및 신용장 방식을, 수입자 입장에서는 사후송금방식 및 추심방식을 사용함으로써 리스크를 상대방에게 전가할 수 있다.

② 상대방에 대한 신용조사에 신경을 쓰고 아울러 수출보험을 활용하는 것이 바람직하다.

③ 다양한 결제방식을 혼합하여 복합결제방식을 활용하거나 소액의 경우 신용카드 결제 또는 국제간 간편결제 등을 활용할 수 있다.

④ 사후송금방식의 외상매출채권을 제3자에게 전가하는 수출팩토링 또는 청구보증, 보증신용장 등 은행보증 방식을 활용할 수 있어야겠다.

1 • 송금방식 2)

(1) 송금방식의 의의 및 특징

송금(送金, remittance)결제방식은 수입상이 계약 물품을 수령하기 전(前), 후(後) 또는 동시에 전신환(T/T: telegraphic transfer), 우편환(M/T: mail transfer) 및 수표(D/D: demand draft) 등의 방법으로 수출상에게 송금하여 수입대금을 결제하는 방식이다.

실무적으로는 대부분 T/T방식을 사용하고 있으며, T/T방식은 수입상의 요청에 따라 송금은행이 지급은행에 대하여 일정한 금액을 전신환으로 발행하여 이를 송금은행이 직접 지급은행 앞으로 송신하는 방식이다.

송금방식의 특징은 다음과 같다.

① 대금결제방식 중 은행수수료가 가장 저렴하다. 따라서 우리나라 "W"외국환은행의 경우 US$50,000 이상 송금의 경우에도 1~3만원의 수수료만 부담하면 된다.3)

---

2) 송금확인서 ⇨ 부록

3) 【예시】 10만$ 수출 L/C거래 및 송금거래의 비용 비교(표준추심일수 10일, 크린네고 기준)

② 대금결제 시간이 전신환을 통해 실시간 거래가 가능하다.[4)]

③ 환어음(draft, bill of exchange)을 사용하지 않으므로 어음법의 적용을 받지 않는다.

④ 서류 및 대금결제의 위험을 수출자 또는 수입자가 부담한다. 즉, 사전송금방식은 수입자가, 사후송금방식은 수출자가 위험을 부담한다.

⑤ 신용장 및 추심과 달리 송금방식에 적용되는 국제규칙이 없다.

실무적으로 매매계약서의 결제조건(terms of payment)에 다음과 같이 기재하며, 대금을 송금받을 은행 명칭과 계좌번호를 계약서에 기재하거나 별도로 알려준다.

〈사전송금〉

① By T/T in advance within 10 days after the date of sales contract

② T/T remittance in advance on March 19, 20xx

③ By T/T remittance before shipment in favor of supplier

④ T/T in advance in favor of supplier

⑤ T/T remittance after receiving firm offer sheet

〈사후송금〉

① By T/T within 10 days after Bill of Lading date

② T/T in favor of supplier on receipt a copy of B/L consigned to the buyer

---

- 송금거래 : 타발송금수수료 ₩10,000(수출대금 대비 0.01%)
- L/C거래 : 우편료(₩20,000)+매입수수료(₩20,000)+통지수수료(₩20,000)+환가료(₩65,623)=₩125,623(수출대금 대비 0.11%)(수입자 비용은 별도)

4) 【예시】 10만$ 수출시 L/C거래 및 송금거래의 시간 비교(무역협회 현장조사 결과)
- 송금거래: 전신환입금(실시간)
- L/C거래: 개설통지(1일)+선적서류 구비(7일)+매입의뢰(1일)+매입심사(5일)=14일

③ Buyer shall remit by wire transfer within 10 days after the date of B/L issuance

④ Buyer shall remit by T/T payment within 10 days after the shipment

⑤ Buyer shall remit by wire transfer within 60 days after the date of arrival at buyer's warehouse.

(2) 사전 · 사후 송금방식

송금방식은 수출상의 물품인도와 수입상의 대금지급이 분리된 거래이다. 따라서 수출상이 선적 후 별도의 대금 청구 절차 없이 수입상 스스로 대금을 보내주는(remit) 형식을 취하며, 물품 선적을 기준으로 사전 또는 사후송금으로 구분된다.

사전송금방식(advance remittance)[5]은 수입상이 대금을 물품 선적 또는 선적 서류 인도전에 은행을 통하여 지급하고, 수출상은 일정한 기일 내에 이에 상응하는 물품을 보내는 것을 말하며, 사전지급방식(cash in advance) 또는 단순송금방식이라고 한다.

사전송금방식은 수출상에게는 유리한 반면에 수입상에게는 절대적으로 불리하다. 따라서 수입상의 신용상태가 불투명하거나 샘플 및 소액 물품 주문 시 또는 본지사간 거래 등에서 주로 사용된다.

외국환거래법상 다음의 경우에는 한국은행에 신고해야 한다.

① 본지사간의 수출거래로서 계약 건당 5만 달러를 초과하는 수출대금을 물품 선적하기 전에 영수하고자 하는 경우

② 본지사간이 아닌 거래로서 계약건당 5만 달러를 초과하는 수출대금을 물품의 선적 전 1년을 초과하여 영수하고자 하는 경우

5) 선지급방식(payment in advance) 또는 주문불(CWO; cash with order) 등의 명칭이 사용된다.

사후송금방식(later remittance)[6]은 매매계약의 조건에 따라 먼저 수출상이 물품을 선적하고 선적서류를 송부하면, 수입상이 계약에 따라 일정 기간이 경과한 후에 수출상의 지정은행 계좌로 대금을 송금하여 결제하는 방식이다.

대금교환도 조건인 COD와 CAD도 수출상이 선적을 먼저 하고, 이후에 현물(delivery) 또는 서류(document)와 상환하여 대금을 지급받기 때문에 사후송금방식에 속한다고 할 수 있다.

(3) 대금교환도방식(COD & CAD)

송금방식에는 물품의 인도와 동시에 또는 인도 후 일정 기간 내에 수출대금 전액을 외국환은행을 통해서 송금받는 대금교환도방식이 있다. 대금교환의 대상에 따라 현물상환방식(COD)과 서류상환방식(CAD)으로 구분된다.[7]

(가) 현물상환방식(COD)

현물상환방식(COD : cash on delivery)은 사전적인 의미로 물품을 인도(delivery)하자마자(on) 현금(cash)을 받는다는 의미이다. 즉, 수입자가 소재하는 국가에 수출자의 해외지사나 대리인이 있는 경우에 수출자는 물품을 해외지사 등에 송부하고, 수입자는 물품의 품질 등을 검사한 후 물품과 대금을 교환하는 방식의 거래이다.

주로 귀금속 및 직접 물품 검사 전에 품질을 정확히 파악하기 어려운 경우에 많이 활용된다.

COD거래는 물품을 선적한 이후에 대금을 받기 때문에 사후송금방식의 일종이다. 따라서 수입상은 품질 및 물품수령에 대한 위험이 전혀 없기 때문에 안전한 거래인 반면에 수출상에게는 대금회수에 상당한 위험이 따른다.

---

6) 후지급방식(deferred payment) 또는 외상거래방식(open account) 등의 명칭이 사용된다.
7) 사전 또는 사후송금방식에 대비하여 동시지급방식(cash on shipment)의 의미로 사용될 수 있다.

[그림 2-1 현물상환방식(COD)의 거래절차]

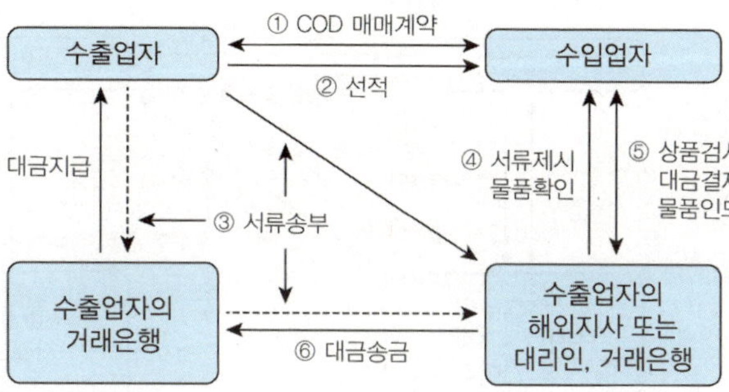

COD거래와 가장 부합되는 정형거래조건은 DDP(관세필인도조건; delivered duty paid)조건이라고 할 수 있다. 일반적으로 COD거래에서 수출상은 물품을 수입상이 지정한 장소까지 운송해야 하며, 품질에 문제가 없음에도 불구하고 수입상의 의사에 따라 큰 손해를 입을 수도 있다.

COD거래에서 대금 미회수에 대비하는 최소한의 안전장치는 수출상이 운송서류에 물품 수령인(consignee)을 매도인의 대리인으로 하여야 물품의 안전한 반송을 보장받을 수 있으며, 도착 통지처(notify party)는 수입상으로 하는 것이 좋다. 실무적으로 수입국에 수출자의 지사나 대리인이 없는 경우에는 운송대리인(forwarder)을 이용할 수 있다.

(나) 서류상환방식(CAD)

서류상환방식(CAD : cash against document)은 사전적인 의미로 서류(document)에 대하여(against) 현금(cash)을 지급한다는 의미이다. 즉, 수출자가 물품을 선적하고 받은 선적서류를 수입자 또는 수출국에 소재하는 수입자의 해외지사나 대리인에게 제시하면 서류와 상환하여 대금을 결제하는 거래이다. 일반적으로 수입자의 해외지사나 대리인 등이 수출국내에서 물품의 제조과정을 점검하고 수출물품에 대한 선적 전 검사를 수행한다.

[그림 2-2 서류상환방식(CAD)의 거래절차]

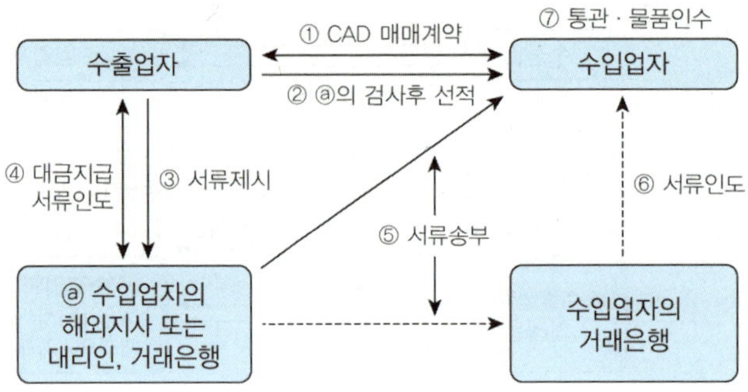

유럽에서는 수출국 소재지에 수입상의 해외지사나 대리인이 없어 CAD를 활용하는 것이 곤란한 경우에 은행을 통해서 서류를 송부받는다.

은행을 통할 경우 D/P와 같은 수준의 결제의 안정성을 유지하면서도 환어음은 발행하지 않기 때문에 인지세 등 비용을 부담하지 않으려는 경우에 사용된다.

즉, CAD방식에서 서류가 수입상의 거래은행으로 직접 송부된 경우는 D/P방식과 동일한 것으로 간주되고(ICC opinion) 이를 '유럽식 D/P'라 부른다. D/P와의 차이점은 환어음을 발행하지 않는다는 점이다.

(4) 청산결제방식(O/A거래)

청산결제(淸算決濟)는 국가 또는 무역거래 당사자 사이에 계약을 체결하여 일정기간 거래를 지속하고, 대금을 상계한 후 잔액만을 결제하는 방식으로 청산계정(clearing account)과 상호계산(open account)의 개념이 혼용되어 사용된다.[8)]

청산계정은 국가 간 협정거래, 상호계산은 사인 간 무역거래에서 주

8) open account의 사전적 의미는 당좌계정을 말한다. 따라서 거래 때마다 결제를 하지 않고 대차 관계를 장부에 기록했다가 정기적으로 차액만을 현금 결제하는 방식을 말한다.
당좌예금(當座預金, checking account) : 수표나 어음 발행이 가능한 예금

로 이용되기 때문에 일반적으로 말하는 청산결제라 함은 상호계산의 의미이며, 이에 따른 외상 매출채권(account receivable)의 제3자 할인매각인 팩토링방식과 연결되어 활용된다.

(가) 청산계정

청산계정(clearing account)은 국가 간 협정을 체결하여 무역대차관계를 장부상으로 청산키로 합의하고 당사국 중앙은행에 상호 설정한 계정(청산계정)에 의하여 일정 기간 거래 후 정기적으로 쌍방의 수출입대금을 상계하고 나머지 잔금만을 외화 또는 금으로 결제하는 방식이다.

역사적으로 국가 간 청산결제는 1930년대에 세계적인 대공황으로 국제무역이 축소되자 이에 대처하기 위해서 도입되었다.

1931년 스위스와 헝가리간의 무역에 처음으로 채택되어 제2차 세계대전 이전에 유럽에서 널리 사용되었다. 그러나 제2차 세계대전 이후 자유무역 기반의 IMF, GATT체제가 도입되면서 시장경제 국가 간에는 거의 사용하지 않게 되었다. 반면에 사회주의 국가들 사이에서 청산계정은 일반적인 결제방식으로 이용되었다.

청산결제제도는 구공산권 국가들 간의 교역에 가장 광범위하게 사용되었기 때문에 일반적으로 협정무역과 동일시하는 경향이 강했다. 동서독 사이에서도 공산권 협정무역 형태는 아니었지만 다른 방식에 의한 교역이 허용되지 않았다는 사실에 비추어 협정무역에 가까운 형태이었다.

사회주의 국가의 무역에서는 쌍무적 또는 다자간 청산결제가 통용되었으며, 사회주의 국가와 일부 개발도상국간 무역에서도 사용되었다. 그 이유는 첫째, 대금결제용 외화가 필요하지 않고, 둘째, 교역수지의 균형유지가 가능하며, 셋째, 무역을 계획적으로 관리할 수 있고, 넷째, 정부 간 합의에 의해 서로 필요한 자원을 교환할 수 있기 때문이었다.

북한은 1970년대 이후 이란, 방글라데시, 파키스탄, 에티오피아, 우간다 등 제3세계 국가들과의 무역에서 청산결제제도를 실시하였으나,

교환할 수 있는 상품의 규모가 극히 제한적이었기 때문에 간헐적으로 추진되었을 뿐이었다.

1991년 이후 러시아연방의 성립과 함께 국제통화를 결제통화로 할 것이 요구됨에 따라 국제거래상의 일반적인 결제방식으로 전환되었으며, 중국과의 거래에서도 일반적인 상업거래는 물물교환 방식 등이 아닌 달러 등 경화(교환가능통화)에 의한 결제로 전환되었다[9].

우리나라는 일본과 국교정상화 이전에 청산결제 방식을 이용한 사례가 있으며, 외환위기 이후 1999년에 인도네시아와 구상무역 지원을 위해서 수출입은행과 PT. Bank Negara Indonesia 사이에 BPA[10]를 체결하였으나, 시장수요가 없기 때문에 이용 실적은 거의 없었다.

2003년 남・북간 청산결제를 합의하여 한 바 있으나 실시하지는 못하였다.[11]

(나) 상호계산

상호계산(O/A : open account)은 청산결제방식에 대한 외국환거래규정[12]에 따른 명칭이며, 은행실무에서는 '선적통지부 사후송금방식 수출거래(open account transaction)에 의한 수출대금채권 매입거래'[13]라고 하여 서류 매입방식거래 또는 외상거래의 개념으로 사용하고 있음을 알 수 있다.

---

9) 강정모, 북한의 무역 및 대외경제, 대외경제정책연구원, 1991. 2, p. 18.

10) • BPA(중앙은행간 지불협정, Banking and Payment Agreement)는 사회주의 국가 간의 청산동맹을 모체로 1980년대 결성된 라틴 아메리카 통합연합(Latin America Integration Association : LAIA)에서 활용하기 시작하였다.
 • ALADI(지불협정)는 스페인어 LAIA(Association Latinoamericana de Integration)에서 왔으며, 1980년대 중남미국가들이 외채문제에 직면하자 외환부족의 제약 하에서 역내무역의 활성화를 위해 도입된 제도이다.

11) 2003년 8월 20일 '남북사이의 청산결제에 관한 합의서(청산결제합의서)'가 발효

12) 외국환거래규정 제2관(상호계산) 상호계산은 상대방과의 거래가 빈번하여 상호계산 방법으로 지급 등을 하는 거래라는 취지로 규정됨

13) O/A방식 수출거래에 대한 추가약정서, 한국스탠다드차타드은행 서식

상호계산으로 결제하기 위해서는 외국환거래법에 따라서 사전에 거래하는 외국환은행에 신고하여야 한다.

따라서 상호계산(Open account)은 수출자가 물품을 선적하고 선적서류를 직접 수입자에게 발송하고 수출상이 환어음을 발행하지 않고 주로 송장만으로 물품대금을 청구하는 것이 일반적이며, 수입대금을 바로 결제할 필요가 없기 때문에 수입상에게 유리한 방식이다.

많은 경우에 수출자는 수출채권을 은행에 매각하는 팩토링결제 방식을 결합하여 'OA수출팩토링'의 형태로 사용한다.

외상거래는 수출상과 수입상이 물품을 인도하고 일정 기간 후에 대금을 지급하기로 합의하고, 그 약속에 따라 대금결제가 이루어지는 후지급 결제방법을 말한다. 거래건별로 바이어에게 외상을 주는 거래이며 확실한 신용이 있는 거래선 또는 특별한 관계가 아니면 사용을 조심해야 한다.

실무적으로 무역거래에서 외상거래는 발생할 수밖에 없으며, 기존 거래선의 신용이 충분한 경우 외상기간을 짧게 하여 적은 금액을 시도해 볼 수 있다. 하지만 미수(未收)가 한번이라도 발생하면 대금 회수가 있기 전에 또 다른 외상을 주는 것은 위험하다.

O/A의 거래절차는 다음과 같이 단순하며, 은행의 서비스는 O/A약정에 따라서 달라진다. 즉, OA수출팩토링의 경우는 매도인 은행의 역할이 매우 중요하다.

[그림 2-3 O/A거래절차]

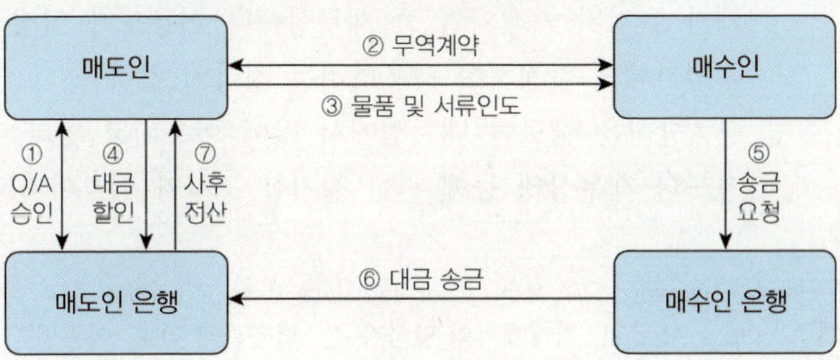

① 매도인은 거래은행에 문의하여 O/A거래를 신청하고, 은행은 매도인의 신용도를 확인하여 O/A거래약정을 체결한다.
② 매도인과 매수인은 무역계약에서 사후송금방식의 결제를 약정한다.[14)]
③ 매도인은 물품을 선적하고, 통관 등 관련 절차를 거쳐 B/L 등 관련 서류를 매수인에게 직접 송부한다.
④ O/A거래약정에 따라서 매도인은 거래은행 선적사실을 통보하고, B/L사본 등을 제시하여 수출대금을 조기 회수할 수 있다.
⑤ ⑥ 매수인은 약정된 기일에 수입대금을 매도인 은행에게 송부한다. 이때 매수인 은행의 서비스는 지급결제 업무로 한정된다.
⑦ 매도인 은행은 O/A거래약정에 따라서 수출대금의 차액을 정산하여 매도인에게 지급한다.

O/A거래의 특징(장・단점)은 다음과 같다.[15)]

① 수입자의 입장에서 은행에 지불해야 하는 수수료를 절감할 수 있다. O/A는 은행이 개입하지 않기 때문에 은행 수수료를 줄일 수 있다.
② 수출대금을 조기에 현금화할 수 있다. O/A는 수입자가 송금을 하기 전이라도 수출채권의 매각을 통해 조기에 회수할 수 있다.
③ 신속・간편하여 거래시간을 절감시켜준다. 요구하는 서류가 복잡하지 않기 때문에 신속하게 결제과정이 진행된다.
④ 수입자로부터 수출대금을 결제받지 못할 위험에서 자유롭지 못하다. O/A는 물품을 인도받은 후에 대금을 지급하는 신용거래에 속하지만, 신용장을 사용하지 않는다. 따라서 신용장을 사용하지 않는 다른 무역대금 결제방식들과 마찬가지의 위험에 노출되는 것이다. 따라서 수출자는 O/A방식을 본지사간의 거래, 지속적인 거래가 누적된 거래기업 중 재무상태나 신용도가 일정 수준 이상의 수입자에게 한정하여 사용하려는 경향이 강하다.
⑤ O/A방식은 글로벌 대기업에서 많이 이용되고 있다. 수입자의 신용도나 재무상태 등에 관한 철저한 조사가 이루어지지 못할 경우,

14) (문구예시) Payment : O/A Base after 180 days from B/L date
15) 김희준, Open Account 거래에서의 당사자 간 법률관계 검토, 아주법학, Vol. 8 No. 4, 2015. pp. 326~328.

수출자가 대금 회수에 대한 위험을 부담한다.

〈표 2-2〉 O/A거래방식의 타 결제방식과 비교

	수출채권성립	서류송부방법	환어음	대금결제 송금방식
O/A	선적통지 시	은행 未경유	없음	매입은행 앞 송금
송금방식	서류 및 물품인도 시	은행 未경유	없음	수출상 앞 송금
추심방식	선적서류 인도 시	은행 경유	있음	추심의뢰은행 앞 송금
신용장방식	선적서류 인도 시	은행 경우	있음	매입은행 앞 송금

자료 : 박종삼 · 신승관, Open Account 결제방식의 활성화방안에 관한 연구, 동중앙아시아연구(구 한몽경상연구), 2001, p. 251.

사례 4 O/A(open account)방식

질문

오랜 동안 L/C방식으로 거래하던 대만 바이어가 O/A방식으로 거래를 하자고 하는데, O/A방식이란 무엇이며 그 장단점은 어떤 것인가?

답변

O/A(open account)방식이란 수출자가 거래은행과 수출채권에 대한 양수도 계약을 체결하고 수입자로부터 수입대금을 약정된 채권 양수은행에 입금할 것을 승낙받아 거래하는 결제방식이다.

O/A방식은 수출자가 물품을 선적한 후 상업송장과 선하증권 등 선적서류를 직접 수입자에게 송부하고 수출채권은 은행에 매각해 현금화하는 방식으로 선적통지결제방식, 외상수출채권방식, 무서류매입방식 등으로 불린다.

O/A방식은 선적서류 등이 은행을 경유하지 않는다는 점에서 신용장이나 추심방식과 다르며 수출채권을 미리 은행에 네고할 수 있다는 점이 송금방식과 다르다.

장점은 신용장이나 추심방식과 달리 은행수수료 등 금융비용과 복잡한 운송서류 처리에 따른 인력 및 시간을 크게 절감할 수 있다는 점이다. 또 T/T 등 여타 송금방식은 수입자가 물품 대금을 송금해야만 자금을 이용할 수 있으나, O/A방식은 수입자가 송금하기 전이라도 수출채권의 매각을 통해 수출대금을 회수할 수 있다.

단점은 사후송금방식이나 추심방식과 마찬가지로 대금 회수 위험이 있다. 따라서 수입자가 수출대금을 미지급할 경우 수출자가 매입은행에 대금을 변제해야 하므로 동 방식을 이용하려면 수출자는 먼저 수입자의 신용도나 재무 상태를 철저히 조사해야 한다. 우리나라에서는 신용도가 높은 대기업이나 본지사간 거래 등에 한해 소극적으로 운영되고 있다.

(출처: 월간무역)

사례 5 필리핀, 이메일 해킹 송금사기

개요

필리핀 P사(Buyer)와 한국 K사(Seller)는 T/T방식의 거래를 이메일로 진행함. P사는 K사로부터 생산이 완료돼 제품을 발송한다는 연락을 받고 거래대금을 준비하던 중 기존 한국의 은행계좌가 회계감사 중으로 이용이 불가능하니 홍콩은행 계좌로 송금해 달라는 메일을 수신함. P사는 이제까지 K사와 주고받았던 메일과 같았기에 의심하지 않고 거래대금을 송금하고 송금 내역까지 송부함. K사(가짜)에서 거래대금 입금을 확인 중이며 수일 내에 AKFTA, B/L 등 관련 서류를 보내겠다는 메일까지 수신함.

이후 두 차례의 메일 접촉에서도 K사(가짜)가 서류가 준비돼 송부 중이라고 답장을 보내 의심하지 않고 수일을 더 기다렸으나 서류가 도착하지 않자 K사에 직접 전화로 접촉함. 그 결과 K사가 거래대금 입금사실 등 그 동안의 경위를 전혀 모르고 있어 해커에 의한 사기로 판단하고 현지은행 및 경찰에 신고함

확인 결과 바이어가 K사와 주고받았던 메일은 실제 K사가 아닌 해커와 주고받았던 것으로 나타남. 해커는 메일주소 중 xxx@ooo(서버네임) 서버네임 알파벳 한 글자를 교묘하게 바꾸어 바이어를 현혹함
(예) xxx@korea.com(원주소) → xxx@krea.com(해킹주소)

P사는 필리핀 은행 및 경찰에 신고해 홍콩 계좌를 추적했지만 확인되지 않았으며, 한국 K사는 바이어의 딱한 사정을 고려해 거래대금 50% 할인을 제안했으나 바이어는 50%도 추가 부담할 여력이 없다며 더 많은 할인을 요청해 한국 K사는 물건 회수를 잠정 결정함. 다시 P사의 요청에 따라 양사 간 50%씩 부담하는 것으로 최종 합의함. K사가 향후 지속적인 거래를 위해 많은 희생을 감수한 것으로 양사 모두 피해가 초래됨

시사점

이메일 해킹을 통해 전신송금(T/T)이나 선수금을 중간에 가로채는 사례가 종종 발생하는데, 이메일 주소를 변경한다거나 이메일 내용 중 계좌정보만 바꾸는 사례도 있음.
이메일 해킹은 기업 간 업무 연락을 주로 이메일을 통해 이뤄지고 있음을 악용하는 것으로 이러한 무역사기를 예방하기 위해서는 바이어와 사전에 협의해 ① 거래대금 입금 계좌번호, 수익자 등 중요 내용은 반드시 FAX 또는 전화로 알리며, ② 이메일로 입금계좌 변경 요청 시 전화로 변경사항을 재확인하며, ③ 상호 간 업무연락을 위해 사용하는 메일의 보안을 위해 비밀번호를 수시로 변경하는 등 세심한 주의가 필요함.

(출처: KOTRA 마닐라무역관, 2013.10.27)

2 • 추심방식

(1) 추심방식의 의의 및 특징

추심(推尋, collection)이란 은행이 수표 또는 어음을 소지인의 의뢰를 받아 지급인에게 제시하여 지급받는 일을 말한다. 무역거래에서 사용되는 추심방식은 수출상(customer)의 의뢰를 받은 추심의뢰은행(remitting bank)이 추심은행(collecting bank)을 통해 환어음을 수입상에게 제시하여 대금을 회수하는 거래이다.

추심방식의 종류에는 다음과 같이 2가지가 있다.

① 환어음의 지급인(수입상)이 선적서류를 영수함과 동시에 대금을 결제하는 일람지급(D/P, document against payment)방식
② 수입상이 환어음의 앞면에 인수(引受, acceptance) 표시해 선적서류를 일단 수령하고, 일정기간 후에 대금을 결제하는 기한부지급(D/A, document against acceptance)방식

추심결제방식의 특징은 다음과 같다.

① 수출상이 환어음을 발행하는 어음부 거래이다(어음법 적용).
② 수출상은 은행을 통해 선적서류를 송부한다.
③ 수입상은 은행을 통해 수입대금을 지급한다.
④ 추심에 관한 통일규칙(Uniform Rules for Collection, URC522)이라는 국제규칙이 존재한다.
⑤ 수입자의 신용에 바탕을 둔 거래이다.

실무적으로 추심결제방식에서 거래 위험을 수출상이 전적으로 부담하기 때문에 본·지사 간 거래 등 수출·입상 간 신뢰가 두터운 경우에 사용한다. 추심결제거래에서 은행은 단순하게 통로 역할만 담당하며, 대금(D/P) 또는 인수 사인(D/A)과 교환하여 선적서류를 인계해야 하는

최소한의 책임만 진다.

추심결제방식은 신용장에 비해 낮은 은행 수수료를 부담한다.

우리나라 "W"외국환은행의 경우 ① 수입어음 결제수수료로서 US$100, ② 추심수수료로서 어음금액의 0.1%, ③ 지급과 인수의 통지를 위한 전신료로서 ₩5,000~20,000원을 부담하면 된다.

실무적으로 매매계약서의 결제조건(terms of payment)에 D/P 또는 D/A로 간주되는 지시나 어음 조건은 다음과 같다.

〈D/P(지급인도)〉

① deliver documents against payment
② D/P at sight
③ at sight on arrival of vessel
④ D/P 30 days after sight(기한부 D/P)
⑤ D/P, at 30 days after draft's date(기한부 D/P)

〈D/A(인수인도)〉

① deliver documents against acceptance
② D/A 60 days after sight
③ at 90 days after arrival of vessel
④ at 30 days after sight
⑤ 60 days after B/L date 등

(2) D/P(지급인도방식)

추심결제방식은 결제 기간에 따라 지급인도(D/P)거래와 인수인도(D/A)거래로 구분된다. 전자는 환어음의 지급인(수입상)이 선적서류를 수령함과 동시에 대금을 결제하는 일람불 지급방식이고, 후자는 수입상이 환어음의 앞면에 인수(引受, acceptance) 표시해 선적서류를 일단 수령하고, 일정기간 후에 대금을 결제하는 기한부 지급방식이다.

D/P(document against payment)는 수출상이 선적서류(document)를 수입상의 대금결제(payment)와 교환(against)으로 넘겨줄 수 있다는 의미이다.

수출자가 수출물품을 선적한 후 수입자를 지급인으로 수출자를 수취인으로 일람불 환어음(at sight draft)을 발행하여 선적서류와 함께 거래은행에 추심을 의뢰하고, 추심의뢰은행은 수입지의 추심은행에 추심을 요청하면, 추심은행은 어음지급인(수입자)이 환어음 대금을 지급함과 동시에 선적서류를 수입자에게 인도하고 그 대금을 추심의뢰은행에 송금하여 수출자가 수출대금을 회수하는 거래방식이다.

여기에서 일람불 어음이란 어음이 지급인에게 제시되는 날이 어음의 만기일이 되는 어음을 말한다.

D/P 거래의 전개과정은 다음과 같다.

① 수출상, 수입상이 매매계약을 체결하고 계약서상의 결제조항(terms of payment)에서 D/P거래를 하기로 합의한다.
② 수출상은 계약서에 명기된 대로 선적 후 선박회사, 보험회사와 접촉하여 B/L, I/P 등을 발급받고, 환어음, 상업송장, 포장명세서 등을 직접 작성한다.
③ 수출상은 추심의뢰은행(remitting bank)에 추심의뢰서를 작성하여 서류송부와 대금추심을 의뢰한다.
④ 추심의뢰은행(remitting bank)은 서류의 내용심사 없이 추심의뢰서에 명기된 서류와 실제 제출서류 목록이 일치하는지 여부만 확인한 후 서류를 수입지의 추심은행(collecting bank)으로 송부한다.
⑤ 추심은행(collecting bank)은 서류를 받는 즉시 계약서에 명기된 수입상에게 도착한 서류와 교환하여 서류를 인수할 것을 요청한다.
⑥ 추심은행은 수입상이 서류를 받겠다고 말하면 대금지불을 요구해야 하며, 돈을 받지 않고 서류를 넘겨주어서는 안 된다.

⑦ 수입상은 대금지불 후 은행에서 받은 서류를 보관하고 있다가 선박회사로부터 화물도착 통지(arrival notice)를 받으면 B/L을 주고 화물을 인도받은 후 관할세관에서 수입통관 업무를 마친다.

⑧ 추심은행(collecting bank)은 수입상에게 받은 돈을 추심의뢰은행(remitting bank)에게 송금하고, remitting bank는 이 돈을 수출상에게 지급한다.

[그림 2-4 D/P 전개과정]

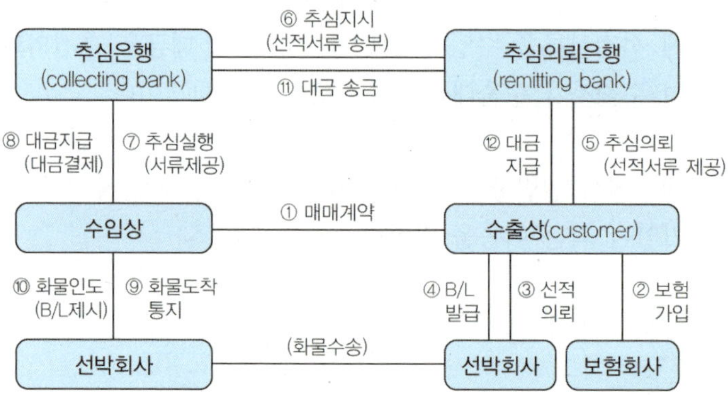

추심은행(collecting bank)은 우선 어음의 지급인, 즉 수입상이 은행의 거래선 여부를 확인하여 거래선이 아니거나, 의뢰서에서 제시은행을 따로 지정하고 있을 때에는 지급인의 거래은행 또는 지정된 은행으로 서류를 송부하여야 한다.

다음으로 서류가 추심의뢰은행을 통하여 내도된 것인가 또는 수출상으로부터 직송되어 온 것인가를 확인하여야 한다. 현재에는 관습이 변경되어 수출상이 수입지의 추심은행에 직접 추심 의뢰할 수 있다.

마지막으로 서류가 D/P, D/A인가를 확인하여야 한다. 추심의뢰서에 D/P인가 D/A인가 명시가 없는 경우에는 D/P인 것으로 간주된다. 특히 기한부어음인 경우에도 D/P, D/A의 표시가 없으면 D/P로 간주되므로, 이 경우에는 추심의뢰은행 또는 추심의뢰인에게 조회한 후 처리하는 것이 좋다.[16] 일반적으로 D/P, D/A로 표시하나 기타의 표현을 사용하는 경우도 있다.

(3) D/A(인수인도방식)

D/A(document against acceptance)는 수출상이 선적서류(document)를 '서류를 받겠다'는 수입상의 의사표시인 인수(acceptance)와 교환(against)으로 넘겨줄 수 있다는 의미이다.

수출자가 기한부환어음(usance draft)을 발행하여 추심은행을 통하여 수입자에게 제시하면 수입자는 어음에 'accepted'라는 표시와 함께 서명하고 환어음을 인수하면 추심은행은 수입자에게 선적서류를 인도하며, 추심은행은 어음의 만기일에 어음지급인(수입자)으로부터 대금을 지급받아 추심의뢰은행에 송금하면 수출자가 대금을 영수하는 거래방식이다.

D/A거래의 전개과정은 다음과 같다.

① 수출상과 수입상이 매매계약을 체결하고 계약서상의 결제조항(terms of payment)에서 D/A거래를 합의한다.
② 수출상은 계약서에 명기된 대로 선적하고, 선박회사, 보험회사와 접촉하여 B/L, I/P 등을 발급받고 환어음, 상업송장, 포장명세서 등을 직접 작성한다.
③ 수출상은 추심의뢰은행(remitting bank)에 추심의뢰서를 제출하여 서류송부와 대금추심을 의뢰한다.
④ 추심의뢰은행은 서류의 내용 심사없이 추심의뢰서에 명기된 서류와 실제 제출서류 목록이 일치하는지 여부만 확인한 후 서류를 수입지의 추심은행(collecting bank)으로 송부한다.
⑤ 추심은행은 서류를 받는 즉시 계약서에 명기된 수입상에게 서류를 보여주고 서류의 인수 여부를 문의한다.
⑥ 수입상이 서류를 인수하겠다는 승낙의 의사표시를 하면 추심은행

16) 기한부 D/P 사례 : D/P 30 days after sight, D/P at 30 days after draft's date.

은 수입상에게 이 의사를 문서로 작성한 인수증을 제출하게 한 후 대금을 받지 않고 선적서류를 수입상에게 넘겨준다.

⑦ 서류를 넘겨줄 때 추심은행은 수출상이 발행한 환어음의 만기일이 구체적으로 몇 년 몇월 며칠에 해당하는지 알려주고, 만기일에 반드시 어음결제가 이루어져야 한다는 점을 강조하여야 한다.

⑧ 만기일이 되면 추심은행은 수입상에게 어음결제를 요청하고, 수입상이 어음을 결제하면 그 돈을 추심의뢰은행(remitting Bank)을 통하여 수출상에게 전달한다.

⑨ 만일 수입상이 만기일에 어음을 결제하지 않으면, 추심은행은 공증인에게 거절증서 작성을 의뢰하여 이를 추심의뢰은행(remitting Bank) 앞으로 송부한 후 모든 업무를 종결하게 된다. 다만 추심의뢰서의 거절증서 작성면제 조항이 있는 경우에는 거절증서 작성이 면제된다.

[그림 2-5 D/A 전개과정]

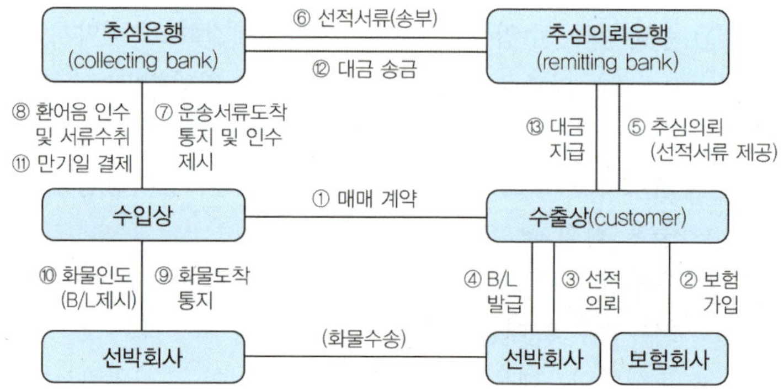

인수(引受, acceptance)라 함은 환어음의 지급인이 어음에 기명날인하여 주된 어음 채무자가 되는 어음행위를 말한다.

인수문언의 예는 다음 그림과 같다.

[그림 2-6 인수문언 예시]

Accepted on (날짜)
Payable at XXX Bank, Seoul Korea

____
Authorized Signature

지급인은 인수 사인을 하기 전까지는 소지인에 대해서 채무를 지는 것이 아니며, 발행인으로부터 어음 대금의 지급을 위탁받은 수임인에 지나지 않는다. 그러나 일단 인수의 사인을 하면 약속어음의 발행인과 같이 주채무자로서 소지인에 대하여 만기에 어음의 지급의무를 부담하게 된다.

실무적으로 어음의 인수는 만기일에 대금을 지급하겠다는 지급인의 약속인 동시에 추심은행이 선적서류를 수입상에게 인도하였음을 입증하는 어음법상 행위이다. 즉, D/A거래에서 추심은행의 기본적인 의무는 인수 사인을 받고 선적서류를 수입상에게 넘겨주어야 하는 것이다.

(4) 추심의뢰서[17)]

D/P 또는 D/A 거래 시 고객(customer, 추심의뢰인, 수출상)은 거래은행에 비치된 추심의뢰서 양식을 작성하여 추심에 관한 업무를 위탁하게 된다.

추심의뢰서의 기재사항을 설명하면 다음과 같다.[18)]

① **추심의뢰인** : 수출상의 상호와 주소를 기재한다.
② **금액** : 추심 의뢰하는 금액을 문자와 숫자로 표시한다.
③ 어음의 만기(Tenor) : D/P인 경우에는 'at sight' 또는 'D/P, at 20 days after B/L date' 등으로 표시하고, D/A인 경우에는 'at

17) 추심의뢰서 ⇨ 붙임 Sample
18) 한국무역협회, 「수출입대금결제」, 한국무역협회

60 days after sight' 또는 'at 60 days after B/L date'와 같이 기재한다.

④ **어음 지급인/수하인** : 어음지급인 및 수하인인 수입상의 상호와 주소를 기재한다.

⑤ **수하인이 아닌 지급인** : 지급인과 수하인은 동일한 경우가 대부분이지만 양자가 다른 경우에는 지급인의 명칭을 기재한다.

⑥ **어음대금 지급장소** : 어음에 어음대금이 지급되는 은행명과 주소가 표시되어 있는 경우 그 명칭과 주소를 기재한다.

⑦ **추심의뢰은행** : 수출상(customer)의 요청에 따라 수입지의 추심은행 앞으로 서류를 송부하는 수출지 은행명을 기재한다.

⑧ **추심은행** : 수입지의 추심은행과 주소를 기재한다.

⑨ **운송내용** : 운송내용(선적항, 도착항, 선적일자 따위)을 기재한다.

⑩ **상품명세** : 운송되는 상품의 명세를 간단명료하게 기재한다.

⑪ **서류** : 송부되는 서류의 명세를 기재한다.

⑫ **D/P 또는 D/A의 표시** : □ against payment 또는 □ against acceptance에 ×표시를 한다.

⑬ **물품 도착 시까지 서류보류** : D/P Usance 또는 D/A에서 어음 인수일자를 물품도착일과 맞추기 위하여 추심은행이 서류를 보류할 것을 요구하는 경우에 물품이 도착항에 도착할 때까지 추심은행이 서류를 보류하도록 요구할 수 있다.

⑭ **현지통화예금** : 수출상이 수입지의 은행에 현지통화로 예금하기를 원하면 '□ yes'에 ×표시를 한다. 이 경우 추심대금이 현지통화로 예금이 되면 어음지급인이 환율변동에 따른 위험에 대하여 책임을 져야 한다.

⑮ **인수어음의 처리** : 수출상이 인수된 어음을 추심은행이 추심의뢰은행 앞으로 반송하기를 원하는 경우에는 '□ to be returned to you'에 ×표시를 하고, 추심은행 또는 제시은행이 어음만기에 어음대금을 지급받기 위하여 어음지급인에게 제시하기를 원하는 경우에는 '□ collect when due'에 ×표시를 한다.

⑯ **거절증서(Protest)의 작성 또는 작성면제** : 추심의뢰인이 거절증서의 작성을 원하는지, 원하지 않는지를 표시한다.

인수거절증서의 작성을 원하는 경우에는 'protest for non acceptance'란의 '□ Yes'에 ×표시를 하고, 원하지 않는 경우에는 '□ No'에 ×표시를 한다. 지급거절증서의 경우에는 'protest for non-payment'란에 표시한다.

⑰ **이자와 수수료** : 이자 명세가 환어음에 기재되어 있는 경우에는 '□ interest as per bill of exchange'란에 ×표시를 하고, 추심의뢰서에 별도로 표시되어 있는 경우에는 '□ interest as detailed below'란에 ×표시를 한다.
추심은행의 추심 수수료가 수입상으로부터 추심되어야 하는 경우에는 '□ your charges'란에 ×표시를 하며 기타 추심 수수료가 있는 경우에는 '□ further collection charges'란에 ×표시를 한다.

⑱ 예비지급인(Case of Need)[19] : 어음이 지급 거절된 경우 추심은행이 접촉해야 하는 예비지급인이 있는 경우에는 이들의 명칭과 주소를 기재한다(URC 522 §25조).
예비지급인이 있는 경우 예비지급인의 권한을 기재하여야 하는데, 단순히 조력하는 경우에는 '□ for assistance only'란에 ×표시를 하고, 별도 권한이 있는 경우에는 '□ see powers as described below'에 ×표시를 하고 그 권한을 밑에 기재한다.

⑲ **지급 및 인수 또는 지급거절 및 인수거절의 통지방법** : 추심 의뢰인이 지급 및 인수를 전신으로 통지받기를 원하는 경우에는 '□ request teletransmitted advice to you (of)'에 ×표시를 하고, 인수통지인 때에는 '□ acceptance and due date'에 ×표시를 하고 지급인 때에는 '□ payment'에 ×표시를 한다.
또 지급거절이나 인수거절을 전신으로 통지받기를 원하는 경우에는 '□ request teletransmitted advice to you (of)'에 ×표시를 하고, 인수거절인 때에는 '□ non acceptance and reason'란에, 지급거절인 때에는 '□ non payment and reason'란에 ×표시를 한다.

19) 예비지급인은 수입국에 있는 어음발행인(수출상)의 지사, 대리점 또는 기타의 지기 되며, 어음이 인수거절 또는 지급 거절된 경우, 어음소지인인 추심은행이 사후처리에 관하여 외국에 있는 어음발행인(추심의뢰인)과 상의하려면 어려움이 있을 뿐만 아니라, 시차 및 통신비 등이 소요되므로 추심은행과 가까이 있는 예비지급인과 상대하면 여러 가지 장점이 있기 때문에 이들과 상의하도록 한다.

⑳ **대금(Proceeds)의 전신송금** : 대금을 전신으로 송금하기를 원하는 경우에는 '□ by teletransmission method'란에 ×표시를 한다. 추심대금을 우편으로 송금하면 시간이 오래 걸리므로 전신으로 송금하기를 원하는 경우가 대부분이다.

㉑ **추가지시** : 추심 의뢰인이 추가로 지시할 사항이 있으면 기재한다.

(5) D/P usance & D/P nego

D/P거래는 본질적으로 일람불 환어음에 의하여 선적서류와 수입대금을 맞교환하는 서류지불방식이다. 하지만 'D/P, 30days after sight' 등으로 표시되어 기한부처럼 보이는 경우가 있는데 이를 D/P Usance라 한다.

D/P usance(기한부 D/P)란 서류 도착 즉시 추심은행이 수입상에게 서류를 인도하는 것이 아니고, 명시된 기간 후에 수입상에게 대금을 받고 서류를 인도해야 한다는 것이다.

D/P usance는 서류가 도착되는 즉시 서류를 인도할 수 없으며, 반드시 일정기간 후에 인도하여야 하며, 수입업자는 서류를 인수할 때 수입대금을 지급하여야 한다.

예컨대 D/P, at 10days after B/L date라고 기재되었다면 추심은행은 서류 도착 시 수입상에게 통보하여 서류를 열람시키고 서류를 넘겨주지 않고 은행이 보관하고 있다가 B/L발행일자 후 10일이 되었을 때, 수입상에게 대금을 받고 서류를 인도하여야 한다.

기한부 D/P를 이용하는 이유는 자금부담 때문이다. 수입상이 서류도착 즉시 이것을 인수하게 되면 대금 지급을 해야 하고 물품이 도착될 때까지 자금 부담을 안게 되므로 이 부담을 면하기 위하여 항해 거리에 해당하는 기간만큼의 일수를 감안하여 기한부 D/P를 활용하게 된다.

D/A와 다른 점은 D/A는 서류 도착 즉시 수입상이 서류를 인수하고 대금은 만기에 지급하면 된다.

예컨대 D/A 30days after sight이면 수입자가 환어음 및 선적 서류를 인수한 날로부터 30일에 지급한다. 그러나 D/P usance는 서류 도착 즉시 수입상이 인수하지 않고 정해진 일자로부터 일정기간 후에 서류 제시와 지급이 동시에 일어난다는 점이다.

추심결제방식에서 추심의뢰은행(remitting bank)에게 서류 매입의무가 없기 때문에 은행은 수출상에게 받은 서류를 내용검토 없이 추심은행(collecting bank)으로 송부하고 대금을 수출상에게 선지급하지 않아도 된다.

수출상 입장에서는 D/P가 비록 동시불 거래이더라도 추심은행(collecting bank)이 수입상에게 결제를 받고, 그 돈을 수출상에게 보낼 때까지 상당한 기간 동안 자금 부담을 안게 된다. 이때 수출상은 추심의뢰은행(remitting bank)에게 L/C거래와 동일하게 은행자금을 선지급해 달라고 요청하게 되고, 은행이 이 요구를 들어주는 경우가 있는데 이것을 D/P Nego라 한다.

하지만 Nego(매입)는 은행이 자신의 자금과 위험으로 수출상으로부터 서류를 매입하는 것이기 때문에 수출상의 편의를 위한 선지급을 의미하는 D/P Nego라는 말은 적절한 용어는 아니지만 실무에서 사용하고 있다.

(6) 사고어음의 처리[20]

사고어음이란 추심은행이 수입상에게 환어음을 제시하였음에도 수입상이 대금지급 또는 서류인수를 하지 않는 것을 말한다.

추심은행은 이러한 사고 사실을 추심의뢰은행에 통보하고 그에 대한 위험부담은 전적으로 수출상이 부담하게 된다.

D/P방식에서 추심지시서에 지급거절의 명시적인 동시시한이 없는 한

20) 거절증서 ⇨ 부록1. 무역결제

지급인에 대한 추심서류 도착 통지 후, 납득할 수 있는 시일(통상 15일)이 경과하도록 추심대금을 결제하지 않으면, 추심은행은 지체없이 신속한 방법으로 추심의뢰은행 앞으로 거절증서를 발송한다.

또한 추심서류가 지급거절 또는 인수거절 된 경우에 추심은행 또는 서류제시은행은 추심의뢰은행에게 통지한 후 60일 이내에 추심의뢰은행으로부터 서류의 추후 취급에 관한 적절한 지시를 받지 못하면 책임없이 서류를 추심의뢰은행으로 반송할 수 있다(URC 522 §26조 C항).

국제무역거래에서 D/P Nego가 이루어진 경우 어음이 지급 거절되면 추심의뢰은행은 어음발행인(수출상)에게 어음상의 상환청구권 행사를 하기 위한 거절증서를 추심은행에게 요청한다.

상환청구권(recourse right)은 어음의 소지인이 그 지급인에게서 지급을 거절당했을 경우 환어음의 발행인, 배서인 및 보증인에게 그 어음대금을 상환청구할 수 있는 제도로서 소구권(遡求權)이라고도 한다.[21]

거절증서(拒絶證書, certificate of protest)는 환어음의 지급인이 어음의 인수 또는 지급을 거절한 경우 그 사실을 증명하는 문서로써 반드시 공증인이나 집행관의 확인이 있어야 법적 효력이 발생한다.

거절증서는 의무이행의 거절의 사실에 대한 입증방법을 법으로 정하여 소구권자가 간이·신속하게 소구권을 행사할 수 있도록 하고, 소구의무자는 그 입증을 믿고 상환할 수 있게 하여 어음 거래의 원활과 확실을 도모하는 제도이다.[22]

거절증서 작성에는 다음의 요건을 갖추어야 한다.

---

21) 어음법 부칙 제84조 및 수표법 부칙 제70조의 규정에 의하여 거절증서의 작성에 관한 사항을 규정함을 목적으로 하는 「거절증서령(대통령령 제23077호, 2011.8.19. 개정)」에 따른다.

22) 소구권(遡求權): 어음이나 수표를 가지고 있는 사람이 그 액수를 지급받지 못하였거나 그럴 염려가 있을 때, 이전에 어음이나 수표를 가지고 있던 사람이나 발행인에게 상환을 청구할 수 있는 권리를 말한다. 상환청구권과 동일한 의미이다.

① D/P는 지급을 위한 어음의 제시, D/A는 인수를 위한 어음의 제시 및 만기일에 지급을 위한 제시를 하여야 하며, 이에 대한 확인 문언이 있어야 한다.

② 거절증서의 작성일시는 인수를 위한 제시기간 이내라야 한다. 실무에서 인수된 어음이 만기일에 결제되지 않으면 추심은행은 바로 그 다음날 공증인 사무소에 거절증서 작성을 의뢰하는 것이 관행이다.

③ 공증인 사무소에 거절증서 작성을 의뢰할 때는 지급거절 또는 인수 거절된 어음, 추심은행의 등기부등본, 은행장의 위임장 및 기타 필요서류 등을 제출해야 한다.

3 • BPO결제

(1) BPO결제의 의의 및 특징

(가) BPO결제의 의의

ICC는 기업과 은행의 요구를 반영하여 SWIFT와 협업으로 기존의 결제방식에 추가하여 새로운 무역결제수단인 BPO를 도입하면서 2013년 7월 BPO에 관한 통일규칙인 URBPO를 채택하였다.

BPO(Bank Payment Obligation)는 수출자와 수입자로부터 받은 매매계약 및 선적 관련 데이터를 거래은행들이 SWIFT의 TMA[23]에 송부하여 양측의 데이터가 전자적으로 일치할 때 수입자 거래은행이 수출자 거래은행에게 대금결제 약정일에 대금을 지급하겠다고 하는 은행의 '취소불능 지급약속'이라 할 수 있다.

국제규칙인 URBPO[24]를 기반으로 설명하면, BPO는 "확정기준정

23) TMA(Transaction Matching Application)은 SWIFT에 있는 데이터 매칭 어플리케이션임

24) URBPO 750(Uniform Rules for Bank Payment Obligations, 은행지급의무통일규칙): 국제상업회의소 은행위원회(ICC Banking Commission)에서 제정하여 2013년 7월 1일부터 시행됨

보[25]에 의하여 요구된 총이행정보(Data Set)[26]가 제출되어 정보 일치가 발생하거나, 정보 불일치가 수락되는 것을 전제로 의무은행이 수취은행[27]에게 일정한 금액을 지급하기로 하거나 연지급 의무를 부담한 후 만기에 지급하기로 하는 취소불능의 독립된 확약을 의미한다."[28]

(나) BPO결제의 특징

BPO는 비용과 시간 면에서 효율적인 O/A방식에 신용장의 지급확약 기능을 추가한 '은행이 지원하는 O/A방식'이라고 할 수 있다.

O/A거래와 같이 수출자와 수입자 사이의 계약으로 수출자가 물품 선적 후 선적서류 등을 은행 경유 없이 직접 수입자에게 보내고, 대금결제는 수입상 거래은행의 지급확약에 의해 신용장과 같이 대금결제가 보장된다.

은행의 서류심사는 수출자와 수입자의 거래은행이 서류 대신 송부받은 데이터를 기초로 SWIFT의 TMA에 의해 데이터 일치 여부를 확인하는 것으로 대체된다. 따라서 전자거래에 의해 물리적인 서류심사가 없기 때문에 인적·물적 비용절감과 거래시간의 단축으로 높은 수익기회를 모색할 수 있다.

25) • 확정기준정보(Established Baseline)는 TMA가 확정 상태를 표시하면서 완전일치의 기준정보 일치보고서를 발송하는 시점 이후의 기준정보를 의미함(URBPO 제3조)
• 기준정보는 기초 무역거래와 관련하여 매수인은행이나 매도인은행에 의하여 TMA에 제출된 정보를 의미하며, 매수인과 매도인이 각각 자신의 은행을 통하여 TMA에 기준정보를 제출하고, 이러한 기준정보가 일치하는 시점에서 TMA는 완전일치의 기준정보 일치보고서를 두 은행에게 발송하여 확정기준정보로 됨

26) 총이행정보(Data Set)란 확정기준 정보와의 비교를 위하여 참여 은행이 TMA에 보낸 총이행정보 제출 메시지에 포함되는 모든 종류(상업, 운송, 보험, 증명 등)의 정보를 의미함(URBPO 제3조).

27) 수취은행은 "BPO의 수혜를 받는 은행을 의미하며, 항상 매도인은행이 수취은행이 됨. 매수인이 매수인은행에게 물품대금을 지급하면 매수인은행은 이 대금을 수취은행을 통하여 매도인에게 지급함

28) URBPO 제3조

수출자는 신용장과 같은 대금결제를 보장받을 수 있고, 선적 전·후 금융에 담보로 사용 가능하여 현금흐름의 예측이 용이해진다. 신용장이나 추심보다 비용이 저렴하고 신속하게 업무를 처리할 수 있다.

수입상은 은행의 개입으로 계약에 의한 물품인수가 보장되고, 거래기간 단축과 은행의 신용기간 단축으로 비용 절감이 가능하고, 수출상에게 대금결제 안전성을 보장하여 유리한 거래조건 확보가 가능하다.

은행은 거래기업과의 관계를 강화할 수 있고 외국환의 매매차익을 기대할 수 있다. 수입자 거래은행은 BPO 발행에 따른 수수료의 수입이 가능하고, 수출상 은행은 선적 전·후 금융 시 담보 확보가 가능하고, 팩토링, 환어음 매입 등 금융을 활용할 수 있다.

BPO의 특징을 설명하면 다음과 같다.

① BPO는 시장에서 활용되고 있는 독립된 새로운 대금결제 형태이다.[29] 따라서 O/A도 아니고 L/C도 아닌 양자의 중간 정도의 결제방식이다.

② 서류송달이 수출상과 수입상 사이에 직접 이루어지며, 신용장과 추심거래에서처럼 은행이 개입하지 아니한다. 따라서 서류 분실에 대한 위험이 존재한다.

③ 시장의 요구에 따라 ICC와 SWIFT가 협력하여 탄생한 새로운 무역결제수단이다. 그리고 새로운 무역공급 금융과 다양한 지속 가능한 비즈니스 모델의 진화의 한 형태이다.

(2) BPO거래절차

BPO거래의 전개과정은 다음과 같다.

① 매도인과 매수인이 매매계약을 체결하면서 BPO 대금결제를 약정한다.

29) 우리나라에서는 KEB하나은행에서 도입하여 운용하고 있다.

② 매수인은 매매계약서 중에서 최소한의 필요한 데이터와 함께 BPO 조건을 거래은행인 의무은행(Obligor Bank)에 송부한다.

③ 매도인은 매매계약서 중에서 데이터를 확약하고, BPO의무은행은 데이터를 수취은행(Recipient Bank)에 송부한다.
매도인과 매수인의 데이터가 TMA에서 일치하면 베이스라인이 형성된다. 매도인과 매수인은 각각의 거래은행으로부터 일치보고서를 수령한다.

④ 매도인은 물품을 선적한다.

⑤ 매도인은 선적 데이터와 송장 데이터를 수취은행에게 송부하고, 수취은행은 동 데이터를 TMA에게 송부한다.

⑥ 매수인은 의무은행으로부터 일치보고서를 접수한다.

⑦ 수취은행은 매도인에게 3가지 데이터의 일치보고서를 송부하며, 이 시점에서 BPO가 설정된다.

⑧ 매도인은 매수인에게 무역서류를 직접 송부하고, 매수인은 서류를 수령하여 세관 통관 및 운송인으로부터 물품을 인수한다.

⑨ 대금지급 약정일에 의무은행은 매수자의 계정에서 자금을 인출해 수취은행에 송부한다.

[그림 2-7 BPO거래 전개과정]

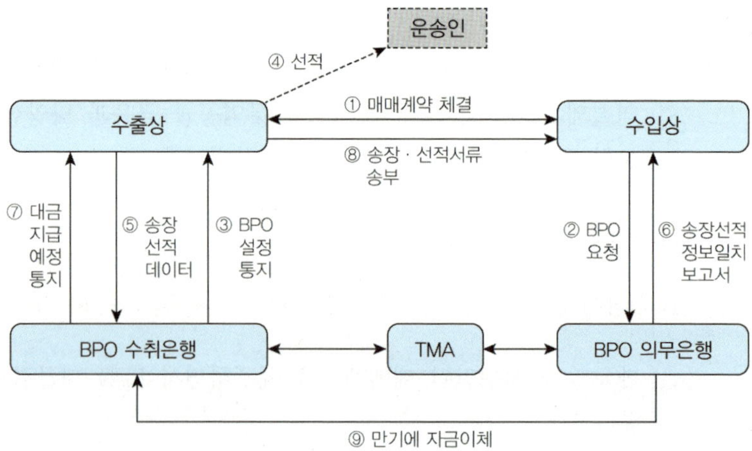

CHAPTER

3

신용장 방식

1. 신용장방식 개요
2. 신용장 거래절차 및 관련 당사자
3. 단계별 신용장 거래실무
4. SWIFT 신용장 해석
5. 신용장 관련 비용
6. 신용장의 종류

Chapter

3 | 신용장 방식

1 • 신용장방식 개요

(1) 신용장방식의 의의 및 특징

신용장(信用狀, L/C : Letter of Credit)은 수입상(applicant)의 요청에 따라 개설은행(issuing bank)이 서류요건 충족 시 대금지급을 수출상(beneficiary)에게 약속하는 '조건부지급확약서(conditional bank undertaking of payment)'이다. 즉, 신용장은 신용이 충분하지 못한 수입상을 대신하여 신용이 충분한 은행이 신용을 제공한다는 서신으로 이해할 수 있다.

우리나라는 신용장 사용 비중이 감소하는 추세에 있지만 국제결제방식의 정밀함이나 중요거래에서의 사용 등을 고려할 때 신용장의 중요성은 여전히 크다고 할 수 있다. 전반적으로 송금방식이 늘고, 신용장방식이 줄고 있는 것은 본·지사 사이의 거래가 확대되고, 우리나라의 국가 및 기업 신용도가 상승한데 따른 긍정적인 효과이다.

오늘날 신용장은 대부분 국제은행간 자금결제 통신망인 SWIFT 방식에 의해 개설되는데, 다음과 같이 SWIFT에 기재된 내용에 따라 신용장 종류가 달라진다.

〈표 3-1〉 신용장의 종류를 결정하는 SWIFT 항목

① 40A(Form of Documentary Credit)	• Revocable, Irrevocable
② 41D(Available with··· by···)	• Negotiation, Acceptance, Payment, Deferred payment
③ 42C(Draft at)	• (at)Sight, Usance
④ 49(Confirmation instructions)	• Confirmed, Non-Confirmed
⑤ 78(Instruction to ○○○ Bank)	• Simple, Reimbursing, Remittance

신용장방식의 특징은 다음과 같다.

① 수출상은 대금 회수의 확실성이 높아진다. 또한 수출대금의 조기 회수가 가능하고 신용장 근거로 자금조달을 받을 수 있다.
② 수입상이 납기를 통제할 수 있고, 유리한 가격으로 매매계약을 체결할 수 있다.
③ 신용장에 관한 국제규칙이 존재한다. 즉, UCP 600, ISP 98, ISBP 745, eUCP 등이 그것이다.
④ 은행의 신용에 바탕을 둔 거래이다.

신용장 거래는 다음과 같은 단점도 있다.

① 신용장 자체의 특성에서 오는 한계성이 있다. 즉, 신용장은 매매계약과 별개인 독립성과 서류만 심사하는 추상성으로 인해 사기 가능성이 존재한다.
② 신용장 개설 또는 매입 시에 은행에서 담보를 요구한다.
③ 은행에 대한 수수료 부담이 과다하다.

실무적으로 신용장으로 결제를 하는 경우에는 매매계약서의 결제조건(terms of payment)에 다음과 같이 정하게 된다.

① By an irrevocable L/C in favor of seller and draft at sight
② By an irrevocable L/C at sight confirmed by △△△bank
③ By an irrevocable L/C at sight opened ○○○bank

④ By an irrevocable letter of credit payable at sight
⑤ Sight draft for the invoice amount under transferable irrev-ocable L/C
⑥ By a documentary letter of credit at 90 days after sight in our favor
⑦ Draft is to be drawn at 30 days after sight under irrevocable Letter of Credit which should be opened in favor of seller within 10 days after conclusion of the contract 등

(2) 신용장의 의의

신용장(信用狀, letter of credit)[1]은 개설은행의 수익자에 대한 '조건부 지급약속'이다. 즉, 국제거래에서 대금결제를 원활하게 하기 위하여 수입상의 요청과 지시에 따라 수입상의 거래은행이 신용장 조건과 일치된 서류를 제시하면 수입상을 대신하여 대금지급 또는 인수를 확약하는 조건부 지급확약서이다.

신용장통일규칙에 따르면 "신용장은 그 명칭이나 기술에 관계 없이 취소불능이며 일치하는 제시를 결제(honour)할 개설은행의 확약을 구성하는 모든 약정(arrangement)"을 말한다.[2]

신용장의 정의를 풀어서 설명하면 다음과 같다.

① 신용장은 제2의 계약이다. 신용장 거래에서 제1계약은 수출상과 수입상 사이에 체결된 기본계약이며, 제2계약은 수출상과 개설은행이 체결한 신용장계약이다. 따라서 신용장의 내용은 반드시 제1

1) 신용장의 법적 성질에 대해 계약설(Contract Theory), 계약신청설(Offer Acceptance Theory), 채무보증설(Guarantee Theory), 금반언설(Estoppel Theory), 신탁설(Trustee Theory), 상업적 특수 행위설(Mercantile Speciality Theory), 대리설(Agent Theory) 등이 학설이 있다.

2) UCP600 §2(Definitions), "Credit means any arrangement, however or described, that is irrevocable and thereby constitutes a definite undertaking of the issuing bank to honour a complying presentation."

의 계약인 기본계약을 전제로 개설되어야 하며, 원칙적으로 기본계약의 내용과 상이한 신용장은 존재해서는 아니 된다.

② 당사자의 법적 지위의 변화가 생긴다. 기본계약에서는 수입상이 매수인이고 수출상이 매도인이지만, 신용장에서는 수입상이 계약 당사자의 지위에서 탈락하여 제3자의 지위로 물러나고, 개설은행이 수입상 대신 매수인의 지위를 차지하게 된다.

따라서 수입상은 수출상에게 의사표시를 직접 할 수 없고 반드시 개설은행을 통해서만 할 수 있게 된다. 예를 들면, 신용장 거래에서 수출상이 수입상에게 선적기일 연장 요청을 하였을 때, 수입상이 개설은행을 거치지 않고 직접 수출상에게 팩스나 e-mail로 승낙의 의사표시를 할 경우 이것은 법적으로 효력이 없다.

③ 당사자의 명칭 변경이 일어난다. 기본계약에서의 매수인인 수입상은 더 이상 매수인이 아니고 신용장 개설을 신청하는 당사자라는 의미에서 '개설의뢰인(applicant)'으로, 수출상은 신용장에서 발생하는 이익을 수취하는 사람이라는 의미에서 '수익자(beneficiary)'로 변경된다.

④ 개설은행과 수입상 간에는 위임계약[3]이 체결된 것이다. 매수인인 수입상은 신용장 개설과 동시에 매수인 자격을 상실하고 개설은행이 새로운 매수인으로 등장하지만 매수인과 개설은행 사이에는 위임계약이 체결된 것이다.
따라서 개설은행은 개설의뢰인의 수임인으로서 선량한 관리자의 주의를 기울여 위임인의 이익을 위하여 행동해야 하는 법적 의무를 진다.

⑤ 편지형식으로 작성된 계약서이다. 신용장은 편지 형식으로 작성되

3) 위임계약(委任契約)은 당사자 일방이 상대방에 대하여 사무처리를 위탁하고, 상대방이 이를 승낙함으로써 성립하는 계약이다(민법 제680조).

어 있으며, letter of credit라고 표현한다.
계약의 명료성과 확실성을 위하여 계약에 등장하는 모든 당사자(개설은행, 수입상, 수출상, 관련은행)의 표시는 신용장 서두에 이름과 주소를 병기하는 형식으로 표현하고 있다.

신용장에 등장하는 인칭대명사는 대부분 1인칭과 2인칭으로 표시되며, 3인칭은 거의 나타나지 않는다. 신용장에 등장하는 1인칭 대명사, 즉 we, us, ourselves, this office는 개설은행을 의미한다.

신용장에 등장하는 2인칭 대명사, 즉 you, your, yourself 등은 수출상을 의미하지만, 추신 표시가 있고 그다음에 등장하는 2인칭은 관련은행(통지은행, 매입은행, 상환은행 등)을 의미한다. 따라서 신용장을 읽을 때 2인칭 대명사는 앞뒤 문맥을 잘 따져서 판단하여야 한다.

(3) 신용장의 효용

(가) 수출상에 대한 효용

① 수입상에 대한 신용위험(credit risk)이 해소된다. 신용거래 시 수입상의 신용 상태에 대하여 불안함을 느끼지 않고 주문을 받아 수출 물품의 제조, 원자재 조달 등을 할 수 있다.

② 대금회수의 안전성이 높아진다. 수출상은 물품 선적 후 신용장 조건에 일치하는 선적서류, 환어음 등을 갖추어 제시하면 거래은행으로부터 수출대금 전액을 회수할 수 있다.

③ 신용장의 취소가 제한된다. 일단 발행된 신용장은 취소가능신용장을 제외하고는 수입상 또는 개설은행이 임의로 취소할 수 없으며, 수익자, 개설은행 또는 확인은행 등 관련 당사자 전원의 합의 없이는 취소 또는 변경이 불가능하다.

④ 무역금융[4])을 활용할 수 있다. 수출상은 신용장을 담보로 선적 전에 무역금융의 혜택을 누리거나, 선적 전에 무역어음을 발행하여

필요한 수출자금을 조달할 수 있다.

(나) 수입상에 대한 효용

① 수입상은 무역조건 협상 시 유리한 입장에 서게 된다. 즉, 자신의 신용이 은행의 신용으로 대체되기 때문에 가격, 품질, 인도 등 무역조건을 수입상에게 유리한 쪽으로 계약체결을 요구할 수 있다.

② 납기를 통제할 수 있다. 신용장에는 유효기일과 최종 선적일을 명시하기 때문에 수입상은 원하는 일자에 약정품을 입수할 수 있다.

③ 물품의 계약적합성을 어느 정도 확보할 수 있다. 신용장은 그 조건에 엄밀하게 일치하는 선적서류와 상환으로 대금결제가 이루어지기 때문에, 수입상은 대금지급 시 계약조건에 일치한 물품이 정확히 선적되었는지 알 수 있으며, 특히 선적 전 검사증명서(certificate of inspection)를 첨부토록 한 경우에는 물품의 계약 적합성을 확보할 수 있다.

④ 수입금융의 융자효과를 기대할 수 있다. 수입상은 수입대금을 선지급하는 것이 아니고 선적서류와 상환으로 대금지급을 하므로 대금지급 시까지는 수입자금의 융자효과를 볼 수 있으며, 특히 기한부신용장의 경우에는 물품의 판매대금으로 환어음의 만기일에 결제할 수 있다.
아울러 선적서류가 도착한 경우 개설은행으로부터 대도(貸渡, T/R : trust receipt)에 의하여 선적서류를 대출하는 형식으로 인도받아, 선박회사로부터 물품을 입수한 후 판매하여 대금을 결제할 수도 있다.

---

4) 무역금융(貿易金融)은 외국과 무역에 필요한 국내거래 및 해외 현지거래에 필요한 자금을 시중은행보다 낮은 이자로 융통하는 것을 말하며 크게 수출금융과 수입금융이 있다. 국내거래의 경우 내국신용장(Local L/C) 및 구매확인서를 통해 이루어진다.

(다) 은행에 대한 효용

① 은행 입장에서는 무엇보다도 수수료 및 이자 등의 수익과 함께 환전거래에서 오는 외환 매매차익을 기대할 수 있다.

② 개설은행은 수익자에 대하여 독자적인 지급확약을 하므로 위험이 따를 수 있지만, 수입상으로부터 개설 담보를 확보하여 위험을 회피한다. 즉, 환거래약정서 체결 시 담보 요구, 신용장개설 담보요구 및 필요시 선하증권을 지시식(to order)으로 발행하도록 규정하여 운송 중 물품에 대한 담보권을 취득한다.

③ 매입은행은 신용장 조건에 일치하는 서류를 매입하는 한 개설은행으로부터 대금회수에 대한 믿음을 가질 수 있다. 아울러 환어음을 발행한 경우 개설은행으로부터 매입대금 회수를 받지 못한 경우 수익자로부터 회수할 수 있는 권리인 상환청구권(recourse right)도 있다.

(4) 신용장의 특성

신용장은 독립성, 추상성이라는 특징과 이에 따르는 한계성도 있는 것을 잘 알아야 한다. 아울러 신용장의 한계성을 보완하기 위하여 독립추상성의 예외로서 사기거래 배제의 원칙도 있다.

(가) 독립성의 원칙

독립성의 원칙(principle of independence)은 신용장이 매매계약에 근거를 두고 발행된 것이지만 매매계약과는 관계가 없는 별개의 독립된 거래이며, 은행은 신용장에 그러한 계약에 관한 사항이 포함되어 있더라도 그러한 계약과는 아무런 관계가 없으며 구속되지 아니한다는 것이다.

신용장통일규칙 제4조[5]에서 신용장은 그 성질상 매매계약 또는 다른

---

5) Article 4 (Credits v. Contracts)

a. A credit by its nature is a separate transaction from the sale or other contract on which it may be based. Banks are in no way concerned with or bound by such

계약에 근거를 두고 있더라도 이와는 별개의 거래이다. 은행은 신용장에 그러한 계약에 대한 언급이 있더라도 그러한 계약과 아무런 관계가 없으며 또한 구속되지 않는다.

따라서 신용장에 의한 지급·인수, 매입, 다른 의무이행은 개설은행과 개설의뢰인 또는 수익자와 개설의뢰인 간의 관계에서 일어난 개설의뢰인에 의한 클레임이나 항변에 구속을 받지 않는다.
수익자는 어떠한 경우에도 은행간 또는 개설의뢰인과 개설은행 간의 계약관계를 원용할 수 없다. 개설은행은 신용장의 필수적인 부분으로써 근거계약의 사본, 견적송장 등을 포함시키고자 하는 개설의뢰인의 어떠한 요구도 제한하여야 한다.

(나) 추상성의 원칙

추상성의 원칙(principle of abstraction)은 신용장거래에서 모든 당사자는 서류에 의한 거래를 하는 것이지 상품, 서비스, 기타 계약에 의한 거래를 하는 것이 아니라는 것이다.
즉, 실제 선적된 상품이 서류상의 내용과 상이하거나 품질 등에 하자가 있는 경우라도 제시된 서류가 신용장 조건과 일치하면 개설은행은 대금지급 의무가 있으며 상품에 관한 문제는 별도의 클레임을 제기하여 당사자 간에 해결해야 한다.

신용장통일규칙 제5조[6]에서도 "은행은 서류를 취급하는 것이며 그 서

---

contract, even if any reference whatsoever to it is included in the credit. Consequently, the undertaking of a bank to honour, to negotiate or to fulfil any other obligation under the credit is not subject to claims or defences by the applicant resulting from its relationships with the issuing bank or the beneficiary. A beneficiary can in no case avail itself of the contractual relationships existing between banks or between the applicant and the issuing bank.

b. An issuing bank should discourage any attempt by the applicant to include, as an integral part of the credit, copies of the underlying contract, proforma invoice and the like.

6) Article 5 (Documents v. Goods, Services or Performance)
Banks deal with documents and not with goods, services or performance to which the

류와 관련될 수 있는 물품, 용역 또는 이행을 취급하는 것이 아니다."라고 하고 있다.

(다) 한계성(limitation)

신용장 거래의 독립·추상성 원칙은 대금결제를 원활하게 하기 위하여 불가피한 것이기는 하나 실물거래인 무역거래를 완벽하게 보장할 수 없는 한계성을 동시에 지니게 된다.

즉, 수입상 입장에서 신용장이 물품의 품질을 보장할 수는 없으며, 수출상 입장에서는 양질의 물품을 공급하였더라도 서류상의 하자로 인한 대금결제의 지연 또는 지급 거절을 방지할 수는 없다.

따라서 신용상거래는 결제방식 중에서 최선이 아니며 차선이라는 점을 이해해야 한다. 즉, 수출상 입장에서는 사전송금이, 수입상 입장에서는 사후송금이 최선이지만 양자의 적절한 타협이 신용장이다.

아울러 신용장거래의 본질상 다음과 같은 한계도 있다.

① (수출상 입장에서의 한계) 수입상이 서류거래의 특성을 악용하여 수출상이 조건을 성실히 이행했음에도 불구하고, 사소한 서류의 하자를 이유로 지급거절 또는 가격 인하를 요구하는 경우가 있다.
② (수입상 입장에서의 한계) 수출상이 서류거래의 특성을 악용하여 계약조건과 다른 상품을 선적하고 서류만 신용장 조건대로 작성하여 제시하면 은행은 대금을 지급하기 때문에 수입상 입장에서 원하는 물품이 아닐 수 있다.

(라) 사기거래 배제의 원칙과 지급금지명령

사기거래 배제의 원칙(Fraud Rule)은 신용장 서류가 신용장 조건에 일치하더라도 위조 및 사기로 작성된 서류라는 것이 명백한 경우에 은행은 이를 수리할 의무가 없으며 지급을 거절할 수 있다는 것이다. 신용

documents may relate.

장의 독립추상성의 원칙에 대한 예외로서 수익자의 사기적인 청구에 의한 부당이득을 제한하려는데 목적이 있다.

지급금지명령(Injunction)은 신용장거래에서 개설은행에 대하여 대금지급을 금지하는 법원의 결정을 말하며 우리나라의 가처분에 해당한다.[7)]

신용장통일규칙에는 사기나 위조에 관한 규정이 없기 때문에 지급금지명령은 신용장의 본질인 독립추상성을 훼손하는 것으로 극히 예외적으로 적용되어야 할 것이다. 따라서 지급금지명령이 수입자를 보호한다는 취지에서 필요할 수도 있지만, 개설은행의 대금지급 이전일 것, 수출상의 사기행위임이 명백하고 확실한 증거가 있을 것, 매입은행의 피해가 없을 것 등의 요건을 갖춘 경우에 한정하여 적용되어야 한다.

2 • 신용장 거래절차 및 관련 당사자

(1) 신용장 거래절차 개괄

신용장을 개설하기 위해서는 먼저 수출상과 수입상 사이에 체결되는 매매계약의 대금결제조건(terms of payment)에서 신용장방식으로 거래할 것을 약정하여야 한다.
이를 근거로 수입상이 신용장 개설의뢰인(applicant)이 되어 개설은행(issuing bank)에 수입신용장 개설을 신청한다.

수입상은 수입상과 개설은행 간에 외국환거래약정서가 존재하는 것을 전제 조건으로 신용장 개설을 위하여 취소불능 화환신용장 개설신청서를 제출한다. 이때 신용장의 근거서류로써 계약서류(sales contract, offer sheet, order sheet, proforma invoice 등), 보험서류(가격조건이 EXW, FOB, CFR 등인 경우), 기타 필요한 경우 수입승인서, 수입대행계약서

7) 미국 통일상법전(UCC)은 서류가 사기 또는 위조에 의한 경우에 개설은행의 지급거절권이나 지급의무 범위와 개설의뢰인의 지급금지명령 가능성을 명문화하고 있다.

등이 첨부된다.

개설은행은 수입상의 지시에 따라 수출상인 수익자(beneficiary) 앞으로 신용장을 개설하여 수출상이 소재하는 환거래약정은행을 통지은행(advising bank)으로 지정하여 신용장 통지를 요청한다.

통지은행은 신용장 및 조건변경을 통지함에 있어 외견상의 진정성을 확인하고, 자신의 통지가 수취된 신용장 또는 조건변경을 정확하게 반영하고 있음을 표시하여 수익자에게 통지하여야 한다(UCP 600 §9).

수익자(beneficiary)는 신용장을 수취하면 그 신용장이 매매계약 조건과 일치하는지 여부, 개설은행의 신용도, 서류요건 충족 가능성 등을 확인하고 부족한 점이 있으면 신용장 변경(amendment)을 요청하고, 충분하다면 신용장 조건을 충족하기 위한 수출물품 확보 및 서류준비에 착수한다.

수익자인 수출상은 신용장에서 정해진 대로 매입(negotiation), 지급(payment), 연지급(deferred payment), 인수(acceptance) 등의 방법에 따라 지정은행(nominated bank) 또는 거래은행에 금융서류(환어음) 및 상업서류(상업송장, 운송서류 등)를 제시함으로써 수출대금을 회수한다.

매입 및 지정은행은 환어음 및 제시된 서류와의 교환으로 수출상에게 환어음대금을 지급하고, 지급한 환어음대금을 결제받기 위해 개설은행에 환어음 및 서류를 송부한다. 경우에 따라서 환어음대금을 상환은행(reimbursing bank)을 통해 상환받는다.

개설은행은 매입 또는 지정은행으로부터 운송서류와 환어음이 도착하면 수입상에게 서류 도착 사실을 통보하고 수입대금 결제를 요청한다. 운송회사는 화물이 도착하면 화물도착 사실을 수입상에게 알리고, 수입상은 대금결제 후 수령한 운송서류를 운송회사에 제출하여 물품을 수령한다.

여기서는 매입신용장을 기준으로 거래경로를 설명한다. 신용장거래에서 신용장이 개설, 통지, 매입 및 대금상환으로 이어지는 전 과정을 이해하는 것은 신용장 실무를 이해하는데 도움이 된다.

① 먼저 매도인(수출상)과 매수인(수입상) 사이에 매매계약(sales contract)이 체결되고 여기서 지급조건을 신용장에 의하도록 약정한다.
② 계약을 이행하기 위하여 수입상은 자신의 거래은행에 신용장의 개설을 의뢰한다. 이때 수입상은 개설의뢰인(applicant)이 되고, 거래은행은 개설은행(issuing bank)이 된다.
③·④ 개설은행은 수출상의 소재지에 있는 환거래은행을 통하여 수출상에게 신용장을 통지한다. 이때 환거래은행은 통지은행(advising bank)이 되고 통지를 받은 수출상은 수익자(beneficiary)가 된다.
⑤ 신용장을 받은 수출상은 물품을 생산 또는 집하하여 선적한다.
⑥ 선적 후 수익자는 환어음의 발행자(drawer)가 되어 환어음을 발행하고 신용장상에 명기된 선적서류를 첨부하여 자신의 거래은행에 화환어음의 매입을 의뢰한다. 이때 거래은행은 매입은행(negotiating bank)이 되어 화환어음을 매입하고 매입대금을 지급한다. 이러한 절차는 매입신용장을 전제한 것이고, 지급신용장의 경우에는 지급은행이, 인수신용장의 경우에는 인수은행이 각각 매입은행을 대신하며, 통지은행이 확인(confirmation)을 추가한 경우에는 확인은행(confirming bank)이 개입될 수 있다.
⑦·⑧ 화환어음을 매입한 매입은행은 이들 서류를 개설은행 앞으로 송부하고 개설은행으로부터 매입대금을 보상받는다. 매입은행과 개설은행 간에 환거래계약이 체결되어 있지 않을 경우 상환은행(reimbursing bank)을 통하여 결제된다.
⑨ 개설은행은 신용장의 개설의뢰인인 수입상에게 수입대금을 받고 송부되어 온 선적서류를 인도한다.
⑩ 수입상은 선적서류를 선박회사에 인도하고 인도지시서(delivery order)를 교부받아 이를 통하여 물품을 수령한다.

[그림 3-1 신용장 거래절차]

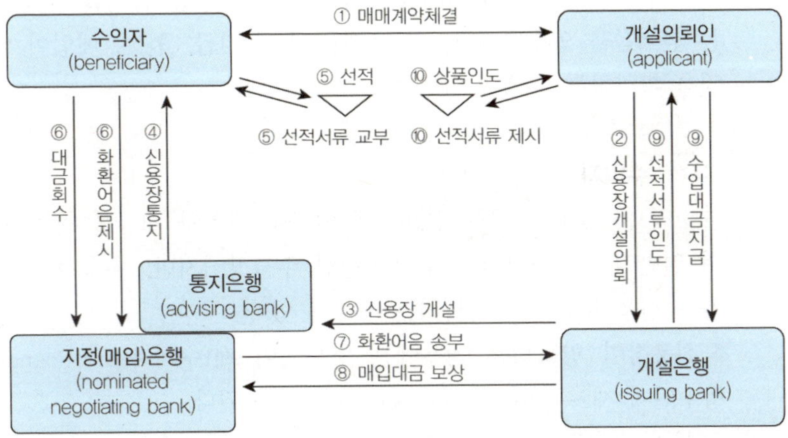

(2) 신용장 관련 당사자

신용장 관련 당사자(concerned parties)는 신용장 거래에서 필수적으로 존재하는 기본관계 당사자와 상황에 따라 달라지는 기타관계 당사자로 구분될 수 있다.

(가) 기본관계 당사자

기본관계 당사자는 이들 중 어느 한 당사자만 없어도 신용장거래가 성립되지 않는 개설은행, 수익자, 확인은행(확인신용장에 한함), 개설의뢰인 등이 여기에 속한다.

① 개설은행

개설은행(issuing bank)[8]은 개설의뢰인의 요청과 지시에 따라 또는 자기 자신을 위하여 수익자 앞으로 신용장을 개설하는 은행으로 신용장

8) 신용장통일규칙에 개설은행이 issuing bank로 되어 있기 때문에 applicant를 '발행의뢰인' 또는 '발행신청인'을 사용해야 한다는 의견(이시환, 대한상공회의소 발간 "UCP 600 공식번역 및 해설서"상의 문제점과 그 보완에 관한 연구, 무역상무연구 제38권, 2008. 5.)이 있으나, 우리나라에서는 오랫동안 opening bank로서 '개설은행'이라는 명칭이 관습처럼 사용되어 왔다는 점에서, 본서에서는 '개설은행', '개설의뢰인' 등을 쓰기로 한다.

거래에서의 주채무자이다.

수익자가 제시한 선적서류와 상환으로 신용장 금액을 직접 지급 또는 환어음을 인수하거나, 타 은행을 통해 지급, 인수, 매입이 이루어질 것을 확약하는 은행을 말한다.

② 수익자

수익자(beneficiary)는 신용장에 의하여 권리와 대금을 받는 수혜자이며 일반적으로 매매계약의 매도인인 수출상이지만, 수출자 이외의 제3자가 신용장의 수익자가 되는 경우도 있다.

신용장이 양도되는 경우에는 양도인이 제1수익자(first beneficiary), 양수인이 제2수익자(second beneficiary)가 된다.

③ 개설의뢰인[9)]

개설의뢰인(applicant)은 매매계약에 따라 신용장 개설의무를 부담하여 자신의 거래은행이 수출상을 수익자로 하는 신용장을 개설하게 신청하는 자이다. 개설의뢰인은 원칙적으로 수입상(importer)이지만, 경우에 따라서는 제3자가 되는 경우도 있다.

(나) 기타관계 당사자

① 확인은행[10)]

확인은행(confirming bank)은 개설은행의 수권 또는 요청에 따라 신용장에 확인을 추가하는 은행을 말한다. 개설은행이 지급, 인수, 매입을 약속한 취소불능신용장에 대하여 제3의 은행이 개설은행과 동일한 확약을 하는 은행이다.

9) 개설의뢰인이 기본관계 당사자인가에 대하여는 의견을 달리할 수 있다. 왜냐하면 신용장은 개설은행(확인신용장의 경우 확인은행 포함)과 수익자 사이의 계약이기 때문이다. 다만 매매계약은 매도인과 매수인 사이의 약정이며, 개설은행은 매수인의 지시에 따라서 행동하기 때문에 신용장 결제라고 하더라도 최종책임은 매수인(개설의뢰인)이 지기 때문에 기본 관계 당사자만큼 중요하다.

10) 확인신용장의 경우에 확인은행은 확인신용장의 취소 및 변경에 개설은행에 버금가는 역할을 하기 때문에 기본관계당사자에 해당되지만, 일반적으로 신용장거래관계에서 중요도가 덜하기 때문에 기타관계당사자로 분류한다.

확인은행이 있는 경우에는 개설은행과 동일한 책임을 지는 기본관계 당사자로 볼 수 있지만, 모든 신용장에 있는 당사자가 아니기 때문에 이곳에 배치하였다.

실무에서는 통지은행이 확인은행을 겸하는 경우가 많으며, SWIFT신용장 49번 confirmation instruction에 'CONFIRM'이라고 표기된다.

② 통지은행

통지은행(advising bank)은 개설은행의 요청을 받아 수익자에게 신용장이 발행된 사실과 그 내용을 통지해주는 은행을 말한다. 개설은행은 개설의뢰인의 특별한 요청에 따라서 또는 스스로 통지은행을 선택하여 통지한다.

신용장통일규칙은 "신용장 개설 또는 조건변경을 위하여 제2의 통지은행을 이용할 수 있다(UCP 600 §9 c항)."고 규정하고 있다.

③ 지정은행

지정은행(nominated bank)은 개설은행이 매입, 지급, 인수 등을 위하여 지정한 은행을 말한다. 즉, 신용장이 사용될 수 있는 은행 또는 모든 은행에서 사용될 수 있는 신용장의 경우에는 모든 은행을 말한다.

신용장이 사용될 수 있는 은행 또는 그 신용장이 모든 은행에서 사용될 수 있는지를 명기하여야 하며, 지정은행에서 사용될 수 있는 신용장은 개설은행에서도 사용될 수 있다(UCP 600 §6).

지정은행은 신용장 사용방법에 따라 지급은행(paying bank), 인수은행(accepting bank), 매입은행(negotiating bank)이 된다.

④ 상환은행

상환은행(reimbursing bank)은 지급, 인수 및 지급, 매입을 행한 지정은행(상환청구은행)에게 결제를 해주는 은행이다.

개설은행은 지정은행과 환거래약정이 되어 있는 경우에는 상환은행으로써 직접 대금을 상환하며, 환거래약정이 없으면 상환수권서에 의해 제3의 은행을 상환은행으로 지정하여 상환하도록 하게 된다.

(3) 관련 당사자 사이의 법률관계

신용장 관련 당사자(concerned parties)는 기본관계 당사자와 기타관계 당사자로 나눌 수 있다. 기본관계 당사자는 개설의뢰인 · 개설은행 · 수익자 · 확인은행이 이에 해당되며, 기타관계 당사자는 통지은행 · 매입은행 · 지급은행 · 인수은행 · 상환은행이다. 각 당사자별 의무 및 법률관계를 살펴보면 다음과 같다.

(가) 개설의뢰인과 수익자

개설의뢰인과 수익자 간의 법률관계는 매매계약에 따라 결정된다. 매매계약서에 신용장에 의한 대금지급을 약정한 경우에는 매수인은 정해진 기간 내에 계약조건과 일치한 신용장을 제공할 의무가 있다.[11]

매매계약이 신용장 개설 근거가 되는 기본계약(underlying contract)이지만 신용장 내용은 매도인과 매수인 관계가 개설의뢰인(applicant)과 수익자(beneficiary) 관계로 전환되어 매매계약과는 직접 관계없는 별개의 계약이 된다.

신용장의 개설이 대금지급에 관한 매수인의 주채무를 대신하는 절대적 지급수단이 될 수 없다. 따라서 매수인이 은행을 통하여 신용장을 제공하였다 하더라도 매수인은 매매계약에 따라 매도인에게 부담할 대금지급의 주채무를 면제받는 것은 아니다.

즉, 신용장은 매도인이 은행으로부터 대금을 회수하지 못할 경우, 매수인에게 직접 청구할 수 있는 '정지조건부 지급수단'에 불과하다.

개설의뢰인은 매매계약서상에 신용장에 의한 결제조건이 약정된 경우에 이 계약과 일치하는 신용장이 개설 · 통지되도록 할 의무와 최종적인 대금지급 의무가 있다. 반면에 수익자는 신용장개설 청구권 및 대금지급 청구권을 가진다.

---

11) H. C. Gutteridge & M. Megrah, The Law of Banker's Commercial Credits, 7th ed., London, 1984, p. 35.

(나) 개설의뢰인과 개설은행

매수인은 먼저 거래은행과 외국환거래약정을 체결하고 신용장 개설을 의뢰하게 되는데, 개설의뢰인과 개설은행의 기본적 법률관계는 이들 사이에 체결되는 외국환거래약정서에 의하여 결정된다.

개설은행은 이러한 약정에 따라 신용장의 개설 및 통지의무, 개설의뢰인의 지시사항 준수의무, 서류심사 의무, 서류인도 의무를 진다. 하지만 서류의 내용, 선적물품 명세, 업무 중 불가항력 및 타 은행의 지시 불이행에 관해서는 책임을 지지 않는다. 서류심사 의무는 서류의 문면상 일치를 확인할 의무이지 서류의 진정성(authenticity)을 확인할 의무가 아니다.

개설의뢰인은 신용장 개설을 위한 완전하고 정확한 지시의무, 담보제공의무 및 은행의 용역과 금전 대여에 대한 수수료와 이자를 지급하고 물품대금을 상환할 의무가 있다.

(다) 수익자와 개설은행

신용장 당사자 간 법률관계 가운데 가장 중요한 것이 수익자와 개설은행 간의 법률관계이다. 양자 간 법률관계는 신용장의 개설로 발생하며 신용장의 확약문언(engagement)에 의하여 개설은행이 수익자에게 법적으로 구속을 받는다. 물론 이것은 취소불능신용장을 전제로 한다.

수익자는 어떤 경우에도 은행 상호 간 또는 개설의뢰인과 개설은행 간에 존재하는 계약관계를 원용하여 개설은행에 대항할 수 없다.

개설은행은 신용장의 개설 통지 및 신용장 조건과 일치하는 서류에 대한 지급이행 의무가 있다. 만약 개설은행이 파산되고, 확인은행도 지정되지 않았다면 수익자는 매매계약의 지급조건에 문제가 생긴 것으로 간수하여 해당조건은 유효성을 상실하게 된다. 그렇지만 매매계약 전체가 효력을 상실하지 않기 때문에 매도인의 매수인에 대한 대금청구권은 그대로 남는다.

(라) 통지은행과 개설은행

신용장의 통지은행과 개설은행은 업무위탁 관계에 있으므로 통지은행은 개설은행의 지시를 수익자에게 안전하고 정확하게 전달할 의무가 있다.

개설은행으로부터 신용장 또는 조건변경서의 전달을 요청받은 통지은행은 통지요청을 승낙할 수도 거절할 수도 있다. 통지요청을 거절하는 경우에는 지체 없이 개설은행에게 거절을 통지하여야 한다.

통지은행은 통지를 위하여 다른 은행의 서비스를 이용할 수 있으며, 통지요청을 수락한 경우에는 지체 없이 통지하여야 하고, 신용장의 진정성을 확인할 수 없는 경우에는 개설은행에 그 사실을 통지하여야 한다.[12] 그리고 통지은행이 신용장 조건에 일치하는 서류를 매입한 경우에는 개설은행으로부터 매입대금을 상환받게 된다.

(마) 통지은행과 수익자

통지은행은 개설은행의 지시에 따라 그 대리인으로 수익자에게 신용장을 통지하기 때문에 수익자에 대한 별도의 법적 책임은 없다. 통지은행이 통지의무에 태만하여 수익자에게 손실을 입히면 수익자는 개설은행, 개설은행은 통지은행에 손해배상청구를 할 수 있을 것이다.

통지은행은 신용장 통지 시 신용장의 외관상 진정성을 확인하기 위하여 상당한 주의를 기울여야 한다. 만약 신용장 통지은행이 상당한 주의를 기울이지 않아서 수익자가 손해를 입었다면 수익자는 통지은행의 부주의에 대하여 소송을 제기할 수 있다.[13]

만약 통지은행이 신용장 통지 시 확인(confirmation)을 추가했다면 수익자가 제시한 환어음을 상환청구권(recourse right)의 행사 없이 이를 매입할 의무가 있다.

12) UCP 600 제9조
13) Hedley, Byrne & Co. v. Heller & Partners Ltd. (1964) A.C.645.

(바) 매입은행과 수익자

매입은행은 수익자가 제시한 환어음을 매입하는 은행이다. 매입행위는 환어음 발행인의 신용과 담보에 의존하기 때문에 수익자에 대하여는 환어음의 선의의 소지인(bona-fide holder)이 된다.

어음이 인수거절이나 지급거절로 부도된 경우 매입은행은 환어음의 발행인과 배서인에 대하여 상환청구권(recourse right)을 갖는다.

환어음의 상환청구권은 환어음 발행 시 어음법에 따른 것으로 비록 신용장에 '상환청구 없음'(without recourse)이라고 명기되어 있어도 강행법규인 어음법이 우선 적용되어 상환청구가 가능하다.14)

(사) 매입은행과 개설은행

우리나라 판례를 보면, 매입은행이 신용장을 매입하기 전에는 매입은행과 개설은행 사이에 대금 지급과 관련한 아무런 법률관계가 존재하지 않는다. 매입은행이 신용장을 매입하여야 비로소 매입은행은 매입은행의 지위를 얻고 이때부터 양당사자는 법률관계를 가지게 된다.15)

매입은행은 환어음의 소지인으로서 환어음의 발행인뿐만 아니라 지급인에 대하여 매입을 시행한 경우에 상응하는 법률관계를 갖는다. 따라서 매입은행은 환어음이 매입신용장에 따라 발행되고 자신이 이를 입증하는 한 지급인인 개설은행에 지급을 요청할 수 있다.

매입은행이 개설은행에 불일치한 서류를 제시하였을 때, 개설은행은 서류 제시일의 다음날로부터 최대 은행영업일 5일 이내에 제시가 일치하

14) 우리나라 어음법 제9조에는 "어음발행인은 어음을 발행함으로 인하여 그 어음의 인수와 지급을 담보하는 것으로, 인수나 지급이 없을 때는 스스로 지급할 의무를 부담한다. 그러나 이 의무 중에서 인수담보책임만은 어음면에 면책문구를 기재하여 이를 면할 수 있다. 이에 반하여 지급의 무담보는 어떠한 경우에도 허용되지 않으며 이러한 기재를 하여도 그 기재를 하지 아니한 것으로 본다."고 규정하고 있다.

15) 대법원 2011.1.27. 선고 2009다10294, 이현묵, 신용장개설은행의 지정은행에 대한 지시의 효력

는지 여부를 결정하여야 한다.[16)]

일단 개설은행이 지급하면, 비록 개설의뢰인이 수리를 거절하더라도 매입은행에 대하여 상환을 청구할 수 없다.

3 • 단계별 신용장 거래실무

(1) 신용장 개설

수입신용장은 수출상과 수입상이 체결한 매매계약의 결제조건(payment clause)[17)]을 근거로 개설된다. 매매계약에서 대금결제방식으로 신용장을 선택하였다면, 먼저 수입상에게 수입이행의 첫 단계로써 신용장 개설의무가 발생하기 때문에, 수입상은 자신의 거래은행에 수입신용장 개설신청을 해야 한다. 반면에 수출상은 신용장을 통지받은 후에야 수출이행단계에 돌입하게 된다.

수입신용장 개설은 개설은행의 수익자에 대한 '지급약속행위'이므로, 개설은행은 개설신청인의 신용상태, 담보능력 등을 고려하여 다음과 같은 제출서류, 개설 담보금, 개설 수수료 등을 요구할 수 있다.

제출서류는 ① 외국환거래약정서(최초 거래 시), ② 취소불능 화환신용장 개설신청서, ③ offer sheet 또는 매매계약서, ④ 보험서류(가격조건이 EXW, FOB, CFR 등과 같이 수출상이 보험을 가입하지 않는 경우), ⑤ 수입대행계약서(수입대행 시), ⑥ 기타 서류(수입승인서 등)이다.

외국환거래약정서는 은행과 고객 사이의 신용장을 비롯한 각종 외환거래에 따른 비용 및 위험을 포괄적으로 규정한 거래은행이 고객으로부터 받는 은행서류이다. 이 약정서는 최초 거래 시 한번만 제출하면 된다.

16) UCP 제14조.

17) 문구예시: irrevocable documentary credit to be opened within ○○days after contract.

개설담보금은 개설은행이 신용장 개설시 만일의 경우에 대비하여 수입상에게 요구하는 담보금으로 수입보증금에 해당한다.[18] 개설담보금으로 현금, 부동산, 유가증권 등 물적담보, 인적담보, 신용담보 등이 활용된다. 따라서 개설신청 업체의 신용상태에 따라 신용장 개설금액의 전액(full margin) 또는 일부를 요구한다.

개설수수료는 신용장개설에 따라 개설은행이 부담하는 위험에 대해 보상금 명목으로 기간에 비례하여 받는다. 수입상의 신용도에 따라 차등해서 받는 term charge인데[19] 통상 3개월당 0.15~0.25%를 받으며, 1개월 단위로 징수하는 은행도 있다.

신용장 개설한도는 우리나라 "W"외국환은행의 경우 다음과 같은 사항을 확인하여 결정한다.

① 한도 및 건별 거래 약정에 의하여 수입신용장을 개설하는 경우 여신한도 범위 내 가능액을 조회한다.
② 외환 한도를 조회하여 수입거래 약정, 약정기일 및 한도 여유를 확인한다.
③ 일람불 수입신용장의 개설은 별도 여신한도가 적용되지만 수입화물에 대한 담보권을 행사할 수 없는 경우[20]에는 동일인 여신한도를 적용한다.
④ 신용장 개설금액이 한도금액 여유 이내이어야 하며, 신용장 금액에 과부족을 허용하는 표시(±10%)가 있어 발행금액을 초과하는 서류 제시가 가능한 경우에는 제시 가능한 최고금액을 한도로 여

18) 담보(擔保)라 함은 채권자에게 제공되는 채무의 변제를 확보하는 수단으로서 물적담보(저당권・질권・양도담보), 인적담보(보증) 등이 있다.

19) 개설수수료 = 신용장발행금액 × 대고객매매기준율 × 적용요율(0.15~0.25%) × 월수/3
예) US$1,000,000 × @1,000 × 0.002 × 3/3 = ₩2,000,000/3월

20) 수입화물에 대한 담보권을 행사할 수 없는 경우는 ① 운송서류 일부가 수입상에게 직접 송부되는 경우, ② 중계무역의 경우, ③ 외국인수수입의 경우, ④ 기타 원유, 벙커C유, Software 등 수입화물을 담보로 할 수 없는 수입거래인 경우이다. 중계무역 및 외국인수수입의 경우에는 선하증권 전통이 있더라도 화물이 국내에 없어 Ship-Back이 어렵고, 통관하는데 비용이 많이 발생하기 때문에 담보로써 실효성이 없다고 본다.

유 이내에서 발행한다.

⑤ 누적 회전신용장(cumulative revolving L/C)의 개설일 경우 총 누적금액을 감안하여 한도를 관리한다.

(2) 화환신용장 개설신청서[21)]

개설은행은 개설의뢰인이 작성하여 제출하는 신용장 개설신청서(application for irrevocable documentary credit)의 내용에 따라 신용장을 발행하여 통지은행을 통해 수익자에게 통지한다. 조건변경의 경우에도 조건변경 신청서에 따라 신용장을 변경 발행하여 통지한다.

신용장 개설신청서는 매도인과 매수인 사이의 매매계약을 근거로 매수인(신용장 개설의뢰인)이 작성하게 되며, 그 주요 내용은 다음과 같다.

① applicant(개설의뢰인)
개설의뢰인의 성명과 주소를 기재하며, 수입대행 등으로 개설신청인의 명칭이 수입상과 달리 표기되어야 하는 경우에는 개설신청서에 별도 표시한다.

② beneficiary(수익자)
수익자에게 신속하게 통지하기 위하여 수익자의 명칭, 주소, 전화번호 등을 정확하게 기재해야 한다. 통지은행과 수익자 소재 국가가 다를 경우에는 개설의뢰인에게 통지 가능 여부를 확인한다.

③ amount(개설금액)
Offer sheet 또는 수입승인서의 금액 이내라야 한다. 금액의 문자와 숫자의 상호 일치여부 및 단가와 수량을 곱한 금액이 총계와 일치하는지 여부도 확인해야 한다. 신용장에 명시된 수량 및 금액과 관련하여 과부족을 허용하는 경우 허용편차를 기재해야 한다.

④ date and place of expiry(유효기일 및 장소)
관련 선적서류가 지급, 인수, 매입을 위해 지정된 은행에 제시될 수 있는 최종일 및 제시장소를 의미한다.

⑤ latest shipping date(선적기일)
선적기일은 신용장 유효기일 이내이어야 하며 별도로 명시하지

21) 화환신용장발행신청서 ⇨ 부록1. 무역결제

않은 경우에는 유효기일 자체가 최종 선적일자로 간주된다.

⑥ tenor of draft(화환어음 지급조건)

일람불신용장의 경우에는 'at sight'로 표시되며, 기한부의 경우에는 '30days after sight', '30days from B/L date' 등 기한을 표시한다.

⑦ usance 구분

기한부 신용장의 경우에는 banker's usance인지 또는 shipper's usance인지를 구분한다.

⑧ shipping documents(운송서류)

해상선하증권, 항공화물운송장, 보험서류, 상업송장, 분석증명서, 포장명세서, 중량증명서, 원산지증명서, 검사증명서 및 기타 제시 서류가 기재된다.

⑨ description of commodity(상품명세)

수입제한 품목의 경우 수입승인서를 첨부해야 한다. 상품 명세를 지나치게 상세히 규정하는 것은 지양되며, 'details as per offer No.'로 기재하고 상품 명세에 상품의 general description으로 표기한다.

⑩ 선적항 및 도착항

특정항을 지정하는 경우에는 반드시 고유명사로 기재된다. 해당국가 내 임의의 공항만인 경우 국명은 형용사로 기재된다.(예 Any Korean Port)

⑪ partial shipment, installment shipment, transshipment(분할선적, 할부선적, 환적)

분할선적은 달리 금지하지 않는 한 허용되며, 할부선적은 별도의 명시가 없는 한 허용되지 않는 것으로 본다. 환적은 수입상에게 금지하는 것이 바람직하나 직항선이 없는 경우나 복합운송의 형태에는 허용되는 것으로 본다.

⑫ confirmation(확인)

확인은행을 별도로 지정하지 않는 경우에는 통지은행을 확인은행으로 간주하여 'advise this L/C adding your confirmation'이라고 표시하며 통지은행으로 매입을 제한한다. confirmation charge는 상당한 금액이므로 부담자를 별도로 표시한다.

⑬ transfer(양도)

양도를 허용하는 경우 반드시 신용장에 표시하고 양도가능 은행을 지정한다.

⑭ period of presentation(서류제시기간)

선적일자 후 선적서류를 제시해야 하는 기간을 표시하는 것으로 명시가 없으면 선적일자 후 21일 이내로 제한된다.

⑮ additional conditions(부가조건)

banking charge(은행수수료), T/T reimbursement(전신상환), 기타 부가조건 등이 기재된다. 기타 부가조건으로는 제시기간 경과 선하증권 허용, 제3자 B/L[22]허용, 운송사 지정 등의 내용 등이 기재된다.

(3) 신용장 개설방법 및 구성

(가) 신용장 개설방법

신용장 개설방법에는 ① 우편에 의한 개설, ② 전신에 의한 개설, ③ SWIFT에 의한 개설이 있는데, 최근에는 일부 국가를 제외하고 대부분 SWIFT방식에 의해서 개설된다.

우편(mail)에 의한 개설은 개설은행이 신용장 원본을 작성하여 통지은행에 우편으로 발송하는 방법이다. 이때 신용장의 진위여부 확인은 사전에 개설은행과 통지은행 간에 약정한 인감(서명감, authorized signatures)으로 한다.

전신(cable)에 의한 개설은 개설은행이 신용장 내용의 전부를 전신으로 통지은행에 보내면, 통지은행이 이를 신용장 양식에 옮겨쓴 후 수익자에게 전달하는 방법이다. 이때 신용장의 진위여부 확인은 사전에 개설은행과 통지은행 간에 약정한 전신 암호문(test key)으로 한다.

22) 제3자 선하증권(3rd Party B/L): B/L상에 송하인이 신용장상의 수익자가 되는 것이 보통이지만, 수익자 이외의 제3자가 송하인으로 되어있는 선하증권을 말한다. Local L/C나 양도신용장에서 직접 선적한 공급자나 양수인의 명의가 기재되는 경우에 사용된다.

SWIFT에 의한 개설은 은행 간 자금결제 통신망인 SWIFT에 가입한 개설은행이, 신용장 내용의 전부를 SWIFT에 가입되어 있는 통지은행에 송부하여 수익자에게 전달하는 방식이다. 이 방식은 양쪽 은행 모두 SWIFT에 가입되어 있어야만 이용이 가능하다.

(나) 신용장의 구성

신용장의 구성은 일반적으로 신용장 자체에 관한 사항, 결제 및 환어음에 관한 사항, 선적에 관한 사항, 물품에 관한 사항, 서류에 관한 사항 및 특수조건 등 6개 부문으로 이루어져 있다.

① 신용장 자체에 관한 사항으로 당사자(issuing bank, advising bank, applicant, beneficiary), 신용장 개설일자 및 장소(place and date of issue), 유효기일 및 장소(date and place of expiry), 신용장 금액(amount) 등이 있다.

② 결제 및 환어음에 관한 사항으로 지정은행(available with ~), 결제방법(available by ~), 환어음기간(at sight), 환어음지급인(drawn on ~ drawee) 등이 표시된다.

③ 선적에 관한 사항은 선적일자(latest shipping date), 분할선적(partial shipments), 환적(transhipment) 등 선적방법, 선적항(from), 도착항(to), 운송구간 등이 표시된다.

④ 물품에 관한 사항은 물품/용역의 명세(description of goods and/or services), 단가, 수량 등이 표시된다.

⑤ 서류에 관한 사항은 기본서류로써 상업송장(commercial invoice), 운송서류(shipping documents), 보험서류(insurance policy or certificate) 등이 표시되고, 보충서류로서 포장명세서(packing list), 검사증명서(certificate of inspection), 수익자증명서(certificate of beneficiary), 원산지증명서(certificate of origin) 등이 표시된다.

⑥ 특수조건 등으로 은행수수료(banking charges), 서류 제시기간(period for presentation), 신용장통일규칙 준거문언, 상환조항(reimbursing bank), 확인 지시조항(confirmation instructions) 등이 표시된다.

(4) 신용장 통지

신용장 통지(advise)는 개설은행의 요청으로 통지은행(advising bank)이 수출상인 수익자에게 신용장 내도 사실을 알리는 것을 말한다.

통지방법은 개설은행이 수익자 소재지에 있는 본·지점이나 환거래은행을 통지은행으로 지정하고 신용장 원본은 SWIFT로 송부하여 수익자에게 통지한다.

통지은행의 지정 권한은 개설은행에게 있다. 일반적으로 개설은행은 통지은행을 선정함에 있어 개설의뢰인이 요청해 오는 경우에도 개설은행의 해외지점 및 현지법인을 우선적으로 지정하고, 개설은행에 신용편의(credit facility)를 제공하는 은행 또는 상호 약정이 있는 은행을 지정하고, 끝으로 수익자의 거주지에 가까운 소재 은행을 지정하게 된다.

통지은행의 임무는 신용장을 신속하고 정확하게 수익자에게 전달하는 것이다. 따라서 통지은행은 신용장이 도착하면 가장 신속한 연락수단(전화, 이메일)을 이용하여 수익자를 자행으로 불러서 직접 신용장 원본을 교부하거나 무역자동화(EDI)시스템을 통하여 통지한다.

SWIFT신용장이나 우편신용장의 경우에는 내도된 신용장을 그대로 통지하므로 별문제가 없겠으나, 전신으로 내도한 신용장을 수익자에게 통지할 때에는 통지은행이 자기은행의 양식에 옮겨 적을 때, 번역 또는 기재 오류 및 탈루 등이 있으면 심각한 문제가 발생할 수 있다.

하지만 통지은행의 실수로 수익자가 손해를 입었을지라도 통지은행이 신용장 통지에 있어서 상당한 주의의무(reasonable care)를 다하였다면 통지은행은 면책된다.

통지은행은 외관상 진정성(the apparent authenticity)[23)]을 확인하기

23) 외관상 진정성이란 신용장에 기명된 개설은행이 실제로 발행한 신용장인지 여부를 내용은 상관하지 않고 겉모양만 보고 검토한다는 말이다. 이러한 확인은 전신신용장의 경우는 환거래약정 시 상호간에 교환한 비밀번호표(test key)를 전신문 비밀번호와 대조하여 이루어지고, 우편신용장의 경우는 상호 교환한 서명감(signature book, cypher)을 신용장의 서명

위하여 통제할 때는 상당한 주의를 기울여야 하며, 신용장을 통지하지 않기로 하였을 때에는 지체 없이(without delay) 수익자와 개설은행에 통보하여야 한다.

통지은행이 외견상 진정성을 확인할 수 없다면 지체 없이 그러한 지시를 한 것으로 보이는 은행에 신용장의 진정성을 확인할 수 없음을 통보하며,[24] 통지은행이 이러한 사정이 있음에도 불구하고 신용장을 통지하기로 하였다면 수익자에게 신용장의 진정성을 확인할 수 없었다는 사실을 통보해야 한다.

사례 6 신용장 원본 분실 시 재교부 가능 여부

질문

수출신용장을 받아 수출 절차를 진행 중 신용장 원본을 분실하였다. 이 경우 원본 없이 사본으로도 네고가 가능한가? 사본으로 네고가 불가능하다면 원본을 재교부 받을 수 있나?

답변

신용장 자체가 유가증권은 아니지만 신용장 원본이 양도될 수도 있으므로, 신용장 통지은행에서는 재교부에 대해 엄격히 관리하고 있으며 네고은행도 네고 시 신용장 원본을 요구하고 있다.

따라서 신용장을 분실 시에는 신용장 원본을 재교부받아야 하는데, 우선 수출자가 신용장 통지은행에 신용장 분실신고와 함께 재교부 신청을 하면 통지은행은 전국 외국환은행 지점에 신용장 분실 통지를 한다. 통지 후 7영업일이 지나도 이의가 없으면 비로소 원본을 재교부한다. 따라서 신용장 원본을 분실하면 서류 제시기한 내에 네고하지 못할 수도 있으므로 주의해야 한다.

(출처: 월간무역)

과 대조하여 이루어진다.

24) 통지은행의 진정성에 대한 면책문언: "We assume no responsibility regarding advising this credit, since we have no-correspondent relationship with the Issuing Bank and therefore can not check the apparent authenticity of this credit." "Please note that the signature on the credit is not verified and that we assume no liability or responsibility for the consequences arising from advising this credit."

(5) 신용장 도착 및 검토

수익자는 신용장을 통지은행으로부터 수령한다. 수출상은 계약 시 자신의 거래은행을 통지은행으로 지정해 달라고 수입상에게 요청할 수 있지만, 개설은행은 자신의 업무 편의를 위하여 개설은행의 본·지점 혹은 환거래은행을 통지은행으로 지정하는 경우가 일반적이다.

수출상이 통지은행으로부터 신용장 도착사실을 통지받으면 통지은행이 처음 거래 은행인 경우 회사 명판과 인감을 신고해야 하고, 기존 거래은행의 경우에는 별도의 신고 절차 없이 신원 확인만 되면 신용장을 수령할 수 있다. 수출상은 통지은행에게 통상 15,000~30,000원의 통지수수료를 부담하게 된다. 아울러 통지은행에 서류를 매입(nego)하는 경우에는 통상 통지수수료를 환불해주고 있다.

수출상 입장에서는 신용장을 근거로 거래은행으로부터 무역금융을 받아 생산에 필요한 원자재 확보 등을 원활히 할 수 있기 때문에 신용장 도착이 빠르면 빠를수록 좋다.

수입상 입장에서는 신용장을 빨리 개설하면 담보설정 혹은 신용한도 등의 문제로 인하여 자금 압박을 받을 수 있어 신용장의 내도가 늦게 이루어지는 경우가 많다. 따라서 실무적으로는 계약서상에 선적일(S/D)을 신용장 개설일로부터 ○○일 이내 선적한다는 조건을 붙이는 등의 노력을 기울여야 한다.

수출상(beneficiary)은 통지은행으로부터 신용장을 수령하면, 수출물품 확보 등 수출이행단계에 돌입하기 전에 다음 사항을 검토해야 한다.

① 형식요건의 확인이다. 우선 신용장의 형식요건이 맞는지와 신용장 통일규칙 준수문언이 있는지 여부이다. SWIFT 방식의 신용장은 동 문언이 자동으로 포함된다.
② 계약내용과 일치 여부이다. 매수인과 체결한 계약내용과 다른 조건이 신용장에 포함되어 있는지 살펴야 한다. 즉, 품질, 수량, 가

격, 포장, 선적, 결제, 보험, 기타 조건 및 추가 사항 등을 확인하여 원 계약서와 상이할 경우 수입상에게 신용장 변경(amendment)을 요청하여야 한다.

③ 개설은행의 신용도이다. 개설은행은 수출상에 대하여 최종적인 지급책임을 지므로, 개설은행의 신용등급과 개설은행 소재국의 외환사정 또는 정치적 안정성 등이 중요하다. 개설은행의 신용도가 의심스러울 경우에는 제3은행의 확인(confirming)을 요청한다.

④ 서류 요건의 충족 가능성 여부이다. 신용장은 서류에 의한 거래이기 때문에 '46A documents required' 및 '47A additional conditions' 항목이 특히 중요하다. 따라서 지장을 초래할 수 있는 특수조건의 존재 여부를 꼼꼼히 검토해야 한다.

예를 들어 ⓐ 신용장의 특수조건에 바이어 검사 후 선적, 추가지시 후 선적 등 수입상측의 일방적인 의사에 따라 신용장의 이행이 좌우될 수 있는 조항이 포함된 경우, ⓑ 우리나라에 없는 수입국의 대사관으로부터 영사송장(consular invoice)을 받도록 한 경우, ⓒ 금액, 수량, 단가 등의 상호불일치 및 신용장 내용, 특히 금액에 영문철자 등이 틀린 경우 등은 눈여겨보아야 한다.

(6) 신용장 확인[25]

신용장 확인(confirmation)이란 개설은행이 지급, 인수 또는 매입을 확약한 취소불능신용장에 대하여 제3의 은행이 개설은행의 수권이나 요청에 따라 개설은행과 동등하게 지급, 인수 또는 환어음 발행인에게 상환청구 없이 환어음을 매입한다는 확약을 추가하는 것을 말한다(UCP §2).[26] 확인은행의 확약은 개설은행의 지급 또는 인수와는 독립적으로 수익자에 대한 직접적인 확약이다.

확인방법은 대외 신용등급이 낮은 은행이 발행한 신용장에 대하여

25) UCP 제8조 확인은행의 의무(Confirming Bank Undertaking)

26) 확인신용장 표시문언: We confirm the credit and thereby undertake to honour each draft drawn and presented as above specified.

수출상이 수입상에게 확인을 요청하게 되는데, 일반적으로 수출상은 매매계약 전에 수입상에게 우량은행 발행 신용장을 요구하거나, 신용이 낮은 은행의 경우 신용장 개설 전에 확인을 요청한다.

수출상의 확인요청으로 수입상은 개설은행에 확인을 요청하게 되고 개설은행은 주로 통지은행에게 확인을 요청한다.[27] 수출상이 신용장을 받은 후라도 확인이 필요하다고 판단되면 수입상에게 확인을 요청할 수 있고 수입상은 개설은행에게 확인을 요청한다.

확인신용장 거래에서 유의할 점은 다음과 같다.

① 서류는 반드시 확인은행에 제시하여야 한다. 확인은행의 지급, 인수 또는 매입의무에 대한 확인은 신용장조건과 일치한 서류가 확인은행에 제시된 경우에 한하여 유효하다.
수익자가 확인은행이 아닌 타 은행에게 서류를 매입시켜 확인은행을 거치지 않고 이를 개설은행 앞으로 직접 제시한다면, 수익자는 확인은행에 대하여 확인에 관한 어떠한 권리도 주장할 수 없다.

② 확인 후 조건변경이 있으면 수익자는 원신용장의 확인과 별도이므로, 그 조건 변경에 확인은행의 별도의 확인을 받아야 한다.
환어음을 매입한 확인은행은 어떠한 이유로도 수익자에게 상환청구권을 행사할 수 없다. 취소불능 매입신용장의 확인은행은 환어음의 발행인이나 선의의 소지인에게 상환청구권 없이(without recourse) 매입을 확약하여야 한다.

한편, 수익자의 요청으로 수출상 거래은행이 개설은행의 요청이나 수권 없이 신용장 조건과 일치하는 제시의 경우에 확정적인 지급확약을 하는 '비수권 확인(silent confirmation)'이라는 것이 있다.

---

27) • 개설은행이 통지은행에 확인을 요청하는 수권 문언은 "Please add your confirmation", "Please notify beneficiary adding your confirmation", "We authorize you to add your confirmation" 등이 사용된다.
• SWIFT L/C 49항목: CONFIRM(통지은행에 대해 확인을 요청), MAY ADD(통지은행이 확인할 수 있음), WITHOUT(통지은행에 대해 확인을 요청하지 않음)

비수권 확약은 ① 개설은행의 확인 요청이나 수권이 없으며, ② 비수권 확인자는 확인은행과 다르게 신용장 거래 당사자가 아니며, 신용장 수익자와 별도 약정으로 지급확약을 하며, ③ UCP에 규정되지 않은 실무라는 점에서 확인과 구분된다.

(7) 신용장 정정 · 변경 · 취소

(가) 신용장 정정

신용장 정정(correction)은 수출상이 신용장을 점검한 후 수정해야 할 내용이 있을 때에는 직접 수입상 또는 통지은행을 통하여 개설은행에게 수정을 요구하는 것을 말한다.

① 신용장 자체의 모순이나 필수조건의 누락 또는 개설은행의 실수로 간주되는 경우에는 통지은행을 통하여 개설은행에게 요청하는 것이 효과적이다.
② 신용장 내용이 매매계약과 불일치한 경우에는 수출상은 수입상에게 직접 정정을 요구하는 것이 정상적인 방법이다.

(나) 신용장 변경

신용장 변경(amendment)은 수출상이 자신이 수령한 신용장을 조건대로 이행할 수 없을 경우에 수입상에게 요청하여 조건을 변경(amendment)하는 것을 말한다.

주요내용은 선적기일 및 유효기일의 연장, 신용장 금액의 증감, 선적항 또는 도착항의 변경, 수량, 단가, 총액의 계산 착오, 매매계약서 내용과 다른 사항 및 기타 지키지 못할 조건 등이다.

조건변경 시에 유의할 점은 다음과 같다.

① 수익자가 조건변경통지서를 받았을 때 반드시 수락 또는 거절의 의사 표시를 명시적으로 하여야 하며, 의사표시를 하기 전까지는 효력이 없다. 상대방의 동의가 없는 모든 조건변경은 무효이다.

② 수익자가 조건변경서를 받고 아무런 의사표시를 하고 있지 않다가 그 조건변경서의 변경내용에 따라 서류를 제시했다면 그 시점이 조건변경을 수락하는 시점이 된다.
③ 하나의 조건변경통지서에서 여러 개의 조건변경이 포함된 경우, 일부만 선택적으로(일부수락, 일부거절) 수락할 수는 없다.
④ 여럿의 조건변경통지서 중에서는 선별해서 수락 또는 거절할 수는 있다.
⑤ 확인신용장에서 개설은행이 조건변경을 승낙했더라도 확인은행의 별도의 확인을 받지 않았으면, 확인은행은 매입 시 수익자의 대금지급 청구에 대하여 조건 불일치를 이유로 지급 거절할 수 있다.
⑥ 1차 조건변경서는 수락하고, 2차 조건변경서는 수익자에게 불리한 조건일 경우 2차 조건변경서는 거절할 수 있다.
⑦ 신용장 금액 및 수량을 변경하면서 신용장 금액은 증액하였으나 상품명세서상에 수량이나 단가를 변경하지 않거나, 유효기일을 연장하면서 선적기일을 연장하지 않는 경우에는 조건변경을 하여도 실제로는 의미가 없어진다.

(다) 신용장 취소

신용장 취소(cancellation)는 이미 개설된 신용장이나 일부 사용된 신용장의 나머지 부분을 사용하지 않고 취소하는 것이다. 취소불능신용장은 수익자(beneficiary), 개설은행(issuing bank) 혹은 확인은행(confirming bank, 확인은행 있는 경우)의 동의가 있다면 취소할 수 있다. 즉, 해당 당사자의 동의가 없다면 취소가 불가능하다.

신용장은 원칙적으로 취소불능신용장을 말하며, 취소 여부가 명시되지 않았다 하더라도 당연히 취소불능신용장이기 때문에 취소를 엄격히 제한하고 있다.

사례 7 Usance L/C를 At Sight로 조건 변경

질문

60일 Usance 조건의 L/C를 개설했는데, shipper가 at sight로 조건 변경을 요청하였다. 개설은행에서는 어렵다고 하는데 정말 불가능한 것인가? usance 기일을 줄이는 것은 가능한가?

답변

usance L/C를 sight L/C로 조건 변경하는 것은 가능하다. 즉, 신용장의 조건 변경은 '개설은행, 바이어, 수출자' 3자의 동의가 있으면 가능하다. 그러나 신용장 개설은행 입장에서는 자금 부담이 가중되므로 잘 동의해 주지 않는다. usance 기일을 줄이는 것도 개설은행의 자금 부담을 주므로 개설은행을 납득시킬 만한 조치(예를 들면 추가담보 제공 등)가 없으면 잘 동의하지 않는다. (출처: 월간무역)

(8) 신용장 매입(서류제시 · 심사 · 거절)

수출상은 신용장이 요구하는 물품이 준비되면 수출통관과 선적기일 내에 선적하고 선적서류 등을 갖추어 수출대금 회수절차에 들어간다.

수출대금의 회수절차는 수출상이 매입은행과 화환어음거래약정을 체결하고 선적서류를 준비한 후, 환어음을 작성하여 매입을 의뢰하는 것으로 시작하여 매입은행은 환어음 및 선적서류를 심사하여 신용장 조건과 일치하면 매입 대금을 수출상에게 지급하고 서류를 개설은행에게 송부한다.

매입서류는 신용장 원본, 매입신청서, 외국환거래약정서(최초 거래 시), 환어음, 운송서류, 보험서류, 상업송장, 포장명세서, 원산지증명서 등 기타 신용장에서 특별히 요구하는 서류 등이다.

매입절차는 ① 서류 접수 및 접수증 발급, ② 은행비치 매입대장에 기록, ③ 서류심사, ④ 보완지시, ⑤ 매입이행, ⑥ Covering Letter 작성, ⑦ 서류 발송, ⑧ 상환요청서 발송 등이다.

상환요청서는 실제로 대금을 지급할 상환은행에 보내는 서류이다. 신용장상에 reimbursing bank가 기재되어 있는 경우에는 선적서류는 개설은행으로 송부하고, 상환신청은 상환은행에 하게 된다. T/T reimbursing acceptable인 경우 상환은행에 T/T로 상환을 요청하고, T/T reimbursing not acceptable인 경우 상환용 어음만 T/T가 아닌 우편으로 발송한다.

매입제한 신용장의 경우에 수출자의 거래은행이 지정은행이 아닌 경우에는 서류 전체를 지정된 매입은행으로 발송하여 re-nego하며, 송금신용장인 경우에는 개설은행에 자행의 계좌를 통보한다.

사례 8 신용장의 서류 제시기간

질문

Re-nego bank를 거쳐야 하는 네고 건이다. L/C조건이 다음과 같을 때 선적 후 7일 이내 어디까지 서류가 가야 한다는 것인가?

〈Original L/C〉 Provided that all terms and conditions of this credit have been complied with, we undertake to remit you value of shipping documents in 5 working days from the date of receiving your authenticated swift message confirming that documents have been presented.
〈Amend L/C〉 We undertake to remit you value of shipping documents value 7 working days from the next day of the date otherwise unchanged.

답변

Amend된 내용을 기준으로 선적서류를 매입은행에 제시했다는 스위프트 통신문을 매입은행으로부터 받은 다음날로부터 은행영업일 기준으로 7일째 되는 날에 매입은행으로 대금을 송금하겠다는 의미이다. 신용장상에 별도로 명시되어 있는 서류 제시기간 내에 매입은행에 선적서류를 제시하기만 하면 된다.

신용장의 유효기간(E/D : expiry date) 및 유효장소(expiry place)를 확인해야 하며, 대부분 신용장 유효장소는 수출국 또는 기재되어 있지 않는 경우(매입은행의 창구로 봄)가 많으나 만약 유효장소가 수입국으로 되어 있다면 선적서류가 수입국까지 송부되는 시간을 고려해야 한다.

(출처: 월간무역)

4 • SWIFT 신용장 해석

(1) 신용장 조건의 이해

신용장은 매매당사자 사이에 체결된 매매계약을 근거로 수입상이 개설은행에게 의뢰하여 개설되는 명시적인 '지급약속증서'이다.

신용장은 관습과 법률이 다른 2개 이상의 국가에서 여러 관계 당사자가 개입되기 때문에 그 문언 자체가 완전하고 정확해야 하며, 해석도 공정하고 객관적이며 보편적이어야 한다. 신용장통일규칙은 신용장 조건들의 자의적인 해석으로 인한 혼란과 오해를 방지하기 위하여 신용장통일규칙 준거 문언을 채택하도록 하고 있다.

신용장 해석순위는 다음과 같다.

① 당사국의 강행법규(law): 강행법규(규정)란 당사자 사이에 계약자유의원칙에 따른 합의로도 변경할 수 없는 부분을 말한다.
② 신용장 조건(명시조건): 당사자 사이의 명시적인 합의 내용을 말하는 것으로 통상적으로 SWIFT 문구가 여기에 해당된다.
③ 신용장통일규칙 규정(묵시조건): UCP 600 이외에도 ISBP 745, ICC Position papers, ICC Policy Statements, ICC Opinions 등이 관습 또는 권위있는 국제기관의 유권해석으로서 해석기준이 된다.

신용장 서류에 관한 해석원칙으로 엄격일치의 원칙과 상당일치의 원칙이 있다. 엄격일치의 원칙(doctrine of strict compliance)은 L/C의 조건에 엄격하게 일치하지 않는 서류에 대한 대금지급을 거절한다는 원칙이며, 상당일치의 원칙(doctrine of substantial compliance)은 상당한 정도로 일치하는 서류에 대하여 대금을 지급한다는 원칙이다.

실무적으로 신용장거래는 서류만을 근거로 대금지급을 이행하기 때문에 수출업자는 우선 엄격일치원칙을 기준으로 서류를 제시해야 한다.

신용장에서 다르게 정한 바가 없다면, 신용장통일규칙에 따라서 다음과 같은 해석원칙이 있다.[28)]

① 적용 가능할 때 단수형의 단어는 복수형의 단어를 포함하고, 복수형의 단어는 단수형의 단어를 포함한다.
② 신용장은 다른 명시가 없더라도 취소 불능이다.
③ 서류는 수기, 모사 서명, 천공 서명, 스탬프, 상징 또는 그 밖의 기계식 또는 전자식 인증 방법으로 서명할 수 있다.
④ 공증, 사증 확인되어야 하는 서류의 요구 조건은 그 요구조건을 충족하는 것으로 나타나는 서류상의 서명, 표시, 스탬프 또는 부전으로 충족될 수 있다.
⑤ 다른 국가에 있는 어떤 은행의 지점은 독립된 은행으로 간주된다.
⑥ 「일류, 저명한, 자격 있는, 독립적인, 공적인, 능력 있는, 현지의」 등과 같은 용어가 서류 발행자를 명시하는 것으로 사용되었다면, 수익자 이외의 모든 서류발행인이 서류를 발행하는 것이 허용된다.
⑦ 「신속하게, 즉시, 가능한 한 빨리」라는 단어는 서류에 사용되는 것으로 요구되지 않았다면 무시된다.
⑧ ~경에(on or about) 또는 이와 유사한 표현은 어떤 사건이 시작일과 끝나는 일자를 포함하여, 명시된 일자의 이전 5일부터 이후 5일까지의 기간 중에 발생해야 하는 것으로 해석된다.
⑨ 선적기간을 결정하기 위하여 사용된 「to, until, till, from」은 언급된 일자를 포함하고, 「before, after」는 언급된 일자를 제외한다.
⑩ 만기일을 결정하기 위하여 사용된 「from과 after」는 언급된 일자를 제외한다.
⑪ 어느 달의 「전반과 후반」이라는 단어는 각각 해당 월의 1일부터 15일까지, 16일부터 말일까지로 해석되며 양쪽 일자를 포함한다.
⑫ 어느 달의 「초, 중, 말」이라는 단어는 각각 해당 월의 1~10일, 11~20일, 21~말일까지로 해석되며 양쪽 일자를 포함한다.

28) UCP 600 관련 조항 : §3(해석), §6(신용장 사용 가능성, 유효기일 및 장소), §14(서류심사기준), §28. g(보험상 위험), §38. b(양도 가능 신용장) 등

신용장통일규칙에는 신용장의 이용가능성, 유효기일, 제시장소 등에 관한 규정이 있다.[29)]

① 신용장에는 그 신용장이 이용 가능한 은행을 명시하여야 하며, 그렇지 않으면 모든 은행에서 이용할 수도 있다. 지정은행에서 이용할 수 있는 신용장은 또한 개설은행에서 이용할 수 있다.
② 신용장은 그것이 일람지급, 연지급, 인수 또는 매입에 이용할 수 있다는 것을 명시하여야 한다.
③ 신용장은 개설의뢰인을 지급인으로 하는 환어음이 사용되도록 개설되어서는 안 된다.
④ 신용장은 제시를 위한 유효기일을 명시하여야 한다. 지급이행 및 매입을 위하여 명시된 유효기일은 제시를 위한 유효기일로 간주된다.
⑤ 신용장이 이용 가능한 장소는 제시를 위한 은행이다. 어떤 은행에서라도 이용 가능한 신용장에서의 제시를 위한 장소는 어떤 은행의 장소라도 상관이 없다. 개설은행의 장소 이외의 장소가 제시를 위한 장소로 되어 있다면 개설은행에 그 장소를 추가한 것으로 본다.
⑥ 유효기일이 연장된 경우를 제외하고 수익자에 의한 또는 수익자를 대신한 제시는 유효기일 이전에 되어야 한다.

신용장통일규칙에 따라서 다음과 같은 서류심사 기준이 있다.[30)]

① 지정은행, 확인은행, 개설은행은 서류의 문면상 일치 여부를 오로지 제시된 서류만으로 심사한다.
② 지정은행, 확인은행, 개설은행은 각각 제시 다음 날을 기산일로부터 최장 5은행 영업일에 심사해야 한다. 이 기간은 유효기일, 제시 최종일, 이후 발생하는 사건에 의해서 단축되거나 영향을 받지 않는다.
③ 운송서류 원본이 제시되는 경우에는 선적일 후 21일 이내, 그리고 신용장 유효기일 이내에 제시되어야 한다.

29) UCP 600 §6(신용장 사용가능성, 유효기일 및 장소)
30) UCP 600 §14(서류심사 기준)

④ 신용장에 따른 서류 자체와 국제표준은행관행(ISBP)은 동일할 필요는 없지만, 다른 제시서류 또는 신용장과 상충되어서는 안 된다.
⑤ 상업송장 이외의 서류에서 상품, 서비스, 의무이행 명세는 신용장의 명세와 상충되지 않는 일반적 용어로 기재될 수 있다.
⑥ 신용장에서 서류의 발행자 또는 내용을 명시하지 않고 운송서류, 보험서류, 상업송장 이외 서류의 제시를 요구했다면, 은행은 자료내용이 서류의 기능을 완수하는 것으로 나타나고 국제표준은행관행(ISBP)과 일치한다면 제시된 대로 서류를 수리한다.
⑦ 신용장에서 요구하지 않은 제시된 서류는 무시되고 제시자에게 반환할 수 있다.
⑧ 신용장이 서류를 명시함이 없이 조건만 기재하고 있다면 은행은 그러한 조건을 기재하지 않은 것으로 간주하고 무시한다.
⑨ 서류가 신용장 개설일 이전 일자로 발행될 수 있으나, 제시일자보다 늦은 일자로 발행되어서는 안 된다.
⑩ 수익자와 개설의뢰인의 주소가 서류에 나타날 때 신용장과 다른 서류의 주소와 같을 필요는 없으나, 신용장에 명시된 각각의 주소와 동일 국가이어야 한다. 수익자와 개설의뢰인의 주소의 일부로 기재된 접촉명세(팩스, 전화, 이메일 등)는 무시된다. 그러나 개설의뢰인의 주소와 접촉명세가 운송서류상 수하인 또는 통지처의 일부일 때는 신용장에 명시된 대로 기재되어야 한다.
⑪ 어떤 서류에 표시된 상품 선적인과 송하인은 신용장의 수익자일 필요가 없다.
⑫ 운송서류가 이 규칙의 요구조건을 충족시킨다면 운송인, 운송수단 소유자, 선장, 용선자 이외의 자가 발행할 수 있다.

(2) SWIFT L/C의 조항별 이해[31]

:700 Massage Type(MT)를 말하는 것으로 MT 700은 화환신용장 개설을 의미한다.

:27 SEQUENCE OF TOTAL: 전송 페이지를 표시한다.

31) SWIFT신용장 ⇨ 부록1. 무역결제

:40A FORM OF DOCUMENTARY CREDIT: 신용장 종류를 표시한다.

:20 DOCUMENTARY CREDIT NUMBER: 개설은행이 부여하는 신용장 번호를 표시한다.

:31C DATE OF ISSUE: 개설은행이 개설일자로 간주하는 일자를 표시한다. 아무런 표시가 없는 경우에는 L/C를 보낸 일자를 개설일자로 간주한다.

:31D DATE AND PLACE OF EXPIRY: 서류가 제시되어야 하는 마지막 일자와 장소를 표시한다. 은행 휴일에 종료하는 경우에는 다음 최초 영업일까지 자동연장된다.

:50 APPLICANT: 개설의뢰인으로서 수입상을 말한다.

:59 BENEFICIARY: 수익자로서 수출상을 말한다.

:32B CURRENCY CODE, AMOUNT: 신용장의 통화 및 금액을 표시한다.

:39A PCT CREDIT AMOUNT TOLERANCE: 신용장금액의 과부족 편차(%)를 표시한다.

:41A AVAILABLE WITH … BY … : 신용장의 사용방법을 나타내는 것으로 지급, 연지급, 매입, 인수신용장의 구분이 된다.

:42C DRAFTS AT … : 환어음의 기간을 나타내는 것으로 일람불 또는 기한부가 표시된다.

:42D DRAWEE: 환어음의 지급인을 표시한다.

:43P PARTIAL SHIPMENT: 분할선적의 허용 여부를 표시한다.

:43T TRANSSHIPMENT: 환적의 허용 여부를 표시한다.

:44A LOADING/DISPATCH/TAKING CHARGE AT/FROM: 선적항, 발송지, 수탁지를 표시한다.

:44B FOR TRANSPORTATION TO …: 최종목적지를 표시한다.

:44C LATEST DATE OF SHIPMENT: 최종선적일자를 표시한다.

:45A DESCRIPTION OF GOODS AND/OR SERVICES: 상품/용역의 명세

:46A DOCUMENTS REQUIRED: 수출상이 제시해야 할 서류에 관한 사항을 표시한다.

:47A ADDITIONAL CONDITIONS: 부가조건을 표시한다.

:48 PERIOD FOR PRESENTATION: 서류 제시기간을 표시한다.

:49 CONFIRMATION INSTRUCTIONS: 수신은행 앞으로 확인에 대한 지시사항이다.

:57D ADVICE THROUGH BANK: 수익자에게 통지하기 위하여 경유해야 하는 은행명을 표시한다.

:71B CHARGES: 수수료 부담관계를 표시하며, 보통 수출상에게 귀속된다.

:72 SENDER TO RECEIVER INFORMATION: 필요한 경우 발신은행이 수신은행에게 제공하는 정보를 기록한다.

:78 INST TO THE PAY/ACCEPT/NEGOTIATE BANK: 지급은행, 인수은행 또는 매입은행을 위한 지시사항을 기술한다.

사례 9 신용장 표현의 올바른 해석

질문

당사는 최근 중동의 바이어 A사로부터 신용장을 수취하였다. A사와는 첫 거래인데 일반적으로 중동 바이어는 까다로워 선적서류상의 사소한 하자를 빌미로 지급 거절(unpaid)을 하거나 수입단가 인하를 요청하는 경우가 적지 않다고 들었다.
내도된 신용장에 선적기한이 'until January 31' 이라고 명시되고, 'from', 'after' 등의 문구도 들어 있는데, 이런 표현의 올바른 해석은?

답변

선적 기간에 'to', 'until', 'till', 'from', 'between'은 기간에 명시된 일자 또는 일자들을 포함하고 'before', 'after'가 사용된 경우에는 명시된 일자를 제외한다. 만기에 'from' 또는 'after'는 명시된 일자는 포함하지 않는다(UCP 600 §3).

따라서 신용장상 어음 조건이 120 days after shipment date인 경우와 120 days from shipment date인 경우의 만기일은 동일하다. 특히 'from'은 선적기일 결정 시는 언급된 날짜를 포함하나 만기일 결정 시에는 언급된 날짜를 제외시킨다는 점을 유의해야 한다.

어느 월의 전반(first half)과 후반(second half)이라는 단어는 각 해당 월의 1일부터 15일까지, 16일부터 해당 월의 마지막 날까지로 해석되며 그 기간 중의 모든 날짜가 포함된다. 또 어느 월의 '초(beginning)', '중(middle)', '말(end)'이라는 단어는 각 해당 월의 1일부터 10일, 11일부터 20일, 21일부터 해당 월의 마지막 날까지로 해석되며 그 기간 중의 모든 날짜가 포함된다.

> 특히 'the end of November'인 경우 11월 말이 아니라 11월 하순이다. 신용장에 "On board date on the Ocean B/L should be on or about June 20, 20xx"이라고 되어 있다면 "해상 선하증권상의 본선 적재일은 20xx년 6월 15일부터 6월 25일까지의 11일간"이다.
>
> (출처: 월간무역)

(3) 신용장 악의(惡意)의 특별조건

신용장은 매매계약과 별개라는 독립성과 서류만 검토하는 추상성을 본질로 하기 때문에 사기 가능성이라는 한계가 있다.

수입상과 개설은행은 향후 시장 상황이 나빠질 경우 등을 대비하여 악의적인 독소조항(毒素條項)을 삽입하는 경우가 있는데, 수출상은 신용장상에 이러한 조항을 발견한 경우에는 삭제 또는 변경을 요청해야 한다.

악의의 특별조건을 정리해 보면 다음과 같다.

- Inspection certificate approved and signed by buyer's agent required.
- Negotiation is subject to our further instruction.
- Shipment is subject to further instruction.
- Payment shall be effected after shipment approval.
- Payment will be made only on realization of export proceeds against L/C No.×××.
- We will pay the proceeds upon receipt of the principal from the final buyer.
- The name of ship will be indicated by us.
- The name of the ship will be notified.
- Bill of lading showing shipper's load and count not acceptable.
- 70% of invoice value available at sight and remainder to be negotiated upon receipt of notice from drawee that they satisfied with merchandise.

- L/C will be operative when the applicant obtain I/L from the authorities.
- Our acceptance for the documents could be cancelled if there were a claim from the applicant after installation of the system.
- Commercial Invoices must appear on their face to be signed by the Applicant or their agent.
- Shipment must be affected by a vessel which will be advised from buyer by cable before shipment.
- Beneficiary's certificate certifying that one set of shipping documents including 1/3 set of original B/L have been sent to XXX Co., Ltd by courier within three days after shipment.
- Payment of drafts drawn hereunder will be made only after the realization of the re-export proceeds program.
- Certificate of Origin must be legalized by a Consulate in Korea.
- Claims for reimbursement will be made on the L/C Applicant.

사례 10 할부선적 내 분할선적 가능여부

질문

당사는 미국 바이어로부터 "6월에 6,000개, 7월에 7,000개, 8월에 8,000개"의 장난감을 스케줄에 따라 선적하는 취소불능화환신용장을 받았다. 선적조건에 "Partial shipment allowed"로 명시되어 있다. 당사는 6월 15일에 4,000개를 선적하고 6월 25일에 2,000개를 선적하려고 한다. 분할선적이 허용되고 있으므로 하자가 되지 않는다고 판단하는데 어떠한가?

답변

결론적으로 하자에 해당 된다. 수입자의 입장에서 보면 시장에서 판매하려는 품목의 특수한 시즌에 맞추어 정확하게 물품을 공급받기 위해 선적스케줄이 정해져 있는 할부선적(installment shipment)을 요구하였을 것이다. 그렇기 때문에 수출자가 납품기간을 정확하게 지키지 않게 되면 특정기간에 판매물량이 부족해지거나 남게 되어 불필요한 재고가 발생하게 된다.

할부신용장에서는 일정기한 내의 할부선적을 명시하고 있는 경우 동 기한 이내에 할부선적이 되지 않을 경우 그 할부 선적분은 물론이고 후속 할부 선적분 전체에 대해 신용장 효력이 상실되므로 신용장에서 할부선적을 요구할 경우에는 이전의 선적이 할부 일정에 따라 선적이 되었는지를 반드시 확인해야 한다.

할부선적에서 "partial shipment allowed"라는 명시는 당연한 것이지만 이것을 하나의 할부분 내에서 나누어 선적할 수 있다고 해석하면 안된다. 이 문구는 각각의 할부 선적부분을 위한 분할선적을 허용한다는 것을 의미한다.

만약 하나의 할부기간 이내에 여러 번씩 나누어 선적할 예정인 경우에는 신용장에 "Partial shipments allowed in each installment"라는 조건이 신용장에 명시되도록 개설의뢰인에게 신용장 조건변경을 요청하여야 한다.

(출처: International Trade)

5 • 신용장 관련 비용

수출자 또는 수입자가 신용장 등을 이용할 때 외국환 은행에 관련 수수료를 납부하게 된다. 최근에는 은행의 예대(예금/대출) 마진이 줄어드는 경향으로 각종 명목의 수수료가 늘어나고 있는 실정이다. 수수료는 외국환거래 시 선취하는 것을 원칙으로 운영하고 있다.

외국환수수료는 은행이 자율적으로 결정하지만 대체로 다음과 같다.

(1) 개설수수료 등

개설수수료 등은 수입신용장 개설·인수, 내국신용장 개설 또는 기타 외화 지급보증 시 은행에 지급하는 수수료이다.

① 개설수수료(issuing commission)는 신용장 개설에 따라 개설은행이 부담하는 위험에 대해 보상 명목으로 개설신청 시 개설은행이 수입상에게서 받는 기간수수료(term charge)이다.

- 계산식은 「개설수수료 = 개설금액 × 매매기준율 × 개설수수료율(신용등급에 따라 상이, 통상 0.15~0.25%) × 기간일수/360」이다.

② 인수수수료(acceptance commission)는 기한부 신용장에서 인수를 담당하는 은행에 지급하는 수수료이며, 수출계약 조건에 따라 수출상 또는 수입상이 부담하게 되는데, 통상 0.4%/3개월 정도이다.

- 계산식은 「인수수수료 = 인수금액 × 매매기준율 × 인수 수수료율(신용등급에 따라 상이) × 기간일수/360」이다.

③ 지급보증 수수료(guarantee commission)는 보증신용장 또는 청구보증에서 지급을 보증하는 은행에 지급하는 수수료이다.

- 계산식은 「지급보증수수료 = 보증금액 × 매매기준율 × 보증요율(신용등급에 따라 상이) × 기간일수/360」이다.

(2) 환가료(exchange commission)

환가료는 외국환 은행이 수출환어음, 여행자수표 등의 외국환을 매입한 후 완전한 외화자산(cash)으로 현금화할 때까지 또는 선(先)지급한 자금을 추후 상환받을 때까지 은행측에서 부담하는 자금에 대한 이자보전 명목으로 징수하는 기간 수수료로서 은행에서 매일 공시된다.

일반적으로 환가료는 수출환어음 매입시 수출상이 부담하나, 수입의 경우에도 개설은행이 상환방식으로 선적서류가 도착되기 전에 상환은행에 미리 대금을 지급하게 한 경우나 개설은행 부담 기한부신용장의 경우에는 수입상도 환가료를 부담한다.

표준 우편일수는 JPY, MYR, CNY, SGD, HKD는 9일, 그 외 통화는 10일, 재매입의 경우는 13일이다.[32)]

32) (하나은행) ① 외화수표: 통화가 JPY(엔화), HKD(홍콩 달러), SGD(싱가포르 달러), MYR(말레이시아 링기트), THB(태국 바트), IDR(인도네시아 루피아)인 경우 9일을 그 외 통화에 대해서는 10일을 적용. ② 수출환어음 매입, 수입환어음 결제: 8일인데, JPY, HKD,

- 계산식은 ① 일람불(at sight) 수출환어음 환가료= 매입금액 × 매매기준율 × 매입일의 일람불 환가요율(Libor + 0.5~1.0%) × 통화별 표준우편일수/360 또는 ② 기한부(usance) 수출환어음 환가료 = 매입금액 × 매매기준율 × 매입일의 기간별 환가요율 (Libor +Spread[33]) × 기간일수/360 이다.

(3) 대체료(commission in lieu of exchange)

대체료는 외국환거래에서 원화의 매매가 수반되지 아니하고 동종의 외국통화로 대체되는 경우에 은행의 외환매매 기대이익 상실에 따른 보전 명목으로 징구하는 수수료이다.

- 계산식은 「대체료 = 외화금액 × 매매기준율 × 0.1%」이다.

(4) 이자

① 지연이자(delay charge)는 외국환거래 상환 방법에서 정한 기일을 경과하여 대외에서 매입대금이 입금되지 않은 경우, 화환어음의 인수가 이루어지지 않아 원금을 상환하는 경우, 대금을 결제하기로 약정한 날에 상환하지 아니하여 은행이 대신 지급한 후 원금을 상환하는 경우, 환가료 및 수수료 등을 납입하기로 한 날에 납입하지 않은 경우 등에는 지연배상금을 납부한다.

수출상의 경우 개설은행으로부터 우편기일이 넘을 때까지 입금되지 않았을 때 매입은행이 수출상에게 청구한다.

수입상의 경우는 개설은행에 서류가 도착한 후 5영업일(UCP 600 기준)이 지날 때까지 수입상이 그 대금을 지급하지 못하면 6일째 되는 날 개설은행이 우선 대납 처리하고, 그 이후 대금 완납 시까지 기간에 대한 이자를 수입상에게 부과한다. 적용이율은 받는 날

SGD, MYR, THB, IDR은 7일 적용하며, 일람불 수출환어음의 재매입거래는 3영업일이다. 수수료를 일수로 계산하여 받을 때에는 1년을 360일로 계산함

33) 은행별 가산금리(spread)는 은행별 마진 수익률(%), 업체의 신용도에 따라 차등 적용됨

의 원화 연체 대출이율을 적용한다.

- 계산식은 「지연이자=외화금액×하자 환가요율×경과일수/360」이다.

② 매입이자는 내국신용장 거래시 은행의 자금부담에 따라 지급하는 이자이다.

- 계산식은 ① 「원화표시 매입이자=매입금액×소정요율(기준금리+spread)×해당일수/365」 또는 ② 「외화표시 매입이자=매입금액×매매기준율×매입일의 일람불 수출환어음 적용 환가료율(1개월 Libor금리+spread)×해당일수/360」이다.

(5) 각종 수수료

외국환은행은 해외의 다른 외국환은행과 외국환의 거래, 신용장 통지, 지급, 매입, 매입자금의 상환, 인수, 신용장의 확인, 신용 편의 등을 제공하는 환거래 계약을 체결하며 이때 사전에 정해놓은 수수료를 징수한다.

실무적으로 신용장 71B(Charge) 항목에 "All banking charges except L/C opening charges are for beneficiary's account" 또는 "All banking charges outside Korea are for account of beneficiary" 등으로 표시된다.

통상적으로 amend commission은 수입상이 부담하고, advising commission, reimbursement commission, payment commission 등은 수출상이 부담한다.

① 통지 수수료(advising charge) : 수입지의 신용장 개설은행이 개설한 신용장에 대하여 수출지에 있는 통지은행이 수익자 앞으로 신용장 내도 사실을 통지할 때 징수하는 수수료이다. 통상 15,000~30,000원 정도이다(EDI 15,000원/건).

② 확인 수수료(confirming charge) : 확인신용장에서 지급하는 수수료이다. 일반적으로 개설의뢰인이 부담하지만 수익자가 부담하는 경우도 있으며 통상 0.16~0.36%(최저 U$20) 정도이다.

③ 매입 수수료(negotiation charge) : 매입신용장에서 매입은행이 매입할 때 수취하는 수수료를 말한다. 수출환어음 매입수수료 및 내국신용장 매입수수료의 명칭으로 통상 20,000원 정도이다.

④ 송금 수수료는 송금 시 징수하는 수수료이며 금액에 따라 차등(5,000~20,000원) 적용된다.

⑤ 추심 수수료는 D/P, D/A 등 환어음 추심 및 수표(cheque) 추심의 경우에 징수하는 수수료이다. 통상 0.1% 정도이다.

⑥ 미입금 수수료(less charge)는 매입 당시에는 예상하지 않은 은행 수수료가 해외은행으로부터 추가로 징수된 경우에 추징하는 수수료를 말한다. 통상 reimbursement charge, telex charge, postage, prechecking charge, additional charge 등의 이름으로 징수된다.

⑦ 양도 수수료(transfer charge)는 양도가능신용장을 수취한 원수익자가 신용장 금액의 일부 또는 전부를 제2수익자에게 양도해 줄 것을 요청할 때에 은행이 징수하는 수수료이다. 통상 20,000원(EDI 10,000원, 국외 30,000원) 정도이다.

⑧ 전신료(cable charge)는 일종의 통신비로써 cable, SWIFT 등으로 교신하는데 소요되는 비용이다. 거래 업무 또는 전신문 분량에 따라 차등 적용하며, 통상 20,000~30,000원(EDI: 10,000~15,000) 정도이다.

⑨ 우편료(mail charge)는 서류 발송비용이다. 도착지에 따라 차등 적용하고 있으며, 통상 선적서류의 경우는 9,000~22,500원, 외화수표의 경우는 2,000~2,600원이다.

사례 11 신용장 유효기일과 TERM CHARGE

질문

Sight L/C를 개설하고 수입을 진행했으나, Seller가 보내 온 네고서류에 하자가 있어 지급을 거절했다가 추후에 수입대금을 결제했다. 문제는 수입대금 결제 시점이 신용장 유효기일보다 1개월가량 경과되어 개설은행은 개설일로부터 수입대금 결제일까지 기간에 대한 Term Charge를 요구하고 있다.

이 경우 Term Charge의 부담자는 누구인가? 또 Usance L/C의 경우 Term Charge 부담기간이 신용장 유효기일까지인가 아니면 어음만기일까지인가?

답변

Term Charge는 신용장 개설수수료로 신용장 개설은행이 신용장 개설로 지급확약을 해주는 데 대한 대가의 성격을 가진다.

(1) Sight L/C에서 신용장 유효기일은 개설은행의 지급 확약기간을 의미하므로 Term Charge는 신용장 유효기일까지만 부과해야 한다. 따라서 귀사가 유효기일이 지난 후에 수입대금을 결제했다면 그것은 신용장과는 관계없는 행위이긴 하나 개설은행이 송금서비스를 했으니 송금수수료를 청구할 수 있다.

(2) Usance L/C의 경우 어음만기일까지 신용장 개설은행이 대금 지급 의무를 지게 되므로 Term Charge도 어음만기일까지 부과된다. 이를 구분하여 상술하면,

① Shipper's Usance에서는 매입은행이 개설은행으로 매입서류를 보내면 개설은행은 buyer에게 어음을 인수시킨 후 어음만기일에 대금을 지급하겠다고 매입은행에 통보한다. 따라서 개설은행의 대금지급의무가 어음만기일까지 유지되므로 만기일까지 Term Charge를 부담해야 한다.

② Banker's Usance에서 기한부 환어음을 인수하는 인수은행은 서류를 제시하면 제시된 어음을 인수하고 즉시 매입대금을 지급한다. 인수은행은 개설은행 계정에서 바로 이자를 인출하고 매입대금은 어음만기일에 인출하겠다는 것을 개설은행에 통보한다.

(출처: 월간무역)

6 • 신용장의 종류

(1) 신용장의 종류 개괄

신용장은 무역거래를 하는 상인들의 편의에 따라 만들어진 수단이므로 그 형태나 기능이 다양하다. 신용장 종류는 신용장을 어떠한 측면에서 보느냐에 따라 하나의 신용장이 보통 5~6개의 신용장의 종류를 겸하고 있는 것이 대부분이다.

우선 신용장은 대차 관계를 전제로 하는 상업적인 용도에 따라 대금결제의 수단으로 이용되는 상업신용장(commercial credit)과 상업적인 결제기능 없이 단순한 현금인출의 수단으로 사용되는 여행자신용장(traveller's credit)이 있다.

상업신용장(commercial credit)의 종류는 다음과 같은 기준에 따라 여러 가지로 구분할 수 있다.

① 운송서류의 존재 여하에 따라 화환신용장(documentary L/C), 무화환신용장(clean L/C)으로 나누는데, 보증신용장(stand by L/C)이 대표적인 무화환신용장이다.

② 신용장의 사용방법(available with/by name and address)에 따라 일람지급(sight payment), 연지급(deferred payment), 인수(acceptance), 매입(negotiation) 신용장으로 구분된다.

③ 은행 지정 여부에 따라 지정신용장(straight L/C)과 자유신용장(freely L/C)으로 구분된다. 지급신용장, 연지급신용장, 인수신용장은 지정신용장이며, 매입신용장은 지정신용장 또는 자유신용장 모두 가능하다.

따라서 매입신용장은 자유매입신용장(freely negotiation L/C)과 제한매입신용장(restricted negotiation L/C)으로 구분된다.

④ 대금 결제시기에 따라 일람출급신용장(sight L/C), 기한부신용장(usance L/C), 할부신용장(installment L/C), 선대신용장(red clause

L/C or advance payment L/C)으로 구분된다.

⑤ 대금 결제방식에 따라 상환방식신용장(reimbursement L/C), 송금방식신용장(remittance L/C), 단순신용장(simple or debit base L/C)으로 구분된다.

⑥ 확인추가 여부에 따라 확인신용장(confirmed L/C)과 무확인신용장(unconfirmed L/C)으로 구분된다. 확인신용장은 개설은행 신용이 부족할 때 안전한 제3은행의 연대 지급책임을 확인한 신용장이다.

⑦ 개설은행의 취소권 보유에 따라 취소가능신용장(revocable L/C)과 취소불능신용장(irrevocable L/C)으로 구분된다.

⑧ 양도가능여부에 따라 양도가능신용장(transferable L/C), 양도불능신용장(non-transferable L/C)으로 구분된다.

⑨ 상환청구권(recourse right) 인정여부에 따라 상환청구가능신용장(with recourse L/C)과 상환청구불능신용장(without recourse right)으로 구분된다.

⑩ 기타, 내국신용장(local L/C), 회전신용장(revolving L/C),[34] 보증신용장(stand by L/C), 연계무역신용장(counter L/C or compen-sation L/C) 등이 있다. 연계무역 신용장에는 동시발행 신용장(back to back L/C), 기탁 신용장(escrow L/C), 토마스 신용장(tomas L/C) 등이 있다.[35]

---

34) • **회전신용장(revolving L/C)**: 일정 기간 동안 신용장 금액이 자동적으로 갱신되어 다시 사용할 수 있도록 하는 조건으로 발행된 신용장을 말함. 수출업자와 수입업자 사이에 동종의 상품거래가 상당기간 계속하여 이루어질 것이 예상되는 경우 거래 때마다 신용장을 발행한다거나 한꺼번에 금액을 모두 발행하는 것은 비용도 많이 들고 보증금의 적립을 과중하게 하거나 신용공여 한도의 초과 등 문제와 불편이 따르기 때문에 일괄적으로 개설하여 갱신하는 방법으로 사용하는 신용장임
갱신 시기를 정하는 방법은 ① 발행된 환어음의 지급통지가 있을 때, ② 환어음이 매입된 후 상당한 기간이 경과하도록 부도통지가 없을 때, ③ 일정한 기간마다 정기적으로 갱신의 시기를 정하는 방법이 있음
종류는 ① 전달에 미선적분을 포함하여 함께 선적시킬 수 있는 누적식 신용장(cumulative credit)과 ② 미선적 잔액을 제외하고 선적시키는 비누적식 신용장(Noncumulative Credit or Self Continuing Credit)이 있음

35) • **동시발행신용장(back to back L/C)**: 원 신용장(Master L/C)의 수익자가 해외에서 양도불능 신용장을 받았을 경우 이 신용장을 원만하게 이행하도록 하기 위하여 자기 책임으로 원신용장을 견질로 하여 제2의 신용장을 개설하는 견질신용장을 말함

무역업자가 일반적으로 사용하는 신용장은 취소불능·상업·화환신용장(irrevocable commercial documentary credit)이다. 상기 분류 중에서 가장 기본적으로 이해해야 할 신용장은 ②번과 ④번의 구분에 의한 신용장구분이다. 이하에서 주요한 신용장에 대하여 설명하기로 한다.

(2) 매입 · 지급 · 연지급 · 인수신용장

신용장은 사용방법에 따라 매입(negotiation), 일람지급(sight payment), 연지급(deferred payment), 인수(acceptance) 신용장으로 구분된다.

〈표 3-2〉 honour · 매입 · 상환의 의미

결세 (honour[36])	• 신용장이 일람지급을 약정하였다면 일람 후 지급하는 것 • 신용장이 연지급을 약정하였다면 연지급 확약 의무를 부담하고 만기일에 지급하는 것 • 신용장이 인수를 약정하였다면 수익자가 발행한 환어음을 인수하고 만기에 대금을 지급하는 것
지급 (payment) · 연지급 (Deferred Payment)	• 지급이란 신용장의 조건과 일치하는 서류를 제공해 주는 대가로 대금을 주는 행위이며, 개설은행 또는 개설은행이 신용장에서 권한(authorization)을 준 다른 은행이 할 수 있음 • 지급은행은 상환청구권을 행사할 수 없음 • 일람지급신용장의 경우 개설은행이나 지정은행은 서류의 제시가 있으면 즉시 지급하며, 연지급신용장의 경우에는 서류의 제시에 대하여 연지급 확약을 하고 만기 지급함

제2의 신용장이 원신용장 수익자의 ① 국내에서 내국인을 상대로 개설되면 내국신용장(Local L/C)이 되고, ② 제3국의 거주자 앞으로 개설되면 Sub L/C가 됨

- **기탁신용장**(escrow L/C): 수출자가 선적 후 수출대금을 지급받는 것이 아니라, 기탁(escrow)계정에 맡겨 두었다가 수입업자로부터 다른 물품을 수입할 때 그 결제대금으로만 사용하도록 지정한 신용장임
  에스크로(escrow)는 상거래 시 판매자와 구매자의 사이에 신뢰할 수 있는 중립적인 제3자가 중개하여 금전 또는 물품 거래를 하도록 하는 서비스를 말함
- **토마스신용장**(tomas L/C): 구상무역을 위해서 수출업자와 수입업자 모두 상호 일정액의 신용장을 상호 발행하기로 하고, 일방이 먼저 신용장을 개설하면 상대방은 이에 대응하는 신용장을 일정 기간 후에 발행하겠다는 보증서를 발행하여야만 상대방 측에 도착한 신용장이 유효하게 되는 신용장을 말함

36) 'honour'는 내용이 지급, 연지급 확약 후 만기지급, 인수 후 만기지급을 내용으로 하는 것은 명확하지만 honour에 대한 해석에 관하여 '지급이행', '결제이행', '최종지급', '수리', '결제' 등으로 다양하게 해석되고 있다. 본서에서는 "결제"라는 표현을 쓴다.

인수 (acceptance)	• 인수란 만기일에 반드시 지급하기로 하는 약속 – 인수은행이 제시 어음에 대해 어음 지급일자(만기일)를 확정하고 그 기일에 어음 발행인 등에게 지급하는 행위 • 개설은행 또는 개설은행의 수권을 받은 은행은 조건과 일치하는 서류가 첨부된 기한부지급환어음을 인수하였다가 만기일에 지급함
매입 (negotiation)	• 은행이 수출상이 제시하는 선적서류 또는 선적서류가 포함된 환어음을 구매하는 행위 – 서류를 최종지급인(drawee)으로부터 대금의 지급이 이루어지기 전에 할인가격(신용장금액에서 이자, 수수료 등을 공제한 금액)으로 사는 행위 • 매입은행은 최종지급이 이루어지지 않는 경우에는 그 어음의 발행인 또는 배서인들에게 매입대금을 돌려달라는 상환청구권(with recourse right)이 있음
상환 (reimbursement)	• 수출지 또는 제3국에 소재하는 개설은행의 예치환거래 은행이 개설은행의 요청과 지시에 의하여 일람불 또는 기한부 신용장의 대금을 지급하는 것

신용장통일규칙에서도 '신용장은 그것이 일람지급, 연지급, 인수 또는 매입 중 어느 것에 의하여 사용될 수 있는지를 명기해야 한다.'(UCP 600 §6)고 하고 있으며, 실무적으로는 SWIFT '41D available with/by' 항목에서 사용 방법을 정하게 된다.

〈표 3-3〉 신용장 사용방법상 종류별 비교

종 류		지급시기	서류매입	어음	어음배서
매 입 신용장	일람출급	sight	매입은행(자유 or 제한)	있음	필요
	기 한 부	usance			
지급신용장		sight	지급은행 지정(보통은 통지은행)	없음	불필요
연지급신용장		usance	연지급은행 지정(보통은 통지은행)	없음	불필요
인수신용장		usance	인수은행 지정(보통은 예치환거래은행)	있음	불필요

(가) 매입신용장

매입신용장(negotiation credit)은 수익자가 발행한 환어음이 매입될 것을 예상하여 개설은행이 수익자뿐만 아니라 배서인 및 선의의 소지인에게 지급확약을 확대하고 있는 신용장을 말한다.

매입신용장의 특징은 다음과 같다.

① 일반적으로 선적서류 매입 의뢰 시 환어음(Draft)을 제시하여야 하는 어음부 신용장이지만, 환어음을 요구하지 않는 경우도 있다.
② 일람지급(At sight) 또는 기한부(Usance) 신용장으로 사용된다.
③ 신용장에서 통지은행만 매입할 수 있다는 매입 제한 문구가 있으면 통지은행만이 매입이 제한(제한매입신용장, negotiation restricted credit or special credit)되나, 그렇지 않으면 어느 은행이나 매입(자유매입신용장, freely negotiable credit, general credit, open credit)할 수 있다.
④ 매입한 서류가 부도 반환되면 매입은행은 수익자에게 상환청구권을 행사할 수 있다.

실무적으로 매입확약 문언은 다음과 같다.

- We hereby engage with the drawers, endorsers and bona fide holders that drafts drawn and negotiated in compliance with the terms of this credit will be duly honoured on presentation.
- L/C문구: available by negotiation, restricted to ABC bank, freely negotiable by any bank

(나) 지급신용장

지급신용장(payment credit)은 환어음의 배서인이나 선의의 소지인에 대한 약정 없이 수익자가 개설은행이나 지정은행에 직접 선적서류를 제시하면 지급하겠다는 약정만 있는 신용장이다.

지급신용장의 특징은 다음과 같다.

① 주로 지급은행이 개설은행의 예금 계정을 갖고 있는 경우에 사용되는 일람출급 신용장으로 어음을 필요로 하지 않는다. 그러나 간혹 신용장상에 명시적으로 환어음 발행을 요구하기도 한다.
② 통지은행이 개설은행의 예치환거래은행이나 해외 본·지점일 경우에 통지은행을 지정은행(지급은행)으로 하여 주로 사용되고 있다.
③ 일람지급신용장으로만 사용된다.
④ 지정된 지급은행만이 지급업무를 담당할 수 있다. 실무에서는 지급은행의 임무를 일반적으로 통지은행이 겸하고 있다.

실무적으로 지급확약 문언은 다음과 같다.

- We hereby engage that payment will be duly made against documents presented in compliance with the terms of this credit.
- L/C문구: available by sight payment

(다) 연지급신용장

연지급신용장(deferred payment credit)은 신용장 조건과 일치하는 서류를 신용장에서 지정한 연지급 확약은행에 제시하면 신용장의 규정에 따라 결정되는 만기일에 지급한다고 약정된 신용장을 말한다.

신용장상에 연지급을 위한 서류를 제시할 은행과 지급 만기일을 지정하여야 한다. 통상 통지은행이 연지급은행이 되며 그 은행이 개설은행의 예금계정을 갖고 있을 때 사용된다.

연지급신용장의 특징은 다음과 같다.

① 무어음 신용장이며 기한부로만 사용된다.
② 일반적으로 수익자가 소재하는 지역의 통지은행이 연지급은행이 되며, 통지은행이 개설은행의 예치환거래은행 또는 해외지점일 때

이용되고 있다.

③ 지정된 연지급은행 만이 지급업무를 담당할 수 있다. 실무에서는 연지급은행의 임무를 일반적으로 통지은행이 겸하고 있다.

④ 환어음이 첨부되지 않기 때문에 수익자가 서류를 제시할 때 만기일에 지급한다는 확약내용이 기재된 연지급확약서(deferred payment undertaking)를 연지급은행이 발행한다.

실무적으로 연지급확약 문언은 다음과 같다.

- We hereby engage that payment will be duly undertaken against documents presented in confirmity with the terms of this credit and payment will be duly made at maturity.
- L/C문구: available by deferred payment

(라) 인수신용장

인수신용장(acceptance credit)은 수익자가 선적서류와 기한부어음을 발행하여 제시하면 인수은행이 제시에 따른 인수(acceptance)를 하고 만기에 지급할 것을 확약하는 신용장이다.

통상 어음인수은행이 개설은행을 위하여 먼저 신용장 대금을 지급하여 주고 만기일에 상환받는 신용공여(banker's usance)방식으로 어음을 필요로 하는 기한부 신용장이다.

인수신용장의 특징은 다음과 같다.

① 환어음을 제시하여야 하는 어음부신용장(with draft credit)이며, 기한부신용장(usance credit)이다.

② 개설은행이 특정 은행을 인수은행(실무적으로는 개설은행의 예치환거래 은행인 통지은행임)으로 지정하고,, 인수은행으로부터 인수편의(acceptance facility)를 제공받을 때 사용하는 것이 일반적이다. 인수은행이 개설은행을 위하여 신용장 대금을 지급하여 주고 어음의 만기일에 대금을 개설은행으로부터 받는다.

③ 지정된 인수은행만이 인수업무를 담당할 수 있다. 실무에서는 인수은행의 임무를 일반적으로 통지은행이 겸하고 있다.

④ 인수신용장은 지급인으로 지정된 은행이 환어음을 인수(acceptance)한다는 것을 명시하고 있는 신용장이다.

실무적으로 인수확약문언은 다음과 같다.

- We hereby engage that drafts drawn in compliance with the terms of this credit will be duly accepted on presentation and duly honoured at maturity.
- L/C문구: available by acceptance, interest for account of beneficiary(shipper's usance), may be negotiated on at sight basis (banker's usance), interest for account of buyer(banker's usance)

사례 12 지급신용장과 매입신용장의 차이

질문

바이어로부터 통지받은 신용장 41A. Available with/by란에 은행이 지정되고 by payment로 되어 있다. 지금까지는 주로 by negotiation으로 되어 있어 주거래은행을 통해 네고를 했는데, by negotiation과의 차이는 무엇이며 네고 방법은?

답변

by payment는 지급신용장, by negotiation은 매입신용장을 의미한다. 매입신용장이 어음의 발행인(drawer), 배서인(endorser), 선의의 소지인(bonafide holder)에게도 지급을 확약하는데, 지급신용장은 수익자(beneficiary)에 대해서만 지급이 확약된다. 지급신용장은 개설은행의 예치환거래은행이나 해외 지점을 지급은행으로 지정하고 통상 환어음을 요구하지 않기 때문에 환어음 유통에 따른 인지세 등의 경비 절감을 목적으로 유럽, 중남미, 중동 지역에서 주로 개설된다.

지급신용장의 지급은행은 주로 외국계 은행인데 매입 시 위험부담을 지게 되므로 신용이 좋은 일부 대기업이 아니면 서류 매입을 꺼린다. 따라서 수익자는 내국 은행을 통해 네고를 하고 내국 은행은 지급은행에 renego를 한다. 수익자가 신용 없이 지급은행을 통해 대금 회수를 하려면 추심으로 진행해야 하는데, 그렇게 되면 추심에 관한 통일규칙이 적용되고 신용장 통일규칙의 적용이 배제되어 개설은행의 지급책임이 면제되니 유의해야 한다.

> 매입신용장은 개설은행에게 매입대금을 상환받지 못하면 수익자에게 소구할 수 있지만, 지급신용장은 지급은행이 개설은행의 대리인 자격으로 서류를 접수하고 개설은행의 채무를 채권자인 수출상에게 직접 상환하는 것이므로 개설은행에게 대금을 받지 못해도 수출상에게 소구할 수 없다.
>
> (출처: 월간무역)

(3) 일람불 · 기한부신용장

신용장은 수입상의 대금결제 시기에 따라 크게 일람출급신용장(sight L/C)과 기한부신용장(usance L/C)으로 구분된다.

기한부신용장(usance L/C)은 수입상에게 신용을 제공한 주체가 수출상인 수출자 기한부(Shipper's usance)와 은행인 은행 기한부(Banker's usance)로 분류된다. 또한 Banker's usance는 Overseas Banker's usance, Domestic Banker's usance로 분류된다.

일람지급신용장(sight payment L/C)은 일람불신용장이고, 연지급신용장(deferred payment L/C) 및 인수신용장(acceptance L/C)은 기한부신용장이다.

매입신용장(negotiation L/C)은 일람불일수도 기한부일수도 있다.

〈표 3-4〉 Shipper's Usance와 Banker's Usance의 비교

<table>
<tr><th>구분</th><th>Shipper's Usance
(Seller's Usance)</th><th>Banker's Usance
(Buyer's Usance)</th></tr>
<tr><td>신용
공여</td><td>• 수출상(Shipper)이 제공:

수출자가 선적을 하여 수입상이 상품을 수취한 후 신용장에서 정한 일정기간 후에 물품대금을 받음</td><td>• 은행(궁극적으로 수입상)이 제공

① Overseas Banker's Usance : 해외의 어음인수은행이 신용공여
② Domestic Banker's Usance : 신용장 개설은행이 신용공여</td></tr>
<tr><td>L/C
문구</td><td>• 일람출급 매입 허용 문언 없음

• 수출상은 만기에 대금을 영수하거나 거래은행에 할인을 요청하여 기간이자를 공제한 잔액을 조기에 수취할 수도 있음

−Usance interest is for account of beneficiary
−Discount charges are for bene-ficiary's account</td><td>• 일람출급 매입 허용 문언이 있음

• 대금은 수출상 앞 일람(at sight)으로 지급하게 됨. 즉, 기간이자를 공제하지 않고 신용장대금 전액을 수취

−Usance drafts must be negotiated on at sight basis
−Acceptance Commission and discount charges are for buyer's account.</td></tr>
<tr><td>비고</td><td colspan="2">① 수출금액: Banker's Usance는 수출업자가 일람출급으로(At Sight L/C와 동일하게) 어음대금 전액을 지급받기 때문에 수출금액이 Shipper's usance보다는 수입업자가 부담하는 usance interest만큼 저렴

② 환어음 만기일 표시:
− Banker's Usance에서 대금은 수출상 앞 일람(at sight)으로 지급하지만, 환어음 작성 시 신용장조건과 동일하게 기한부로 표시
− Shipper's usance에서 환어음상 만기일 표시는 신용장 조건과 일치

③ Banker's Usance: 수입자는 Banker's Usance 60 Days를 원하고, 수출자는 60일 동안의 이자를 부담하지 않고 At Sight Nego를 하려는 경우, 신용장상에 '수출자가 At Sight Basis로 네고가 가능하다'는 문구와 '기한부 이자는 수입자가 부담한다.'는 문구를 포함하여 개설</td></tr>
</table>

사례 13 Banker's Usance L/C의 식별 및 대금 회수

질문

중동 소재 바이어와 수출계약을 체결하려고 하는데 대금결제조건을 Usance L/C를 요청하였다. 당사는 대금결제조건을 Usance L/C로 하더라도 즉시 수출대금을 회수할 수 있는 Banker's Usance L/C로 했으면 하는데, 이 경우 L/C상에 어떤 내용을 기재해야 하는가? 그리고 대금 회수 절차는?

답변

Banker's Usance L/C란 해외 은행이 Usance 기간 동안의 신용을 공여하는 신용장으로 신용장에 "Acceptance commissions and discount charges are for buyers account"라는 문구가 있어야 한다.

대금 회수는 개설은행이 지정한 해외 은행이 수출자가 발행한 기한부어음을 인수, 할인하고 어음금액은 일람출급(at sight)으로 매입은행을 통하여 수출자에게 지급하는 순서로 진행된다.

인수수수료(acceptance commission)와 할인료(discount charge)는 개설은행에 청구된다. Banker's Usance L/C를 이용하면 수출자는 일람불신용장과 동일하게 수출대금을 수령할 수 있고, 수입자는 Usance 이자만 선지급하고, 원금은 만기일에 결제하거나 원금과 이자를 만기일에 결제하게 된다.

(출처: 월간무역)

(4) 상환 · 송금 · 단순신용장

개설은행의 대금결제방법에 따라 상환신용장(reimbursement credit), 송금신용장(remittance credit), 단순신용장(simple credit)으로 구분될 수 있다. 실무적으로는 SWIFT '78 instruction to pay/acc/neg bk:' 항목에서 사용방법이 정해진다.

상환신용장(reimbursement credit)은 신용장 개설시 대금 청구를 특정 은행(reimbursing bank)으로 하도록 지정되어 있는 신용장을 말한다. 개설은행은 미리 상환은행을 지정하여 상환수권서(reimbursement authorization)를 보내 놓아야 하며, 매입은행은 개설은행의 당좌계정을 갖고 있는 제3의 은행 앞으로 상환청구를 하게 된다.

상환방법에는 T/T reimbursement(송금상환) 또는 Draft reimbursement(어음상환)의 방식이 있다. T/T방식의 경우에는 환어음의 송부 없이 T/T로 상환을 요청하며, Draft방식의 경우에 수익자는 환어음을 개설은행 앞으로 발행하고, 매입은행은 별도로 자신의 상환용 어음을 작성하여 상환은행에 송부하여 대금을 지급받는다.

상환신용장의 경우 수입상에게 환가료가 발생할 수 있다. 즉, 수출상은 매입시에 '신용장금액 × 전신환매입률 − 환가료'의 매입금액을 선지급받게 되며, 수입상은 '신용장금액 × 전신환매도율 + 환가료'의 수입대금을 결제하게 된다.

실무적으로 상환문언은 다음과 같다.

- We are holding special instructions regarding reimbursement.
- We authorize you to claim reimbursement from drawee bank by forwarding the beneficiary's draft.
- T/T reimbursement is not allowed
- T/T reimbursement is acceptable

송금신용장(remittance credit)은 서류매입은행이 서류를 매입하고 대금을 받기 원하는 은행을 지정하면, 개설은행이 매입은행이 지정한 은행에 송금함으로써 지급이 이루어지는 신용장을 말한다.

실무적으로 송금문언은 다음과 같다.

- Upon receipt of complying documents, we will reimburse you as per your instructions
- Upon receipt of documentations and drafts in conformity with the terms and conditions of this credit, we shall remit the proceeds to the bank designated by negotiating bank.

단순신용장(simple credit)은 신용장의 지급·인수·매입은행이 개설은행과 예치환거래은행인 경우에 자신이 지급한 대금을 개설은행의 예치환 계정에서 대체(debit, 차기)하는 방식의 신용장이다.

예치환거래은행(depository correspondent bank)이란 수출입거래, 외국환거래, 국제금융거래 등의 원활한 수행을 위하여 외국은행과 환거래약정을 체결하고 취급업무의 종류, 결제방법, 거래조건, 수수료, 서명감, 암호 등을 상호 교환하고 상대 은행에 자신 명의로 당좌계정을 설치한 은행을 말한다.

개설은행은 신용장을 개설할 때 주로 상환방식을 많이 이용하지만, 수입상이 신규 거래처이거나 신용이 불량한 경우, 후진국으로 L/C를 개설하는 경우에는 송금방식을 이용하려 하는 경향이 있다. 불가피하게 상환방식을 이용해야 하는 경우에도 T/T reimbursement보다는 draft reimbursement를 허용하려는 경향이 있다.

실무적으로 차기문언의 예는 다음과 같다.

- Please debit our account with you and credit your account on maturity.

(5) 보증신용장 37)

국제거래에서 단순히 대금지급을 보장하는 결제수단으로 이용되어 온 신용장은 이제 대금결제 수단뿐만 아니라 현지 자금조달을 위한 지급보증 등 채무이행을 보장하는 담보기능까지 그 영역을 확장하였는데 보증신용장이 그런 예에 속한다.

보증신용장(保證信用狀, 스탠드바이신용장, Standby Letter of Credit)은 기초계약(underlying contract) 채무자의 의무 이행을 담보(擔保, guaran-

37) Standby L/C ⇨ 부록1. 무역결제

tee)하기 위한 개설은행의 수익자에 대한 독립적인 지급확약이다. 보증신용장 개념을 이해하기 위해서는 화환신용장과 은행보증서와 비교하여야 한다.

화환신용장과 비교하면 보증신용장은 신용장 조건에 일치하는 일정한 서류의 제출에 따라 약정금액이 지급된다는 점에서 화환신용장과 유사하지만 다음과 같은 점에서 차이가 있다.

① 지급구조가 다르다. 화환신용장에서 수익자가 기본계약의 의무를 제대로 이행하면 대금 지급이 이루어지는 데 반하여, 보증신용장에 있어서는 개설의뢰인이 기본적인 거래관계상 수익자에게 이행하여야 할 의무를 다하지 않은 경우에 약정된 금액이 지급된다.

② 채무의 발생시점이 다르다. 보증신용장은 기본적인 계약관계 성립과 함께 은행의 채무부담이 시작되지만, 화환신용장의 경우에는 수익자가 정당한 서류를 제시하고 그 지급을 요청함으로써 은행의 채무가 발생한다.

③ 제출서류의 성격과 목적이 다르다. 화환신용장에서는 선하증권과 같은 제3자가 작성한 서류가 요구되지만, 보증신용장에서는 개설의뢰인이 기본계약상의 의무를 이행하지 않았다는 수익자 자신의 '진술서'만 있으면 된다. 보증신용장에서 은행은 제시된 서류로부터 아무 것도 얻을 수 없지만, 화환신용장에서 은행은 지급과 동시에 화물을 대표하는 선적서류를 받음으로써 당해 화물에 대한 담보이익(security interest)을 가지게 된다.

④ 거래형태 및 서류가 다르다. 상업신용장에서는 같은 거래가 같은 서류에 의하여 몇 회라도 반복하여 행해지는 경향이 있지만, 보증신용장에서는 거래형태도 각각의 경우에 따라 다르며, 서류도 독특한 것이 많다.

은행보증서(independent bank guarantee)와 비교하면 보증신용장은 은행보증서와 명칭이 다르지만, 이용 범위가 넓고 주로 보증용으로 사용된다는 점에서는 동일하다. 은행에서 사용하는 기타 외화지급보증 발행신청서를 보더라도 은행보증서와 보증신용장은 구분 없이 사용된다.

보증신용장의 가장 큰 장점은 용도의 다양성에 있다. 원래 보증기능으로서 원인거래와 분리되어 채무의 이행 여부에 관한 법정 시비를 제거할 수 있다. 불이행진술서에 의한 지급 방법이 간편하여 신속할 뿐만 아니라, 거래의 다양성에 따라서 사실상 어떠한 한계도 없이 사용될 수 있기 때문에 국제거래에서 사용이 날로 증가하고 있다.

보증신용장은 크게 이해보증용과 금융보증용으로 사용된다. 먼저 이행보증용[38]으로 사용되는 경우는 다음과 같다.[39]

① 입찰보증신용장(bid standby L/C) : 입찰 참가자가 입찰을 포기하거나 낙찰 후 계약을 체결하지 않는 경우를 대비하여 발주자에게 보증신용장에서 정한 금액을 지급하는 것을 내용으로 하는 신용장이다.

② 이행보증신용장(performance standby L/C) : 기초계약의 채무자가 계약을 이행하지 않을 때 수익자에게 보증신용장에서 정한 금액을 지급하는 것을 내용으로 하는 신용장이다.

③ 선수금환급보증신용장(advance payment standby L/C) : 기초계약의 채무자가 계약을 불이행하는 경우에 수익자가 이미 지급했던 선수금을 환급하는 것을 내용으로 하는 신용장이다.

---

38) OCC(Office of the Controller of the Currency): Performance based standby letter of credit means any letter of credit or similar arrangements, however named or described, which represents an irrevocable obligation to the beneficiary on the part of the issuer to make payment on account of any default by the account party in the performance of non-financial or commercial obligation. ⇨ OCC홈페이지: http://www.occ.gov

39) 박세운・한기문・김상만・허해관, 「ISP98 보증신용장통일규칙 공식번역 및 해설」, 대한상공회의소・ICC Korea 국제금융위원회, 2008.10, pp. 15~19

④ 유보금환급보증신용장(retention standby L/C) : 발주자가 기성단계별로 수주자의 완공 불능 위험을 대비하기 위하여 지급하지 않고 보유하는 유보금을 받기 위하여 수주자가 발주자에게 제출하는 신용장이다.

⑤ 하자보증신용장(warranty standby L/C) : 발주자가 공사 완공 후 하자 보수기간 동안에 발생할 수 있는 하자보수를 위하여 지급하지 않고 보유하고 있는 보수금을 받기 위하여 수주자가 발주자에게 제출하는 신용장이다.

보증신용장은 다음과 같은 금융보증용[40]으로도 사용된다.

① 금융보증신용장(financial standby L/C) : 외국의 현지은행으로부터 자금을 조달하는 경우에 개설의뢰인이 상환하지 못하면 개설은행이 차입금을 상환할 것을 약속하는 신용장이다.

② 상업보증신용장(commercial standby L/C) : 송금방식 등 다른 방법으로 대금이 지급되지 않을 때 대금의 지급을 보장받기 위하여 사용하는 신용장이다.

③ 보험보증신용장(insurance standby L/C) : 개설의뢰인의 보험(재보험) 의무를 보장하기 위하여 사용하는 신용장이다.

④ 직불보증신용장(direct pay standby L/C) : 보증신용장이 지급의 1차적 수단이 되는 경우로서 개설의뢰인의 의무불이행과 연계될 수도 연계되지 않을 수도 있다.
예를 들어 부동산개발업자가 직불보증신용장을 가지고 대출은행을 수익자로 하여 부동산개발자금을 빌린 경우에 대출은행은 원금과 이자를 부동산개발업자가 아닌 보증신용장 개설은행에게 요

40) OCC(Office of the Controller of the Currency): Financial guarantee type standby letter of credit means any letter of credit or similar arrangements, however named or described, which represents an irrevocable obligation to the beneficiary on the part of the issuer ① to repay money borrowed by or advanced to or for the account of the account party, or ② to make payment on account of any indebtedness undertaken by the account party, in event that the account party fails to fulfill its obligation to the beneficiary.

청한다.

〈표 3-5〉 화환신용장 · 보증신용장 · 은행보증서의 비교

구분	Documentary L/C	Standby L/C	Bank Guarantee
의 의	무역대금 결제에 환어음과 운송서류를 요구하는 L/C	금융의 담보 및 채무이행의 담보를 목적으로 발행되는 Clean L/C	Standby L/C와 성격과 내용면에서 동일한 보증서
용 도	수출입 대금 결제용	수출선수금환급보증, 현지금융담보보증, 운임지급보증, 보험보증, 입찰보증, 계약이행보증, 선수금환급보증, 유보금환급보증, 하자보증, 물품대금지급보증 등	Standby L/C와 유사
적용규칙	UCP 600	ISP 98, UCP 600	URDG 758
제시서류	선적서류	불이행진술서 (certificate of default)	서면청구서 및 서면진술서
은행지급 의무발생 시기	수익자가 L/C 조건에 일치하는 서류를 제시한 경우	개설의뢰인이 수익자와의 채무계약을 정당하게 이행하지 않았음을 확인 시	수익자가 보증서에서 요구하는 서류를 유효 기일 내에 지급을 청구한 때
SWIFT M/T	MT 700	MT 700, MT 799	MT 760

사례 14 수출선수금환급보증과 보증보험

질문

당사는 브라질 업체에 금형을 제작하여 수출할 예정이다. 브라질 수입상은 물품대금을 선수금, 중도금, 잔금으로 나누어 결제하겠다고 제안하였으며 선수금 부분에 대해 보증서를 요구하고 있는데 어떻게 해야 하는가?

답변

수입업자가 물품대금을 선수금(T/T in advance)으로 지급한 경우에 리스크를 줄이기 위한 보증서를 요구하는 경우가 많다. 보증서는 보통 은행에 요청하여 발급하는데 대부분 선수금환급보증 또는 이행보증으로 만일 수출자가 수출계약 등을 이행하지 못하면 은행이 그 채무를 먼저 변제해 주고 수출자에게 구상권을 행사하게 된다.

선수금환급보증서는 외국환은행이 발급하는 Standby L/C 또는 Bond로서 계약금액 또는 공급금액의 일정 금액을 대상으로 보증금액의 지급시기, 지급조건 등을 당사자 간 합의에 의하여 결정한다. 거래 당사자 간의 여러 사정을 고려하여 금액을 결정하되 Bond 수취인이 Bond를 실행할 조건들을 품목 및 거래형태에 따라 용의주도하게 정하여 Bond에 반영함으로써 Buyer가 임의로 Bond를 현금화하여 수출업자가 불의의 손해를 보지 않도록 대비하여야 한다.

수입업자 입장에서는 안전한 거래를 위해 보증서를 요구하지만, 수출업자 입장에서는 매번 보증서를 발급받는 것은 수수료 문제, 여신한도 부족 등으로 쉽지 않은 것이 문제이다. 이러한 경우에 가장 저렴한 비용으로 활용할 수 있는 제도가 한국무역보험공사의 수출보증보험이다.

수출보증보험은 수출보증으로 발생할 수 있는 손실을 보상하는 보험으로 기업이 은행을 상대로 Bond 등 보증서 발급을 요구하는 경우 여신한도가 부족하더라도 동 보험증권만 있으면 보증서를 발급받을 수 있다.

(출처: International Trade)

(6) 청구보증서[41)]

청구보증(請求保證, demand guarantee)이란 보증기간 내에 지급청구서 및 보증서에 규정된 서류로 지급을 청구하면 해당 금액을 지급한다는 수익자에 대한 보증인의 조건부 지급약속으로서 요구불보증이라고도 한다.[42)]

41) Bank Guarantee ⇨ 부록1. 무역결제

청구보증은 은행보증(bank guarantee) 또는 독립보증(independent guarantee)의 일종이다. 주로 조선사, 건설회사, 중공업 회사 등이 선수금을 받기 위하여 매입자 또는 발주자에게 주어야 하는 선수금 환급보증이 주류를 이룬다.

청구보증은 신용장과 마찬가지로 독립성과 추상성을 특성으로 한다.

① 독립성 : 청구보증도 보증이므로 의도는 2차적이지만, 형식은 1차적이다. 즉, 기초계약상 채무자의 채무이행에 대한 담보를 제공하고 채권자의 이익을 보증하는 의도면에서는 2차적이다. 반면에 보증이라는 표현 때문에 혼란을 가져올 수 있지만 청구보증은 보증신청인과 수익자의 기초계약과 독립적인 지급약속인 주채무라는 점에서는 1차적이다.

② 추상성 : 보증인은 서류심사만으로 보증금액을 지급해야 한다. 즉, 보증인의 지급의무는 보증기간 내에 보증서에 명시된 지급청구서 및 기타서류를 명시된 방법으로 제시하면 따라야 한다. 이때 청구(demand)란 보증상 지급을 청구하는 수익자의 서명된 서류를 의미한다.

보증(保證)이란 주된 채무자가 이행을 하지 않을 때 그 이행의 책임을 지는 종적인 채무를 말한다(민법 제428조)[43]. 이러한 보증을 부종보증(suretyship guarantees, surety)이라고 한다.

보증은 청구보증과는 다르게 부종성과 보충성을 특성으로 한다.

① 부종성 : 주된 채무가 없으면 보증채무는 성립할 수 없고, 주된 채

42) URDG 758 §2(Definitions): demand guarantee or guarantee means any signed undertaking, however named or described, providing for payment or presentation of a complying demand;

43) 보증은 인적 담보(人的 擔保)이다. 담보는 채권자에게 제공되는 채무의 변제를 확보하는 수단으로 물적담보(저당권・질권・양도담보), 인적담보(보증) 등이 있다.

무가 무효·취소 또는 변제 등으로 없어지면 보증채무도 없어진다.

② 보충성 : 주된 채무가 이행되지 않으면 비로소 이행되는 보충성 때문에 채권자가 보증인에게 이행을 청구했을 때에는 채무자는 주채무자의 변제능력이 있는 사실 및 그 집행이 용이한 것을 증명하여 주채무자에게 먼저 청구해 달라고 하는 최고의 항변권과 검색의 항변권을 가진다. 또한 보증인이 채권자에게 변제를 한 경우에는 주채무자에 대해서 구상권을 가진다.[44)]

은행보증에 관한 국제적 규칙으로는 URDG 758, UCP 600, ISP 98, UN협약[45)] 등이 있다. 이 중에서 청구보증에는 영국법, 현지 법률 또는 URDG가 적용된다.

URDG(Uniform Rules for Demand Guarantee, 청구보증통일규칙)는 ICC가 1991년 URDG 458로 제정하고, 2009년 12월 URDG 758로 개정(2010년 7월 1일 시행)되었다.

은행보증의 종류는 직접보증과 간접보증, 구상보증, 용도별로 분류할 수 있다.

① 직접보증은 지시 당사자(보증의뢰인)의 의뢰에 따라 보증인에 의하여 수익자에게 발행하는 3자 보증(three party guarantee)이다.
간접보증은 지시 당사자의 거래은행이 구상 보증인이 되고, 수익자 국가의 은행이 보증인이 되는 4자 보증(four party guarantee)을 말한다.

② 구상보증(counter guarantee)은 4자 보증에서 구상 보증인이 보증인을 수익자로 하여 발행하는 보증이다. 즉, 구상 보증인이 보증인에게 청구보증을 발행하도록 하면서 보증인을 수익자로 하여

44) 主채무의 부존재 및 소멸(민법 §433조), 主채무자의 채권에 의한 상계의 항변권(§434조), 主채무자의 취소권·해제권·해지권(§435조), 보증인의 최고·검색의 항변권(§437조)

45) 독립보증과 보증신용장에 관한 UN협약(UN Convention on Independent Guarantees and Stand-by Letters of Credit), 1995

발행되고, 구상보증상에 일치하는 지급 청구에 대하여 지급할 것을 규정하는 확약이다.

③ 용도에 따라 입찰보증(bid guarantee, tender guarantee), 계약이행보증(performance guarantee), 선수금환급보증(advance payment guarantee), 유보금환급보증(retention guarantee), 하자보수보증(warranty guarantee), 지급보증(payment guarantee) 등이 있다. 세부 내용은 보증신용장과 유사하기 때문에 설명을 생략한다.

사례 15 보증신용장과 은행보증서의 차이

질문

우리 회사는 외국에 산업설비를 수출하고자 한다. 금액이 상당하기 때문에 상대방의 대금지급 등 채무이행을 강제하기 위한 수단으로 보증(保證)을 이용하고 싶은데, 가능한 방법 중 보증신용장과 은행보증서 중 어느 것이 유리한가?

답변

보증신용장(Standby L/C)과 은행보증서(Bank Guarantee)는 국제거래에서 주채무자의 채무불이행을 보증한다는 공통점 외에 다음과 같은 차이점이 있다.

첫째, 보증신용장은 발행인이 은행이며 개설은행(또는 지급은행)의 강력한 신용을 바탕으로 통지은행, 매입은행, 확인은행 등 은행 간에 유통되는 특징이 있다. 은행보증서는 은행 간의 거래 외에 개인과 개인, 개인과 은행 등의 거래에도 폭 넓게 적용된다.

둘째, 보증신용장은 환어음의 인수, 지급을 보증하는 것이 본질이므로 환어음과 신용장은 불가분의 관계이나, 은행보증서는 어음에 대한 보증뿐 아니라 어음이 수반되지 않은 계약자의 실거래 상의 채무를 직접 보증하는 경우도 많다.

셋째, 보증신용장은 보증기한과 보증금액의 한도를 구체적으로 확정하는 것이 일반적이나, 은행보증서는 보증기한과 보증금액의 한도에 관대한 경향이 있다.

넷째, 보증신용장은 내용이 간결하나, 은행보증서는 계약의 일반원칙에 따르기 때문에 내용이 장문인 경우가 많다.

다섯째, 보증신용장 발행에 약인(約因, consideration)을 필요로 하지 않으나, 은행보증서는 다른 계약과 마찬가지로 약인이 필요한 경우가 있다.

(출처: 월간무역)

(7) 양도가능신용장

(가) 신용장 양도

수출이 이루어지는 형태를 구분하면 크게 직접수출(direct export), 간접수출(indirect export), 수출대리(agent, buying office) 등이다.

간접수출은 제조업체가 Local L/C 및 구매확인서를 사용하여 직수출자에게 물품공급을 통해 수출하거나, 제조업체가 직수출자에게 수출대행을 의뢰하는 경우 등이다.

외국에서 신용장을 수취한 수출상은 ① 물품을 제조하여 직접 수출하거나, ② 자신이 수령한 신용장(Master L/C)을 근거로 제2의 신용장(Local L/C 또는 Overseas L/C)을 발행할 수 있으며, ③ 원신용장 자체를 제3자에게 넘기는 신용장 양도방식을 선택할 수도 있다.

양도가능 신용장(transferable L/C)이란 수익자가 신용장의 권리 일부 또는 전부를 양도은행을 통하여 제3자에게 양도하는 경우에 사용하는 신용장이다. 이때 양도인을 제1수익자(first beneficiary), 양수인을 제2수익자(second beneficiary)라고 부른다.

일반적으로 신용장 양도가 이루어지는 경우는 수익자가 제조 기업이 아닌 경우이거나 수익자가 개설의뢰인의 Agent 역할을 수행하는 경우 등과 같이 수익자가 직접 수출을 이행할 수 없는 경우 등이다.

양도의 종류에는 다음과 같은 것이 있다.

① 제2수익자의 수에 따라 제2수익자 1인에게 신용장 금액 전부를 양도하는 전액양도(total transfer)와 다수의 제2수익자에게 신용장을 분할하여 양도하는 분할양도(partial transfer)가 있다.[46)]

---

46) • 전액양도 예문: This Credit in totally transferred to ○○Co., Ltd. for US$100,000 on June 20, 20xx by ABC Bank DD branch.
• 분할양도 예문: This Credit is partially transferred to ○○ Co., Ltd. for US$100,000 on June 15, 20xx by ABC Bank DD branch.

② 제2수익자의 소재지에 따라서 국내에 소재하는 제2수익자에게 양도하는 국내양도와 외국에 소재하는 제2수익자에게 양도하는 국외양도가 있다.

③ 원신용장의 조건변경에 따라서 원신용장의 조건을 변경하지 않고 있는 그대로 양도하는 단순양도와 신용장 양도에 따른 중계차익을 확보할 목적으로 일부를 변경하여 새로운 조건의 신용장을 만들어 양도하는 조건부양도가 있다.

양도신용장의 조건은 원신용장의 조건과 일치하여야 하지만, 예외적으로 다음 사항의 변경은 가능하다.

① 신용장의 금액 및 단가의 감액
② 유효기일의 단축
③ 서류제시기일의 단축
④ 선적기일의 단축
⑤ 부보비율의 증액
⑥ 서류 송부 은행을 개설은행에서 양도은행으로 변경
⑦ Applicant 이름을 제1수익자(양도인)로 대체

신용장 양도 절차를 살펴보면 다음과 같다.[47]

제1수익자의 양도요청은 일방적인 의사표시로 성립될 수 없으며, 반드시 양도은행의 승낙을 얻어야 한다.

양도은행은 명시적으로 동의한 방법과 범위 내에서만 신용장을 양도하여야 한다. 따라서 제1수익자는 당초 개설된 신용장의 범위를 초과하여 양도를 요청할 권리(right of request)가 없으며, 오히려 양도은행은 그가 동의한 방법과 범위를 벗어난 양도의 요청은 거절하거나 무시할 수 있다.

47) 한국무역협회, 수출입대금결제

[그림 3-2 신용장 양도절차]

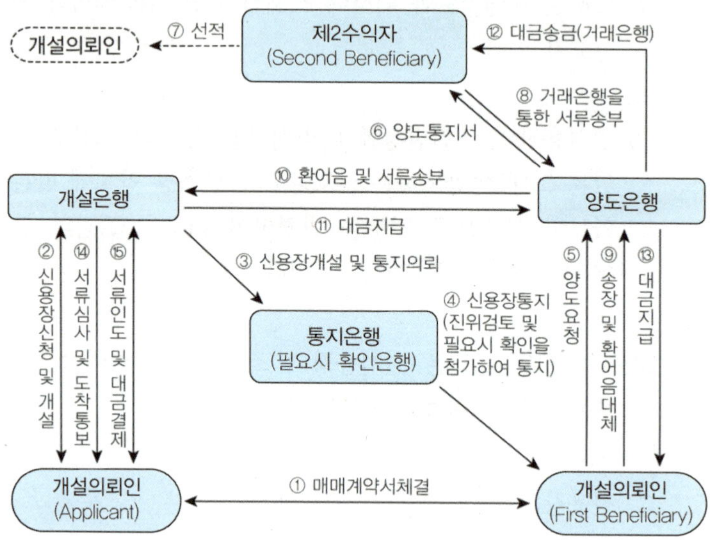

신용장을 양도하려면 양도신청서(application for advice of total or partial transfer)에 제1수익자(양도인)와 제2수익자(양수인)가 함께 서명하여 원신용장과 함께 양도은행에 제출해야 한다. 양도은행은 동 의뢰서의 내용에 따라 원신용장 원본에 양도 사실을 기록한다.48)

특히 분할양도(partial transfer)인 경우 상품이 종류별로 되어 있거나 수량이 명시되어 있는 경우에는 원신용장의 뒷면에 당해 상품명이나 수량도 기재해야 한다. 양도은행은 양도인, 개설은행, 통지은행에 'transfer advices'의 사본을 교부하고, 양수인(제2수익자)에게는 양도은행이 작성한 양도신용장 원본을 교부한다.

신용장 양도 시 주의할 사항은 다음과 같다.

① 신용장을 양도하기 위해서는 신용장에 'transferable'(양도가능)이

48) 예문 : This credit had been totally(or partially) transferred to ABC Co. for USD200,000 by ○○Bank.

라는 문구가 반드시 있어야 한다(UCP 600 §38). 기타 'divisible', 'fractionable', 'assignable', 'transmissible' 등의 용어는 양도 가능으로 인정하지 않는다.

② 자유매입신용장은 양도은행으로 특별히 지정된 은행만이 양도를 취급할 수 있다. 개설은행이 양도은행이 될 수 있다.
③ 분할선적이 금지되어 있지 않는 한 분할양도가 가능하다.
④ 신용장에 별도의 명시가 없는 한 양도는 1회에 한한다.
⑤ 무역금융 융자 취급 사실이 있는 신용장은 양도가 불가능하다.
⑥ 양도신청서에는 조건변경 통지방법에 대한 지시가 제1수익자를 경유하여 통지할 것인지 또는 제2수익자에게 직접 통지할 것인지 여부가 명확히 기재되어 있어야 한다.

사례 16 양도가능 신용장

질문

터키 바이어의 주문물량이 갑자기 늘어나 당사의 공급능력을 초과하게 되었다. 국내 업체에서 제품을 구입하여 주문량을 맞추기 위해 양도가능 신용장(confirmed transferable L/C)으로 진행하기로 하였다. 신용장을 양도하게 되면 터키 바이어에게 국내 물품공급 업체에 관한 사항이 노출될까 우려되는데 이에 대한 적절한 방법은?

답변

신용장 대금의 전부 또는 일부를 제3자에게 양도할 수 있는 양도가능신용장은 중계무역, 해외현지공장 등에 위탁생산한 물품을 외국에 판매하는 거래, 국내 완제품 Local 거래, 국내에서 중계수수료 수취를 목적으로 하는 단순 양도거래 등에서 활용되고 있다. 신용장을 양도하기 위해서는 SWIFT 40A에 'IRREVOCABLE TRANSFERABLE'이라고 명확히 기재되어 있어야 한다.

제1수익자는 원신용장의 조건을 정확히 반영하여 제2수익자에게 양도하여야 하나, 중계차익 확보를 목적으로 신용장 금액, 단가, 유효기일 등을 감액 또는 기간 단축하여 양도할 수 있다. 또한 제1수익자는 신용장에 명시된 금액을 초과하지 않는 범위 내에서 제2수익자가 제시한 서류 중 환어음과 상업송장을 교체할 수 있는 권한을 갖는다. 이러한 선적서류 대체 과정을 통해 제1수익자는 원신용장 수입상에게 상품을 누가 파는지(제2수익자), 얼마에 파는지가 알려지는 것을 피할 수 있다.

제1수익자가 양도은행으로부터 송장 및 환어음 대체 요구를 받고도 첫 요구 시에 이를 대체하지 못하면 양도은행(지급, 인수, 매입은행)은 제1수익자의 송장 및 환어음을 무작정 기다릴 수 없기 때문에 제2수익자로부터 받은 서류를 그대로 개설은행

> 에 송부할 수 있다. 이렇게 되면 제1수익자는 차액을 얻을 수 있는 기회를 잃게 되고 수입자인 개설신청인에게 제2수익자의 이름과 제1수익자와 제2수익자의 거래조건이 알려지게 된다. 이 경우에 따라서는 수입자가 제2수익자와 직접 거래를 하거나 물품매매조건이 종래에 비하여 불리하게 되더라도 매입은행에 책임을 추궁할 수 없다는 사실을 주의하여야 한다.
>
> (출처: International Trade)

(나) 신용장 대금양도[49]

신용장 대금양도(assignment of proceeds)는 신용장에 규정된 권리와 의무를 수익자가 이행하면서, 신용장에 수반하는 대금채권 만을 제3자에게 양도하는 것이다.[50]

수익자는 신용장의 양도가능 여부와는 관계없이 신용장 또는 특정한 법률의 규정에 의거하여 자신에게 수권된 모든 대금을 양도할 권리를 갖는다. 그러나 수익자는 자신이 신용장에 따라 이행하여야 할 권리 또는 의무까지를 제3자에게 양도할 수는 없다.[51]

proceeds(대금)는 UCP에 규정하고 있지는 않지만, 매매, 교환, 추심, 기타 담보물 또는 대금의 처분에 따라 수령하는 모든 것을 포함한다. 대금은 금전, 수표, 예금계정 등 현금 대금(cash proceeds)과 비현금 대금(non-cash proceeds)으로 구분된다.[52]

---

49) 박광서, 신용장 대금양도에 관한 실무상 유의점, 무역학회지 제37권 제1호, 2012. 2

50) 양도가능신용장에서는 양도인을 제1수익자, 양수인을 제2수익자로 부른다. 대금양도에서 양도인은 신용장의 양도 가능성을 불문하기 때문에 제1수익자는 물론 제2수익자도 될 수 있다.

51) UCP 600 Article 39.

52) UCC Sec 9-306(1) : Proceeds includes whatever is received upon the sale, exchange, collection or other disposition of collateral or proceeds. Insurance payable by reason of loss or damage to the collateral is proceeds, except to the extent that it is payable to a person other than a party to the security agreement. Money, checks, deposit accounts, and the like are "cash proceeds". All other proceeds are "non-cash proceeds"

신용장 대금양도는 신용장 양도와는 본질적으로 다르다.

신용장 대금양도(assignment of proceeds)에서 신용장에 따른 의무를 이행하여야 할 당사자는 수익자인 반면에 지급은행에 대금을 청구할 수 있는 당사자는 양수인이다. 반면에 신용장 양도(transfer of credit)에서는 신용장에 따른 조건을 이행하여야 할 당사자도 양수인이고, 지급은행에 대금을 청구하는 당사자도 양수인이다.

신용장 대금양도에서 양수인은 양도인이 신용장의 모든 조건을 이행하여야만 은행으로부터 대금을 지급받을 수 있다. 왜냐하면 대금채권을 양도한 경우 신용장의 조건을 이행하여야 할 당사자는 수익자인 양도인이고 채무자인 은행에게 대금을 청구하는 당사자는 양수인이기 때문이다.

신용장 대금양도는 매입신용장에서 일상적으로 일어난다고 볼 수 있다. 즉, 매입신용장에서 대금채권은 환어음의 발행인 뿐만 아니라 배서인, 선의의 소지인에게도 양도가 가능하며, 배서에 의하여 신용장 거래와 관계없는 제3자에게도 양도될 수 있다. 화환어음은 다른 선적서류와 함께 매입은행에 제시되면 제시인이 제3자라 할지라도 선의의 소지인으로서 대금을 지급받을 수 있기 때문이다.

신용장 대금채권은 수익자(채권자)가 개설은행 또는 지정은행에 청구할 수 있는 지명채권으로써 금전채권이다. 대금채권은 다른 채권과 마찬가지로 양도될 수 있다. 문제가 되는 것은 채권양도의 통지에 따른 대항력과 이중양도에 대한 보호 문제이다.

채권양도가 일어난 경우에 채무자가 양도계약의 유무를 알 수 없는 불안한 위치에 있기 때문에 부당하게 손해를 입혀서는 안 된다. 채권양도제도를 통하여 금융을 조달하거나 담보제공을 하는 정상적인 거래관계를 염두에 두고 오히려 양수인 보호의 관점에서 양수인이 인정적으로 양수 채권을 획득하고 그 권리를 행사할 수 있도록 하는 것이 신용장 대금양도의 과제이다.

(8) 내국신용장(Local L/C) & 무역금융

내국신용장(Local L/C)의 개념을 설명하기에 앞서 무역금융에 대한 이해가 필요하다. 아울러 내국신용장과 함께 무역금융 수단으로 활용되는 구매확인서제도에 대하여도 이해해야 한다.

(가) 무역금융

무역금융의 개념에 앞서 금융, 정책금융의 개념부터 이해할 필요가 있다. 우선, 금융(finance)이란 이자를 받고 자금을 융통하여 주는 것으로 기업이 금융기관으로부터 대출 등의 방법으로 자금을 조달하는 것은 기업금융이라 한다. 금융을 크게 상업금융과 정책금융으로 구분할 때, 무역금융은 정책금융에 해당한다.

정책금융(policy finance)은 정부가 정책 등을 수행하기 위해서 실시하는 대출, 보험, 보증 등 각종 금융 지원을 말한다. 정책금융은 시장경제 체제에서 자원이 골고루 효율적으로 배분되지 못하는 상황인 시장실패가 발생한 산업을 부흥시키기 위한 목적으로 사용된다. 시장이 실패한 산업에는 은행 등 상업적 금융회사들이 대출 등 자금지원을 기피하기 때문에 정부가 낮은 금리 또는 담보 및 상환 조건 등에서 유리하게 자금을 지원하는 정책을 펼치는 것이다.

무역금융(trade finance)은 물품수출 및 용역제공을 통한 외화획득을 촉진하기 위하여 수출업체 등에 대하여 수출물품의 생산, 원자재 및 완제품 구매에 필요한 자금을 지원하는 원화대출 및 관련 지급보증제도를 말한다. 법규적 의미의 무역금융이란 「한국은행의 금융기관 대출 관련 무역금융지원 프로그램 운용세칙」 및 「한국은행의 금융기관 대출 관련 무역금융지원 프로그램 운용절차」의 규정에 의해 한국은행 총액한도 대출의 금융기관별 한도 배정을 반영하는 금융기관의 무역관련 원화대출 지급보증제도를 의미한다.

[그림 3-3 무역금융 대체수단]

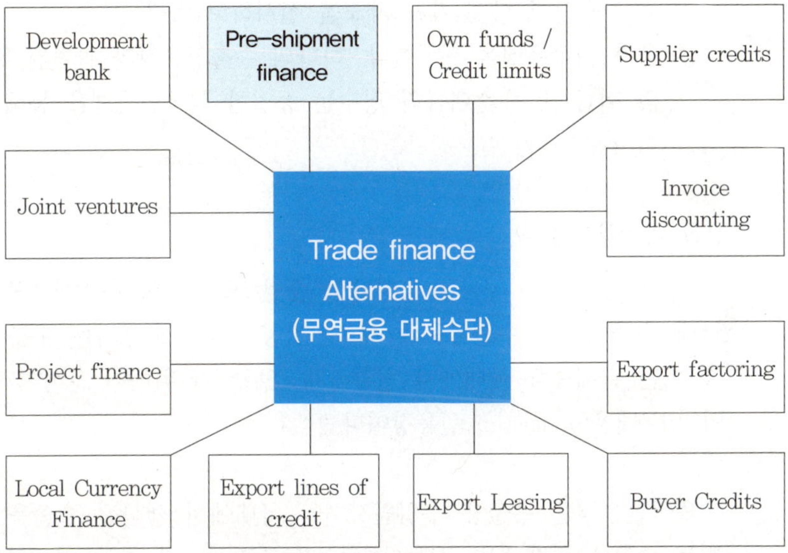

출처: Anders Grath, The Handbook of Int'l Trade and Finance, 2nd ed., 2012, p. 135.

무역금융의 특징은 다음과 같다.

① 선적 전 지원금융이다. 수출물품을 생산하는데 소요되는 자금을 선적 전에 지원하고, 수출대금으로 융자금을 상환시키는 선적 전 금융이다.

② 수출단계별로 지원된다. 수출신용장 또는 과거 수출실적과 연계하여 수출이행 전과정을 대상으로 생산자금, 원자재자금, 완제품 구입자금 등 수출이행 과정별로 지원한다.

③ 내국신용장(Local L/C)제도를 운영한다. 무역거래의 직접 당사자로서 수출신용장을 수취하거나 수출계약을 체결한 수출자뿐만 아니라 수출용 수입원자재와 국내 생산 수출용원자재 또는 수출용 완제품 생산업자도 직접 수출자와 동등한 차원에서 금융을 시원한다.

④ 사후 관리제도를 운영한다. 자금의 수출 진흥을 위한 소정의 목적 이외에 유용하는 것을 방지하기 위하여 거래외국환은행은 해당업

체의 일반현황, 생산시설, 수출능력 등을 파악하는 사후관리제도를 운영하여 융자금의 수출 대금 등에 의한 회수원칙과 부당한 금융수혜 등에 대한 제재 제도를 실시하고 있다.

⑤ 융자 취급은행을 제한한다. 하나의 수출신용장과 관련된 무역금융의 취급 및 수출대금의 영수는 동일한 외국환은행을 통해서 이루어져야 한다.

(나) 내국신용장[53)]

내국신용장(local L/C)은 융자대상 증빙 또는 과거 수출실적을 보유한 국내 수출업체가 수출물품을 제조·가공하는데 소요되는 수출용 원자재 또는 완제품을 국내에서 원활하게 조달하기 위하여 은행이 지급 확약한 국내용(domestic) 신용장이다.

외국환은행은 수출용 수입원자재와 국내에서 생산된 수출용 원자재 또는 수출용 완제품을 구매(임가공위탁 포함)하고자 하는 업체의 신청에 의하여 내국신용장(EDI방식 내국신용장 포함)을 개설할 수 있다(한국은행 금융기관 대출 관련 무역금융지원 프로그램 운용세칙 및 운용절차).

내국신용장의 개설조건은 다음과 같다.

① 양도불능·취소불능신용장일 것
② 표시통화는 원화·외화·개설일 현재 매매기준율로 환산한 외화금액을 부기한 원화 중 하나일 것
③ 금액은 물품대금 전액일 것
④ 물품의 인도기일은 대응수출 또는 물품공급이 원활히 이행되는데 지장이 없도록 책정된 것일 것
⑤ 유효기일은 물품의 인도기일에 최장 10일을 가산한 기일 이내일 것. 단, 신용장 근거의 경우 원수출신용장 등의 선적 또는 인도기일 이전일 것

53) 내국신용장 ⇨ 부록1. 무역결제

⑥ 서류 제시기간은 물품수령증명서 발급일로부터 최장 5영업일 범위 내일 것(단, 개설의뢰인과 수혜자의 소재지가 원격지인 경우에는 7영업일까지로 연장)
⑦ 어음 형식은 개설의뢰인을 지급인으로 하고, 개설은행을 지급장소로 한 일람출급식일 것
⑧ 어음 대금은 개설의뢰인이 자체자금으로 결제(일람불)하거나 개설은행이 융자하여 결제(기한부)하는 방식일 것
⑨ 어음 발행조건은 원수출신용장 매입조건부 결제 등 수혜자에게 불리한 조건이 아닐 것. 단, 선박 또는 산업설비의 수출을 위하여 개설되는 완제품내국신용장의 경우에는 원수출신용장 등의 대금결제조건에 따른 공정별 분할지급 조건 가능
⑩ 기타 조건에 관하여는 국제상공회의소(ICC) 세칭 「회환신용장에 관한 통일규칙 및 관례」를 준용한다는 문언이 기재된 것일 것

내국신용장의 관계당사자는 다음과 같다.

① 개설의뢰인은 국내에서 생산된 수출용 원자재 또는 수출용 완제품을 구매(임가공 포함)하고자 하는 업체, 무역금융 원자재자금 또는 완제품자금 약정 업체이다.
② 수익자는 내국신용장의 거래대상 물품을 생산(가공)할 능력을 보유하고 있는 제조업체뿐만 아니라 생산능력이 없는 유통업체도 될 수 있다.
③ 개설은행은 개설의뢰인의 신청에 의해 내국신용장을 개설한 은행으로 정당하게 물품거래가 이루어졌을 때 개설의뢰인을 대신하여 물품대금을 지급할 의무가 있는 은행이다.
④ 매입은행은 수익자의 거래외국환은행으로서 수익자가 내국신용장에 의해 물품 공급을 완료한 후 정당하게 발행한 어음의 매입(추심의뢰)은행을 말한다. 수출신용장과는 달리 반드시 있어야 하는 관계당사자는 아니다.

[그림 3-4 내국신용장 거래절차]

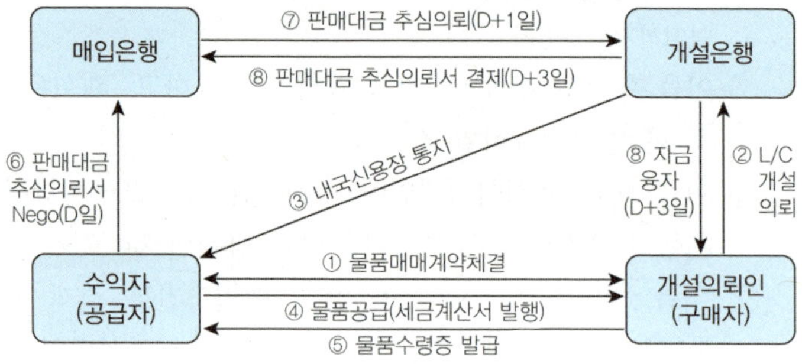

내국신용장의 절차는 다음과 같다.

① 물품매매계약체결(수익자 ↔ 개설의뢰인)
② 내국신용장 개설의뢰(개설의뢰인)
③ 내국신용장 통지(개설은행)
④ 생산자금 또는 원자재자금 융자(매입은행 → 수익자)
⑤ 물품공급(물품송장 및 영세율의 세금계산서발행; 수익자 → 개설의뢰인)
⑥ 물품수령증 발급(개설의뢰인 → 수익자)
⑦ 어음매입 및 금융상환(수익자 → 매입은행)
⑧ 어음추심(매입은행 → 개설은행)
⑨ 원자재 또는 완제품구매 자금융자(개설은행 → 개설의뢰인)
⑩ 은행 간 차액결제(개설은행 → 매입은행)

내국신용장과 후술하는 구매확인서와의 차이는 다음과 같다.

① 내국신용장은 외국환은행이 물품대금에 대한 지급확약을 하지만 구매확인서는 외국환은행의 지급보증 없이 당사자 간에 대금결제가 이루어진다.
② 내국신용장은 수출용 원자재 및 물품의 구매에 한정되지만, 구매확인서는 수출보다 넓은 개념인 외화획득용 물품 구매에도 발급된다.

③ 내국신용장은 사전발급만 가능하지만 구매확인서는 부가가치세 신고기한 내에는 사후발급이 가능하다는 점이다.

〈표 3-6〉 Local L/C · 구매확인서의 비교

구 분	내국신용장	구매확인서
관련법령	무역금융관련규정 (한국은행의 금융기관 대출 규정)	대외무역법 (대외무역관리규정)
지급확약	개설은행이 지급확약	발급은행의 지급확약 없음
개설조건 (무역금융대상)	원자재금융 한도 내에서 개설 (무역금융 수혜대상)	제한 없이 발급(발급근거 확인) (무역금융수혜대상 아님)
개설근거	① 수출신용장 ② 수출계약서(D/P, D/A 등) ③ 외화표시 물품공급계약서 ④ 외화표시 용역공급계약서 ⑤ 내국신용장 ⑥ 당해 업체의 과거 수출실적	① 수출신용장 ② 수출계약서(D/P, D/A 등) ③ 외화표시 물품공급계약서 ④ 내국신용장 ⑤ 외화입금(매입)증명서 ⑥ 구매확인서
개설기관	외국환은행	
실적인정	공급업체의 수출실적 인정	
부가가치세(VAT)	영세율("0"%) 적용	
관세환급	가 능	
거래대상	수출용원자재 및 수출용완제품	

(다) 구매확인서 54)

구매확인서(confirmation of purchase)는 국내에서 생산된 물품이나 수입된 물품을 외화획득용 원료 또는 물품으로 구매하고자 하는 경우에, 외국환은행이 내국신용장에 준하여 발급하는 것으로서 무역금융 한도부족 등으로 내국신용장을 개설할 수 없을 상황에서, 외화획득용 원료 등의 구매를 원활하게 하기 위한 제도이다.

대외무역법에 따르면 구매확인서란 부가가치세법 제11조 제1항· 제4호에 따른 영(0%)의 세율을 적용받기 위하여 확인을 신청하면 외화획득용

54) 구매(공급)확인(신청)서 ⇨ 부록1. 무역결제

원료 · 기재를 구매하는 것임을 확인하는 서류이다(법 §18).

구매확인서 발급근거는 ㉠ 수출신용장, ㉡ 수출계약서(품목 · 수량 · 가격 등에 합의하여 서명한 수출계약입증서류), ㉢ 외화매입(예치)증명서(외화획득이행 관련 대금임이 확인되는 경우에 한함), ㉣ 내국신용장, ㉤ 구매확인서, ㉥ 기타 외화획득에 제공되는 물품 등을 생산하기 위한 경우임을 입증할 수 있는 서류이다.

구매확인서 발급 신청서류는 ㉠ 외화획득용원료(물품 등)구매(공급)확인신청서 3부, ㉡ 구매확인서 발급근거서류 1부, ㉢ 외화획득용 원료(물품 등)공급계약서 또는 물품매도확약서 1부, ㉣ 세금계산서 사본(사후발급에 한함) 등이다.

구매확인서 발급한도는 발급신청자가 제시하는 발급근거서류(수출신용장 등)의 범위 내에서 발급할 수 있으며, 외화획득용 원료 또는 물품 등의 제조 · 가공 · 유통(완제품 유통 포함)과정이 여러 단계인 경우 각 단계별로 순차적으로 차수 제한 없이 발급할 수 있다.

[그림 3-5 구매확인서 거래절차]

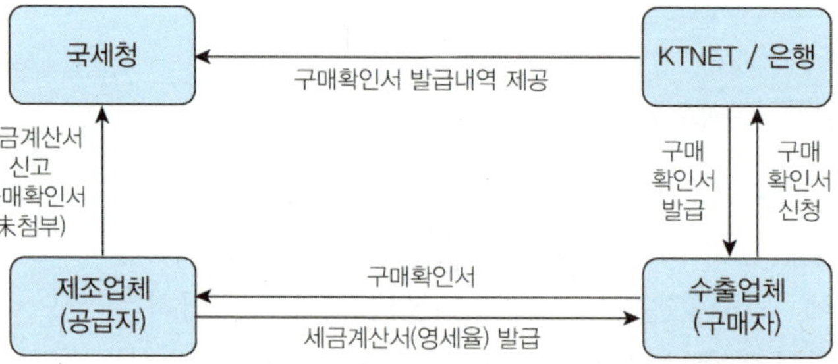

구매확인서 발급 절차는 사전발급을 기준으로 할 때 다음과 같다.

① 구매자와 공급자의 물품공급계약 체결
② 구매자의 KTNET/외국환은행장에게 전자식 구매확인서 발급신청

③ KTNET/외국환은행장은 구매확인서를 구매자와 공급자에 발급
④ 구매확인서를 발급한 KTNET/외국환은행은 구매확인서 발급사실을 공급자에게 통지하고, 공급자가 달리 요청한 경우를 제외하고는 당해 구매확인서를 공급자에게 직접 교부(한국은행 금융기관 대출 관련 무역금융지원 프로그램 운용세칙 및 운용절차 준용)
⑤ 내국신용장의 발급규정에 맞추어 물품공급이 이미 이루어진 경우에는 부가가치세 신고기한, 즉 공급시기가 속한 과세기간 종료 후 20일 이내에는 구매확인서의 사후발급이 가능

구매확인서에 부여되는 지원제도는 수출실적인정, 관세환급, 부가가치세 영세율 적용 등이 있다.

구매확인서에 의한 수출실적 인정시점 및 발급기관은 ① 외국환은행을 통해서 대금을 결제한 경우에는 통장 또는 거래명세표상의 날짜로서 대금을 결제한 외국환은행(공급자 거래은행)이 수출실적증명을 발급하고, ② 당사자 간에 직접 대금을 결제한 경우에는 대금결제일이 확인가능하면 해당 결제일로, 결제일 파악이 곤란한 경우에는 세금계산서 발급을 결제일로 인정하는데, 실적확인은 구매확인서의 발급은행인 구매자의 거래은행에서만 가능하다.

사례 17 구매확인서 또는 내국신용장에 의한 물품공급

질문

당사(C사)는 한국에서 자동차부품을 수입하는 미국 A사의 한국 구매대리인 역할을 하고 있다. 지금까지 한국 제조업체(B사)와의 거래는 A사가 직접하고 당사는 수출물품 선적 전에 검사증명서를 발급해 주고 대리점수수료를 받아 왔다. 그런데 최근에 B사는 당사(C사)가 직접 수출업무를 수행하고 구매확인서 발행도 해줄 것을 요구한다. 국내에서 수출물품을 거래할 때는 Local L/C로 거래한다고 들었는데 구매확인서와 Local L/C의 차이점 및 구매확인서를 통한 수출 절차는?

답변

외국 바이어의 구매대리인(buying office) 역할을 하다보면 가끔 발생하는 일이다. 국내 제조업자 또는 물품 공급자가 대기업인 경우 커미션 베이스 거래를 꺼려 이런 현상이 자주 발생한다. 귀사의 입장에서 볼 때 직수출을 하면 매매차익을 늘릴 수 있을 뿐만 아니라 자사 실적이 쌓여 발전의 계기를 만들 수도 있는 좋은 기회이다.

> 하지만 국내 수출물품 공급자에게 대금 결제에 대한 보장을 해줘야 하는 책임도 뒤따른다.
>
> 보장 방법은 크게 두 가지인데 수출자의 거래은행을 통해 대금을 보장하는 내국신용장 방식과 물품 공급자가 수출물품을 외상으로 제공하는 등 자체적으로 금융을 제공하는 구매확인서에 의한 거래방식이 있다. 내국신용장 방식으로 거래할 때는 귀사의 거래은행과 담보 등 제공에 대해, 구매확인서로 거래할 경우에는 물품 공급자와 수출물품 대금 지급 조건 등에 대해 협상을 해야 한다.
>
> (출처: 월간무역)

(9) 전자신용장(e-L/C)

우리나라는 2005년 9월 세계 최초로 전자신용장(e L/C)을 개통하였다. 그 사용이 활성화 되었다고 할 수는 없지만, 향후 전자신용장의 사용이 확대되면 비용, 시간 및 보안차원에서 획기적인 혁신이 가능할 것이다. 전자신용장 이용방법은 한국무역정보통신[55]에 가입하고, 거래은행에서 서비스 약정을 맺으면 된다.

전자신용장이란 종이신용장과는 달리, 전자적인 방식에 의하여 통지, 양도, 매입 등 신용장 업무를 종이 없이 전자적으로 처리할 수 있도록 구현된 신용장으로 인터넷을 통해 언제 어디서나 조회, 처리 및 유통이 가능하며, 정보의 신뢰성이 보장되는 시스템이다.

종이신용장과 전자신용장을 비교하면 다음과 같다.

종이신용장거래에서 수출자는 외국에서 SWIFT로 송신받은 신용장을 통지은행을 방문해 수취하거나, EDI로 수신한 후 출력해 사용하게 된다. 따라서 종이신용장은 ① 신용장 수령을 위해 반드시 은행을 방문하기 때문에 시간과 비용이 발생한다. ② Nego 시 반드시 신용장을 지참해야 하고, 은행은 신용장 뒷면에 매입신청 내역을 직접 작성·날인해야 한다. ③ 종이 신용장은 위·변조, 분실 및 훼손의 위험이 있다.

55) 한국무역정보통신(KTNET) ⇨ www.ctradeworld.com / http://www.ktnet.co.kr

전자신용장은 ① 종이신용장이 필요 없으며 신용장 수령을 위하여 은행을 방문할 필요도 없다. ② 신용장의 위·변조, 분실 및 훼손의 위험이 없다. ③ 제3자에게 신용장을 제출해야 하는 경우에는 원본과 동일한 신용장 사본 제출이 가능하다.

전자신용장의 장점은 무역업체 입장에서 보면, ① 종이신용장이 불필요하며, 원본이 전자화되어 관리비용이 절감된다. ② 신용장 분실 및 훼손 위험이 방지된다. ③ 제3자에게 신용장 전달 및 활용이 용이하다. ④ 수시로 신용장 진행 프로세스 확인이 용이하다. ⑤ 보안성 확보를 위한 인증서 사용이 가능하다.

은행 입장에서 보면, ① 대(對)고객 신용장 통지 및 매입 업무가 간편해진다. ② 불법 신용장 위·변조가 근본적으로 차단된다. ③ 매입요청 시 즉시 신용장 한도의 확인이 가능하다. ④ 신용장 개설, 변경, 양도, 매입 등 세부 이력관리가 가능하다.

(10) 비은행 신용장(PLLC)

신용장은 개설은행의 수익자에 대한 지급을 약속하는 증서이다. 따라서 신용장거래에서 은행은 수익자(채권자)에 대한 주채무자로서 역할을 하는 신용장의 발행자이다. 하지만 드물게는 유수의 도매업자 또는 기업 등 은행이 아닌 회사가 신용장을 발행하는 경우가 있다.

비은행 신용장(PLLC : Private Label Letter of Credit)은 미국의 우량기업을 중심으로 과거 이용하였던 은행발행 L/C를 대체하는 수단으로 써 자회사를 설립 후 자회사가 은행발행 L/C와 동일한 형태로 발행하는 신용장이다. PLLC에는 신용장통일규칙 준수 문구가 명기되어 있고, 서류 Checking 및 관리은행이 지정되어 있다.[56)]

PLLC의 거래절차를 연지급신용장을 예로 들면 [그림 3-6]과 같다.

56) L/C문구 ⇨ 52D ISSUING BANK: RBC TRADE ASIA LTD L/C PROCESSING CTR, 7/F, STANDARD CHARTERED BANKTOWER, 388 KWUNTONG RD, KWUNTONG, KLN, HK

[그림 3-6 비은행 신용장(PLLC) 거래절차]

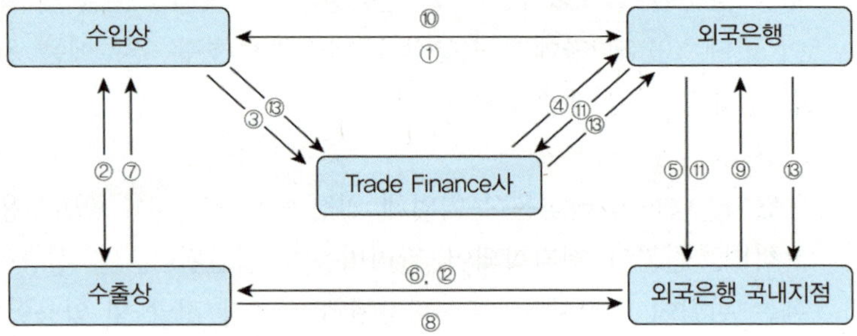

① PLLC Agent은행 선정
Agent은행은 Nego서류 심사, L/C발송 및 결제 등을 도움
② 수출입 계약
③ PLLC 개설 의뢰
④ PLLC 발송 의뢰
⑤ PLLC 발송
⑥ PLLC 통지
⑦ 물품선적
⑧ PLLC Nego 요청
⑨ PLLC Nego서류 발송 및 인수 요청
⑩ PLLC Nego서류 심사 후 인수확인 요청
⑪ 인수통보
⑫ Nego대전 지급
⑬ 만기일 PLLC 대금지급

PLLC는 은행발행 신용장에 적용되는 UCP 600이 적용되지 않는다. PLLC에 UCP 600을 적용한다고 기재하고 있더라도 큰 의미가 없다. 수출자 은행에서는 추심조건으로 서류를 수리하려고 할 것이기 때문에 수출자는 수입자의 신용이 우수한 경우에 한하여 이용하는 것이 바람직하다.

① PLLC는 신용등급 3등급 이상인 개설의뢰인이 지급을 보증한 PLLC로 개설의뢰인에 대하여 은행 전결권자가 Exposure한도를 부여한

경우에 한하여 매입한다.

② 매입대상은 은행연합회 「신용정보관리규약」에서 정한 '신용관리대상자'에 해당하지 않은 신용등급 이상의 기업이다.

③ 매입한도는 개설의뢰인의 신용상태 및 국내 수입물량을 감안하여 설정한다.

④ PLLC 매입기간은 일람불은 D/P수출환어음 매입기간에 준하고, 연지급은 D/A수출환어음 매입기간 기준에 따른다.

⑤ 환가료는 매입일로부터 만기일까지의 기간에 대해 통화별 환가료율+어음기간별 가산요율이며, 구체적으로 일람불은 표준 추심일수의 기간에 대하여 환가료를 징수하고, 연지급은 매입일로부터 만기일 전일까지의 기간에 대하여 환가료를 징수한다.

⑥ 담보/보증 거래기업의 신용도에 따라 신용, 보증, 담보를 제공해야 하며, 대출상환 만기일에 매입대금을 회수하게 된다.

CHAPTER

4

기타 결제방식

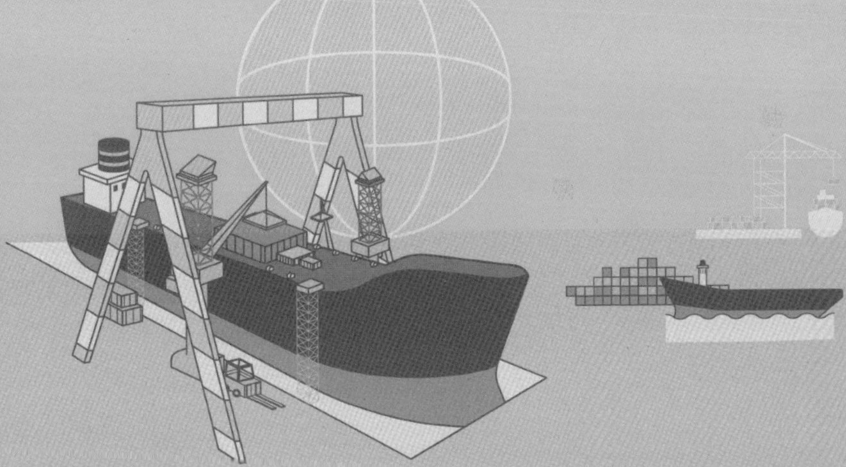

1. 기타 결제방식 개요
2. 팩토링 결제방식
3. 포페이팅 결제방식
4. 국제리스 결제방식
5. 전자결제방식
6. 전자상거래 간편 결제방식

Chapter

4 | 기타 결제방식

1 • 기타 결제방식 개요

지급결제(payment and settlement)란 거래당사자 사이의 채권·채무 관계를 해소하는 행위를 말한다. 현금의 경우에는 지급과 결제가 동시에 이루어지지만, 국제결제에서 이루어지는 송금, 어음결제 등은 『지급 → 청산 → 결제』의 과정을 거쳐서 완성된다.[1)]

국제결제에 사용되는 현금 외 지급수단은 금융기관을 거쳐 현금화할 수 있는 지급수단을 말하는 것으로 계좌이체, 지급카드, 어음이나 수표 등이 포함된다.

지급수단은 지급결제 과정에서 종이로 제작된 지급수단인 장표(莊票)가 실제로 이동하는지 여부에 따라 장표방식과 전자방식으로 구분할 수 있다. 장표방식 지급수단에는 어음, 수표, 지로 등이 있으며, 전자방식 지급수단에는 신용카드, 체크카드 등 지급카드와 계좌이체 등이 있다.

최근에는 지급서비스 제공방식이 다양화되면서 전통적인 지급수단 분류방식 대신 인터넷뱅킹, 모바일 지급카드 등 접근 채널별로 분류하기도 한다.

B2B를 특징으로 하는 무역거래가 최근에는 해외직구 또는 해외직판

---

1) • 지급(payment): 지급인이 지급채무를 해소하기 위하여 수취인 앞으로 자금이체를 의뢰하는 지급지시서를 송부하고, 수취인이 그것을 수신하는 과정
• 청산(clearing): 청산기관(clearing house)이 거래당사자간에 개입하여 결제를 위해 송부된 어음, 수표, 계좌이체 등의 지급수단을 확인한 후 최종적으로 수취하거나 지급해야 할 차액을 산출하는 과정
• 결제(settlement): 청산과정을 통해 계산된 금액을 지급하여 완결시키는 과정. 결제은행에 개설된 예금계좌간의 자금이체 등을 통하여 지급은행에서 수취은행으로 실제로 자금이 이동되는 것

등의 활성화로 인하여 B2C 또는 C2B 거래로 확장됨에 따라서 전통적인 국제결제 시스템도 핀테크의 등장과 함께 다양해지고 있다.

본 장에서 말하는 기타 결제방식은 전통적으로 다루는 신용장방식과 무신용장방식(송금방식 · 추심방식)을 제외한 다른 방식을 말한다. 이곳에서는 팩토링, 포페이팅, 국제리스, 전자결제, 전자상거래 간편결제 등으로 구분하여 다루기로 한다.

〈표 4-1〉 대외지급결제방식 구분

구 분		결제방식 종류	사업
전통적 방식	Off-line결제	• 신용장방식: Sight, Usance • 추심방식: D/P, D/A • 송금방식: T/T, O/A	B2B
	위험회피 결합	• 팩토링 결제방식 • 포페이팅 결제방식 • 국제리스 결제방식	B2B
전자결제방식	On-line결제	• Trade Card • Bolero Project	B2B
간편결제방식	전자상거래 제3자 개입	• 해외: Alipay, Paypal, Tenpay, Union Pay Android Pay 등 • 국내: Kakao pay, Toss, Naver pay, 삼성 pay 등	B2C C2C

전자상거래 간편결제 방식들이 아직까지는 B2C에 초점을 맞추고 있기 때문에, B2B의 국제결제방식으로 발전하기 위해서는 외환 이동에 따른 국내외 법규 및 제도의 보완과 함께 결제 시스템에 대한 신뢰 및 보안 등의 문제가 해결되어야 한다.

2 • 팩토링 결제방식

(1) 팩토링 결제방식의 의의 및 종류

(가) 팩토링 결제방식의 의의

무역회사는 악화되는 국제무역 환경에 적응하기 위해 다양한 정형거래조건 및 결제방식 등을 활용해야 할 필요성이 있다. 즉, 무역업자가 동일 상품을 동일 상대방과 거래할지라도 무역거래 조건에 따라 상이한 위험 및 비용을 부담할 수 있기 때문에 다양한 정형거래조건과 대금결제방식을 구사할 수 있는 무역회사는 국제무역환경 변화에 대한 대처능력을 강화할 수 있다.

수출자 입장에서 기존의 신용장 거래의 비중이 감소하고, 송금방식 등 무신용장 거래비중이 크게 늘어남에 따라 대금 회수에 대한 불안감을 줄일 수 있는 수출 팩토링 등의 활용 필요성이 높아지고 있다.2)

(나) 팩토링 결제방식의 종류

팩토링은 분류기준에 따라 다음과 같이 구분할 수 있다.

① 상환청구권(Recourse Right) 가능 여부에 따라 상환청구 가능 팩토링과 상환청구 불능 팩토링
② 선급(advance payment) 유무에 따라 선급 팩토링과 만기 팩토링
③ 채권양도 통지 유무에 따라 통지 팩토링과 非통지 팩토링
④ 이용하는 지역에 따라 국내 팩토링과 국제 팩토링
⑤ 당사자 입장에 따라 수출 팩토링과 수입 팩토링
⑥ 수출팩터와 수입팩터를 같이 이용하는 제휴방식(two factor sys-

2) Factoring(채권매입업, 債權買入業)은 금융기관 등(팩터)이 물건이나 유가증권의 판매 또는 용역의 제공 등에 의하여 취득하였거나 취득할 영업상의 채권(외상매출채권)을 판매기업으로부터 매입하고 매입대금을 지급하는 것을 말함. 팩터가 채권을 매입한 것이므로 원 채무자(구매기업)는 팩터에게 매입대금을 상환할 의무를 갖게 됨

tem)팩토링과 수출팩터만 이용하는 직접방식(one factor system) 팩토링

수출팩토링(export factoring)이란 사후송금방식인 외상수출거래에서 발생된 외상매출채권(account receivable)을 수출기업으로부터 매입하는 국제팩토링의 일종이다. 수출팩토링에는 상환청구권이 있는 경우와 상환청구권이 없는 경우로 구분할 수 있다.

'상환청구권 없는(without recourse)'[3)]이란 해외수입자가 만기일에 수출대금을 상환하지 못하더라도 팩토링 회사가 수출기업에게 수출대금의 반환을 청구하지 않는 것을 의미한다. 상환청구권 없는 조건의 경우에 수출팩토링을 이용하는 수출기업은 수출대금 회수에 대한 불안감 없이 안심하고 수출에만 전념할 수 있는 장점이 있다.

수출팩터(export factor)는 수출자에게 수출대금의 조기지급, 해외수입자의 신용위험 인수, 수출대금의 추심, 해외수입자의 신용조사, 수출채권 관리 등의 금융서비스를 종합적으로 제공하는 종합금융회사로서 우리나라에서는 2005년 5월 수출입은행이 처음 도입하였다(우리나라에 팩토링이 도입된 것은 1980년대 초반이지만, '수출팩토링' 명칭의 서비스는 수출입은행에서 처음 사용한 것이라 함).[4)]

국제팩토링을 취급하는 우리나라 금융기관은 수출입은행, 기업은행, 신한은행 3곳이지만 대부분이 수출입은행을 통해서 이루어지고 있다. 특히 수출입은행은 선적 후 무역금융 제도로써 수출팩토링, 포페이팅, 수출환어음매입 제도를 운영하고 있다.

3) 종전에는 소구권(遡求權)이라 했다. 소구권이란 어음이나 수표의 지급이 거절됐을 경우 배서인 또는 발행인 등에게 변상을 청구할 수 있는 권리를 말한다. 즉, 어음이나 수표가 부도났을 경우 소유하고 있는 사람은 즉시 발행인이나 배서인에게 소구권을 청구하여 변상의 책임을 물 수 있다.

4) 박광서, 우리나라 중소수출기업의 수출팩토링 활용증대 방안에 관한 연구, 한국무역상무연구, 2007. 2, pp. 29~62.

〈표 4-2〉 선적 후 무역금융제도 비교

구 분	수출팩토링	포페이팅	수출환어음매입
결제방식	• 사후송금방식	• 신용장 or 보증(Aval)방식	• 추심방식
대상채권	• 송장, 외상매출채권	• 화환어음, 약속어음	• 화환어음
결제기간	• 180일 이내(단기)	• 30일~2년 미만(중장기)	• 30일~2년 미만
상환청구권	• 없음(without) • 있음(with)	• 없음(without)	• 있음(with)
금융비율	• 80~100%	• 100%	• 100%

* 수출입은행 자료, 필자 일부 가공

(2) 팩토링 결제방식의 거래절차

제휴방식(two-factor system)의 거래흐름은 다음과 같다.

[그림 4-1 팩토링 전개과정]

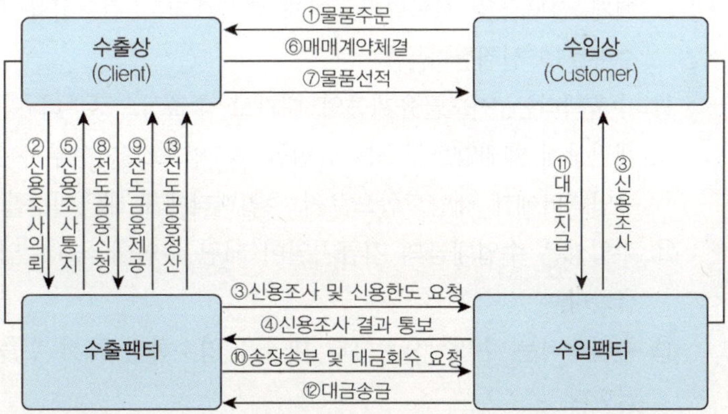

① 수출상이 수입상으로부터 물품주문을 받는다.

② 수출상은 수출팩터에게 수입상에 대한 신용조사를 팩터의 소정양식인 신용승인신청서에 의하여 의뢰한다.

③ 수출팩터는 수출상으로부터 접수한 수입상에 대한 신용승인신청서에 따라 수입국의 거래팩터에게 수입상에 대한 신용조사 및 수입팩

터가 지급 보증할 수 있는 신용한도를 요청한다.

④ 수입팩터에는 수입상에 대한 신용조사를 실시하여 신용조사의 결과 및 승인을 수출팩터에게 통지한다.

⑤ 수출팩터는 수입팩터로부터 접수된 수입상의 신용승인내용을 검토하고 수출상에게 통지하며 팩토링방식으로 수출할 수 있도록 지원한다.

⑥ 수출상은 신용승인내용을 근거로 수입상과 국제팩토링방식에 의한 수출입계약을 체결한다.

⑦ 수출상은 물품을 선적한다.

⑧ 수출상은 선적 후 작성된 원본송장(original invoice)에 수입팩터의 지시에 따른 송장의 양도날인 문언에 제작한 양도통지문구가 인쇄된 스티커를 부착하거나, 고무인을 날인하여 수입상에게 직접 송부하고 2개의 사본은 양도통지서와 함께 수출팩터에게 양도하여 전도금융을 요청한다.

⑨ 수출팩터는 운송서류를 확인후 송장금액의 100% 이내에서 수출상에게 전도금을 제공한다. 이때 수출팩터는 전도금융이자와 팩토링수수료를 선취한다.

⑩ 수출팩터는 전도금융제공의 대가로 수출상으로부터 양도받은 수출채권상에 채권양도문구를 날인한 후, 양도장을 첨부하여 매출채권을 수입팩터에게 재양도함으로써 수입팩터에게 대금회수를 요청한다.

⑪ 수입상은 수입대금의 지급기일이 되면 수입대금을 수입팩터에게 지급한다.

⑫ 수입팩터는 수입상으로부터 대금을 영수하면 즉시 수출팩터에게 송금한다.

⑬ 수출팩터는 수입팩터로부터 송금되어 온 수출대금을 수출상에게 지급하는데, 이때 전도금융한 금액과 수입팩터로부터 송금되어온 수출대금을 서로 상계하여 정산한 후 잔액을 지급한다.

3 • 포페이팅 결제방식

(1) 포페이팅 결제방식의 의의 및 장·단점

(가) 포페이팅 결제방식의 의의

포페이팅(forfaiting)은 상환청구권 없는(without recourse) 조건으로 수출환어음을 매입하는 것이다.[5] 즉, 국제간 무역거래에서 수출의 대가로 받은 어음을 수출업자나 이전 소지인에게 상환청구권을 행사하지 않는 조건 하에 고정금리로 할인 거래하는 금융기법이다.

일반적으로 ① 수출(선적)시점으로부터 만기 수출대금의 회수 기간까지 기간이 긴 경우, ② 수입국가 위험도가 높은 새로운 시장을 개척하려는 경우, ③ 거래상 신용도가 낮은 업체와 거래하는 경우 등에 활용할 수 있는 무역금융기법이다.

(나) 포페이팅 결제방식의 장점 및 단점

포페이팅 방식의 장점은 다음과 같다.

① 수입상 또는 개설은행의 지급불능 위험을 회피할 수 있다. 즉, 포페이터(forfaiter)는 '상환청구권이 없는' 조건으로 채권을 매입하기 때문에 수입상 또는 개설은행이 만기에 수입대금을 결제하지 못할 때도 수출상은 대금을 반환할 책임이 없다.
② 수출대금을 조기 회수할 수 있다. 즉, 포페이터가 수출채권 매입시 수출대금을 지급하기 때문에 수출대금을 조기 회수함으로써, 운전자금 확보와 환차손을 예방할 수 있다.
③ 담보제공이 필요 없다. 포페이터는 수입상 또는 개설은행이 발행하는 지급보증서 또는 어음에 추가하는 지급확약(Aval)을 담보로 활용하며, 수출상에게 별도의 보증이나 담보제공을 요구하지 않는다.
④ 재무구조 개선 및 자금조달 여력을 높여준다. 즉, 포페이팅을 활

5) 포페이팅은 수출 장기 연불어음을 상환청구권 없이 할인 매입하는 금융방식이다.

용하면 거래은행이 수출기업의 여신한도에서 제외하여 외상매출채권을 현금으로 전환하고 차입금에서 미계상하는 효과가 있다.

포페이팅을 이용하는 수출업체가 신경을 써야 하는 유의점은 다음과 같다.

① 해외 수입국 은행의 신용이 중요하다. 따라서 해외 수입국 은행이 적격 은행인지 여부를 확인해야 하며, 동 은행의 신용도는 수수료에도 영향을 미친다.
② 신용장상 매입제한 여부를 확인해야 한다. 즉, 취소불능여부, 유효기일, 서류제시기간, 조건부신용장 여부 등을 확인해야 한다.
③ 해외 수입국의 이상 징후 등을 확인해야 한다.

포페이팅 이용에 따른 비용은 수출자의 경우에는 할인료, 약정수수료, 옵션비용 등이 있으며, 수입상은 보증(aval)방식의 경우에만 보증수수료가 있다.

① 할인료는 수출상이 만기 전에 대금을 할인하여 수수하기 때문에 만기까지의 이자 명목이다. 즉, 할인료=어음금액×(만기일까지 일수/360)×할인율이다. 수출입은행의 경우 할인율은 최저 Libor +0.35% 이상에서 국가, 개설은행, 기간, 신용도 등에 따라 차등 적용한다.[6)]
② 약정수수료는 포페이팅 약정 시부터 매각 인도 시까지의 기간에 대하여 부담하는 수수료로 연 1% 내외이다.
③ 옵션비용은 포페이팅에 대하여 수입자가 수락하는 시점까지 기간(option period) 동안의 포페이터의 위험을 보상하기 위해서 부담하는 수수료로서 0.1% 내외로 한번 지급한다.

6) Libor : London inter bank offered rate(런던은행간 거래금리)

(2) 포페이팅 결제방식의 거래절차

(가) 포페이팅 거래절차 … 보증(aval)방식

[그림 4-2 포페이팅 전개과정(AVAL방식)]

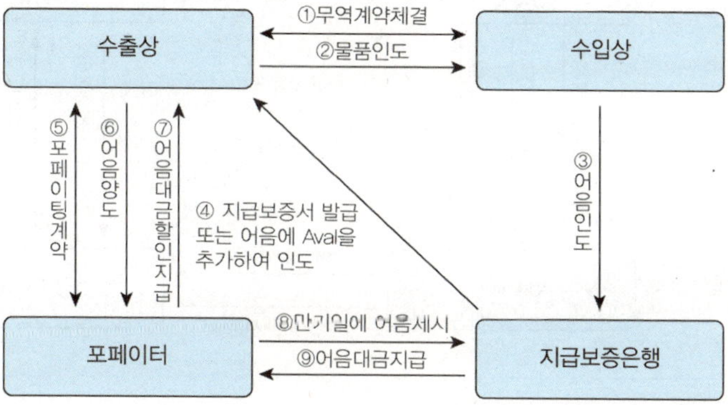

① 수출상은 수입상과 결제방식으로 포페이팅 조건으로 무역계약을 체결하고 수출물품을 조달하여 이를 수입상에게 인도한다.

② 수입상이 지급보증은행에 어음을 제출하면, 지급보증은행은 별도의 지급보증서를 발급하거나 어음에 지급확약(aval)을 추가하여 수출상에게 인도한다.

"Aval"이란 프랑스어로 어음보증인의 서명 또는 어음보증을 뜻하는 단어로,[7] 보증은행이 어음 자체에 보증한다는 뜻을 기입하여 채무를 성실히 이행할 것을 보증하는 취소불능의 무조건 보증이다

③ 수출상은 포페이터와 포페이팅 계약을 체결하고 포페이터는 수출상에게 어음대금을 할인하여 지급한다.

④ 포페이터는 어음의 만기일에 어음을 지급보증은행에 제시하고 지급보증은행은 포페이터에게 대금을 지급한다.

7) Aval은 approval의 약어이다.

(나) 포페이팅 거래절차 … 신용장방식

[그림 4-3 포페이팅 전개과정(신용장방식)]

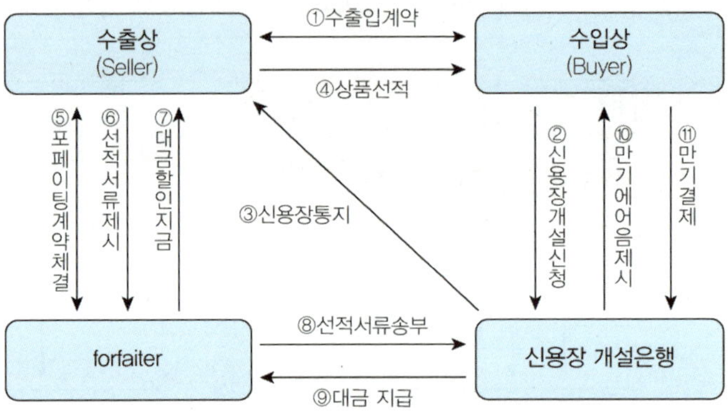

① 수출상과 수입상이 포페이팅 거래내용에 합의하고 수출입계약을 체결한다. 수입상이 기한부(usance L/C)를 원할 경우에는 수출상은 포페이팅 수출금융이 가능한 국가, 은행에 해당하는지를 확인한다.

② 수입상은 자신의 거래은행에서 신용장을 개설한다.

③ 개설은행은 통지은행을 통하여 수출상에게 신용장을 통지한다.

④ 수출상은 신용장 조건대로 수출물품을 선적한다.

⑤ 수출상은 포페이터(forfaiter)와 포페이팅계약을 체결한다. 포페이팅계약은 우선 수출상이 포페이터에게 비용 등이 포함된 예비청약서(preliminary offer)를 제시하면, 포페이터가 수출상에게 확정청약(firm offer)을 제시하고, 수출상이 승낙(acceptance)을 함으로써 성립된다.

⑥ 수출상은 환어음 및 선적서류를 신용장 조건과 일치하도록 작성하여 포페이터에게 제시한다.

⑦ 포페이터는 선적서류를 접수하고 수출대금을 상환청구권 없이 지급한다. 지급하는 대금은 신용장 개설국가 및 개설은행의 신용도, 신용장의 종류 및 수출상의 신용도에 따라 차이가 있다. 수출상

에 대한 상환청구권의 불능 시점은 선적서류를 접수한 수입국 신용장 개설은행이 선적서류에 대한 인수거절 의사를 통보하는 때이다.

⑧ 수출상은 개설은행이 선적서류를 인수한 시점부터 대금회수 위험으로부터 해방되며, 포페이터는 환어음 만기일에 개설은행으로부터 수출대금을 회수하는 책임을 진다.

〈표 4-3〉 Factoring과 Forfaiting 비교

항 목	Factoring	Forfaiting
1. 금액	비교적 소액(30만 달러 미만)	비교적 거액(100만 달러)
2. 외상기간	단기(1년 미만)	비교적 장기(6개월-10년)
3. 상환청구권	with recourse without recourse	without recourse만 인정
4. 지급근거	수입 Factor의 신용승인	수입상, 개설은행의 지급보증/Aval
5. 거래방식	송금방식이 가장 많음	환어음 또는 약속어음이 매개체 주로 Usance L/C 또는 D/A거래
6. 대상채권	현재뿐만 아니라 미래에 발생할 매출채권까지 포함 가능	개별적으로 확정된 매출채권에 국한
7. 취급은행	수출입은행, 기업은행, 신한은행	대부분 은행(특히 HSBC가 적극적)

* 금액, 외상기간 등은 취급 금융기관마다 차이가 남.

4 • 국제리스 결제방식

(1) 국제리스의 의의 및 종류

(가) 리스와 국제리스의 의의

리스(lease, leasing)는 특정 물건의 소유자가 일정기간 동안 타인에게 사용하게 하고, 그 대가로 차인(借賃)을 지급받기로 하는 약정이다. 리스는 물품을 소유하지 않고도 이용할 수 있으며, 절세가 가능하고, 국제리스의 경우 국제금융을 이용할 수 있다.

국제리스(International Leasing)는 국경을 넘어서는 2개국 이상의 법률체계를 달리하는 국가 간에 이루어지는 리스 거래이다. 리스 기간을 정하여 물건의 소유권 변경 없이 직접 또는 간접적으로 특정 법률 관할권의 리스회사로부터 다른 법률 관할권에 속하는 리스 이용자에게 물건의 사용권이 이전하는 국제거래이다.[8)]

(나) 국제리스의 종류

1) 리스의 구분

리스의 경제적 실질은 금전대차와 사용대차로 구분하여 금융리스와 운용리스로 구분할 수 있다. 양자의 구분이 쉽지는 않지만 일반적으로 리스의 이용목적이 금융이 목적인 것이 금융리스이고, 대상 물건의 이용이 목적인 것이 운용리스이다.

〈표 4-4〉 금융리스 vs. 운용리스

	금융리스	운용리스
기간	• 비교적 장기 (통상 리스물건의 내용년수에 가까움)	• 비교적 단기
중도해지	• 중도해지 불가	• 중도해지 가능(충분한 예고기간 필요)
리스료	• 리스회사가 리스물품 취득원가, 이자, 이윤을 고려하여 정함 • 유지보수 및 관리 등을 이용자가 부담하기 때문에 운용리스보다 저렴	• 리스회사가 물건에 대한 유지보수 및 관리, 보험, 세금 등을 부담하므로 금융리스보다 상대적으로 고가
위험부담 담보책임	• 물건의 멸실, 훼손 등 위험부담이 이용자에게 이전되며, 물건의 하자담보책임도 공급자가 부담하도록 규정함	• 리스회사가 물건에 대한 유지관리 및 수선의무, 위험을 부담함 • 물건의 하자로 인한 손해배상책임은 일반적으로 리스회사가 부담
구매선택권 계약갱신권	• 계약만료 시 물건을 염가로 구매할 수 있는 구매선택권/계약갱신권 있음	• 없음

* 자료: 최영주 전게 학위논문, 2014, p. 19.

8) 최영주 「국제리스계약에서 계약당사자의 의무와 실무상 유의점에 관한 연구」, 성균관대학교 박사학위 청구논문, 2014, pp. 16~19.

참고로 특정거래형태로서 임대차방식 수출입거래는 임대차계약에 따라 물품의 임대료를 영수하거나 임차료를 지급하는 조건으로 물품을 수출하거나 수입한 후 임대차 계약기간 종료 후 임대물품이나 임차물품을 재수입 또는 재수출하거나, 임대차계약기간 종료 전 또는 종료 후에 소유권을 이전받는 수출입거래로서 국제리스이다.

금용리스(financial lease)는 리스업자가 리스이용자가 선정한 기계, 시설 그 밖의 재산을 제3자로부터 취득하거나 대여받아 리스이용자에게 이용하게 하는 것이다.[9] 경제적 관점에서 볼 때 리스회사가 기계 및 설비 등 리스 이용자가 필요로 하는 리스물건의 구입자금을 리스 이용자에게 대여해 주는 물적금융(equipment financing)이라 할 수 있다.

운용리스(operating lease)는 금융리스 이외의 모든 형태의 리스로서 렌탈(rental)을 포함하는 개념이다. 운용리스의 법적성질은 서비스 제공의 성격 때문에 임대차계약에 속한다.[10]

2) 국제리스의 종류

국제리스는 거래당사자의 소재지, 기능 및 거래형태 등 분류기준에 따라서 다양하게 구분할 수 있다.

---

9) 상법 제46조, 상법 제163조의2

10) • 사용대차(使用貸借; loan of use, debt and credit): 당사자 일방[貸主]이 상대방[借主]에게 무상으로 사용·수익하게 하기 위하여 목적물을 인도할 것을 약정하고, 상대방은 이를 사용·수익한 후 그 물건을 반환할 것을 약정함으로써 성립하는 계약(민법 609조). 법적성질은 무상계약, 편무계약, 낙성계약, 계속적 계약임

• 소비대차(消費貸借; loan for consumption): 당사자 일방[貸主]이 금전 기타 대체물(代替物)의 소유권을 상대방[借主]에게 이전할 것을 약정하고 상대방이 동종·동질·동량(同量)의 물건을 반환할 것을 약정함으로써 성립하는 계약(민법 598~608조). 차주(借主)가 빌린 물건 그 자체를 반환하지 않고 다른 동종·동질·동량의 것으로 반환하는 점에서 사용대차나 임대차와 구별됨. 법적성질은 낙성·무상·편무·불요식의 계약임이 원칙이나, 이자부 소비대차나 상인간의 금전소비대차(상법 55조)는 유상·쌍무 계약임

• 임대차(賃貸借; lease, rental): 당사자 일방[賃貸人]이 상대방[賃借人]에게 목적물을 사용·수익할 수 있게 약정하고, 상대방이 그 대가로서 차임(借賃)을 지급할 것을 약정함으로써 성립하는 계약(민법 618조). 법적성질은 유상계약, 쌍무계약, 낙성계약, 계속적 계약임

① 거래당사자 소재지 국가에 따라서 수출리스, 자회사 수출리스, 해외 자회사 리스, 다국적 자회사 리스로 구분

② 거래형태에 따라서 전대리스(sublease), 판매재취리스(sale and lease back), 공동리스(syndicated lease), 설비리스(equipment lease), 총리스 및 순리스(gross lease and net lease), 완급리스 및 未완급리스(full pay out lease and non full pay out lease), 유지관리부리스(maintenance lease), 공급자리스(vendor lease), 레버리지리스(leveraged lease)11) 등으로 구분

③ 국제리스의 기능에 따라서 해외사업 투자형 리스, 리스회사 간 국제적 협력형 리스, Cross-Border형 리스 등으로 구분

(2) 국제리스계약의 거래구조

금융리스 계약의 거래 구조는 다음과 같다.

[그림 4-4 국제금융리스계약 구조]

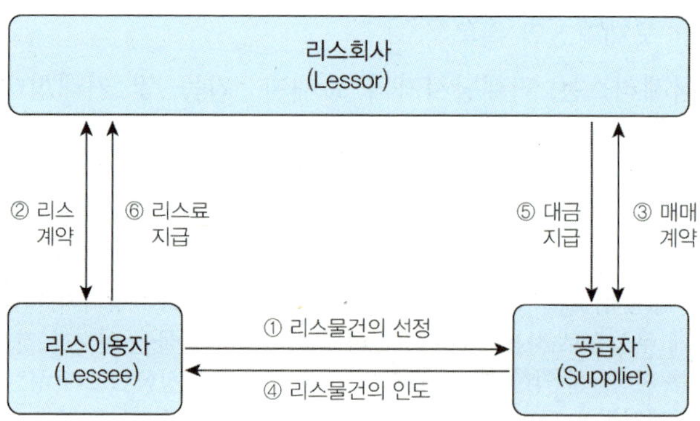

① 리스계약자는 물품공급자와 리스물건을 선정

② 리스이용자는 리스회사와 리스계약을 체결

11) • 레버리지 리스는 금융기관에서 리스물건의 일부자금(60~80%)을 차입하고, 리스회사는 나머지(20~40%)를 부담하여 리스물건의 소유권자가 되는 방식임.
금융에서 레버리지(Leverage)는 수익을 극대화하기 위해 돈을 빌리는 비율의 의미로 많이 사용

③ 리스회사는 공급자와 물물매매계약을 체결
④ 공급자는 리스이용자에게 리스물건을 인도
⑤ 리스회사는 공급자에게 리스물건의 대금을 지급
⑥ 리스이용자는 리스회사에게 리스료를 지급

5 • 전자결제방식

(1) 전자결제방식의 의의와 유형

(가) 전자결제방식의 의의

전자무역(e-Trade)은 재화 또는 서비스의 국가 간 거래인 무역행위의 본질적 업무를 인터넷을 포함한 IT수단을 활용하여 전자적 방법으로 수행하는 무역활동이다.

전자무역은 제품과 서비스의 수출입에 관련된 전통적 무역프로세스에서 발생하는 방대한 정보를 전자적 방식(주로 전자문서)으로 교환함으로써 무역프로세스를 획기적으로 전환함과 동시에 마케팅 활동과 무역업무 대행역할을 수행한다.

전자무역은 궁극적으로 다수의 관련 기업 및 공공기관의 개별프로세스가 전자무역 프로세스라는 일관된 프로세스로 융합되는 과정으로서 e-비즈니스화(e-Transformation)의 핵심부분이다.

전자결제방식은 전자상거래가 원활하게 이루어지기 위한 핵심요소의 하나로서 전자상거래에 있어서 판매자와 구매자 사이에 발생하는 대금결제를 전통적인 방식을 이용하지 않고, 전자적 방식으로 결제함으로써 거래를 완성하는 것을 말한다.

전자상거래 결제방식은 Alipay, Paypal 등과 같은 제3자 결제 중개서비스라고 한다면, 전자결제방식은 전통적인 무역결제 방식을 전자적으로 처리하는 방식이라는 점에서 구분할 수 있다.

(나) 전자결제방식의 유형

지금까지 많은 전자지불시스템이 개발되어 상용화되었으며, 개발된 전자결제방법에는 신용카드를 이용하는 방법, 전자자금이체, 전자수표, 전자화폐 및 이들의 혼합결제 형태가 있다.

전자결제의 유형은 결제수단에 따라서 신용카드형, 수표형, 현금형전자화폐, 자금이체형으로, 양도가능성에 따라서 개방형, 폐쇄형으로, 결제방법에 따라서 가치저장형, 지불지시형, 네크워크형 등으로 분류한다.[12)]

① 신용카드형은 고객이 인터넷으로 신용카드 정보를 입력하고, 판매자는 은행으로부터 대금을 결제받는 형태이다. 신용카드 결제의 보안시스템이 중요한데, 현재 개발되어 상용화 단계에 있는 것으로 CyberCash사의 Cybercash, VISA와 MasterCard사의 SET 등이 있다.

② 전자자금이체형은 소비자가 전자적 수단으로 금융기관에 지불지시서를 전송하면, 금융기관이 판매자의 계좌에 이체시켜주는 지불시스템으로 인터넷 가상은행인 SFNB(Security First Network Bank)가 있다.

전자수표형태는 은행에 신용계좌를 가지고 있는 구매자가 전자적 장치를 이용하여 전자수표를 발행하고, 네트워크를 통하여 전자수표의 송달, 지급제시를 통하여 대금이 결제되는 것을 말한다. FSTC(Financial Services Technology Consortium)의 Electronic Check, 카네기멜론대의 Netbill 등이 있다.

③ 전자화폐형은 인터넷이라는 가상공간에서 통용되는 화폐를 발행하여 주요한 결제수단에 사용하는 것이다. 전자화폐는 일반적으로 반복 발급되는 것을 검사하기 위한 일련번호, 화폐가치, 발급장

12) 배정한, 「국제무역대금결제」, 삼영사, 2007. 8, pp. 451~454.

소, 유효기간, 발행일자 등을 포함한다. DigiCash사 Ecash, 캘리포니아대 NetCash, Mondex사 Mondex 등이 있다.

(2) 트레이드카드와 볼레로프로젝트

전자결제시스템으로 국제무역에서 구체화된 대표적인 것으로 트레이드카드와 볼레로프로젝트가 있다.

(가) 트레이드카드

TradeCard는 신용장 등 기존 결제제도의 결함을 극복한 새로운 결제방식의 필요성과 정보통신 기술의 발전을 무역거래에 수용하여 종이서류 없는 무역거래를 실현하겠다는 배경에서 출발하였다.

TradeCard는 1994년 10월 13일 세계무역센터(World Trade Center Association)의 자회사인 FSTS(Full Service Trade System Ltd)의 명의로 결제시스템에 관한 특허를 미특허청에 제출하고, FSTS는 회사명을 TradeCard로 바꾸어 본격적인 사업 확장에 나서게 되었다.[13)]

은행이 신용장방식이든 추심방식이든 자금결제 과정 처음부터 끝까지 개입하는 반면에, TradeCard는 그러한 역할의 상당부분을 TradeCard가 수행하게 된 것이다. 은행은 신용장방식인 경우 수행하고 있는 신용장조건과 일치여부 판단기능을 수행하지 않게 되며, 단지 TradeCard의 수권을 받아 대금을 지급하고 이를 수입업자에게 회수하기까지의 이자 수입만을 기대하게 될 수밖에 없다. 이는 결국 신용장방식에서의 신용공여기능과 대금지급기능 중 전자를 배제하는 것이며, 무역결제 관습상 가장 일반적인 방법으로 평가받아 오던 신용장을 대체하게 된다는 결과를 유도하게 되는 것이다.

13) www.tradecard.com

TradeCard의 거래절차는 다음과 같다.

① 수입업자는 지급확약 기관에 신용평가를 신청하고, 신용한도를 배정받는다.
② 수입업자와 수출업자는 무역거래 조건을 협상 및 합의한다.
③ 수입업자는 구매주문서(P/O)를 작성해서 디지털 서명을 첨부하여 TradeCard의 중앙처리장치(SA : system administrator)로 전송한다.
④ TradeCard SA는 P/O의 기재내용과 수입업자의 신용한도를 검토한 후 이를 수출업자에게 전송한다.
⑤ 수출업자는 이를 확인하여 전자서명 후 TradeCard SA로 전송함으로써 무역계약을 체결시킨다.
⑥ 수출업자는 운송인에게 화물을 인도하고 선적지시를 한다.
⑦ 수출업자는 상업송장 및 포장명세서 등의 서류를 TradeCard로 전송한다.
⑧ 운송인은 화물을 선적한 후 선적 관련 정보를 TradeCard SA에 전송한다.
⑨ 검정회사는 화물을 검정한 내용을 TradeCard SA에 전송한다.
⑩ 보험회사는 적하보험 부보내용을 TradeCard SA에 전송한다.
⑪ TradeCard SA는 운송서류를 비롯한 다른 전자식 서류들과 전자계약서를 대조 점검한다. 이 점검은 TradeCard SA가 개발한 자동화 방법에 의한다.
⑫ TradeCard SA는 서류가 일치하는 경우, 결제금융기관(현재결제금융기관으로는 Thomas Cook이 참여하고 있다)에게 대금지급을 할 것을 수권한다. 만일 기한부지급인 경우에는 해당 기간 동안 지급지시를 보류한다.
⑬ 결제금융기관은 수입업자의 거래은행에서 수입업자가 사전에 입금한 자금을 차기(Debit)하여 수출업자의 거래은행에 대기(Credit)한다. 이후 수출업자는 자신의 거래은행으로부터 대금을 지급받으며, 수입업자는 운송인으로부터 물품을 인도받는다. 만일 수입상의 거래은행에 자금이 입금되지 않는 경우 지급보증기관은 수입업자를 대신하여 대금을 입금한다.

(나) 볼레로프로젝트

Bolero Project(bill of lading electronic registry organization)는 1994년 6월 홍콩, 네덜란드, 스웨덴, 영국, 미국의 해상운송회사, 은행, 통신회사 등이 컨소시엄 형태로 시작된 Bolero Project(Bill of lading Electronic Registry Organization, Bill of Lading for Europe)는 무역거래에 필요한 종이서류를 전자메시지로 전환하여 안전하게 교환할 수 있는 기반을 제공하는 것을 목표로 하고 있다.[14]

Bolero Project에서는 선하증권을 포함하여 무역서류 전반에 걸친 전자화를 추구하고 있다는 점에서 선하증권 단독의 전자화 시도에 그친 과거 유형과의 차이를 나타낸다. 즉, 이제까지 권리증권적 기능의 전자적 유통 가능성 문제에 막혀 무역서류 전체의 통합 전자화를 추진하지 못하였으나, 전자거래 환경의 전반적인 개선에 따라 무역서류 전체의 전자화가 상업적인 대상으로 추진되기에 이른 것이다.

Bolero Project는 SWIFT와 TT Club[15]에 의해 주도되고 있으며, 이들이 합작으로 설립한 Bolero Operation Ltd는 사용자 그룹인 Bolero 협회와 함께 범세계적으로 무역서류의 전자화를 통한 상업적 서비스를 제공하는 것을 목표로 하였다.

Bolero는 기존에 종이 서류를 통하여 이루어지던 무역거래를 전자서류를 통해 구현할 수 있다는 장점 때문에 무역거래 당사자들에게 관심을 모으고 있지만, 메시지 표준의 조속한 개발과 이 표준에 따른 응용프로그램의 개발을 위한 전산비용 투입과 높은 거래비용 등 많은 과제를 남겨두고 있어 본격적으로 상용화 되지 못하였다.

---

14) www.bolero.net

15) TT Club(Through Transport Club) : 해상화물 운송 부문의 상호부보조직(P&I Club)으로 80여 개국의 운송업자, 운송주선인, 항만당국 등이 회원으로 참여하고 있으며, 컨테이너 선단의 2/3, 1,725개의 항만시설, 5,890사의 운송업자에 대한 보험을 담당하고 있다.

Bolero Project의 거래절차는 다음과 같다.

① 사용자는 작업환경이 갖추어진 PC를 통하여 인증기관(C/A) 앞으로 메시지를 송신한다.[16] 이때 비밀키가 내장된 IC카드를 사용함으로써, 자동적으로 디지털 서명이 작성되어 메시지에 첨부된다.

② C/A는 사용자의 공개키를 S/R상에서 찾아, 이 공개키를 사용하여 디지털 서명이 첨부된 메시지의 진위 및 사용자의 자격을 확인한다.

③ 디지털 서명이 일치하고 요구한 내용에 대한 사용자의 자격이 유효한 경우 메시지 DB를 갱신하고, 이를 관련 당사자에게 전송한다. 또 처음 메시지를 송신한 사용자에게도 결과 메시지를 전송한다.

④ 사용자는 C/A로부터 온 결과 메시지를 확인한다. 이러한 메시지는 모두 송신자의 디지털 서명이 첨부되어 있으며, 이를 공개키를 통해 검증하고 메시지를 단말기나 PC에 맞게 변환한다.

〈표 4-5〉 트레이드카드와 볼레로 비교

구 분	트레이드카드	볼레로
목 표	• 계약 체결 · 이행증명, 서류제공 · 심사, 대금지급 수권지시 등을 전자화	• 전자식 선하증권의 구현 • 무역서류의 전자화
특 징	• 신용장 없는 무역거래 수행 • 신용카드 개념의 온라인 무역결제	• 선하증권의 전자화
주요 대상	• 중소 무역업체	• 선하증권 거래 관련자, 대기업
추진주체	• WTCA, Coface그룹, 토마스쿡, ACH	• SWIFT, TT Club
역 할	• 전자계약 확인, 계약이행 여부 확인, 대금지급 결정	• 전자서명 인증, 무역서류 관리, 통신방법 제공(무역서류전자화)

16) • **공개키**(public key)는 비대칭 암호화 방식의 전자서명에서 비밀키(private key)로 생성한 전자서명의 진정성을 검증하는데 활용되는 키
• **비밀키**(private key)는 자신이 작성한 문서의 진정성과 무결성을 증명하기 위하여 첨부되는 전자서명을 생성하는데 활용하며, 이를 검증하기 위해서는 사전에 한 쌍으로 작성된 공개키가 필요함
• R/A(Registration Authority, **등록기관**)는 Bolero기구의 하나로 비밀키와 공개키의 등록접수 및 비밀키가 내장될 IC카드의 발급업무를 담당함
• C/A(Certification Authority, **인증기관**)는 Bolero기구의 하나로 사용자의 본인확인(identify)을 위한 전자적 증명서(인증서)를 발행하는 역할을 담당함
• S/R(Subscriber Authority)는 사용자에 관한 모든 정보를 관리하는 DB 또는 기관이며, 무역거래의 서류를 전자화한 전자문서 DB를 관리하는 C/A와 분리되어 운영됨

은행역할	• 자금공여자(대금지급중계) 역할 축소	• 신용공여자 역할 강조
대금결제	• 토마스쿡(결제수행), Coface(지급확약)	• 결제는 은행위임, SWIFT와 연계가능
메시지표준	• UN · EDIFACT	• 표준화 작업
메시지보안	• RSA(인터넷암호화 및 인증시스템)방식의 디지털 서명	
국내참여 기관	• 외환, 신한, LG, SK글로벌, 삼성물산 등	• 우리, 외환, 신한, 삼성전자, 현대상선 등
서류확인	• 트레이드 컴퓨터에서 자동 확인	• 종이로 출력 점검
비용절감	• 신용장 관련 비용 절감 • 연회비($250), 거래비용($150/건)	• 선하증권 지연 관련비용 절감 • 가입비($350), 연회비, 수수료($1~60)

자료: 유광현, 무역초보자가 꼭 알아야 할 139가지, 원앤원북스, 2006. 7, p. 309.

6 • 전자상거래 간편 결제방식

(1) 전자상거래와 핀테크

전자상거래(e-Commerce)는 e-business의 한 부분으로서 인터넷이나 네트워크, 다른 디지털 기술 등을 이용해 전자적으로 물품이나 서비스를 거래하는 것을 말한다. 전자상거래는 광고, 마케팅, 고객 지원, 배송, 지불 등과 같은 활동을 포함한다.

글로벌 전자상거래(CBEC: cross border e-commerce)가 늘어남에 따라 안전하고 편리한 전자상거래 소액결제의 필요성이 증가하고 있다. 이러한 글로벌 전자상거래의 성장 배경에는 인터넷 사용자의 지속적인 증가, 모바일 커머스의 확대, 온라인 결제수단의 발전, 택배 및 드론 등 운송시스템의 발달이 작용한다.

종전에 국제간 전자상거래는 주로 신용카드 또는 송금방식을 택하였다면, 지금은 은행 계좌번호나 신용카드 번호를 알려주지 않고서도 거래를 할 수 있는 전자상거래 소액결제방식들이 개발·운영되고 있다. 특히, 핀테크(FinTech)의 등장은 국제자금 지급결제에서 많은 변화를 가져오고 있다.

핀테크(FinTech)는 금융(Financial)과 기술(Technology)의 합성어로, 금융과 IT의 융합을 통한 금융서비스 및 산업의 변화를 통칭한다.[17)]

① 금융서비스 변화: 모바일, SNS, 빅데이터 등 새로운 IT기술을 활용하여 기존 금융과 차별화된 금융서비스를 제공하는 기술기반 금융서비스 혁신이 대표적이며 모바일뱅킹과 앱카드 등이 있다.
② 산업 변화: 非금융기업들이 보유 기술을 활용하여 지급결제와 같은 금융서비스를 이용자에게 직접 제공하는 혁신인데, 알리페이, 애플페이 등이 있다

〈표 4-6〉 핀테크의 주요사업

주요사업	내 용	사 례
지급결제	• 신용카드나 은행계좌를 사용하는 온·오프라인 및 모바일 결제대행	• 페이팔, 알리페이, 스타벅스, 카카오월렛 등
해외송금	• 송금은행–중계은행–수취은행을 통해 제공되는 업무를 IT업체가 대행	• 트랜스퍼와이즈, 아지모, 커런트페어 등
자산관리	• 소액투자에 적합한 온라인 기반의 투자서비스 제공	• 위어바오, 너트메지, 알플랜, 블루 스피크 파이낸셜 등
대 출	• 대출자와 차입자를 직접 연결하는 중계역할 수행	• 조파, 알리바바 등

* 자료: 한국무역협회

한편 은행 비즈니스에서도 기존의 은행과 차별적인 인터넷 전문은행이 등장하였다. 인터넷 전문은행은 영업점을 소수로 운영하거나 영업점 없이 업무 대부분을 ATM, 인터넷 등 전자매체를 통해 영위하는 은행이다.

17) https://ko.wikipedia.org

초기에는 완전 무점포 형태의 온라인[18] 위주였으나, 이후 오프라인 2 시설을 보완하면서 Internet Primary Bank라는 명칭도 생겼고, 최근에는 모바일 채널의 등장과 함께 Digital bank라 부르기도 한다.[19]

전자상거래 관련 결제수단은 크게 신용카드, 국내결제수단, 해외지급결제수단, 간편결제 서비스로 구분되며 그 특징은 다음과 같다.

〈표 4-7〉 우리나라 결제방식의 구분 및 내용

결제수단	결제방식의 내용
신용카드 (국내외)	• 해외브랜드 신용카드: Visa, Master, JCB, Amex 등 • 국내 신용카드: BC, 국민, 삼성, 신한, 롯데, 현대, 하나, 농협카드 등 • Union/CUP카드(China Union Pay): 중국 현지은행에서 승인된 카드 결제
국내결제	• 실시간 계좌이체: 이용자가 은행 계좌에서 직접 이체하여 결제 • 가상계좌: 은행의 가상계좌를 받아 해당 계좌로 송금하여 결제 • 무통장입금: 이용자가 판매자의 은행 계좌에 직접 입금 • 휴대폰 소액결제: 이용자가 휴대폰 가입자 명의의 결제정보를 입력하여 판매자의 서비스를 구입하고, 이용요금은 통신사 요금 청구로 결제
해외지급결제	• Alipay, Tenpay: 중국의 충전형 결제수단으로 해당 계좌를 개설하여 은행계좌와 연결하거나 잔액을 충전후 물품을 구매하는 결제방식 • Paypal: 이메일과 신용카드를 사전에 등록하고, 결제 시 이메일과 연계된 간편 송금방식으로 Paypal계좌끼리 또는 신용카드로 결제
간편결제[20]	• SNS: 카카오페이, 네이버페이 등 • 쇼핑몰: 스마일페이(G마켓), 옐로페이(인터파크), 시럽페이(11번가) 등 • PG: 케이페이(KG이니시스), 페이나우(LGU), 페이코(KCP) 등

* 자료: 한국무역협회

① 기존 전자상거래 결제시장은 카드사와 PG사[21] 중심으로 생태계가 형성되어 있다.

18) 온라인 위주 인터넷 은행: Direct Bank, Pure-play Internet Bank, Internet-only Bank, Online-only Bank, Virtual bank 등의 명칭

19) 인터넷뱅크는 은행 서비스를 인터넷으로 제공하는 영업방식을 지칭하는 인터넷 뱅킹(Internet Banking)과는 구분되는 개념이다.

20) 기타 간편결제: 삼성페이, T페이, SSG페이, 십일페이, 엘페이, H-Wallet, LG페이 등

21) PG(payment gateway)사: 전자상거래에서 전자 지불 서비스를 대행하는 회사. KSNET, KCP(한국사이버페이먼트), 이니시스(3위), 데이콤, 티지코프, 텔렉, 페이게이트, 나이스 등이 있음

② 공인인증서 의무사용 폐지 및 Active-X 퇴출 등 국내 지급결제 시장의 환경이 변화되고 있다
③ 중국의 Alipay, 미국의 Paypal 등 해외 대형지급결제 업체들이 국내 결제시장에 진출해 있다.
④ 간편결제서비스 도입 수요가 커지면서 국내 기업들의 결제시장 진출이 확대되고 있다.

(2) 전자상거래 간편 결제방식

전자상거래의 활성화와 IT기술의 발전에 따라 다양한 형태의 전자상거래 간편 결제방식이 우후죽순으로 등장하고 있다. 결제방식에 대한 명칭도 소액결제, 간편결제, 모바일결제 등으로 다양하게 불린다.

간편 또는 소액결제는 신용카드결제, 휴대폰 소액결제, 편의점 결제 등에서 발전하여, 최근에는 중국의 알리페이(Alibaba), 텐페이(Tencent)[22], 유니온페이(Union Pay)[23]와 미국의 페이팔(eBay), 안드로이드페이(Google), 아마존페이(Amazon)[24] 등이 활발하게 사용되고 있다. 특히 글로벌 온라인 쇼핑몰들은 특정한 결제수단을 지정하고 있다.

(가) 알리페이(Alipay)

알리페이(Alipay, 支付宝)[25]는 중국의 알리바바그룹[26]이 2004년부터 운영하는 에스크로(escrow service)를 바탕으로 하는 온라인 결제서비스이다.

---

22) Tenpay: 중국 최대 모바일 메신저 서비스인 "Wechat"을 서비스하는 텐센트에서 제공하는 결제서비스로서 중국법인 없이 한국에서 중국 고객을 대상으로 상품 판매 및 대금정산 서비스를 함

23) Unionpay: 중국은행연합회의 자회사로 유니온페이가 카드발급과 제휴하여 전자결제 서비스를 제공함. 중국 신용카드는 유니온페이가 사실상 독점하고 있음

24) Amazon Pay: 세계 최대 온라인 마켓인 Amazon.com에서 사용할 수 있도록 2007년에 도입된 온라인 결제시스템임. 2017년 6월 현재 미국, 프랑스, 독일, 이탈리아, 스페인, 인도, 영국, 일본에서 사용 가능함

25) www.alipay.com, http://taobaobank.co.kr/

26) 알리바바그룹(Alibaba, 阿里巴巴集团)은 1999년 마윈이 중국 항저우에 설립한 전자상거래 업체이다. 알리바바 닷컴, 타오바오 닷컴, 즈푸바오, 알리소프트, 야후 차이나 등의 자회사를 두고 있다.

에스크로 서비스는 구매자가 대금을 알리페이에 송금하고, 판매자가 입금내역을 확인한 후 상품을 발송하고, 구매자가 받은 상품을 확인하여 구매확정을 통지하면 알리페이가 판매자 계좌에 대금을 송금해 주는 방식이다.

알리페이는 페이팔이 신용카드 중심인 것과 다르게, 신용카드 이외에도 은행계좌, 휴대전화 등을 통해서 알리페이 계좌에 충전하고 전자화폐로 변환하여 필요할 때마다 온라인 거래를 할 수 있도록 하고 있다.

알리페이 이용 방법은 먼저, 타오바오(淘宝)와 즈푸바오(支付宝)에 회원으로 가입하여 계정을 개설하고, 중국 은행계좌와 연결시켜 필요한 금액을 즈푸바오 계정에 충전한 후 물건을 구입할 수 있다. 구입한 물건의 정확한 배송이 확인되면 즈푸바오는 판매자에게 즈푸바오 계좌에 예치된 금액을 판매자에게 온라인으로 지불한다.

〈표 4-8〉 중국 전자상거래 결제방식

<table>
<tr><th colspan="2">결제방식</th><th>결제방식 특징</th><th>사례</th></tr>
<tr><td rowspan="2">오프라인</td><td>송금</td><td>• 개인정보 유출 및 보안 위험성 낮음
• 복잡한 운용방식과 은행간 상호교환 불가</td><td>• 우체국, 은행</td></tr>
<tr><td>COD (착불)</td><td>• 전자상거래 초창기(신용카드 취약해 착불 선호)
• 소액지불에 한정됨, 물류문제발생시 결제에 영향</td><td>• 땅땅왕(当当网) 초기 결제(자금회수 지연)</td></tr>
<tr><td rowspan="3">온라인</td><td>온라인 뱅킹</td><td>• 주로 기업고객이 사용
• 은행간 결제네트워크 형성이 없어 개인고객 불편</td><td>• 중앙은행 총괄 관리 감독</td></tr>
<tr><td>신용 카드</td><td>• 신용카드 보급률이 낮아 신용카드 결제시스템 미비
• 온라인 결제 선호도 증가로 신용카드 비중 상승</td><td>• 은련카드(Unionpay)
• 직불카드 사용률 높음</td></tr>
<tr><td>제3자 결제</td><td>• 전자상거래 급성장으로 온라인 거래 인식변화 및 제3자 결제에 대한 수요증가</td><td>• Alipay, Tenpay
• Paypal</td></tr>
<tr><td colspan="2">모바일 결제방식</td><td>• 온라린 결제방식 중 제3자 모바일 결제 비중 증가
• 지불결제 편의성 및 Commuter commerce 증가
• 전자상거래 전자결제+메신저 플랫폼 연동모델</td><td>• Alipay mobile
• Tenpay mobile
• Wechat Pay</td></tr>
</table>

* 자료: 한국무역협회

(나) 페이팔 · 앤드로이드페이

페이팔(PayPal)[27]은 1998년 12월에 e-Bay 자회사로 설립된 인터넷을 이용한 결제 서비스이며, 페이팔 계좌끼리 또는 신용카드로 송금, 입금, 청구를 할 수 있다. 페이팔은 서비스 이용에 수수료를 받기도 하지만, 거래를 하면서 신용카드 번호나 계좌번호를 알리지 않아도 되기 때문에 보안에 안전하며, 주로 미국에 보급되어 있다.

페이팔 계좌의 종류에는 Personal(개인), Premier(개인사업자), Business(법인)가 있으며, 모든 계좌는 대가 없이 바로 계좌를 개설할 수 있고, 계좌 유지 수수료도 없다. Personal의 경우 Paypal 사이의 입금 수수료가 무료이며, Premier/Business는 유료이다. 페이팔과 신용카드 등으로 거래할 때, Personal 쪽이 결제 수수료가 비싸고, 1년에 5번까지만 할 수 있다.

Paypal은 거래에 있어 안전하며, 결제 관리와 환불 등이 확실한 편이고, 특히 에스크로(Escrow)가 보장되는 시스템이다. 그러나 소비자의 계정을 막아버리거나 계좌에 있는 돈도 인출하는 상황이 발생하는 등 불편한 점도 있다.

구글 앤드로이드페이(Google Android Pay)는 구글이 2015년 9월 서비스를 개시한 NFC 기반 간편 결제 서비스로서 안드로이드 4.4 이상 NFC 단말기에서 사용 가능하다. 구글 월렛이 전신이다.

구글 월렛(Google Wallet)은 2013년에 구글이 기존의 구글 체크아웃을 흡수하여 개발한 모바일 결제 시스템이다. NFC(근거리무선통신) 기능이 내장된 스마트폰을 통해 직불카드, 신용카드, 멤버십카드 등의 기능을 대체한다. 2011년 8월부터 뉴욕과 샌프란시스코를 시작으로 서비스 중이며, 씨티은행, 마스터카드, 삼성전자 등이 참여하고 있다.

27) http://ko.wikipedia.org, www.paypal.com/kr/

구글 체크아웃은 구글이 제공하는 온라인 결제 서비스이다. 상품 대금 결제 시스템이 상대적으로 취약한 온라인 판매자가 자신의 쇼핑몰 사이트에 구글 체크아웃 서비스를 추가하면, 결제자들이 쉽게 구글 체크아웃을 통해 대금이 지급될 수 있다.

〈표 4-9〉 Alipay vs. Paypal

항목	Alipay	Paypal
설립/회사	2004년 / Alibaba	1998년 / e-Bay
주요고객	중국	북미, 유럽
이용자	4.5억명	1.9억명
거래건수	1억53백만건/일	16백만건/일
연간 거래액	W586조원	₩324조원
모바일비중	65%	23%
특징	알리바바그룹 부가서비스 연계 중국내 온오프라인(O2O)서비스	202개국 25개 통화 서비스 모바일 원터치 서비스 강화

* 자료: 한국무역협회, 2015년 기준

(다) 휴대폰 소액결제

휴대폰 소액결제[28]는 온라인으로 콘텐츠나 제품 구매 시 휴대전화를 통해 본인 인증 후 이용요금을 결제하여 익월 통신요금에 해당 구매 비용이 포함되어 청구되는 결제방식이다.

휴대폰 소액결제는 신용카드나 계좌이체에 비해 입력내용이 적어서 편리하고, 후불 기능이 강점으로 이용량이 크게 늘고 있다. 그러나 스미싱[29] 같은 해킹피해 등 보안 등에 대한 제도정비 및 사용자의 주의가 요구된다.

28) http://ko.wikipedia.org

29) 스미싱(Smishing)은 문자메시지를 이용한 피싱(SMS phising)이다. 스미싱은 SMS(문자 메시지)와 Phising의 합성어이다.

CHAPTER

5

무역결제서류

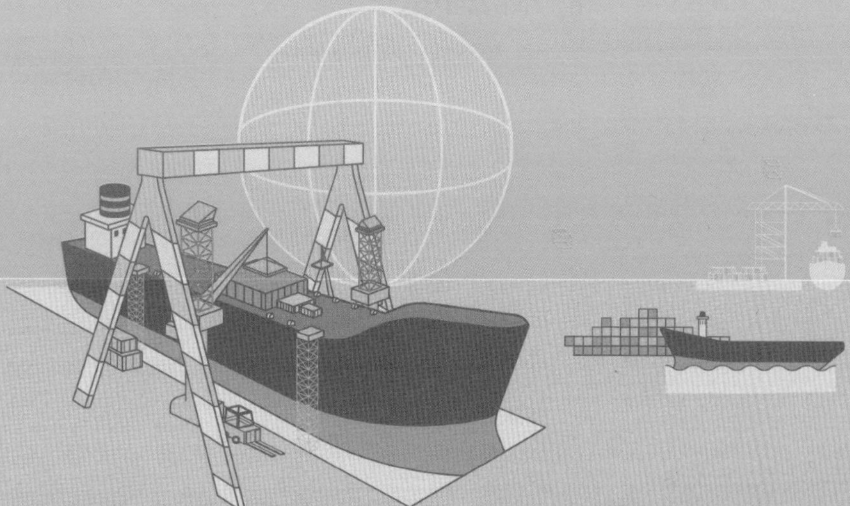

1. 무역서류의 의의
2. 환어음
3. 상업송장
4. 운송서류
5. 보험서류
6. 기타 무역서류

Chapter

5 | 무역결제서류

1 • 무역서류의 의의

(1) 무역서류의 개괄

무역은 본질적으로 물품인도와 대금지급이 외국에서 일어난다는 점을 제외하면 국내물품매매거래와 마찬가지로 '동시이행'조건의 거래이다. 동시이행조건(concurrent condition)이란 당사자 일방은 상대방이 의무를 이행할 때까지 자기의 채무이행을 거절할 수 있다는 것이다(민법 제536조, CISG 제58조).

무역거래는 매도인과 매수인이 마케팅과 계약을 중심으로 업무를 수행하며, 실제 물품인도와 대금지급의 행위는 제3자인 운송인과 은행을 개입시켜 이행한다. 즉, 무역은 당사자 간 물품과 대금의 직접적인 교환으로 이루어지는 것이 아니라 제3자에게 업무를 위임하여 이행하고, 그 이행의 증거로서 서류(document)가 사용되므로 무역은 곧 '서류거래'라고 할 수 있다.

특히 신용장거래는 독립·추상성에 따른 서류상 거래이므로 매입은행 및 개설은행은 수익자가 제시한 서류만으로 대금 지급여부를 결정하기 때문에 서류의 중요성은 절대적이라 할 수 있다.

추심에 관한 통일규칙(URC 522)은 서류를 금융서류와 상업서류로 구분하고 있다.

금융서류(financial documents)는 환어음, 약속어음, 수표 또는 대금지급을 위해 사용되는 유사한 증서를 말하고, 상업서류(commercial documents)는 송장, 운송서류, 권리증권이나 이와 유사한 서류, 금융서류로 사용되지 않는 모든 서류를 말한다(URC 522 §2).

신용장통일규칙(UCP 600)에는 URC 522과 같이 서류에 관한 분류 및 정의 조항은 없지만, 서류심사기준(§14) 및 개별 서류조항(§18~§28) 등 전체 39개 조항 중 30%에 달하는 12개 조항의 서류에 대한 규정을 두고 있다.

국제은행표준관행(ISBP) A19) a항에는 '선적서류(shipping documents)란 환어음과 서류의 발송을 증명하는 전송보고서, 특송영수증, 우편영수증 또는 증명서를 제외한 신용장에서 요구하는 모든 서류를 의미한다'고 규정하고 있다.

실무적으로 신용장 서류는 크게 환어음(draft or bill of exchange)과 선적서류(shipping document)로 구분할 수 있다.

선적서류는 어음을 제외한 신용장에서 요구하는 모든 서류를 가리킨다. 따라서 신용장 조항에서 '모든 shipping documents에 L/C No.를 기재하라고 지시하였다'면 환어음을 제외한 모든 서류에 L/C번호를 명기해야 한다.

선적서류는 기본서류(basic documents)와 기타서류(other documents)로 구분할 수 있다.

기본서류에는 상업송장(commercial invoice), 운송서류(transport documents), 보험서류(insurance documents)가 있다.

운송서류에는 선하증권(bill of lading), 해상화물운송장(seaway bill), 항공화물운송장(airway bill), 복합운송서류(combined transport documents), 철도화물상환증(rail bill of lading), 내수로 화물상환증(inland waterway bill of lading), 우편수취증(postal receipt), 철도화물수령증

(railway consignment note), 특송배달수령증(courier receipt) 등이 있다.

기타서류는 포장명세서(packing list), 원산지증명서(certificate of origin), 검사증명서(certificate of inspection), 수익자증명서(beneficiary's certificate), 기타 기본서류에 포함되지 않은 서류를 가리킨다.

(2) 무역서류의 매입

매입(negotiation)이란 수익자가 선적을 완료하고 지정(매입)은행 이외의 은행을 지급인으로 하여 발행한 환어음과 선적서류를 제시할 때 그 지정(매입)은행이 환어음과 선적서류를 구매함으로 자금을 사전에 지급하거나 지급하기로 하는 약속을 말한다(UCP 600 §2). 즉, 매입이란 수출상이 제시한 서류가 신용장 조건을 충족하고 있는지 여부를 단순하게 심사하는 것이 아니라 선적서류를 심사한 후 매입은행이 자기 자금으로 대금을 지급하는 것을 말한다.

수출환어음의 매입은 다음과 같이 구분된다.

① 결제방법에 따라 신용장방식, 무신용장방식(D/P, D/A)
② 하자유무에 따라 Clean 매입, 하자 매입
③ 매입대금 지급시기에 따라 추심 전 매입, 추심 후 매입
④ 결제기간에 따라 일람출급 매입(sight nego), 기한부 매입(usance nego)
⑤ 매입은행 지정여부에 따라 직접매입(direct nego), 재매입(renego)

수출상은 매입은행이 지정된 경우에는 지정은행에서 매입하여야 하며, 부득이 거래은행에서 매입을 할 경우에는 재매입(renego) 절차를 거쳐야 한다. 수출상은 은행이 지정되지 않은 경우에는 자유롭게 은행을 선택할 수 있다.

매입은행은 개설은행의 지급확약 및 수출자의 상환약정을 담보로 매입하게 된다. 즉, 매입은행은 1차적으로 개설은행의 지급확약을 충족하

기 위해 하자 없는 서류를 매입하고, 2차적으로는 수익자에 대한 상환청구권(recourse right)을 담보로 매입에 응하게 된다.

① 매입은행은 신용장 조건과 일치하는지 서류를 제시하면 신용장 개설은행이 대금을 지급할 것으로 믿기 때문에 매입신청에 응하는 것이다. 따라서 매입은행은 매입 실행 전에 수출상이 제시한 환어음 및 선적서류가 신용장 조건과 일치하는 여부를 엄격히 심사한다.

② 매입은행이 매입 후 개설은행으로부터 매입대금을 지급받지 못할 경우에는 수출자에게 매입대금의 상환을 청구한다. 이러한 상환청구권은 당연히 우리나라 어음법상 강행규정으로 인정된다. 따라서 신용장상에 상환청구권을 인정하지 않는다는 without recourse의 특약이 있다 하더라도 recourse는 당연히 인정된다.[1)]

---

1) **어음법 제7장 (인수거절 또는 지급거절로 인한 상환청구)**

제43조(상환청구의 실질적 요건) 만기에 지급이 되지 아니한 경우 소지인은 배서인, 발행인, 그 밖의 어음채무자에 대하여 상환청구권(償還請求權)을 행사할 수 있다. 다음 각 호의 어느 하나에 해당하는 경우에는 만기 전에도 상환청구권을 행사할 수 있다.

1. 인수의 전부 또는 일부의 거절이 있는 경우
2. 지급인의 인수 여부와 관계없이 지급인이 파산한 경우, 그 지급이 정지된 경우 또는 그 재산에 대한 강제집행이 주효(奏效)하지 아니한 경우
3. 인수를 위한 어음의 제시를 금지한 어음의 발행인이 파산한 경우

제44조(상환청구의 형식적 요건)

① 인수 또는 지급의 거절은 공정증서(인수거절증서 또는 지급거절증서)로 증명하여야 한다.

② 인수거절증서는 인수를 위한 제시기간 내에 작성시켜야 한다. 다만, 기간의 말일에 제24조 제1항에 따른 제시가 있으면 그 다음 날에도 거절증서를 작성시킬 수 있다.

③ 확정일 출급, 발행일자 후 정기출급 또는 일람 후 정기출급 환어음의 지급거절증서는 지급을 할 날 이후의 2거래일 내에 작성시켜야 한다. 일람출급 어음의 지급거절증서는 인수거절증서 작성에 관한 제2항에 따라 작성시켜야 한다.

④ 인수거절증서가 작성되었을 때에는 지급을 받기 위한 제시와 지급거절증서의 작성이 필요하지 아니하다.

⑤ 지급인의 인수 여부와 관계없이 지급인이 지급을 정지한 경우 또는 그 재산에 대한 강제집행이 주효하지 아니한 경우 소지인은 지급인에 대하여 지급을 받기 위한 제시를 하고 거절증서를 작성시킨 후가 아니면 상환청구권을 행사하지 못한다.

⑥ 지급인의 인수 여부와 관계없이 지급인이 파산선고를 받은 경우 또는 인수를 위한 제시

매입은행의 선적서류 심사내용은 다음과 같다.

① 신용장의 선적기일(S/D : shipping date), 유효기일(E/D : expiry date), 서류제시기일(presenting date) 모두를 지켜야 한다.
② 어음금액, 상업송장금액, 수출신고필증상의 수출신고금액 등이 일치하고, 신용장 금액 이내이어야 한다.
③ 제시된 모든 서류가 신용장 조건과 일치해야 하고 서류 상호간에 불일치한 사항이 없어야 한다.
④ 서류 발행일이 타당하고 신용장에서 요구하는 대로 원본서류의 표시방법, 발행통수, 서명방법(signature verified) 등이 적절해야 한다.

매입은행의 매입절차는 다음의 순서에 따른다.

① 서류접수 및 접수증 발급
② 매입대장에 기입
③ 선적서류 심사 및 하자 발견 시 보완요구
④ 매입실행 및 매입대금 지급
⑤ 환어음 배서
⑥ Covering Letter 작성
⑦ 개설은행에 서류발송
⑧ 환어음의 지급인에게 상환요청서 발송 등

(3) 신용장 서류에 대한 해석원칙

신용장과 관련된 서류의 해석원칙으로 엄격일치의 원칙과 상당일치의 원칙이 있다.

엄격일치의 원칙(doctrine of strict compliance)은 L/C의 조건에 엄격하게 일치하지 않는 서류에 대한 내금지급을 기절한다는 원칙이며, 상당일치

를 금지한 어음의 발행인이 파산선고를 받은 경우에 소지인이 상환청구권을 행사할 때에는 파산결정서를 제시하면 된다.

의 원칙(doctrine of substantial compliance)은 상당하게 일치하는 서류에 대하여 대금을 지급한다는 원칙이다.

사소한 하자나 오타 등의 경우에 법원은 상당일치원칙을 적용하여 지급하라는 판결을 내리고 있는 추세이며, 화환신용장 하에서 서류심사를 위한 국제표준은행관습(ISBP)이 제정되어 시행됨으로써, 서류심사의 기준을 세계적으로 통일하여 분쟁을 최소화 하려는 움직임이 있다.

실무적으로 신용장거래는 서류만을 근거로 대금지급을 이행하기 때문에, 수출업자는 우선적으로 엄격일치원칙을 기준으로 서류를 제시하려는 노력을 해야 한다. 왜냐하면 사소한 하자에도 불구하고 지급거절 통보를 받게 되면, 수출업자는 분쟁이 해결될 때까지 여러 가지 어려움에 봉착하기 때문에 면밀한 서류준비가 필수적이라는 점을 명심해야 한다.

신용장거래에서 서류상의 분쟁이 발생하는 경우에는 우선 신용장의 명시적 문구가 가장 중요하며, 이어서 UCP 600, ISBP 745, ICC Position papers, ICC Policy Statements, ICC Opinions, DOCDEX Decisions[2) 등의 순서로 해석하게 된다.

(4) 하자서류의 처리

(가) 하자서류의 의의

신용장은 서류에 의한 거래이다. 따라서 개설은행은 일치하는 서류의 제시(complying presentation)에 대하여 대금을 결제(honour)해야 한다. 반면에 지정은행, 확인은행 또는 개설은행은 서류의 제시가 일치하지 아니한 경우에는 지급이행 또는 매입을 거절(unpaid)할 수 있다(UCP 600 §16).

2) **DOCDEX**(the ICC Rules for Documentary Instruments Dispute Resolution Expertise): ICC 은행기술실무위원회(ICC commission on banking technique and practice) 특별작업팀이 1996년 ICC 각 회원국의 국내위원회(national committee)와 은행・무역・중재업계 및 관련기관이나 단체에 배포되어 광범한 의견수렴절차를 거쳐 DOCDEX 규칙을 작성하여, 1997년 10월 1일 발효되고, 2002.3월, 2002.7월, 2003.9월에 보완되었다.

확인은행이 결제를 이행한 경우에는 개설은행에게 서류를 발송해야 하고, 지급 또는 매입을 실행한 지정은행은 확인은행 또는 개설은행에 서류를 송부해야 한다(UCP 600 §15).

서류의 하자(瑕疵, discrepancy)는 부도(不渡) 또는 수리거절의 원인이 되므로, 수출상은 서류심사에 관하여 엄격일치원칙을 기본으로 생각하고 서류를 갖추어야 한다. 지정은행은 하자 정도, 채권보전 가능성, 거래처(수출상) 거래실적, 신용도 등을 고려하여 하자서류를 처리한다.

(나) 하자서류의 처리방법

하자서류의 처리 방법에는 다음과 같은 것이 있다.

① 조건변경(amendment) 후 매입

신용장의 조건을 하자있는 서류와 일치하도록 변경한 후 매입하는 방법으로, 안전한 방법이지만 유효기일을 경과할 수 있는 단점이 있다.

② 전신조회 후 매입(cable nego)

하자내용을 파악한 매입은행은 하자서류를 보유한 상태에서 개설은행에 하자사항의 수락 여부를 전신으로 문의하여, 수락한다는 회신을 개설은행으로부터 받은 후 매입한다.

③ 하자매입(L/I nego)

은행은 하자가 경미하거나 대금회수가 가능하다고 판단할 경우와 부도반환 시 상환청구가 가능할 때 하자매입을 할 수 있다. 이때 수출상은 매입은행에게 보상장(L/I : letter of indemnity)[3]을 써주게 되는데, 매

3) L/I(letter of indemnity)는 보상장 또는 파손화물 보상장의 의미로 사용됨
- **보상장**: 수출상이 자금이 부족하여 선적 전에 신용장대금을 수령하거나, 네고서류의 하자에도 불구하고 대금을 수령하고자 향후 발생되는 모든 손해에 대하여 책임을 지겠다고 확약하는 각서
- **파손화물보상장**: 선적되는 제품이 내륙운송 중 파손되거나 수량이 부족할 경우 선사는 사고선하증권(dirty B/L)을 발급하는데, 수출자가 무사고선하증권(clean B/L) 발급을 위하여 선사에 이로 인해 발생하는 모든 책임을 자신이 지겠다는 수출상의 책임각서

입은행 입장에서 L/I는 개설은행이 unpaid할 때 미리 매입해 준 대금을 다시 돌려달라는 상환청구권(recourse right) 행사를 위한 근거서류가 된다.

④ 추심방식(collection basis)매입

매입은행이 하자있는 서류를 직접 매입하지 않고, 개설은행에 송부하여 개설은행의 승낙을 얻어 대금을 지급받아 수출상에게 지급하는 방식이다.

은행은 중대한 하자가 있는 서류로서 부도가 거의 확실한 경우, 환거래계약이 없는 은행이 발행한 신용장의 경우, 신청인의 신용상태가 심히 불량하다고 인정되는 경우, 지급확약이 없는 신용장의 경우, 상대국의 외환사정 등으로 자금결제를 기대하기 어려운 경우, 이전에 취급한 신용장이 연속적으로 부도 처리되거나 수출대금이 미회수되고 있는 수입상이 개설한 신용장의 경우 등에는 추심 후 매입을 한다.

⑤ 승인방식(approval basis)

매입은행이 하자 있는 서류를 승인방식으로 개설은행에 발송하는 방식으로 추심방식과 유사하다고 할 수 있다. 그러나 매입은행이 서류를 승인방식으로 보낸다면 UCP 600 규정에 따른 개설은행의 의무이행을 요구할 수 있어 유리하다고 할 수 있다. 추심방식은 URC 522의 적용을 받게 되기 때문에 수출상은 UCP 600상의 권리를 주장하지 못하게 된다.

사례 18 무역서류의 의의

질문

신용장을 받기 전에 무역계약을 근거로 수출물품 선적을 완료하고 나중에 신용장을 받았다. 따라서 선하증권을 비롯한 모든 서류의 발행일자가 신용장 개설일자보다 일찍 작성되었는데 문제가 되지는 않는가?

답변

무역거래 시 사정에 따라 신용장 개설 이전에 수출자가 먼저 물품 선적 및 서류 발급을 끝내고 기다리고 있다가 신용장이 개설되면 매입 등을 위해 준비된 서류를 은행에 제시하는 경우가 있다. 이는 기존 거래처와의 반복적인 무역거래 과정에서 종종 발생하는 경우로 무역계약만을 근거로 서류를 준비하는 관행이 보편화되고 있어 은행은 이러한 서류를 아무 문제없이 수리한다.

주의할 점은 신용장에 명시된 선적서류 제시기간(주어진 기간 or 21일)을 초과하면 'late presentation'으로 하자가 된다. 따라서 서류제시 기간이 염려된다면 신용장의 특수조건에 'Documents presented later than 21 days after the date of issuance of the shipping documents acceptable.(Stale B/L acceptable)'과 같은 서류제시기간 경과서류 용인 조항을 추가하면 좋다.

(출처: 월간무역)

2 • 환어음(Bill of Exchange)

(1) 환어음의 의의[4)]

국제무역에서 일반적으로 매도인은 먼저 대금수령을 원하는 반면에, 매수인은 물품수령을 희망한다. 이러한 양 당사자의 상반된 이해관계를 절충할 수 있는 수단으로써 환어음이 사용되는데, 수출자는 운송서류가 첨부된 환어음을 은행에 매입시킴으로써 대금을 회수하고, 수입자는 일정기간 동안 지급의 유예를 받을 수 있다.

무역거래에서 사용되는 환어음은 매도인이 매수인 또는 개설은행을

4) 박광서 · 김병술, 국제무역거래상의 환어음에 관한 법적 · 실무적 고찰, 한국해법학회지 제29권 제1호, 2007. 4, pp. 233~264.

지급인으로 발행한 어음으로써, 선하증권 등 운송서류에 의하여 지급 및 인수가 담보되는 화환어음(貨換어음, documentary bill of exchange)을 말한다.

환어음(換어음, bill of exchange, draft)이란 발행인(drawer)이 지급인(drawee) 앞으로 하는 서면상 무조건 지불지시로서, 발행인이 서명하고 지급인에게 요구시, 장래의 특정시기 또는 결정할 수 있는 시기에 일정금액을 특정인(payee), 그의 지시인, 소지인(bearer)에게 지불토록 요구하는 지시서이다(영국환어음법).

국내거래에서 주로 사용되는 약속어음(約束어음, promissory note)과 구분하면, 환어음은 발행인이 제3자인 지급인에 대하여 수취인 또는 그 지시인에게 만기에 일정한 금액을 지급할 것을 위탁하는 '지급위탁증권(支給委託證券)'인 반면에, 약속어음은 발행인 자신이 일정금액의 지급을 약속하는 '지급약속증권(支給約束證券)'이다.

환어음의 종류는 기준에 따라 여러 가지로 분류할 수 있다.

① 발행 또는 지급지를 기준으로 내국환어음과 외국환어음으로 구분된다.
② 선적서류의 유무에 따라서 화환어음과 무화환어음으로 구분된다. 화환어음(documentary bill of exchange)은 환어음에 상품을 상징하는 선적서류를 첨부하여 상품 대금을 회수하는데 쓰인다.
③ 결제방식에 따라서 신용장부화환어음(documentary bill of exchange with letter of credit)과 화환추심어음(bill of documentary collection)이 있다.
④ 지급기일(tenor)에 따라서 일람불(요구불)어음, 기한부어음으로 구분된다.
⑤ 수취인, 즉 어음금액의 지급받을 사람을 기준으로 기명식어음, 지시식어음, 소지인식어음으로 구분된다.

환어음 발행이 요구되는 신용장은 매입신용장, 인수신용장이다. 지급 및 연지급신용장은 원칙적으로 환어음이 필요 없다.

인수신용장에는 기한부(usance) 환어음이, 매입신용장에는 일람불(sight) 또는 기한부(usance) 환어음이 사용된다. 또한 신용장에 사용되는 환어음의 지급인(drawee)은 개설은행이다.

신용장거래에서 환어음 사용이 의미하는 바는 매입은행이 개설은행으로부터 매입대금을 지급받지 못하였을 때 수익자(beneficiary)로부터 대금을 회수할 수 있는 권리를 어음법상 보장받는데 있다. 이러한 권리를 상환청구권(recourse right)이라고 한다.

우리나라 어음법상 어음이 발행된 경우 상환청구권이 없는 것은 인정되지 않는다.

추심결제방식에도 환어음이 필요하다. 지급인도방식(D/P)에는 일람불(sight) 환어음이, 인수인도방식(D/A)에는 기한부(usance) 환어음이 사용된다. 추심결제방식에 사용되는 환어음의 지급인(drawee)은 매수인이다.

(2) 환어음에 관한 국제규칙

환어음에 관해서 UCP 600에는 규정된 내용이 없으며, ISBP 745에 다음과 같이 자세하게 규정되어 있다.

① 기한(Tenor)은 신용장 조건과 일치해야 한다. 만약 환어음이 일람출급이나 일람 후 정기출급 이외의 기한으로 발행되었다면, 환어음 자체에 있는 정보로부터 만기일을 산정하는 것이 가능해야 한다.

㉠ 신용장에서 어음 만기일이 "선하증권 일자 후 60일"인 어음을 요구하였고, 선하증권 일자가 20xx년 7월 12일이었다면, 어음기한은 환어음에 다음과 같은 방식 중 하나로 표시될 수 있다.

ⓐ 60 days after bill of lading date 12 July 20xx

ⓑ 60 days after 12 July 20xx

ⓒ 60 days after bill of lading date 및 환어음 앞면 어느 곳에 bill of lading date 12 July 20xx

ⓓ 선하증권 일자와 동일한 일자로 발행된 환어음에 60 days date

ⓔ 10 September 20xx(20xx년 9월 10일)

㉡ 어음기간이 xx days after the bill of lading date이라면, 본선적재일이 선하증권 발행일보다 먼저이든 나중이든 관계없이 본선적재일자가 선하증권일자로 간주된다.

㉢ UCP 600 제3조는 "from"과 "after"가 환어음의 만기일을 결정하는 데 사용되는 경우, 만기일 산정은 서류일자, 선적일자, 다른 사건일자 <u>다음 날로부터</u> 시작한다. 즉, "10 days after March 1"나 "10 days from March 1"은 모두 3월 11일이 된다.

㉣ '60 days after/from bill of lading date'와 같이 환어음을 발행하도록 요구하는 신용장에서 <u>복수의 본선적재 표기</u>가 나타나는 선하증권이 제시되었고, 복수의 본선적재부기에 따라 상품이 허용된 지리적 지역 내 항구에서 선적되었다면, 본선 적재일자 중 가장 빠른 일자를 만기일 산정할 때 사용한다.

예 신용장은 유럽 항구에서 선적을 요구하였고, 선하증권은 8월 16일 더블린에서 선박 A에 본선적재, 8월 18일 로테르담에서 선박 B에 본선적재 한 것을 나타냈다. 환어음은 유럽항에서 가장 빠른 본선적재일, 즉 8월 16일의 다음 날로부터 60일이 만기가 된다.

㉤ 신용장에서 '60 days after/from bill of lading date' 조건으로 환어음을 발행하도록 요구하고, 하나의 환어음에 대해 복수의 선하증권이 제시된다면, 가장 늦은 선하증권 일자가 만기일을 산정하는데 사용된다.

② 환어음이 실제 일자로 만기일(maturity date)을 나타내고 있다면, 그 일자는 신용장 조건과 일치하게 계산되어야 한다. "at xx days after sight"로 발행된 환어음의 경우 만기일은 다음과 같이 결정된다.

㉠ 일치하는 서류의 경우나 지급은행이 거절 통보를 하지 않은 불일치하는 서류의 경우, 만기일은 지급은행에 서류 접수일 후 xx일이 된다. ㉡ 지급은행이 하자 통보를 한 후 승인을 한 불일치하는 서류의 경우, 지급은행의 어음 인수일 후 xx일이 만기가 된다. 어음 인수일은 개설은행이 개설의뢰인의 권리포기를 수락한 날짜보다 늦어서는 안 된다.

모든 경우에 지급은행은 제시자에게 만기일을 통보해야 한다. 어음 만기 기한과 만기일의 산정은 수익자가 어음을 제시할 필요가 없는 경우와 같이 연지급으로 사용되도록 명시된 신용장에도 적용된다.

③ 지급기일이 지급지에서 은행영업일(Banking days)이라면 지급금은 지급기일에 환어음 또는 서류의 지급지에서 즉시 이용 가능한 자금으로 지급되어야 한다.
지급기일이 은행영업일이 아니라면 그 지급기일 다음의 최초의 은행영업일에 지급되어야 한다.
지불유예, 송금에 걸리는 시간 등과 같은 결제자금 송금지연으로 인해 환어음 또는 서류에 의해 정의되었던 대로 기재된 지급기일 또는 합의된 지급기일에 부가되어서는 안 된다.

④ 환어음은 필요하다면 배서(Endorsement)되어야 한다.

⑤ 문자금액과 숫자금액이 둘 다 표시된다면 문자금액은 숫자금액을 정확히 반영해야 하고 신용장에 기재된 통화로 표시해야 한다. UCP 600 제18조(b)항[5]의 경우가 아니라면, 금액은 송장 금액과 일치해야 한다.

5) 지정에 따라 행동하는 지정은행이나 확인은행(있는 경우) 또는 개설은행은 신용장에서 허용된 금액을 초과하는 금액으로 발행된 상업송장을 수리할 수 있고, 이러한 결정은 문제 은행이 신용장에서 허용된 금액을 초과하는 금액으로 결제 또는 매입하지 않는 한 모든 당사자를 구속한다(UCP 600 제18조 상업송장 제b항).

⑥ 환어음은 수익자가 발행해야 하며 발행일을 표시해야 한다. 또한 신용장에 언급된 당사자를 지급인으로 하여 발행되어야 한다.

⑦ 신용장상에 요구 서류의 하나로 개설의뢰인을 지급인으로 한 환어음을 요구할 수는 있지만, 개설의뢰인을 지급인으로 한 환어음이 이용되도록 발행되어서는 안 된다.

⑧ 환어음의 정정과 변경이 있는 경우에는 발행인이 인증되었음이 나타나 있어야 한다. 어떤 국가에서는 수정 또는 변경이 표시된 환어음은 어음발행인의 인증이 있더라도 수리되지 않는다. 이런 국가의 개설은행은 그러한 수정이나 변경이 환어음에 없어야 한다는 뜻을 신용장에 표시해야 한다.

(3) 환어음 형식 및 기재사항[6)]

환어음은 무조건 지급지시서이므로 그 발행을 위한 어떠한 하자가 있더라도 일단 발행된 후에는 독립된 유통성을 지니게 된다. 또한 요식증권이기 때문에 법률상 요구되는 필수기재사항이 반드시 포함되어야 하며, 편의상 당사자 간 합의 또는 관습에 따라 추가되는 임의기재사항이 포함될 수 있다.

우리나라 어음법[7)] 제1조는 환어음의 필수기재사항으로 다음을 규정하고 있다. 필수기재사항은 한 가지라도 누락되면 법적 효력이나 구속력을 갖지 못한다(어음법 제2조).

다만, 만기의 기재가 없는 경우에는 일람출급의 환어음으로 보고, 지급지의 기재가 없는 때에는 지급인의 주소지로 보고, 발행지의 기재가 없는 환어음은 발행인 주소지에서 발행한 것으로 본다. 따라서 우리 어음법은 만기, 지급지 및 발행지에 대하여는 약간의 융통성을 허용하고 있다.

6) 환어음 ⇨ 부록1. 무역결제

7) • 어음법 제정(법률 제1001호, 1962.1.20.), 최종개정(법률 제10198호, 2010.3.31.)
• 어음법 구성: 제1편 환어음(§1~74), 제2편 약속어음(§75~78), 부칙

① 증권 본문 중에 그 증권의 작성에 사용하는 국어로 환어음임을 표시하는 문자, 즉 환어음(bill of exchange)의 표시
② 일정한 금액을 지급할 뜻의 무조건의 위탁
③ 지급인(drawee) 명칭
④ 만기(tenor) 표시
⑤ 지급지
⑥ 수취인(payee), 즉 지급을 받을 자 또는 지급을 받을 자를 지시할 자의 명칭
⑦ 발행일과 발행지
⑧ 발행인의 기명날인

영문 환어음에는 어음번호, 파훼문구, 대가수취문구, 계정결제인, 신용장개설은행, 신용장번호 및 신용장 발행일 등을 포함하고 있는데, 이들은 임의기재사항에 해당한다.

환어음은 분실에 대비하여 2매로 발행되는데, 양자는 똑같은 법률상 효력을 가지고 있지만, 어느 하나에 의하여 지급이 이루어지면 다른 하나는 자동으로 무효가 되는데, 이러한 '동일한 만기 및 일자의 제2환어음이 지급되지 않은 경우, 지급하라'는 문언은 우리 어음법에는 없지만 실무상 파훼문구(破毁文句)라 한다.

환어음의 발행지는 행위지 법률주의에 따라 발행 및 매입의 근거로서 필수기재사항이다. 발행일자는 신용장 유효기일 이내라야 하며, 통상적으로 매입일자와 일치한다.

수취인(payee)은 환어음을 지급받을 당사자로서 pay to 다음에 매입은행 또는 수출자를 기재한다.

Charge the same to Account of 다음에는 지급인이 수취인에게 대금을 지급한 후 최종적으로 대금을 정산할 계정 결제인(accountee)으로서 수입자(개설의뢰인)을 기재한다. 환어음의 지급인에 대한 지시사항

으로서 환어음의 필수기재사항은 아니다.

Drawn under 다음에는 환어음의 발행 근거를 기재한다. 신용장방식이면 개설은행을 기재하고, 추심방식이면 추심은행은 공란으로 둔다. L/C No.와 Date에는 신용장번호와 개설 일자를 기재하고, 추심방식이라면 계약서 번호 및 계약 일자를 기재한다.

[그림 5-1 환어음 영문 양식]

【영 문】

① NO. ________ ⓐ BILL OF EXCHANGE ② 20xx KOREA
③ FOR ____________________
AT ④ __________ Sight OF THIS ORIGINAL BILL OF EXCHANGEⓑ
(⑤ SECOND OF THE SAME TENOR AND DATE BEING SIGHT UNPAID)
⑧ PAY TO ⑥ ○○○BANK OR ORDER ⑦ THE SUM OF __________
⑨ VALUE RECEIVED AND ⑩ CHARGE THE SAME TO ACCOUNT OF ____
⑪ DRAWN UNDER ________ ⑫ L/C NO. ________ ⑬ DATED ________
⑭ TO ____________ ⑮ ____________
ⓐ 환어음 표제, ⓑ 환어음 문구, ① 어음번호, ② 발행일 및 발행지, ③ 어음금액(숫자), ④ 만기, ⑤ 파훼문구, ⑥ 수취인, ⑦ 어음금액(문자), ⑧ 지급위탁, ⑨ 대가수취문구, ⑩ 계정결제인, ⑪ 신용장개설은행, ⑫ 신용장 번호, ⑬ 신용장 개설일, ⑭ 지급인, ⑮ 발행인&서명

【해 석】

① 어음번호 ⓐ **환어음** ② 발행일 발행지
③ 금액(숫자)
④ 일람출급 (또는 기한부)으로 발행된 환어음ⓑ
(⑤ 동일한 기한 및 일자의 제2환어음이 지급되지 않은 경우)
⑥ ○○○은행 또는 그 지시인에게 ⑦ 금액(문자)을 ⑧ 지급하시오.
⑨ 대가를 수취하였으며, ⑩ 계정결제인(수입상)에게 금액을 청구하시오.
본 어음은 ⑬ 일자에 ⑫ 신용장 번호에 ⑪ 따라서 발행되었다.
⑭ (환어음 지급인) 앞 ⑮ 환어음 발행인 및 사인

To 다음에는 환어음의 지급인(drawee)을 기재하며, 지급지(place of payment)는 도시명과 국가를 기재한다. 지급인은 매입신용장의 경우는 개설은행 또는 상환은행이고, 인수신용장의 경우는 인수은행이며, 추심방식의 경우는 수입자를 기재한다. 지급지는 지급과 관련된 행위지 법률주의에 따라 필수기재사항이다.

발행인(Drawer)에는 수출자 이름과 서명을 한다. 수출자가 실제 서명을 하거나, 은행에 신고된 인감(서명감)을 찍는다.

사례 19 개설의뢰인을 지급인으로 하는 환어음 발행

질문

Usance L/C를 수령했는데 L/C상 Drawee란에 은행이 아닌 개설의뢰인으로 표기되어 있는데 이대로 작성해도 되는가?

답변

UCP 400까지는 L/C상의 어음 지급인(drawee)을 개설은행이나 개설의뢰인 또는 제3의 은행으로 할 수 있었으나, 개설의뢰인 앞으로 발행되는 환어음은 개설은행이 신용장 금액의 지급을 확약하는 신용장 거래의 본질을 훼손할 가능성이 있어 UCP 500부터는 개설의뢰인을 지급인으로 하는 환어음 발행을 금지했다.

따라서 이러한 환어음이 발행된 경우에는 부수적인 서류로 간주해 심사할 의무가 없다.

(출처: 월간무역)

3 • 상업송장(Commercial Invoice) 8)

(1) 상업송장의 의의

송장(送狀, invoice)은 판매자가 구매자에게 보내는 거래조건의 내용을 적은 서류로서 일종의 청구서이다.

8) 상업송장 ⇨ 부록1. 무역결제

송장에는 상거래에 사용하는 상업송장(commercial invoice)과 수입통관 시 요구되는 공용송장(official invoice)으로서 영사송장(consular invoice), 세관송장(customs invoice) 등이 있다.

상업송장(commercial invoice)은 무역거래에서 수출상이 직접 작성하는 서류로써 운송서류 및 보험서류 작성의 근거가 되는 기본서류이다. 즉, 상업송장은 선하증권이나 보험증권과 같이 권리를 나타내는 서류는 아니지만, 물품의 출하안내서, 가격표, 과세자료, 거래상황표 등의 역할을 담당하는 필수서류이다.

무역거래에 사용되는 상업송장은 국내 거래에 사용되는 물품의 단순 안내서인 송장과 달리 ① 물품에 관한 중요사항을 기록한 화물명세서, ② 물품 대금 및 비용 등 가격 구성요소를 표시한 계산서 겸 대금청구서, ③ 수입자에게는 수입 화물에 대한 매입서 역할을 한다.

가송장이나 견적송장(proforma invoice)은 본질적으로 매매계약이나 신용장의 내용을 확정하기 위한 예비적 정보 사항에 불과하기 때문에 신용장에서 특별히 허용하지 않는 한 유효서류가 되지 못한다.

실무적으로 청약서(offer sheet)를 대신하여 법적 구속력이 덜한 견적송장이 많이 사용된다.

상업송장의 기재사항은 다음과 같다.

① 당사자에 관한 사항(송하인, 수하인, 통지처)
② 날짜에 관한 사항(선적예정일, 송장작성일, 신용장개설일)
③ 서류 참조에 관한 사항(신용장번호)
④ 지명에 관한 사항(선적지, 도착지, 어음지급지)
⑤ 상품에 관한 사항(품명, 규격, 수량, 단가, 금액, 화인)
⑥ 기타사항(선박명, 가격조건) 등

상업송장 작성 시 유의사항은 ① 수익자에 의하여 발행되고, ② 개설의뢰인 앞으로 작성되어야 하며, ③ 신용장과 동일한 통화로 작성되어야 하고, ④ 서명될 필요는 없다. 다만, 양도신용장의 경우에는 제2수익자가 제1수익자 앞으로 개설할 수 있다(UCP 600 §18).

지정은행(nominated bank), 확인은행(confirming bank), 개설은행(issuing bank)은 신용장에 의하여 허용된 금액을 초과하는 상업송장을 수리할 수 있다. 다만 해당 은행들은 신용장 금액을 초과하는 금액으로 결제(honour) 또는 매입(negotiation)할 수 없다.

실무적으로 신용장에서 달리 명시하지 않는 경우 2통을 발행한다. 여러 통의 서류를 요구한 경우에 원본 1매에 나머지는 사본으로 제시해도 된다.

(2) 상업송장에 관한 국제규칙

(가) UCP 600

상업송장은 UCP 제38조(양도신용장)가 적용되는 경우를 제외하고는 수익자가 발행한 것으로 나타나야 한다. 그리고 제38조 g호가 적용되는 양도신용장의 경우를 제외하고는 개설의뢰인 앞으로 발행되어야 한다. 신용장과 같은 통화로 발행되어야 하며, 서명될 필요는 없다(UCP 600 §18).

지정은행, 확인은행 또는 개설은행은 신용장에서 허용된 금액을 초과하여 발행된 상업송장을 수리할 수 있다. 그리고 개설은행의 결정은 만약 그 문제에서 은행이 신용장에서 허용된 금액을 초과한 금액을 결제하거나 또는 매입하지 않았다면 모든 당사자를 구속한다.

상업송장의 상품, 서비스 또는 의무이행 명세는 신용장에 나타나는 것과 일치해야 한다. 하지만 완전일치를 요구하는 것은 아니며 물품의 세부 사항은 송장 내 여러 지면에 기재되어 종합해서 신용장의 명세와 일치하면 된다.

(나) ISBP 745

① 단순하게 "송장"을 요구하는 신용장에서는 어떤 종류의 송장(상업송장, 세관송장, 세금송장, 최종송장, 영사송장 등)이 제시되더라도 충

족된다. 그러나 "일시적", "견적" 또는 이와 유사하게 인정되는 송장은 수리되지 않는다. 신용장에서 상업송장을 요구하는 경우, "송장"이라는 제목의 서류는 수리가 가능하다.

② 송장의 상품, 서비스 또는 의무이행 명세는 신용장의 명세와 일치하여야 한다. 그러나 거울에 비치는 것과 같이 완전히 똑같아야 할 필요는 없다. 송장의 물품 기재가 여러 곳에 나누어 표시되더라도 이것을 합쳤을 때 신용장의 물품 기재와 일치하면 수리될 수 있다.

③ 송장의 상품, 서비스 또는 의무이행 명세는 실제로 선적되거나 제공된 것을 반영해야 한다. 예를 들어, 트럭 10대와 트렉터 5대와 같이 신용장에 두 가지 종류의 상품이 표시되어 있다면 신용장에서 분할선적을 금지하지 않는 경우, 트럭 4대만 선적된 것을 표시하는 송장도 수리할 수 있다. 신용장에 명시된 것과 같은 상품명세 전부를 나타내고 다음에 실제로 선적된 것을 기재한 송장도 수리할 수 있다.

④ 송장은 선적된 상품이나 제공된 서비스나 의무이행의 가액을 표시하여야 한다. 송장에 나타나는 단가(단가가 있는 경우)와 통화는 신용장에 나타난 것과 일치하여야 한다. 송장에는 신용장에서 요구된 모든 가격할인 또는 공제를 반드시 표시해야 한다. 송장은 신용장에 기재되지 않은 선지급, 가격할인 등을 대상으로 하는 공제를 나타낼 수 있다.

⑤ 무역조건(trade term)이 신용장상의 상품명세의 일부로서 혹은 금액과 관련되어 명시됐다면, 송장에는 그 명시된 무역조건을 기재해야 하고, 명세에서 무역조건의 출처를 표시한 경우는 동일한 출처가 나타나야 한다(즉, 신용장 조건에 "CIF Singapore Incoterms 2010"라고 되어 있는 경우 "CIF Singapore Incoterms"로는 충족되지 않는다).

수수료와 비용은 신용장과 송장에 명기된 무역조건에 나타난 금액 범위 내로 포함되어야 한다. 이 금액을 초과하는 수수료와 비용은 어떤 것도 허용되지 않는다.

⑥ 신용장에서 요구되지 않는다면 송장은 서명이나 날짜를 표시할 필요가 없다.

⑦ 송장에 표시된 상품 수량, 중량, 용적은 다른 서류에 나타나는 수량과 모순되어서는 안 된다.

⑧ 송장에는 초과 선적(단, UCP 600 제30조 (b)항은 예외) 또는 무료라고 기재되었더라도 신용장에서 요구되지 않은 상품(견본, 광고용품 등을 포함한다) 등의 사항을 나타내서는 안 된다.

⑨ 신용장에 요구된 상품 수량은 ±5% 범위 내에서 변동될 수 있다. 만약 신용장에서 수량이 초과되거나 부족해서는 안 된다고 명시하거나, 수량을 포장단위 또는 개별품목의 숫자를 기재하여 수량을 기재한 경우에는 적용되지 않는다. 상품 수량의 +5%까지 편차 허용이 신용장 금액을 초과하는 금액 사용을 허용하는 것은 아니다.

⑩ 분할선적이 금지되었더라도, 전량이 선적되고, 신용장에 단가가 기재되었다면 단가가 감액되지 않은 경우 신용장 금액의 5%까지의 부족은 허용된다. 신용장에 수량이 기재되지 않은 경우, 송장은 전량을 커버하는 것으로 간주된다.

⑪ 만약 신용장에서 할부선적을 요구하는 경우, 각각의 선적은 할부일정에 따라야 한다.

사례 20 상업송장 금액이 신용장 금액을 초과

질문

당사는 중동지역에서 신용장을 받고 수출을 이행하였다. 중동 신용장은 주로 상업송장에 영사확인을 요구하기 때문에 국내에 주재하고 있는 영사관으로부터 영사확인을 받았으며 영사확인수수료가 고액이어서 신용장 금액에 포함하여 상업송장을 발행하였다. 그리고 환어음은 신용장 금액까지만 발행하여 NEGO하였다. 개설은행은 상업송장 금액이 L/C 대금을 초과하였다는 이유로 대금지급을 거절하였는데 정당한 것으로 볼 수 있는가?

답변

결론적으로 개설은행의 대금지급 거절은 부당하다.

신용장통일규칙(UCP 600) 제18조 b항에 의하면 "지정에 의하여 행동하는 지정은행 또는 개설은행은 신용장에서 허용된 금액을 초과하여 발행된 상업송장을 수리할 수 있으며, 이러한 결정은 문제된 은행이 신용장에서 허용된 금액을 초과하여 결제(honour) 또는 매입(negotiation)하지 않은 경우에 한하여 모든 당사자를 구속한다"라고 규정하고 있다.

수출자가 매매계약을 체결할 때 약정하지 않은 서류작성 비용을 수입자로부터 받기 위하여 상품금액에 추가하거나 가격조건이 FOB인 신용장에 수출자가 운임을 지급하였거나 보험료를 지급한 후 상품가격에 이를 추가하게 되면 상업송장 금액이 L/C금액을 초과하게 된다. 이와 같이 신용장금액을 초과하여 작성된 상업송장이 제시된 경우 매입은행은 수리하든가 거절하든가 하는 선택권을 행사할 수 있다.

만약 매입은행이 선택권을 행사하여 수리하는 경우 개설은행, 개설의뢰인, 확인은행 등 차후 당사자들은 이 결정에 따라야 한다. 다만, 매입은행은 초과분을 수출상에게 지급하지 않아야 한다. 따라서 수익자는 초과금액을 상업송장에 표시만 하고 차후 개설은행이 송금을 하면 이를 지급받게 된다.

실무적으로는 상업송장 금액이 환어음 금액을 초과하는 업무취급은 되도록 삼가해야 하며 수입상으로부터 직접 송금받거나 매입은행의 COVERING NOTE에 송금해 줄 것을 요구하는 것이 안전하다.

(출처: International Trade)

4 • 운송서류(Transport documents)

(1) 운송서류의 의의 및 신용장 문구

(가) 운송서류의 의의 및 종류

운송서류는 운송인이 수출하주(shipper, consignor)로부터 화물을 인수하였음을 입증하는 서류이다.

UCP 600은 운송서류를 운송방식별로 다음과 같이 구분하고 있다.

① 해상운송서류인 선하증권(bill of lading, §20), 해상화물운송장(non-negotiable sea waybill, §21), 용선계약 선하증권(charter party bill of lading, §22)
② 항공운송서류(air transport document, §23)
③ 도로・철도・내수로 운송서류(road・rail・inland waterway transport documents, §24)

④ 우편운송서류인 특송화물수령증 · 우편 수취증 · 우편증명서(courier receipt · post receipt · certificate of posting, §25) 등

운송방식 중에서 가장 많이 이용되는 해상 운송서류는 선하증권과 해상화물운송장이다.

(나) 운송서류의 특성

운송서류의 특성은 크게 유가증권(권리증권)성[9]이 있는 서류인지 여부로 양분할 수 있다. 유가증권성 운송서류에는 해상 선하증권, 복합운송 선하증권, 용선계약부 선하증권 등이며, 해상화물운송장, 항공화물운송장 등은 非유가증권성 운송서류이다.

선하증권(船荷證券, B/L)은 운송인이 발행한 서류로서 다음과 같은 특성(特性)을 지닌다.

① 수출상으로부터 물품을 수령했다는 물품 영수증(receipt of goods)
② 하주와 운송인 사이의 체결된 운송계약의 증명(evidence of contract)
③ 도착지에서 선하증권을 제시하는 수하인(consignee) 또는 그 지시인에게 인도를 약속하는 유가증권(document of title)

항공화물운송장(AWB) 및 해상화물운송장(SWB)은 상기의 ①, ②번의 특성을 가지지만, ③번(유가증권)의 특성은 가지지 않는다.

(나) 선하증권의 일반적인 문구

신용장에 나타나는 일반적인 선하증권 관련 문구는 다음과 같다.

---

9) • **유가증권(有價證券)**: 재산적 가치를 가지는 사권(私權)을 표시하는 것으로서 재산권의 원활한 유통과 이용을 도모하는 증서임
• **유가증권의 종류**: 어음 · 수표 · 선하증권 · 창고증권 등과 같이 법률상 일정한 형식을 필요로 하는 증권과 상품권 등과 같이 사실상의 유가증권 등이 있음
• **권리증권(權利證券)**: 선하증권처럼 그 증권을 인도하는 것에 의해 증권에 기재되어 있는 화물에 대한 지배 기능(Title), 즉 권리가 이전되는 유가증권

Full set of clean on board ocean bill of lading made out to order of xxx bank marked freight collect and notify accountee.

① Full set: 은행에 제시되어야 할 원본 통수는 전통(full set)이다. 통상 3통(3/3)이 발행된다.

② Clean: 화물의 상태는 깨끗(clean)해야 한다. clean이란 B/L의 물품명세 표시란에 하자 내용이 없는 것을 말하며 특별히 clean이란 단어가 필요한 것은 아니다.

③ On Board: 정확한 선적일자를 확인하기 위하여 본선적재(on board or shipped) 일자가 표기되어야 한다.

④ Ocean: 운송인은 해양(ocean) 운송이 가능한 선박을 확보하고 있는 사업자이다. 서명란에 'name & capacity'가 표시된다.

⑤ To order: B/L의 유통성을 보장받기 위해서 지시식(to order)을 요구한다. 통상 to order of 다음에 은행명이 표시된다.

⑥ Freight Prepaid: 운임지불 시기에 따라 선불(freight prepaid) 또는 후불(freight collect)을 표시한다. CIF는 freight prepaid, FOB는 freight collect라고 표기된다.

⑦ Notify Party: 화물도착 통지처(notify party)에는 통상 수입상 또는 그의 대리인이 표기된다.

〈표 5-1〉 UCP/ISBP 운송서류 조항 및 비중

UCP 600		ISBP 745	
제목(title)	조항수	제목(title)	조항수
§19 복합운송서류	1	D. 복합운송서류	32
§20 선하증권	1	E. 선하증권	28
§21 비유통성 해상화물운송장	1	F. 비유통성 해상화물운송장	25
§22 용선계약부 선하증권	1	G. 용선계약부 선하증권	27
§23 항공운송서류	1	H. 항공운송서류	27
§24 도로, 철도, 내수로운송서류	1	J. 도로, 철도, 내수로운송서류	20
§25~27 기타	3		
전체 39개 중 23.1%	9	전체 298개 중 53.4%	159

(2) 운송서류에 관한 국제규칙

(가) UCP 600

① 운송서류의 원본을 포함하는 제시는 신용장 유효기일 이내 그리고 선적일 이후 21일 이내에 제시되어야 한다(UCP 600 §14.c).

② 개설의뢰인의 주소 및 연락처가 운송서류상 수하인 또는 도착 통지처 일부로 보이는 경우에는 신용장에 명기된 대로 표기하여야 한다(UCP 600 §14.j).

③ 운송서류는 운송인, 선주, 선장 또는 용선자 이외의 모든 당사자에 의하여 발행될 수 있다(UCP 600 §14.l).

④ 은행은 무고장 운송서류만을 수리한다. 무고장(clean)이라는 단어가 운송서류에 보일 필요는 없다. 무고장 운송서류는 물품 또는 그 포장에 하자 있는 상태를 표시하는 조항 또는 단서를 기재하고 있지 아니한 것을 말한다(UCP 600 §27).

(나) ISBP 745

ISBP에서는 복합운송서류, 선하증권, 해상화물운송장, 용선계약부 선하증권, 항공운송서류, 도로/철도/내수로운송서류 등 총 159개조로 설명하고 있지만, 대체로 비슷한 내용이므로 여기에서는 선하증권을 중심으로 몇 가지만 설명한다.

① 선하증권은 운송인 또는 선장 이외의 자가 발행할 수 있다. 신용장에서 "운송주선인 선하증권 수리가능" 또는 "하우스 선하증권 수리가능" 또는 이와 유사한 취지의 문구를 표시하는 경우 선하증권은 그 발행인이 서명할 수 있으며, 그 서명에 서명자의 자격이나 운송인의 상호를 표시할 필요는 없다.

② 대리인이 운송인을 위하여 선하증권에 서명한 경우 대리인의 이름이 표시되고, 추가적으로 "agent for (name), the carrier" 또는 "agent on behalf of (name), the carrier"("운송인 (운송인의 상호)의 대리인") 또는 이와 유사한 문구로써 그것이 대리인의 서명이라고 표시되어야 한다.

③ 미리 인쇄된 "선적 선하증권"이 제시되는 경우에, 별도의 본선적

재부기가 없다면 발행일을 선적일로 간주한다. 부기가 있다면 그 일자가 선하증권의 선적일로 간주된다.

④ "외견상 양호한 상태로 선적됨(Shipped in apparent good order)", "본선적재됨(Laden on board)", "무고장 본선적재(clean on board)"와 같은 용어 또는 기타의 "선적됨(shipped)"이나 "본선적재(on board)"라는 표현을 내포하는 문구는 "본선적재됨(Shipped on board)"이라는 문구와 동일한 효력을 갖는다.

⑤ 신용장에서 요구된 바에 따라, 선하증권의 양륙항 난에는 기명 양륙항이 나타나야 한다.

그러나 양륙항이 "최종목적지" 또는 이와 유사한 문구의 제목이 붙어있는 곳에 기재된 그것과 동일함을 나타내는 부기가 있는 때에는, 기명 양륙항은 "최종목적지" 또는 이와 유사한 문구의 제목을 가진 난에 기재될 수 있다.

⑥ 선하증권은 발행된 원본의 부수를 표시하여야 한다. "제1원본(First Original)", "제2원본(Second Original)", "제3원본(Third Original)", "원본(Original)", "부본(Duplicate)", "제3본(Triplicate)" 등 또는 유사한 표현이 있는 선하증권은 모두 원본이다.

⑦ 선하증권이 기명식("consigned to (named entity)")으로 발행될 것을 요구하는 경우 선하증권에는 기명인 앞에 "to order" 또는 "to order of"라는 표현이 기재되거나 그 기명인 뒤에 "or order"라는 표현이 있어서는 아니 된다.

⑧ 선하증권이 단순 지시식("to order") 또는 화주의 지시식("to order of the shipper")으로 발행되었다면 선하증권은 화주에 의하여 배서되어야 한다. 화주를 대리하여 배서하는 때에는 화주 이외의 기명인이 배서할 수 있다.

⑨ 신용장이 "특정인 지시식"("to order of (named entity)")으로 발행될 것을 요구하는 경우에는 선하증권은 동 기명인을 수하인으로 하는 기명식으로 발행되어서는 아니 된다.

⑩ 환적은 신용장에 명시된 선적항으로부터 양륙항까지 물품운송 중에 한 선박으로부터 물품을 양하하여 다른 선박에 재적재하는 것이다. 선하증권에 그러한 두 항구 사이의 어떠한 양하 및 재적재

가 표시되어 있지 않다면, 이는 신용장과 UCP 600에 따른 환적이 아니다.

⑪ 복수의 선박에 선적하는 것은 비록 각 선박이 동일한 일자에 동일한 목적지로 출항하더라도 분할선적이 된다.

⑫ 신용장에서 분할선적을 금지하고 있다 하더라도, 단일 또는 복수의 선적항에서 선적이 이루어진 운송을 커버하는 복수의 선하증권 원본이 제시된 경우에는 각 선하증권에 동일한 선박과 동일한 항로로 운송되는 물품이 동일한 양륙항을 향하고 있다고 표시되어야 한다.

⑬ 선하증권에는 물품 또는 포장의 결함을 명백하게 표시하는 문구가 포함되지 않아야 한다. 신용장에서 선하증권을 요구하면서 "무고장 본선적재" 또는 "무고장"이라는 표시를 하도록 요구하더라도 선하증권에 "무고장"이라는 단어가 나타날 필요는 없다.

⑭ 선하증권상 물품명세는 신용장의 물품명세와 저촉되지 않는 일반적인 용어로 표시될 수 있다.

⑮ 선하증권에 나타나는 운임지급을 표시하는 기재는 신용장에 명시된 것과 동일할 필요는 없으나, 그 서류나 기타 명시된 다른 서류 또는 신용장에 명시되는 그것과 저촉되지 않아야 한다.
예컨대 신용장에서 선하증권에 "운임이 목적지에서 지급됨"을 표시할 것을 요구한 경우에 선하증권에는 "운임 추심"으로 표시되어도 무방하다.

(3) 운송서류의 심사

운송서류는 상업송장, 보험증권과 함께 환어음(documentary draft)에 첨부되는 기본서류이다. 이하에서 운송서류의 심사와 관련하여 실무상 문제되는 부분을 정리하였다.

① 본선적재 표시(on board notation) : 'shipped on board'란 인쇄조항만 있고 별도 일자가 없으면 발행일지를 선적일자로 보고 본선적재일이 별도로 표기되어 있으면 그 표기일자를 선적일자로 간주한다.
본선적재일 표기에는 운송인의 서명은 필요하지 않다.

B/L에 예정된 선박(intended vessel) 또는 선박에 관련된 유사한 제한조건이 표시되어 있으면 본선적재일 뿐만아니라 실제로 적재된 선박명이 표기되어야 한다.

신용장에 본선적재를 요구하는 규정이 있는 경우에는 수취선하증권(received B/L)은 수리되지 않는다. 다만, 본선적재와 관련한 언급이 없거나 복합운송을 허용한 경우에는 수취선하증권도 수리할 수 있다.

② B/L의 서명 : 운송인의 명칭은 서류 앞면에 표시된다. 'carrier'라는 단어가 운송인 명칭을 표시할 때 서류 상단 등에 이미 사용되었다면 서명란에 다시 'carrier'라는 단어를 사용할 필요가 없다.

운송인의 대리인(agent)이 서명한 서류에는 대리인 명칭과 운송인의 명칭이 모두 표시된다. 선장(master, captain)이 서명한 서류에는 선장의 이름을 기재할 필요가 없으나, 선장의 대리인이 서명할 때에는 대리인의 명칭과 선장 이름을 모두 표시해야 한다.

'Forwarder's B/L acceptable'인 경우에는 운송인의 명의 없이 운송주선인의 자격으로 서명이 가능하다(ISBP §77).

③ B/L의 배서 : 주로 지시식(order endorsement), 기명식(full endorsement), 백지식(blank endorsement)으로 이루어진다.

지시식 또는 백지식은 배서양도가 가능하고, 기명식은 배서양도가 불가능해서 수입상이 직접 수입통관을 하게 된다.

④ 무하자(clean) : B/L상 물품이나 포장의 하자를 명시적으로 나타내는 기재가 없으면 하자가 아니며, 'clean'이라는 단어가 반드시 있어야 하는 것은 아니다. B/L상에 인쇄된 'clean'이란 단어가 삭제되었다는 사실만으로 'dirty B/L'로 볼 수는 없다.

⑤ 운송서류는 반드시 발행된 원본 통수를 명시하여야 한다. 통상 3통이 발행된다.

⑥ 신용장에 운임 추가비용을 금지하는 경우 B/L은 운임 추가비용이 부가되었다거나 부과될 것이라는 명시가 있어서는 안 된다.

단, 물품의 양하지연 비용 또는 양하된 후 부과될 수 있는 비용을 B/L상에 언급하는 것은 하자가 되지 않는다.

⑦ 동일한 신용장의 컨테이너 물품에 대하여 복수의 B/L이 발행된

경우에는 모든 B/L이 제시되어야 수리가 가능하다.

⑧ 신용장에 'notify party'를 기재하지 않은 경우, 해당란을 공란으로 남겨둘 수 있다.

⑨ 신용장이 분할선적을 금지하더라도 동일 선박, 동일 항해일정, 동일 양하항을 명시하는 한 신용장에서 허용된 여러 적재항으로 기재된 2통 이상의 원본 B/L은 수리 가능하다.
따라서 2개 이상의 선박에 선적하는 것은 이들 선박이 동일일자, 동일 목적지로 출항하더라도 분할선적으로 본다.

⑩ 신용장이 원본 항공운송서류 전통을 요구할 경우 shipper용 원본(청색)을 제시한다.

⑪ 항공운송서류에는 반드시 'The goods have been accepted for carrier'라고 표시된다.

⑫ 항공운송서류상의 'for carrier use only'란에 표시된 flight date, flight number는 신용장이 요구하는 발송일자의 증명으로 보지 않는다.

⑬ 항공운송서류상의 공항명은 완전한 정식명칭 대신 국제항공운송협회(IATA)에 등록된 약식코드로 기재가 가능하다.

⑭ 신용장에서 지시식 항공운송서류를 요구할 경우 기명식 서류를 제시하여도 하자가 되지 않는다.

사례 21 신용장거래에서 항공화물운송장의 사용

질문

우리 회사는 인도네시아에서 봉제작업을 거쳐 독일로 수출을 하는데, 납기를 맞추기 위해 항공편을 이용했다. 그런데 바이어가 네고서류에 대한 대금지급은 거절하고 물건만 먼저 찾아갔다. L/C 거래인데 AWB 원본 없이 물건을 찾을 수 있나?

답변

항공운송화물의 수하인은 화물이 도착하면 항공사에 대해 항공화물운송장(AWB)의 교부 및 화물의 인도청구권을 갖는다.

송하인은 처분권을 행사함에 있어 반드시 운송장을 제시해야 하나 수하인은 반드시 증권을 제시하지 않아도 된다. 따라서 수하인은 자신의 지위를 입증할 수만 있으면 운송장 원본이 없이 화물 인수가 가능하다.

항공화물운송장에 유가증권 자격을 부여하지 않는(non-negotiable) 이유는 항공화물이 신속하게 운송되어 수하인에게 전달되도록 하기 위함이며, 반면 해상화물은 수송에 장시간이 소요되기 때문에 상품의 매매거래를 신속하게 하기 위해 증권 자체를 매매의 대상(negotiable)으로 인정해 준 것이다.

IATA의 결의에 따라 유통 가능 항공화물운송장 발행이 금지되나 실무적으로는 신용장이 발행된 항공화물은 은행을 수하인으로 발행하고 도착지에서 은행의 배서를 받아 수입업자에게 화물을 인도하는 방법을 통해 항공화물운송장을 은행이 매입하고 있다.

(출처: 월간무역)

(4) 선하증권 작성방법[10)]

선하증권에는 ① 선박의 명칭, 국적, 톤수, ② 선장의 성명, ③ 운송물의 종류, 중량, 용적, 포장의 종류, 개수, 기호(하인), ④ 송하인의 성명 또는 상호, ⑤ 수하인의 성명 또는 상호, ⑥ 선적항, ⑦ 양륙항, ⑧ 운임, ⑨ 작성지와 작성일, ⑩ 발행부수(상법 제814조) 등을 기재하고 발행자가 기명 날인을 해야 한다. 이를 법정기재사항이라고 부르며, 하나라도 빠진 선하증권은 무효이다.

법정기재 사항 이외의 내용은 당사자 간 특약에 따라 기재가 가능한데 이를 임의기재사항이라 부른다. 이하에서 선하증권의 작성방법을 설명한다.

① Shipper(송하인) : 성명/상호를 기재. 혼동될 때는 주소도 기재
② Consignee(수하인) : 수입상의 상호 및 주소, L/C는 'to order', 'to order of shipper', 'to order of 개설은행명'을 기재함.
(상업송장상 consignee와 일치)
③ Notify Party(통지처) : Notify Accountee, 수입자 또는 수입자가 지정하는 대리인
④ Ocean Vessel : 화물을 수송하는 해상운송 선박명
⑤ Port of Loading : 화물을 선적하는 항구명 및 국명

10) 선하증권 ⇨ 부록1. 무역결제

⑥ Place of Receipt : 운송인이 송하인으로부터 화물을 수취하는 장소, CY or CFS 표기
⑦ Voyage No. : 항차번호, 1항차는 출발항에서 목적항을 거쳐 출발항에 회항하는 것
⑧ Port of Discharge : 화물의 양륙항 및 국명
⑨ Place of Delivery : 운송인이 책임지고 운송하여 수하인에게 인도하여 주는 장소
⑩ Final Destination : 화물의 최종 목적지, 운임이 계상되어 있지 않는 경우는 참조사항
⑪ B/L No. : 선사가 임의로 규정한 표시번호
⑫ Flag : 선박의 등록국적. 해상 사고 시 기국주의에 의함
⑬ Container No. : 화물이 적재되는 Container No.
⑭ Seal No. : 화물이 적재된 컨테이너를 봉인하는 봉인번호
⑮ No of CNTR or PKGS : 컨테이너 숫자나 포장 개수
⑯ Description of Packages and Goods : Packing List 및 Invoice에 기재된 상품의 내용
⑰ Gross Weight, Measurement : 검량회사에서 측정한 중량 및 용적
⑱ Freight and Charges : 상품의 운송에 따른 제반 비용의 명세로 Freight, CAF, BAF, CFS Charge, Wharfage 등이 표시되며 Through B/L인 경우는 Inland Charge가 표시
⑲ Revenue Tons : 중량과 용적 중에서 운임이 높은 것을 표시
⑳ Rate : Revenue ton당 운임단가, CFS Charge, Wharfage, BAF, CAF의 % 표시
㉑ Per : 용적 혹은 중량 단위로 표시. FCL은 Van 단위로 표시
㉒ Freight Collect/Prepaid : 운임 후불(collect) 및 선불(prepaid) 표시
㉓ Freight Prepaid At : CIF조건인 경우 송화인의 운임 지불장소
㉔ Freight Payable At : FOB조건인 경우 수하인의 운임 지불장소
㉕ No. of Original B/L : Original B/L의 발행 통수. 통상 3통을 한 세트로 발행
㉖ Place of Issue : B/L의 발행 장소
㉗ On Board Date and Issue : 보통은 선적일과 발행일자는 일치

되며, On Board의 하단에는 B/L 발행자의 Signature 표시

㉘ Carrier Name : B/L 발행권자 및 Signature 표시. 대리점이 발행할 경우에는 'XXX as agent of YYY Carrier'라고 표시

사례 22 B/L에 배서하는 방법

질문

보통 배서행위는 소유권을 이전하는 행위라고 알고 있습니다. 그런 의미에서 배서는 매우 중요하다고 생각되지만, 배서방법을 정확히 알지 못하기 때문에 네고서류를 준비할 때마다 상당한 어려움을 겪고 있습니다.
B/L상의 Consignee란에 ① 'Order', 'To the order'로 기재한 경우, ② 'To the order of shipper'로 기재한 경우, ③ 'To the order of 개설은행'으로 기재한 경우, ④ 'Buyer'로 기재한 경우 등에 있어 배서하는 방법이 어떻게 다른지 알고 싶습니다. 그리고 'Blank Endorsement'로 되어 있는 경우는 어떻게 배서를 해야 하는지요?

답변

유가증권인 선하증권(B/L)의 유동성을 확실하게 보장하기 위해서는 양도 가능한 지시식 B/L이 가장 무난한 양도방법이므로 대부분의 신용장은 이러한 조건을 요구하고 있습니다. 따라서 대부분의 신용장은 'consigned to~' 다음에 위의 4가지 방법 중 한 가지를 기재하고 있으며, 네고서류 준비 시 B/L의 'Consignee' 란에는 신용장에서 지시하고 있는 그대로 기재해야만 합니다.

B/L의 Consignee란에 어떻게 기재하였느냐에 따라 배서하는 방법도 각기 다르므로 주의해야 합니다. 즉, ① 'To (the) order of shipper'로 기재한 경우에는 수출자가 처음으로 배서하고 선적서류 매입은행이 두 번째로 연서를 하게 됩니다. ② 'Order', 'To (the) order'로 기재한 경우에는 ①의 경우와 마찬가지로 배서를 합니다. 즉, 'To (the) order'는 'To (the) order' 다음에 'of shipper'가 생략된 것으로 해석합니다. ③ 'To the order of 개설은행'으로 기재한 경우에는 수하인이 개설은행으로 개설은행이 처음으로 배서를 하게 되므로 수출자나 매입은행은 배서를 하지 않습니다. ④ 'Buyer'로 기재한 경우에는 Buyer가 처음이자 마지막으로 배서를 하게 됩니다.

선하증권은 수출자, 매입은행, 개설은행, 수입자의 순으로 넘겨지고 있으므로 배서도 이와 같은 흐름으로 진행됩니다. 따라서 ①과 ②의 경우는 4가지 단계를 모두 거쳐 배서가 이루어지게 되며, ③의 경우는 개설은행과 바이어가 배서를 하게 되며, ④의 경우는 바이어가 최종적으로 배서하여 물품을 찾게 됩니다.

그리고 백지배서(blank endorsement or endorsement in blank)란 배서의 의무자가 최초의 양도인과 최종적인 양수인만 표시하고 중간에 거치는 관련자의 배서는 생략하는 형태의 배서방법을 말합니다. 따라서 ①과 ②의 경우에는 수출자와 수입자만 배서를 하게 되며, ③의 경우에는 개설은행과 수입자가 배서를 하게 됩니다.

(출처: 월간무역)

5 • 보험서류 [11)]

(1) 보험서류의 의의

은행에서 수리되는 보험서류는 보험증권(insurance policy) 또는 보험증명서(insurance certificate or declaration under an open cover)이다.

보험증권은 확정보험에 의해 발행되며, 보험증명서는 포괄예정보험계약을 근거로 발행된다. 보험중개인이 발행한 보험인수증(cover note)은 특약이 없는 한 수리되지 않는다(UCP 600 §28).

보험증권의 기재사항은 법정(상법 §666, §695)되어 있으나 어음・수표와 같이 엄격한 요식증권은 아니기 때문에, 법정기재 사항이 누락되거나 기타 사항을 기재하더라도 증권의 효력에는 영향이 없다.

해상보험에 사용되는 영문 보험증권은 런던보험자협회의 적하약관(ICC: Institute Cargo Clause)이며, 보험계약자 및 피보험자(assured, insured), 보험료(premium), 보험금(claims), 부보조건(conditions), 발행(부보)일자, 발행부수, 서명 등이 기재된다.

(2) 보험서류에 관한 국제규칙

(가) UCP 600

신용장에서 요구하는 보험조건은 다음과 같다(UCP 600 §28).

① 보험업자 또는 대리인에 의해 발행되고 서명되어야 한다. 대리인 또는 수탁인(proxies)에 의한 서명은 보험회사 또는 보험중개인을 대리하여 서명했는지 여부를 표시한다.

② 2통 이상 원본 발행 표시가 있는 경우에는 모두 원본으로 제시되

11) 보험증권 ⇨ 부록1. 무역결제

어야 한다. 보험각서(cover notes)[12]는 수리되지 않는다.

③ 보험서류의 발급일자는 선적일자보다 이전이어야 한다. 다만 보험서류에서 부보가 최소한 선적일자 이전에 효력을 발생하는 것으로 한 때는 유효하다.

④ 보험서류는 부보금액을 표시하여야 하고, 부보 통화는 신용장과 동일한 통화이어야 한다.

⑤ 신용장에 부보금액의 명시가 없는 경우에는 최소한 물품의 CIF 또는 CIP가액의 110% 이상이다.

⑥ 위험이 신용장상 수탁 또는 선적지로부터 양륙 또는 최종목적지 사이에 담보되어야 한다.

⑦ 보험의 종류와 부가위험이 있다면 함께 명기하여야 한다.

⑧ 신용장에서 'all risk' 담보가 요구된 경우, all risk란 조항이나 표기가 있는 보험서류는 일정한 위험이 면책된다는 기재가 있더라도 수리된다.

(나) ISBP 745

실무상 은행에서 적용되는 보험서류의 심사기준은 다음과 같다.

① Insurance for 110% 등의 표현은 부보의 최소금액이며, 최대 백분율을 제한하지는 않는다.

② All risk의 부보를 요구하는 경우에 All risk라는 제목은 불문하고 ICC(A) 조건의 보험서류는 신용장 조건을 충족하는 것으로 본다.

③ 동일한 피보험위험은 하나의 서류에 담보되어 있어야 한다.

④ 백분율로 여러 보험자의 담보가액을 표시하는 보험서류는 공동책임을 선언하고 있거나, 주된 보험자가 담보위험의 100%를 부담한다고 명시하는 경우에 한하여 수리한다.

⑤ 보험서류상 expiry date는 보험금 청구의 제시를 위한 유효기일이 아니며 최종 선적일자와 관련이 있다는 사실을 명시해야 한다.

12) **보험각서(Cover Note, 보험승낙서)**: 보험계약자가 보험자(보험회사)를 통하지 않고 보험중개업자를 상대로 보험에 부보하였을 경우 중개업자가 증명하는 일종의 보험부보 각서를 말함

⑥ 면책비율 적용 금지(IOP: irrespective of percentage) 조항이 없는 한 WAIOP 또는 소손해 면책률(franchise)이 기재된 보험서류는 수리가능하다. 소손해면책률(franchise)의 상한선은 없다.[13)]

⑦ 송장금액이 할인, 선지급, 지급유예 등으로 일부 가액만을 표시하더라도 보험담보 계산은 총 물품가액을 기준으로 한다.

⑧ 보험서류는 신용장에서 요구하는 형식으로 발행되고, 필요하다면 배서권자나 보험금 청구권자의 배서가 있어야 한다.

⑨ 신용장에는 피보험자 이름이 표시되어야 하며, 소지인식(to bearer) 또는 지시식(to order)으로 발행되도록 요구해서는 안 된다.

6 • 기타 무역서류

(1) 수입화물선취보증서(L/G)[14)]

수입상은 유가증권인 선하증권 원본을 선박회사에 제시해야만 수입화물을 인도받을 수 있지만, 수입화물이 도착하였음에도 불구하고, 우편 지연, 수출상의 매입 지연 등으로 선적서류 원본이 도착하지 않은 경우가 문제이다.

수입화물선취보증서(L/G: letter of guarantee)는 선적서류 원본보다 수입화물이 먼저 도착한 경우에 신용장 개설의뢰인의 요청에 의하여 선

13) • **비공제 면책(소손해 면책; franchise or non-deductible franchise)**: 면책비율 이상의 손해가 날 경우 전체를 보상해 줌.
 ㉮ 해상보험조건이 WA 3%라고 보험자가 담보하였을 경우에는 만약 손해가 5%라면 3%를 공제하는 것이 아니라, 5% 전액을 보상
 • **WAIOP(면책률 비적용조건**, With Average Irrespective of Percentage)조건으로 부보할 경우에는 보험자의 면책비율이 전혀 적용되지 아니하고 적은 분손이라도 보험자가 보상해야 하는 조건을 말함
 • **공제면책(소율공제면책; excess or deductible franchise)**: ㉮ WA 5%에서 7%의 손해가 난 경우에는 2%만 보상

14) 수입화물선취보증신청서 ⇨ 부록1. 무역결제

하증권 원본 없이 사본만으로 수입 화물을 미리 인도받을 수 있도록 은행이 발행한 보증서이다.[15]

즉, 운송서류 도착 전에 수입상이 미리 수입화물을 인도받음에 따라 발생하는 모든 문제를 개설은행이 책임지고, 차후 운송서류가 도착하면 이를 운송회사에 제출할 것을 보증하는 개설은행의 보증서이다.

항공화물의 경우에는 Air waybill이 유가증권이 아니기 때문에 L/G발행의 여지가 없다. 하지만 AWB상에 개설은행이 수하인(consignee)으로 표기된 경우에는 화물 인도의 근거가 되는 개설은행의 위임장인 '수입화물 인도 승낙서'가 필요하다.

L/G는 수입결제 대금이 수입보증금으로 적립된 경우 및 수입화물대도(T/R: trust receipt)의 승인을 받은 경우에 발급된다. 따라서 L/G발급에는 수입보증금, 수입화물 선취보증 신청서, 선하증권 사본, 상업송장 사본, 기타 필요서류 등이 필요하다.

L/G는 원칙적으로 선하증권 단위로 발행되며 분할하여 발행하지 않는다. 다만 무신용장방식의 수입의 경우 추심의뢰은행으로부터 분할 결제를 허용하는 통지가 있을 경우, 보세창고도(BWT: bonded warehouse transaction)거래에서 수입화물을 여러 하주에게 분할하여 양도하는 경우에는 분할하여 발행한다.

한편 선하증권에 여러 개의 신용장 번호가 있을 경우에는 신용장 건별로 L/G를 발급하고, 수개의 B/L에 신용장번호가 같을 경우에는 한 건으로 L/G를 발급한다. 다만, 업체가 분할을 요구할 경우에는 분할하여 발급할 수 있다.

L/G발급의 효과는 다음과 같다.

15) Letter of Guarantee는 은행보증서(Bank Guarantee, Demand Guarantee) 또는 수입화물 선취보증서(L/G)의 의미로 사용되므로 구분하여야 함

① 개설의뢰인의 클레임 제기권의 박탈이다. 즉, L/G를 받아 통관 완료 후 서류가 도착되어 서류상 하자가 있더라도 수입상은 지급 및 인수거절을 할 수 없다.
② Usance L/C의 만기일이 결정된다. 즉, Shipper's Usance의 경우 L/G 발행일을 기산일로 하여 어음의 만기일이 결정된다.

수입화물선취보증서 발급 후 해당 선적서류 원본이 내도하면 개설은행은 발급한 보증서 내용과 일치 여부를 확인하고 L/G를 회수한다. 개설은행은 수입화물 선취보증서 반송 요청서(redemption of letter of guarantee)와 신하증권 원본 1부를 선박회사에 송부하여 L/G를 회수한다.

사례 23 L/G발행 후 개설은행의 지급거절

질문

당사는 신용장 개설은행으로부터 선하증권(B/L) 발행일자가 신용장의 최종선적일(latest shipping date)을 경과하였다는 하자사항을 이유로 지급거절 통보를 받았다. 그러나 운송업체를 통해 확인해 본 결과 이미 수입업자는 신용장의 개설은행으로부터 수입화물선취보증서(L/G)를 발급받아 화물을 찾아갔다는 사실을 확인할 수 있었다. 개설은행의 지급거절이 정당한가?

답변

근거리 무역에 있어 고속선의 등장, 항공운송, 은행간 서류송부 관행 등으로 인해 수입국에 수입물품이 먼저 도착하고 선하증권 등 선적서류가 도착하지 않을 경우 수입업자는 보증금을 예치하고 개설은행으로부터 수입화물선취보증서(L/G: Letter of Guarantee)를 선사에 제출하고 D/O를 발급받아 물품을 수령하는 사례가 늘어가고 있다.

개설은행이 L/G에 의하여 수입업자에게 선적서류를 인도해 주었다면 이러한 행위 자체가 서류상의 하자를 이유로 지급거절 등의 클레임을 제기하는 권리를 포기하는 것을 의미한다. 신용장통일규칙(UCP 600) 제16조(하자 있는 서류, 권리포기 및 통지)에 따르면 신용장 개설은행이 접수한 선적서류가 신용장 조건과 불일치함을 이유로 클레임을 제기하고자 하는 경우에는 그 사유를 명기하여 지체 없이 SWIFT 등의 신속한 수단으로 서류 발송은행(매입은행)에 통보하여야 하며 동 서류의 처분에 대해서는 서류 발송은행의 의사에 맡겨야 한다.

만일 개설은행이 이와 같은 자기의 의무와 책임을 다하지 않거나 당해 서류를 임의로 처분하게 되면 그 후에 당해 서류가 신용장 내용과 일치하지 않았다는 이유로 클레임을 제기하는 권리를 상실하게 되는 것이다.

결론적으로 개설은행의 지급거절은 정당하지 못하다. 왜냐하면 개설은행이 선적서류를 임의처분하게 되면 당해 지급 · 인수 · 연지급 약정 또는 매입이 신용장 조건과 일치하게 이루어지지 않았더라도 부도처리할 수 없기 때문이다.

(출처: International Trade)

사례 24 SURRENDER B/L

질문

당사는 신용장 방식으로 수출하고 있는데 최근 바이어가 자금사정이 어렵다며 물품을 인수하여 판매한 후 신용장 대금을 결제하겠다고 제의하면서 선하증권의 Surrender를 요청하여 왔다. 금번 수출건에 대해 분할선적 방식으로 선적하여 이미 2차례 네고하여 대금을 영수하였으며 나머지 분을 선적할 예정이다. 이미 네고가 끝난 B/L과 선적예정인 B/L의 Surrender가 가능한지? 또 문제는 없는가?

답변

B/L(Bill of lading)의 Surrender란 "비엘의 권리 등을 포기하다, 내주다, 넘겨주다"의 의미로서 B/L의 특성인 Negotiability(유통성, 양도성)를 제거하는 행위를 뜻한다.

Surrendered B/L은 주로 송금방식의 거래에서 매도인이 물품을 선적하고 매수인이 대금을 결제할 경우 B/L 원본을 보내기로 계약한 경우에 매수인이 대금을 송금하고 물품을 곧바로 인수하기 위해 B/L의 Surrender를 요청하며 매도인은 대금이 입금됐음을 확인한 후 B/L을 Surrender하여 그 부본을 팩스로 매수인에게 전송한다. 운송인은 관련 B/L이 Surrender 됐다는 취지의 전문을 수입지 운송대리인에게 발송하여 원본 B/L 없이 물품을 인도할 수 있도록 한다.

신용장방식의 경우 개설은행에게 대금지급 의무가 있으므로 개설의뢰인으로부터 신용장 개설보증금과 물품의 담보권을 확보하기 위해 B/L의 수화인(Consignee)을 개설은행의 지시식으로 할 것을 요구한다. 신용장거래에서는 개설의뢰인이 대금의 전액을 담보로 제공한 경우 등을 제외하고 기본적으로 B/L의 Surrender는 발생할 수가 없다.

본 건과 같이 수입업체가 자금부족으로 대금결제를 하지 못해 수출상에게 부탁한다는 것을 알면서도 이를 수락한다는 것은 위험을 자초하는 일이다. 수출상에게 유리한 신용장 방식으로 거래하도록 잘 유도해 놓고도 신용장의 유리한 혜택을 보지 못하고 매입은행의 소구권 행사의 희생양이 된다면 지금까지의 노력이 모두 허사가 됨은 물론 손실만 떠안게 될 것이다.

(출처: International Trade)

(2) 수입화물대도(T/R) 16)

수입화물대도(T/R: trust receipt)는 신용장 개설은행이 수입화물에 대한 담보권과 소유권을 유지하면서 수입상이 수입대금을 결제하기 전에 수입화물을 처분할 수 있도록 하는 제도이다.

즉, 수입대금을 결제하지 않은 상태에서 개설은행이 수입상에게 수입화물을 인도해 줌으로써, 수입상으로 하여금 적기에 화물을 처분하여 수입대금을 결제할 수 있도록 편의를 제공하는 제도이다.

T/R은 신용장방식, 특히 Usance L/C에서 주로 발생한다. 따라서 수입상이 직접 지급책임을 부담하는 무신용장 방식에서는 은행이 지급보증을 한 경우를 제외하고는 T/R이 일어나지 않는다.

① Shipper's usance L/C의 경우에 개설은행은 해당 수입어음을 인수함으로써 어음발행인에 대하여 만기에 대금을 지급할 의무를 부담하게 된다. 개설의뢰인이 수입화물 인수시에는 만기 인수보증채무에 대한 담보로 T/R을 활용한다.

② Overseas banker's usance L/C의 경우에 해외은행이 수출자에게 일람출급으로 대금을 지급하고 개설은행에 신용을 공여한다. 개설은행은 수입업자에게 만기일까지 대금지급을 유예함으로써 신용을 공여하게 됨에 따라, 개설은행이 어음의 만기일에 수입대금을 해외은행에 지급하여야 하는데 이의 담보로 T/R을 사용한다.

③ Domestic banker's usance L/C의 경우에 신용을 공여하는 개설은행은 수입상에게 운송서류 인도 시 T/R을 약정한다.

④ 분할지급에 의한 수입시 수입대금의 일부를 먼저 지급하고 잔여금액은 일정기간에 나누어 상환하기 때문에 T/R을 이용한다.

⑤ Sight L/C를 사용하여 수출용 원사재 수입시 융자금이 상환될 때까지 개설은행의 신용공여가 계속되기 때문에 무역금융의 담보성격으로 T/R을 약정한다.

16) 수입화물 대도신청서 ⇨ 부록1. 무역결제

⑥ 기타 물품의 수입이 외화대출 또는 차관자금에 의해 지원되는 경우 또는 수입보증금 등의 적립을 면제하고 L/G를 발급하는 경우 등에 발생한다.

T/R을 활용할 때, 수입자의 이익은 다음과 같다.

① 수입 결제대금이 부족할 경우 물품을 운송 중 또는 운송이 완료된 후에도 선적서류를 매각할 수 있어 자금을 융통할 수 있다.
② 시세 변동이 크거나 계절상품, 변질이 쉬운 물품의 경우 판매 적기를 맞출 수 있다.
③ 수입물품의 조속한 인도를 통해서 보관료 등 부대비용을 줄일 수 있다.
④ 수입물품의 판매대금으로 은행 채무를 변제할 수 있다.
⑤ 기계설비의 설치와 이용을 위한 경우에 생산·영업 활동을 통한 수익으로써 분할상환이 가능하다.
⑥ 수출용 원자재 수입의 경우에는 수출신용장의 매입대금으로 원자재 수입대금을 결제할 수 있다.

〈표 5-2〉 L/G와 T/R의 비교

구분	L/G	T/R
명 칭	수입화물선취(보증서)	화물대도(증서)
발행인	신용장 개설은행	수입상
수신인	운송인(선사, 포워더, 선장)	신용장 개설은행
용 도	원본선하증권의 제시 없이 화물을 수입상에게 인도함으로써 발생할 수 있는 운송인 등의 손해를 수입상이 배상하기로 하는 약정이행을 은행이 보증	수입상이 대금을 지급하기 전에 은행에게 소유권이 있는 물품을 임대하는 형식으로 인도받으면서 관련 물품의 소유권은 은행에게 있음을 확인

사례 25 T/R Loan

질문

중국으로부터 유리를 수입하려고 하는데 대금지급조건을 T/R로 하자고 한다. T/R이란 무엇인가?

답변

T/R Loan은 대금지급조건의 일종이 아니라 일람출급 신용장에서 공여되는 신용을 가리킨다.

일람출급어음과 서류가 내도하면 수입자가 대금을 지급해야 하나 자금사정이 여의치 못한 경우 신용이 필요하다. 이때 개설은행이 대금을 지급하고 일정기간 편의를 제공하는데, 이 단계에서 대도(T/R) 약정을 하기 때문에 대도편의, 즉 T/R Loan이라고 한다.

(출처: 월간무역)

CHAPTER

6

무역결제 국제규칙

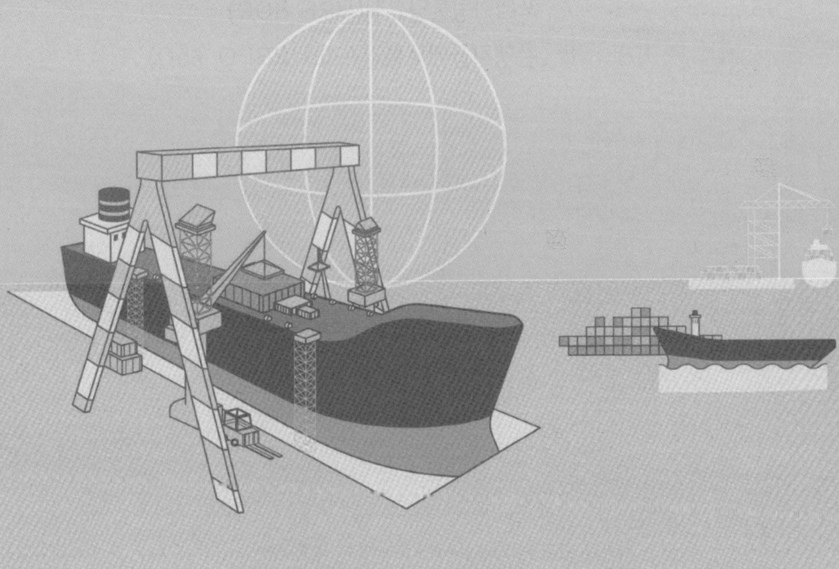

1. 신용장통일규칙(UCP 600)
2. 국제은행표준관습(ISBP 745)
3. 신용장통일규칙의 보칙(eUCP v. 2.0)
4. 보증신용장통일규칙(ISP 98)
5. 추심에관한통일규칙(URC 522)
6. 청구보증통일규칙(URDG 758)
7. 포페이팅통일규칙(URF 800)
8. 은행지급의무통일규칙(URBPO 750)

Chapter

6 | 무역결제 국제규칙

〈표 6-1〉 무역결제 국제규칙 요약

약 호	명 칭	제 정	특징 및 의의
UCP 600	신용장통일규칙 (Uniform Customs and Practice for Documentary Credits)	ICC	화환 및 보증신용장 관습 및 서류에 관한 통일규칙으로 해석기준을 규정한 매우 중요한 규칙 (2007. 7. 1부터 사용)
ISBP 745	국제표준은행관습 (International Standard Banking Practice for the examination of documents under documentary credits)	ICC	UCP의 보충서로서 신용장 서류 심사에 관한 국제 표준 은행 관습 (2013.4.17부터 사용)
eUCP v. 2.0	UCP 600 전자식 제시보칙 (Supplement to the Uniform Customs and Practice for Documentary Credits for Electronic Presentation)	ICC	UCP 600에 보충하는 형식으로 전자식 신용장 및 서류 제시를 위한 보칙 (2019.7.1부터 사용)
ISP 98	보증신용장통일규칙 (International Standby Practices 98)	ICC	Stand by L/C 발행에 적용되는 규칙 (1999.1.1부터 사용)
URDG 758	청구보증에 관한 통일규칙 (Uniform Rules for Demand Guarantees)	ICC	은행지급보증서(Bank Guarantee) 발행시 적용되는 규칙으로 주로 유럽에서 사용
URC 522	추심에 관한 통일규칙 (Uniform Rules for Collections)	ICC	추심거래인 D/P, D/A거래에 적용되는 규칙으로 수표 및 어음의 추심에 적용(1996.1.1부터 사용)

<table>
<tr><th>약 호</th><th>명 칭</th><th>제 정</th><th>특징 및 의의</th></tr>
<tr><td>URF 800</td><td>포페이팅통일규칙
(The Uniform Rules for Forfaiting, ICC Publication no. 800)</td><td>ICC</td><td>포페이팅 거래를 위한 1, 2차 시장을 대상으로 하는 IFA와 ICC의 공동규칙
(2013. 1. 1부터 사용)</td></tr>
<tr><td>URBPO 750</td><td>은행지급의무통일규칙(The Uniform Rules for Bank Payment Obligations, ICC Publication no. 750)</td><td>ICC</td><td>신용장 또는 O/A가 아닌 새로운 국제무역결제시스템에 관한 국제규칙(2013. 7. 1부터 사용)</td></tr>
<tr><td>URR 525</td><td>신용장대금상환에관한통일규칙
(Uniform Rules for Bank-to-Bank Reimbursements under Documentary Credits)</td><td>ICC</td><td>은행간 신용장 대금 상환과 관련하여 은행이 활용할 수 있도록 상환지시의 시기, 방법, 상환이행 등을 규정(1996. 7. 1부터 사용)</td></tr>
<tr><td colspan="2">독립적보증서와 보증신용장의 유엔협약 1995
(United Nations Convention on Independent Guarantees and Stand by Letters of Credit)</td><td>UNCITRAL</td><td>독립적보증서와 보증신용장에 관한 유엔국제무역법위원회의 협약(1995. 12. 11 공표)</td></tr>
<tr><td colspan="2">환어음과 약속어음법의 통일에 관한 협약
(Convention on the Unification of the Law Relating to Bills of Exchange and Promissory Notes)</td><td>UNCITRAL</td><td>영미법과 대륙법계의 차이를 최소화하고 업계의 요구를 반영한 통일 협약 제정(1988. 12월 UN 채택, 미발효중)</td></tr>
<tr><td>UCC</td><td>미국 통일상법전 제5편 신용장
(Uniform Commercial Code Article 5. Letters of Credit)</td><td>美법률가협회
주법위원회</td><td>신용장거래의 정의나 기본적인 해석원칙을 규정하고 있고, 국제 신용장 판례에 참조
(1995년 전면 개정)</td></tr>
<tr><td>Bills of Exchange Act</td><td>영국환어음법 1882
(Law relating to Bill of Exchange, Cheques, and Promissory Note)</td><td>영국 의회</td><td>환어음, 수표 및 약속어음에 관한 법률로서 국제거래에 사용되는 환어음 등의 기본 관습을 알 수 있음(1882. 8. 18 제정)</td></tr>
</table>

1 • 신용장통일규칙(UCP 600)

화환신용장에 관한 통일규칙 및 관례(The Uniform Customs and Practice for Documentary Credits, 2007 Revision, ICC Publication no. 600)는 국제상업회의소(ICC)에서 신용장거래의 국제적인 규칙이나 관행을 통일적으로 해석한 것으로 1933년(UCP 82)에 제정하였으며, 현재까지 6차례(1951년 · 1962년 · 1974년 · 1983년 · 1993년 · 2007년) 개정되었다.

최종 개정인 UCP 600은 2006년 10월 25일 ICC 은행위원회에서 승인되어, 2007년 7월 1일부터 시행되었다.

신용장통일규칙이 적용되려면 '본 신용장은 2007년 개정, ICC 간행물 No. 600 신용장통일규칙에 따른다.'(This Credit is subject to the Uniform Customs and Practice for Documentary Credits(2007 Revision), International Chamber of Commerce, Publication No. 600)라는 문구를 포함해야 한다.

UCP 600은 제2조(Definitions, 정의) 및 제3조(Interpretations, 해석) 등을 추가하는 한편, 기존의 49개 조항을 다음과 같이 39개 조항으로 통합 · 정리하였다.

UCP 600에서 신설된 조항으로는 §2(정의), §3(해석), §9(신용장 및 변경 통지), §12(지정), §15(일치하는 제시), §17(원본서류 및 사본)이 있고, UCP 500에서 폐지된 조항으로는 §5(신용장의 개설/변경 지시), §6조(취소 가능한…), §8(취소), §12(불완전 또는 불명료한 지시), §38(다른 서류들) 및 기타 많은 조항의 내용들이 UCP 600 원문 내에 통합되었다.

UCP 600에서 눈에 띄는 내용상 변화는 서류심사기간이 제7은행영업일내 상당기간에서 최장 제5은행영업일로 단축되고, 연지급신용장의 할인을 허용하고, 불명확한 용어를 제거하였다는 점이다.

〈표 6-2〉 UCP 600 조항별 규정내용

조항	제목(Title)	조항	제목(Title)
§1	UCP의 적용	§21	비유통성 해상화물운송장
§2	정의	§22	용선계약 선하증권
§3	해석	§23	항공운송서류
§4	신용장 vs 계약	§24	도로, 철도, 내수로 운송서류
§5	서류 vs 물품, 용역, 이행	§25	특송화물수령증, 우편수령증, 우편증명서
§6	사용가능성, 유효기일 및 제시장소	§26	갑판적, 부지약관 및 부가운임
§7	개설은행 확약	§27	무고장 운송서류
§8	확인은행 확약	§28	보험서류 및 담보
§9	신용장 및 변경 통지	§29	유효기일의 연장, 최종제시일자
§10	조건변경	§30	금액, 수량 및 단가의 용인
§11	전송, 사전통지신용장, 조건변경	§31	분할 어음발행 또는 선적
§12	지정	§32	할부 어음발행 또는 선적
§13	은행 간 상환약정	§33	제시기간
§14	서류심사 기준	§34	서류효력에 관한 면책
§15	일치하는 제시	§35	송달 및 번역에 관한 면책
§16	불일치서류, 권리포기 및 통지	§36	불가항력
§17	원본서류 및 사본	§37	彼지시인의 행위에 대한 면책
§18	상업송장	§38	양도가능 신용장
§19	2가지 이상의 운송방식을 표시하는 운송서류	§39	대금의 양도
§20	선하증권		

2 • 국제은행표준관습(ISBP 745)

ICC(국제상업회의소)는 신용장거래에서 하자 서류로 인한 클레임을 줄이고자 '화환신용장 서류심사를 위한 국제표준은행관습'(ISBP; International Standard Banking Practice for the Examination of Documents under Documentary Letters)을 2002년 10월 30일에 제정(ICC Publication No. 645)하여 2003년 1월부터 사용되었다.

한편, 2007년 7월 1일 UCP 600의 개정과 함께 ISBP 681로 개정하였고, 다시 2013년 4월 17일에 ISBP 745로 개정되었다.

국제표준은행 관습의 범위는 UCP 조항뿐만 아니라 실제로 표준 국제은행에서 통용되는 관습을 포괄한다.

구체적으로는 UCP조항, UC조항을 해설한 ICC 각종 공표물, ICC은행위원회의 결정과 의견 및 이를 분석한 사례집, ICC와 제휴한 주요 금융기관의 결정과 의견 및 공표물, ICC 요청에 따른 신용장 분쟁 전문가그룹의 의견이나 신용장에 관한 저명한 논문자료 등이다.

ISBP는 UCP의 적용에 관한 실무상 보완서(practical complement)이다. 따라서 UCP의 효력을 변경하지 아니하고 UCP의 일상 적용에 관하여 상세히 설명하고 있다. 아울러 ISBP가 해당 국가의 강행규정에 저촉되지 아니하는 한 신용장에 삽입하지 않더라도 UCP와 함께 신용장거래의 일상 업무에 사용된다.

ISBP 745는 〈표 6-3〉과 같이 총 16장 298개 조항의 세부적인 서류심사목록으로 구성되어 있다.

ISBP 745는 ISBP 681에 없던 포장명세서, 중량증명서, 수익자증명서 및 각종 증명서에 대한 내용이 추가되었다. 각종 증명서에는 분석증명서, 검사증명서, 위생증명서, 검역증명서, 수량증명서, 품질증명서 등이 있다.

〈표 6-3〉 ISBP 745의 구성체계

장	제목(Title)	조항표기(수)	
제1장	사전적 고려사항	§i~vii	7
제2장	일반원칙	§A1~41	41
제3장	환어음과 만기일의 산정	§B1~18	18
제4장	송장	§C1~15	15
제5장	적어도 두 가지 이상의 다른 운송방법을 포괄하는 운송서류(복합운송서류)	§D1~32	32
제6장	선하증권	§E1~28	28
제7장	비유통성 해상화물운송장	§F1~25	25
제8장	용선계약부 선하증권	§G1~27	27
제9장	항공운송서류	§H1~27	27
제10장	도로, 철도, 내수로운송서류	§J1~20	20
제11장	보험서류와 부보범위	§K1~23	23
제12장	원산지증명서	§L1~8	8
제13장	포장명세서, 포장노트 또는 약기서(포장명세서)	§M1~6	6
제14장	중량명세서, 중량노트 또는 약기서(중량증명서)	§N1~6	6
제15장	수익자의 증명서	§P1~4	4
제16장	분석증명서, 검사증명서, 위생증명서, 검역증명서, 수량증명서, 품질증명서 기타 증명서(증명서)	§Q1~11	11
합계			298

3 • 신용장통일규칙의 보칙(eUCP v. 2.0)

신용장통일규칙의 보칙(eUCP: Supplement to the Uniform Customs and Practice for Documentary Credits for Electronic Presentation, 전자적 제시를 위한 화환신용장 통일규칙 및 관행의 보칙)은 종이서류 중심의 UCP의 적용상 한계를 보완하기 위하여 무역서류로서 전자적 기록(electronic records)이 단독 또는 종이서류와 함께 사용되는 경우에 사용하기 위해서 2001년 11월에 제정되어 2002년 4월 1일부터 정식 발효되었다. 2007년 7월 1일 UCP 600이 개정되어 UCP 600의 보칙으로 사소한 변경을 통한 version 1.1으로 개정했었다. 2017년 개정하여 2019.7.1.부터 version 2.0이 사용되었다.

신용장거래에서 eUCP를 적용하기 위해서는 신용장에 eUCP를 명시적으로 삽입하여야 하며, eUCP가 적용되는 경우 UCP 규정도 적용된다. 만약 eUCP와 UCP 규정이 상충될 경우에는 eUCP가 우선한다.

서류심사 기간은 수익자의 완료통지가 수령된 다음 은행영업일에 개시된다. 전자기록상 발행일자 표시가 없으면 송부일자를 발행일자로 보며, 송부일자는 별도의 표시가 없는 한 수령일자이다.

e-UCP를 적용하는 신용장은 전자기록 제시장소뿐만 아니라 은행의 물리적 장소도 기재해야 한다.

e-UCP신용장 수익자는 관련 신용장을 특정하여 제시하여야 하며, 특정요건의 적용대상은 전자기록과 완료통지이다.

오염된 전자기록의 재제시를 요청받은 경우에는 신용장 제시기간 만료일과 재제시요청일로부터 30일이 되는 날 중 선행일자까지 재제시해야 한다.

eUCP 1.1의 12개조는 eUCP 2.0에서 14개 조항으로 늘어났다. 추가된 내용은 ① 전자기록과 종이서류 대 물품, 용역 또는 의무이행에 관한 추상성원칙과 ② 불가항력에 관한 조항이다.

〈표 6-4〉 eUCP v.1.1과 v.2.0 구성체계

조항	version 1.1	조항	version 2.0
제e1조	eUCP의 적용범위	제e1조	eUCP의 적용범위
제e2조	UCP와 eUCP와의 관계	제e2조	UCP와 eUCP와의 관계
제e3조	정의	제e3조	정의
		제e4조	전자기록과 종이서류 대 물품, 용역 또는 의무이행
제e4조	양식	제e5조	양식
제e5조	제시	제e6조	제시
제e6조	심사	제e7조	심사
제e7조	거절통지	제e8조	거절통지
제e8조	원본 및 사본	제e9조	원본 및 사본
제e9조	발행일자	제e10조	발행일자
제e10조	운송	제e11조	운송
제e11조	제시 후의 전자기록의 손상	제e12조	제시 후의 전자기록의 손상
제e12조	eUCP에 의한 전자기록 제시에 대한 추가적 면제	제e13조	eUCP에 의한 전자기록 제시에 대한 추가적 면제
		제e14조	불가항력

4 • 보증신용장통일규칙(ISP 98)

보증신용장통일규칙(International Standby Practices, ISP 98)은 1988년에 미국의 Institute of International Banking Law & Practice Inc.가 제정하였고, ICC은행위원회에서 이 규칙을 승인하였다.

ISP 98은 보증신용장의 국제적인 실무 관행을 규범화하여 세계적으로 통일하려는 목적으로 만들어졌다. 실무적으로 보증신용장에 대하여 UCP를 사용하는 경우도 많지만, ISP 98을 이용하는 것이 바람직하다.

ISP 98은 다음과 같이 10장 84개 조문으로 구성된다.

〈표 6-5〉 ISP 98의 구성체계

장	제목(Title)	조항표기(수)	
제1장	총칙(General Provisions)	§1.01~06	6
제2장	의무(Obligations)	§2.01~07	7
제3장	제시(Presentation)	§3.01~14	14
제4장	심사(Examination)	§4.01~21	21
제5장	통지, 실권 및 서류의 처분	§5.01~09	9
제6장	지급청구권양도, 대금채권양도 등	§6.01~14	14
제7장	취소(Cancellation)	§7.01~02	2
제8장	상환의무(Reimbursement Obligations)	§8.01~04	4
제9장	기간(Timing)	§9.01~05	5
제10장	공동개설, 참가(Syndication, Participation)	§10.01~02	2
합계			84

5 • 추심에관한통일규칙(URC 522)

추심에 관한 통일규칙(Uniform Rules for Collections, 1995 Revision, ICC Publication No. 522)은 국제상업회의소(ICC)가 국제 추심거래 시 당사자 간 관습과 법률의 차이에서 오는 분쟁의 발생 가능성을 줄이기 위하여 1956년에 제정하였으며, 현재까지 3차례(1967년 · 1978년 · 1995년) 개정하였다.

URC 522가 적용되기 위해서 추심의뢰서(collection instruction)에 추심통일규칙을 따르겠다는 준거문언(This Collection is subject to Uniform Rules for Collection, 1995 Revision, ICC Publication No. 522)이 삽입되어야 한다.

추심결제방식에서 은행은 신의성실 및 상당한 주의(good faith and reasonable care)만 하면 되고, 신용장처럼 주도적인 역할을 하지 않는다. 따라서 URC 522은 다음과 같이 간단하게 총 26개조로 구성되어 있다.

〈표 6-6〉 URC 522 조항별 규정내용

장 및 명칭	조항 및 내용
A. 총칙 및 정의	§1. URC 522의 적용, §2. 추심의 정의, §3. 추심의 관계당사자
B. 추심의 형식 및 구조	§4. 추심의뢰서
C. 제시의 형식	§5. 제시, §6. 일람출급/인수, §7. 상업서류의 인도(D/A vs D/P), §8. 서류의 작성
D. 의무와 책임	§9. 신의성실 및 상당한 주의, §10. 서류 vs 물품/서비스/채무이행, §11~§14. 각종 면책조항, §15. 불가항력
E. 지 급	§16. 지체 없는 지급, §17~§18. 지급통화, §19. 분할지급
F. 이자, 수수료, 비용	§20. 이자, §21. 수수료 및 비용
G. 잡 칙	§22. 인수, §23. 약속어음 및 기타의 증권, §24. 거절증서(protest), §25. 예비 지급인, §26. 통지

6 • 청구보증통일규칙(URDG 758)

청구보증통일규칙(Uniform Rules for Demand Guarantees, ICC Publication no. 458)은 ICC가 1991년에 제정하고, 2009년 12월에 URDG 758로 개정하여 2010년 7월 1일부터 시행되고 있다.

독립적 은행보증에 관한 국제규칙으로는 URDG 758, UCP 600, ISP 98, 1995년 UN협약(독립보증과 보증신용장에 관한 UN협약) 등이 있다.

URDG 758은 다음과 같이 35개조로 구성되어 있다.

〈표 6-7〉 URDG 758의 구성체계

조항	제목(Title)	조항	제목(Title)
§1	적용	§19	서류심사
§2	용어정의	§20	지급청구의 심사기간, 지급
§3	해석	§21	지급통화
§4	발행과 발효	§22	일치하는 지급청구서 사본전달
§5	독립성의 원칙	§23	연장 또는 지급
§6	추상성의 원칙	§24	불일치한 지급청구, 권리포기, 통지
§7	비서류적 조건	§25	감액과 종료
§8	지시와 보증의 내용	§26	불가항력
§9	발행신청을 수리하지 않는 경우	§27	서류의 효력에 대한 면책
§10	보증과 조건변경의 통지	§28	전달과 번역에 대한 면책
§11	조건변경	§29	타인의 행위에 대한 면책
§12	보증상 보증인의 의무와 범위	§30	면책에 관한 제한
§13	보증금액의 변경	§31	외국의 법률과 관행에 관한 보상
§14	제시	§32	수수료에 관한 의무
§15	지급청구의 요건	§33	보증 양도와 보증금채권 양도
§16	지급청구에 관한 통지	§34	준거법
§17	일부청구, 수차청구, 청구금액	§35	재판관할
§18	각 지급청구의 독립성		

7 • 포페이팅통일규칙(URF 800)

포페이팅통일규칙(The Uniform Rules for Forfaiting, ICC Publication no. 800)은 국제포페이팅협회(IFA: International Forfaiting Association)와 국제상업회의소(ICC)가 공동으로 2011년 2월에 초안을 마련하여 2013년 1월 1일부터 시행되었다.

IFA는 2004년 2차 시장(secondary market, 연속거래시장)을 위한 IFA 가이드라인을 작성하고, 2008년에 1차시장(primary market, 최초 발생시장)을 위한 소개를 작성하였다. URF는 1·2차 시장 모두를 대상으로 작성하였다.

URF 800는 다음과 같이 17개 조문으로 구성된다.

〈표 6-8〉 URF 800의 구성체계

조항	제목(Title) 및 내용	조항	
제1조	적용범위(Scope and application of the Rules)	제10조	유보조건 지급 (payment under reverse)
제2조	정의(definition)	제11조	1차 시장과 2차 시장에서의 지급
제3조	상환청구권 없음 (without recourse)	제12조	당사자의 책임
제4조	1차 시장에서 포페이팅 거래의 발생	제13조	상환청구 발생의 효과
제5조	1차 시장에서의 조건	제14조	통지
제6조	1차 시장에서의 서류조건의 충족	제15조	지급거절에 대한 보상
제7조	2차 시장에서 포페이팅 거래의 발생	제16조	불가항력
제8조	2차 시장에서의 조건	제17조	당사자의 인지
제9조	2차 시장에서의 서류조건의 충족		

8 • 은행지급의무통일규칙(URBPO 750)

BPO는 신용장 또는 O/A가 아닌 새로운 국제무역결제 시스템이며, 은행지급의무통일규칙(URBPO; The Uniform Rules for Bank Payment Obligations, ICC Publication no. 750)은 2013년 3월 5일 ICC 은행위원회에서 제정되어, 2013년 7월 1일부터 시행된 BPO를 위한 국제규칙이다.

BPO(Bank Payment Obligations)란 지급의무은행의 수익은행에 대한 TMA(Trade Matching Application)과 같은 시스템에서 결정되는 물품거래정보(Data set)의 완전한 일치를 조건으로 하는 조건부 지급약정을 의미한다. TMA는 SWIFT의 TSU(Trade Service Utility Platform) 등을 말한다.

URBPO 750는 다음과 같이 16개 조문으로 구성된다.

〈표 6-9〉 URBPO 750의 구성체계

조항	제목(Title) 및 내용	조항	제목(Title) 및 내용
제1조	범위(Scope)	제9조	관련 은행의 역할
제2조	적용(Application)	제10조	지급의무은행의 약정
제3조	일반정의(General definition)	제11조	수정
제4조	메시지 정의(Message definition)	제12조	거래정보 유효성
제5조	해석(Interpretations)	제13조	불가항력
제6조	독립성의 원칙	제14조	TMA(거래매칭)의 이용불능
제7조	추상성의 원칙	제15조	적용법률
제8조	유효기일	제16조	대금의 양도

관세사시험 2차 기출문제 (무역실무_무역결제)

연도	문 제
2021년 (38회)	ㅇ UCP 600 제16조의 불일치서류에 관한 다음 물음에 답하시오. (10점) (1) 발행은행의 불일치서류에 대한 권리포기와 관련하여 권리포기의 교섭 가능성 및 교섭 기간에 관하여 설명하시오. (4점) (2) 불일치서류의 거절통지에 포함될 내용 6가지를 쓰시오. (6점)
2020년 (37회)	ㅇ 화환신용장통일규칙(UCP 600)상 제시된 운송서류는 그 종류에 따라 제19조에서 제25조가 규정하고 있는 요건에 따라 심사한다. 다음 물음에 답하시오. (50점) (1) 제19조에서 제25조의 제목을 이용하여 운송서류의 명칭 7개를 쓰시오.(예: 제○조 ○○서류) (10점) (2) 제19조 운송서류의 수리 요건 6가지를 설명하시오. (30점) (3) 제20조 운송서류의 환적에 관한 규정을 설명하시오. (10점)
2019년 (36회)	ㅇ 신용장통일규칙(UCP 600) 제28조의 보험 서류의 수리요건에 대하여 설명하시오. (15점)
2018년 (35회)	ㅇ 신용장통일규칙(UCP 600) 제23조의 항공운송서류(Air Transport Document) 수리 요건에 대하여 설명하시오. (15점) ㅇ 수출입기업의 환리스크관리를 위한 대내적, 대외적 기법에 대하여 설명하시오. (10점)
2017년 (34회)	ㅇ 신용장 양도의 정의와 양도요건에 관하여 설명하시오. (10점)

연도	문 제
2016년 (33회)	ㅇ 국제상거래에서 발생하는 수입업자의 대금지급 거절이나 지급불능과 같은 신용위험에 대처하기 위하여 수출업자는 수출대금 회수불능에 대한 안전장치를 마련할 필요가 있다. 다음 물음에 답하시오. (50점) (1) 이 경우 수출업자가 활용할 수 있는 우리나라 단기성 및 중장기성 무역보험을 종류별로 설명하시오. (15점) (2) 수출업자가 수입업자의 신용위험에 대처하기 위하여 국제팩터링(Factoring)제도와 포페이팅(Forfaiting)제도를 활용할 경우 그 효용과 한계점을 설명하시오. (35점) ㅇ 무역결제방식 중 송금결제방식의 특징과 실무상 유의점을 설명하고, 사전송금방식 및 사후송금방식 각각의 개념과 위험관리방안에 대하여 설명하시오. (10점) ㅇ 외국환거래법령상 자본거래의 신고 등에 관한 내용 중 경미하거나 정형화된 자본거래로서 ① 사후에 보고하는 거래의 종류와 ② 자본거래 신고 등의 예외거래의 종류를 설명하시오. (10점
2015년 (32회)	ㅇ 신용장통일규칙(UCP 600) 제2조에 규정된 '지급이행(Honour)'의 의미를 적용 가능한 신용장과 연계하여 설명하시오. (10점) ㅇ 무역계약의 수량조건 중 과부족용인조항(M/L Clause)의 개념과 그에 대한 신용장통일규칙(UCP 600)상의 해석기준을 설명하시오. (10점)
2014년 (31회)	ㅇ 화환추심결제에서 D/P at sight, D/P Usance, D/A 조건을 비교 설명하고, 매도인과 매수인 입장에서 이들 가지 조건에 대한 한계성을 각각 제시한 후 매도인의 신용위험(credit risks)을 줄일 수 있는 방안을 논하시오 (50점)
2013년 (30회)	ㅇ 사전송금결제방식에 대하여 설명하시오. (10점)

부 록

1. 무역결제 서류

2. 무역결제 국제규칙 영문·한글

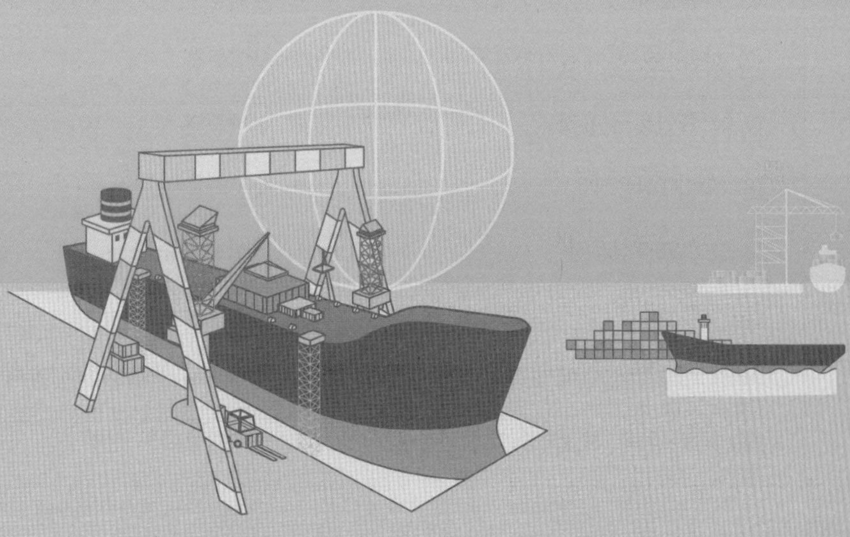

부 록

1 | 무역결제 서류

부록 1. Documentation(무역결제 서류)

(1) Offer sheet	(11) 보증신용장
(2) Case by case contract	(11-1) 보증신용장
(3) 외국환거래 약정서	(12) 청구보증서
(4) 송금확인서	(13) 내국신용장(Local L/C)
(5) 추심계약서(D/A)	(14) 구매확인서
(5-1) 추심의뢰서	(15) 구매확인서 물품수령 확인서
(6) 거절증서	(16) 환어음
(7) 화환신용장 개설신청서	(17) 상업송장
(7-1) 확인용 신용장	(18) 선하증권
(8) SWIFT신용장	(19) 항공화물운송장
(8-1) SWIFT신용장	(20) 복합운송증권
(9) 선적서류 매입(추심)의뢰서	(21) 보험증권
(9-1) 수출환어음 매입(추심)신청서	(22) 수입화물 선취보증 신청서
(10) 기타 외화 지급보증 개설신청서	(23) 수입화물대도 신청서

No. 1 Offer Sheet

CHARLIE'S TRADING CORPORATION

Fl 52, 511, Yeongdongdae-ro, Gangnam-Gu, Seoul, 06164, Korea
Tel: 82-2-450-3577, Fax: 82-2-3436-6610, Homepage: www.charlie.com

Offer Sheet

Mr. Michael Nam	Offer No : CTC200XX-XX-1234
President of Inline Trading Corporation	Date : October 20, 20xx
27, Penrose Avenue, Cherrybrook, NSW,	Ref. No. :
2126, Australia.	

Dear Sir,

We are pleased to offer the under-mentioning articles as per conditions and details described as follows.

Description of Goods	: Blue jeans (Item no: Charlie-0924)
Quantity	: 1,000 pcs
Price	: USD25.00/pc CIF Sydney port
Shipment	: Within 2months after receipt of your L/C
Payment	: Draft at sight under an Irrevocable and confirmed L/C in favour of Charlie's Trading Corp., (SEOUL KOREA)
Inspection	: Seller's inspection is to be final
Insurance	: Seller to cover the CIF price plus 10% against All Risks including TPND and SRCC risk
Validity	: October 27, 20xx
Shipping port	: Busan, Korea
Packing	: Export Standard packing.
Marks	: Each carton box bearing the mark "CTC" in diamond with port mark, running case number and the country of origin.
Remark	: Minimum order is to be 100 pcs per size.

Looking forward to your valued order for the above offer.

Yours faithfully,
Charlie's Trading Corporation

C. K. PARK
CEO and President

No. 2 Case by case Contract

CHARLIE'S TRADING CORPORATION
Fl 52, 511, Yeongdongdae-ro, Gangnam-Gu, Seoul, 06164, Korea
Tel: 82-2-450-3577, Fax: 82-2-3436-6610, Homepage: www.charlie.com

SALES CONTRACT

MESSRS, Inline Trading Corporation
NSW, Australia

Date: October 30, 20xx
No.: CTC-ITC-1126

We as Seller confirm having sold you as Buyer the following goods on the terms and conditions as stated below and on the back hereof.

DESCRIPTION	QUANTITY	UNIT PRICE	AMOUNT
Blue jeans (Item no: Charlie-0924)	2,000 pcs	CFR Sydney USD $22.50	US$45,000.00

SHIPMENT : On or about January 15, 20xx
PAYMENT : By a Documentary Letter of Credit at 90 days after sight in favour of Charlie's Trading Corp.,
INSURANCE : Seller to cover the invoice amount plus 10% against All Risks including TPND and SRCC Risks
PACKING : 20pieces to be packed in a carton and each piece has to be packed with poly bag

SHIPPING MARK
IBC in triangle
Sydney port
Box No. 1/Up

DESTINATION : Cherrybrook, NSW, Australia
REMARKS :

PLEASE SIGN AND RETURN THE DUPLICATE

(BUYER)
Inline Trading Corporation

____

Michael Nam
President

(SELLER)
Charlie's Trading Corporation

____

C. K. PARK
CEO and President

General Terms and Conditions

1. **Principal to Principal Basis** : This Contract recognizes the fact that it is on a Principal to Principal basis between Seller and Buyer.
2. **Quantity** : Quantity is subject to a variation of 5% plus or minus at Seller's option.
3. **Shipment** : The date of Bill of Lading shall be taken as the conclusive date of shipment. Partial shipment and/or transshipment shall be permitted, unless otherwise stated on the face hereof. Seller shall not be responsible for non-shipment or late shipment in whole or in part by reason of Force Majeure, such as fires, floods, earthquakes, tempests, mobilization, war, strikes, riots, civil commotions hostilities, blockade, requisition vessel, and any other contingencies beyond Seller's control.
4. **Price** : The Price is on the rate of freight and insurance premium prevailing at the time of accepting the order, and any increase in the rate of freight and insurance premium at the time of shipment shall be born by Buyer.
5. **Risk and Title** : All risks of loss, damage in the goods shall pass to the Buyer on delivery according to the trade terms chosen by Parties.
   Title to product sold by Seller completely transfer to the Buyer when Seller has received proceeds in full as specified in this Agreement or the offer sheets etc.
6. **Inspection** : Inspection performed under the export regulation of Korea is final respective of quality and/or conditions of the contracted goods, unless otherwise stated on the face hereof.
7. **Trade Terms** : The trade terms used in this contract shall be governed and interpreted by the provisions of Incoterms 2020 unless otherwise specially stated.
8. **Infringement** : Buyer shall hold seller harmless from liability for any infringement with regard to patent, trade mark, design and / or copyright originated or chosen by buyer.
9. **Claim** : Any claim by buyer must be made in writing within fourteen(14) days from the date of final discharge at destination.
10. **Arbitration** : All disputes, controversies, or differences which may arise between seller and buyer, out of or in relation to or in connection with this contract, or for the breach thereof, shall the finally settled by arbitration in Seoul, Korea accordance with the Commercial Arbitration Rules of The Korean Commercial Arbitration Board. The award rendered by the arbitrator(s) shall be final and binding upon both parties.
11. **Governing Law** : This Contract shall be governed in all respects by the laws of Korea.

No. 3 외국환거래약정서

외국환거래약정서

【수출 · 수입 · 내국신용장발행 · 내국신용장환어음매입(추심)거래】

주식회사 신한은행 앞

본 인 ㉟

주 소

본인은 신한은행(이하 "은행"이라 합니다)과 수출 · 수입 · 내국신용장발행 · 내국신용장환어음 또는 판매대금추심의뢰서 매입(추심)거래 · 선적통지결제방식 수출거래에 의한 수출채권매입거래를 함에 있어 "은행여신거래기본약관(기업용 이하 같음)"이 적용됨을 승인하고 다음 각 조항을 따를 것을 확약합니다.

【 제 1 장 공통사항 】

제1조(적용범위)

이 약정은 다음 각항의 현재 및 장래의 모든 거래(전자문서교환방식에 의한 거래 포함)에 적용하기로 합니다.

① 수출거래

1. 화환어음(환어음이 첨부되지 않은 선적서류를 포함. 이하 이 약정에서 같음)의 매입 및 추심
2. 보증신용장 등에 의한 무화환어음(Clean Bill)의 매입
3. 기타 전 각호에 준하는 거래

② 수입거래

1. 신용장 발행
2. 화환어음의 인도 및 결제
3. 보증신용장에 의한 무화환어음의 인도 및 결제
4. 기타 전 각호에 준하는 거래

③ 내국신용장발행거래

④ 내국신용장환어음 또는 판매대금추심의뢰서(이하 "내국신용장어음등"이라 함)의 매입(추심)거래

⑤ 선적통지결제방식 수출거래(Open Account Transaction)에 의한 수출채권매입거래(이하 "수출대금채권 매입거래"라 함)

제2조(권리의 행사)

① 수출화환어음 및 내국신용장환어음 매입대금(은행의 매입대금을 말합니다. 이하 이 약정에서 같습니다) 및 수출대금채권 매입대금에 관하여 은행은 아래 제10조, 제11조, 제

23조, 제24조 및 제28조에 의하여 이를 청구하거나 금전소비대차에 의한 대출금으로 보아 어음채권(어음이 발행된 경우에 한함) 또는 여신채권 중 어느 것에 의하여도 청구할 수 있습니다.

② 수입화환어음 및 내국신용장환어음 결제를 위한 대지급금의 경우에는 은행은 어음채권(어음이 발행된 경우에 한함) 또는 여신채권 중 어느 것에 의하여도 청구할 수 있습니다.

제3조(담 보)

본인은 제1조의 거래에 수반하는 물품 및 관련서류를 당해거래와 관련하여 은행에 부담하는 채무와 이에 부수하는 이자, 할인료, 수수료, 지연배상금, 기타 부대비용 등의 지급을 위한 담보로서 은행에 양도합니다.

제4조(적용환율)

적용환율은 매입(추심)신청서 또는 신용장발행신청서 등을 접수한 날과 관계없이 본인이 매입(추심)대금 등을 실제로 지급받거나 결제대금 등을 실제로 지급하는 날의 대고객 매입률 또는 매도율로 합니다. 다만, 제10조 제1항 제5호 및 제15조 단서의 경우 은행의 미수금계정 처리일 또는 외화지급보증대지급금계정 처리일의 대고객 전신환매도율로 할 수 있습니다.

제5조(수수료, 비용 및 손해의 부담)

① 본인은 은행의 책임 있는 사유로 인하여 추가로 발생한 것이 아닌 한 제1조의 거래에 따른 이자, 할인료, 수수료, 지연배상금, 손해배상금, 기타 부대비용 및 은행의 권리행사, 권리보전, 담보의 취득 및 처분에 따른 비용, 운임, 보험료, 기타 모든 비용 및 손해를 부담하며, 은행이 계산근거를 명시하여 청구하는 바에 따라 곧 지급합니다. 다만, 본인이 계산방법 등에 관하여 이의를 제기하는 경우에는 은행은 이를 심사하여 그 결과를 통보합니다.

② 은행은 제1항의 이자, 할인료, 수수료 등 제반비용의 요율 및 계산방법을 성질상 고시하기 어려운 것을 제외하고는 고시토록 합니다.

③ 제1항의 수수료 등을 본인 이외의 자가 부담하기로 되어있는 경우에 본인의 비용으로 은행이 본인 이외의 부담자에게 청구하였으나 입금되지 아니하여 본인에게 청구한 때는 본인이 이를 곧 지급합니다.

다만, 은행이 본인 이외의 부담자로부터 이를 지급받은 경우에는 반환합니다.

제6조(적용기간)

이 약정의 적용기간은 정하지 않기로 합니다. 다만, 부득이한 사유가 있는 경우 은행이나 본인은 이 약정을 해지할 수 있으며 이 경우 해지 전에 이루어진 거래에 대하여는 이 약정을 계속 적용합니다.

제7조(준용규정)

본인과 은행은 약정되지 아니한 사항에 대하여 따로 정함이 없는 한 「신용장통일규칙」, 「추심에 관한 통일규칙」, 「은행 간 신용장대금상환에 관한 통일규칙」, 「국제표준 은행관습」, 기타 국제 규약, 「전자무역업무 표준약관」 및 은행의 관련규정에 따르기로 합니다.

【제 2 장 수출거래에 대한 특약】

제8조(환거래은행 및 송달방법의 선정)
신용장 또는 계약서, 매입신청서 등에 명시되어 있지 않은 경우 환거래은행 및 화환어음의 송달방법은 은행이 선정하기로 합니다.

제9조(결제기간의 연장)
지급의무자가 결제기간의 연장을 요청한 경우 은행은 본인의 동의를 얻어 승낙할 수 있습니다. 다만, 지급의무자의 정부가 채무불이행을 선언하거나 지급의무자에 대한 채권단의 채무재조정이 있는 경우 등 은행이 부득이하다고 인정하는 때는 본인의 동의 없이 승낙할 수 있습니다. 이 경우 은행은 승낙한 사실을 곧 본인에게 통지합니다.

제10조(매입대금상환)
① 다음 각 호에서 정한 사유중 하나라도 발생한 경우 본인은 은행으로부터의 독촉, 통지 등이 없어도 당연히 다음 각 호에서 정한 화환어음 매입대금 또는 미수금의 상환의무를 지고 곧 변제하기로 합니다.
1. 본인에 대하여 은행여신거래기본약관 제7조 제1항(당연 기한 전 채무변제의무) 각호에서 정한 사유 중 하나라도 발생한 경우에는 모든 화환어음
2. 화환어음의 지급의무자에 대하여 은행여신거래기본약관 제7조 제1항(당연 기한 전 채무변제의무) 각호에서 정한 사유 중 하나라도 발생한 경우에는 그 자가 지급의무자로 되어있는 모든 화환어음
3. 화환어음의 매입일로부터 1개월 이내에 은행의 매입대금이 입금되지 아니하거나 화환어음의 인수가 이루어지지 아니하는 경우의 그 화환어음
4. 환거래은행 등으로부터 지급 또는 인수 거절된 경우의 그 화환어음
5. 제3호 및 제4호에 해당하는 화환어음이 매입일로부터 6개월 이내에 상환되지 아니하여 미수금계정으로 대체 처리된 경우 및 은행의 자산건전성 분류기준에 의거 회수가 불확실하거나 회수불능이 확실하여 "회수의문" 또는 "추정손실"로 분류되어 미수금계정으로 대체 처리된 경우의 그 원화금액

② 본인에 대하여 은행여신거래기본약관 제7조 제4항 및 제5항(은행의 서면독촉에 의한 기한 전 채무변제의무) 각호에서 정한 사유중 하나라도 발생한 경우 본인은 은행의 서면독촉통지 도달일로부터 10일 이상으로 은행이 정한 기간이 경과하면 모든 화환어음 매입대금의 상환의무를 지고 곧 변제하기로 합니다.
③ 제1항 및 제2항과 관련하여 본인은 환가료 징수기간 만료일 익일부터 상환일 전일까지 부도처리 시 은행이 고시한 은행계정 연체이율로 계산한 손해배상금을 지급하기로 합니다. 다만, 부도처리가 환가료 징수기간 내에 이루어진 경우에는 부도처리일로부터 손해배상금을 기산합니다.
④ 제1항 및 제2항과 관련하여 본인은 매입 신청시 제출한 화환어음 또는 매입신청서에 근거하여 매입대금을 상환하며, 은행은 본인이 매입대금과 이에 부수하는 손해배상금, 수수료, 비용 등을 변제할 때까지 화환어음 및 수출물품에 대하여 모든 권리를 행사합니다.

제11조(화환어음 등의 반환)
① 이 약정에 의하여 은행에 대한 채무의 변제 또는 은행여신거래기본약관 제9조(은행으로부터의 상계 등)에 의한 상계 등의 경우 은행은 본인에게 화환어음 및 수출물품을 채무변제 등의 시점에 반환하지 아니하여도 됩니다.
② 본인은 은행이 반환하는 화환어음을 은행에서 수령합니다. 다만, 수출물품은 화환어음을 수령함으로써 반환받은 것으로 합니다.
③ 은행의 책임 없는 사유로 인하여 화환어음 및 수출물품의 반환이 불가능한 경우 은행의 반환의무는 없는 것으로 합니다.

【제 3 장 수입거래에 대한 특약】

제12조(신용장의 발행, 통지 및 환거래은행 등의 선정)

① 은행은 본인이 제출하는 신용장발행신청서(조건변경신청서 포함) 등이 기재사항에 따라 신용장을 발행, 통지합니다.

② 신용장발행신청서에 명시되어 있지 않은 경우 환거래은행(통지은행, 매입은행, 지급은행, 인수은행, 확인은행, 기타 관련은행을 말합니다. 이하 같음) 및 통지 방법은 은행이 선정하기로 합니다.

제13조(대도물품의 처분)

① 본인이 대도물품을 입고, 운반, 출고, 가공, 매도 이외의 목적으로 사용하거나 제3자에게 담보로 제공할 수 없으며 또한 기타 은행의 권리를 해하는 행위도 할 수 없습니다.

② 본인은 대도물품을 매도할 경우 금액, 물품의 인도, 대금의 영수방법 등에 관하여 미리 은행의 동의를 받기로 합니다.

③ 본인은 대도물품의 매도대금 영수 후 곧 은행에 지급하며 매도대금을 어음, 기타 유가증권 등으로 받는 경우에는 이를 곧 은행에 양도합니다.

제14조(신용장 조건과 불일치하는 화환어음)

① 은행이 채권보전을 위하여 필요하다고 인정하는 경우 은행은 신용장조건과 불일치하는 화환어음에 대하여 본인의 동의 없이 지급 또는 인수를 거절할 수 있습니다. 이 경우 은행은 본인에게 사후통지를 하기로 합니다.

② 화환어음이 은행에 도착하기 전 신용장조건과의 불일치를 사유로 환거래은행 등으로부터 지급 또는 인수 등의 동의여부에 대한 조회를 받은 경우에도 제1항과 같습니다.

③ 은행이 본인에게 신용장조건 불일치에 관한 조회를 하였으나 본인의 회보가 조회장 발송일로부터 5 영업일 이내에 도착하지 않는 경우 은행은 화환어음의 지급 또는 인수에 대한 동의 또는 거절여부를 결정할 수 있습니다.

제15조(결제일)

본인은 대금의 결제조건이 일람출급인 경우에는 화환어음(차기통지서가 먼저 도착하는 경우에는 그 차기통지서) 도착일 익일부터 7 영업일 이내에 결제하고, 기한부 출급인 경우에는 만기일에 결제합니다. 다만, 기일 이내에 결제하지 못한 경우에는 익영업일에 외화지급보증대지급금계정으로 처리하여 결제하며 본인은 그 원화금액을 상환하기로 합니다.

제16조(수입화물선취보증서에 의한 수입화물 인도)

① 본인은 화환어음 도착 전에 운송회사로부터 수입화물을 인도받고자 하는 경우 은행에 수입화물선취보증서(항공화물운송장에 의한 수입화물인도승락서를 포함한다. 이하 같음) 발급을 신청하여 은행의 사전승낙을 받아야 합니다.

② 본인이 수입화물선취보증서의 발급을 신청하는 경우 은행은 본인의 신용도에 따라 수입결제대금의 적립을 요청할 수 있습니다.

제17조(신용장의 취소 및 조건변경)

① 은행은 본인이 신청한 경우에 한하여 신용장을 취소 또는 조건변경을 할 수 있습니다. 다만, 그 효력은 신용장의 취소 또는 조건변경의 당사자(발행은행, 수익자, 확인신용장의 경우는 확인은행) 전원의 동의가 있어야 비로소 발생합니다.

② 제1항 본문에 불구하고 유효기일 경과 등 상당한 사유가 있는 경우 은행은 신용장을 취소할 수 있습니다. 이 때 은행은 본인에게 사후 통지합니다.

제18조 (제3자 명의의 신용장발행)

본인이 제3자 명의의 신용장발행을 은행에 본인명의로 신청한 경우에는 모든 부분에 있어서 이 약정이 적용됩니다.

【 제 4 장 내국신용장발행에 대한 특약 】

제19조(지급금액)
본인이 은행의 내국신용장 발행에 따라 은행에 지급할 해당금액은 다음 각항에서 정하는 바에 따르기로 합니다.
① 원화표시 외화부기 내국신용장발행의 경우에는 발행당시의 내국신용장 원화금액에 불구하고 내국신용장 부기외화금액에 매입(추심)은행이 환어음을 매입(추심)하는 날의 매매기준율을 곱하여 청구한 금액
② 순수외화표시 내국신용장발행의 경우에는 해당 외화금액
③ 순수원화표시 내국신용장발행의 경우에는 해당 원화금액

제20조(구매물품의 처분)
구매물품 처분에 관하여는 제13조를 준용합니다.

제21조(신용장의 취소 및 조건변경)
은행은 본인이 관계당사자의 동의를 얻어 신청한 경우에 한하여 내국신용장을 취소 또는 조건 변경할 수 있습니다. 다만, 유효기일 경과 등 상당한 사유가 있는 경우에는 은행이 신용장을 취소할 수 있습니다. 이때 은행은 본인에게 사후 통지합니다.

제22조(결제일)
본인은 내국신용장어음 등의 도착일로부터 3영업일 이내에 결제합니다. 다만, 3영업일 이내에 결제하지 못한 경우에는 3영업일에 지급보증대지급금계정으로 처리하여 결제하며 본인은 그 원화금액을 상환하기로 합니다.

【 제 5 장 내국신용장어음매입(추심)에 대한 특약 】

제23조(매입대금 상환)
① 다음 각 호에서 정한 사유중 하나라도 발생한 경우 본인은 은행으로부터의 독촉, 통지 등이 없어도 당연히 다음 각 호에서 정한 내국신용장환어음 매입대금의 상환의무를 지고 곧 변제하기로 합니다.
1. 본인에 대하여 은행여신거래기본약관 제7조 제1항(당연 기한 전 채무변제의무) 각호에서 정한 사유중 하나라도 발생한 경우의 모든 내국신용장환어음
2. 내국신용장 발행은행에 의하여 지급 거절되는 경우의 그 내국신용장환어음
② 본인에 대하여 은행여신거래기본약관 제7조 제4항 및 제5항(은행의 서면독촉에 의한 기한 전 채무변제의무) 각호에서 정한 사유중 하나라도 발생한 경우 본인은 은행의 서면독촉통지 도달일로부터 10일 이상으로 은행이 정한 기간이 경과하면 내국신용장환어음 매입대금의 상환의무를 지고 곧 변제하기로 합니다.
③ 제1항 및 제2항과 관련하여 본인은 매입이자 징수기간 만료일 익일부터 상환일 전일까지 부도처리시 은행이 고시한 은행계정 연체이율로 계산한 손해배상금을 지급하기로 합니다.
④ 제1항 및 제2항과 관련하여 본인이 매입대금과 이에 부수하는 손해배상금, 수수료, 비용 등을 변제할 때까지 은행은 매도물품에 대하여 모든 권리를 행사합니다.

제24조(내국신용장어음등의 반환)
① 이 약정에 의하여 은행에 대한 채무의 변제 또는 은행여신거래기본약관 제10조(은행으로부터의 상계 등)에 의한 상계 등의 경우 은행은 내국신용장어음 등 및 이에 첨부된

서류를 채무변제 등의 시점에 반환하지 아니하여도 됩니다.
② 본인은 은행이 반환하는 내국신용장어음 등 및 이에 첨부된 서류를 은행에서 수령합니다.
③ 은행의 책임 없는 사유로 인하여 내국신용장어음 등 및 이에 첨부된 서류의 반환이 불가능한 경우 은행의 반환의무는 없는 것으로 합니다.

【제 6 장 수출대금채권 매입거래에 대한 특약】

제25조(선적서류의 발송)
수출대금채권 매입거래와 관련한 선적서류(운송서류, 보험서류, 상업송장 및 수출계약서에 의해 요구되는 서류를 포함합니다. 이하 같음)는 본인의 책임하에 발송하고 그 사본을 은행에 제출합니다.

제26조(수출대금채권의 양도)
① 수출대금채권 매입의뢰 시 본인은 수출대금채권을 무조건적으로 은행에 양도하기로 하며 수출대금채권을 양도함에 있어 수입자의 동의를 얻는 등 필요한 절차를 마치고 이를 확인할 수 있는 확인서를 은행에 제출합니다.
② 본인은 수출대금채권을 은행이 아닌 다른 누구에게도 양도, 이전하지 않으며, 물품공급계약의 수정, 수출대금채권 지급조건의 변경, 수입자의 의무에 대한 권리의 포기 등 은행이 독자적으로 판단하기에 당해 수출대금채권과 관련하여 은행의 이익을 해할 수 있는 어떠한 행위도 하지 아니합니다.

제27조(수출대금의 회수 등)
본인은 수출대금을 수출대금채권 만기일에 은행에서 지정한 계좌에 은행의 관리번호를 명시하여 입금하도록 조치합니다.

제28조(기타)
본인은 본장에서 따로 정하지 아니한 사항은 "제2장 수출거래에 대한 특약"의 각 조항에 따르기로 합니다.

<table>
<tr><td colspan="2">본인은 은행여신거래기본약관 및 이 약정서 사본을 확실히 수령하고, 주요내용에 대하여 충분한 설명을 듣고 이해하였습니다.</td></tr>
<tr><td>본 인</td><td>㉿</td></tr>
</table>

No. 4 외화 송금확인서

외화송금확인서
CERTIFICATE OF REMITTANCE

고 객 용

신한은행 SHINHAN BANK

귀하　　　　송금일자(DATE) : 20 -11-28

항상 신한은행을 이용해 주셔서 감사합니다.
동일수취인 앞으로 다시 송금하시고자 하는 경우에는 이 확인서를 가지고 오시면 더 빠르게 처리해드립니다.
개인송금, 유학생경비, 일반해외체재비는 인터넷 뱅킹을 이용하여 고객이 직접 송금거래를 할 수 있으며, 송금수수료 및 환율을 우대하여 드립니다.

REF-No. : 810-048985916　　　송금액 (AMOUNT) : AUD

MT103 SINGLE CUSTOMER CREDIT TRANSFER
SETTLEMENT BANK(결제은행) : ANZ BANK, MELBOURNE

:20 / SENDER'S REFERENCE(송금번호) : 810-048985916
:23E / INSTRUCTION CODE(지시코드) :
:32A / VALUE DATE / CURRENCY / INTERBANK SETTLED AMOUNT (지급일자/통화/송금액) : 0 1129AUD
:50K / ORDERING CUSTOMER(송금인) : KWANG SO PARK
SOUTH KOREA

:57 / BENEFICIARY BANK(수취은행) : //AU012287
ANZ BANK EASTWOOD
158 ROWE STREET EASTWOOD NSW 2122
BSB NO. 012287
:59 / BENEFICIARY CUSTOMER(수취인) :
,CHERRYBROOK
NSW 2126

:70 / REMITTANCE INFORMATION(송금내역) :

:71A / DETAILS OF CHARGES(국외수수료 부담자) : OUR
:72 / SENDER TO RECEIVER INFORMATION(은행간 지시사항) :

거 래 일	거래외국환은행 지정(확인) 번호	거래구분	송금종류	송금인구분	거주지구분	국가코드
20 1128		취결	T/T	민간	거주자	AU
지급 사유	727(개인의 이전거래)					
기타 사항						

귀하께서 신청하신 외화송금을 위와 같이 처리하였음을 확인합니다. 결제은행은 고객께서 지정하지 않으신 경우 변경될 수 있습니다.
We hereby certify that overseas remittance will be made as above.
Settlement bank may vary unless specifically designated by customer.

신한은행 건국대학교 지점
(02 -453 -0583)

(2006.10 제정)　　　　3-303-0050(21.0×29.7) NCR용지54g/m²

No. 5 추심계약서(D/A)

CHARLIE'S TRADING CORPORATION

Fl 52, 511, Yeongdongdae-ro, Gangnam-Gu, Seoul, 135-729, Korea
Tel: 82-2-450-3577, Fax: 82-2-3436-6610, Homepage: www.charlie.com

CONTRACT(D/A)

Mr. Michael Nam
President of Inline Business Consulting
27, Penrose Avenue, Cherrybrook, NSW, 2126, Australia.

Contract No. : CTC200XX-XX-4321
Date : October 20, 20XX
Proforma No. : NT171001

Shipment : OCT. 16. 20XX
Payment : D/A 60 days after B/L date
Destination : Australia Port
Packing : Export Standard Packing
Origin : Made in Korea
Remarks : Partial shipment ALLOWED
Transshipment ALLOWED

Bank: HVBKAU4P
WOORI Australia Bank
35, Rose Avenue, Westwood, NSW,
2126, Australia

DESCRIPTION	QTY	U/PRICE	AMOUNT
100% COTTON MEN'S ROUND NECK SHORT SHIRTS S/NO MS-150	3,955DOZ	US$20.75	US$82,066.25
TOTAL	3,955DOZ	FOB Korean Port	US$82,066.25

Duly Accepted on

Very Truly Yours

Michael Nam / President
Inline Business Consulting

C. K. PARK / CEO
Charlie's Trading Corporation

No. 5-1 추심의뢰서

<table>
<tr><td colspan="2">Principal ①   Reference</td><td colspan="2">Collection Order</td></tr>
<tr><td colspan="2" rowspan="2"></td><td colspan="2">Amount ②</td></tr>
<tr><td colspan="2">Tenor ③</td></tr>
<tr><td colspan="2" rowspan="2">Drawee/Consignee ④</td><td colspan="2">Drawee if not Consignee ⑤</td></tr>
<tr><td colspan="2">Domicile ⑥</td></tr>
<tr><td colspan="2">Remitting Bank ⑦</td><td colspan="2">Collecting bank to be used ⑧</td></tr>
<tr><td colspan="2">Transport details ⑨</td><td colspan="2">We send you the enclosed documents for collection in accordance with our instructions(see "x" where appropriate) and subject to the Uniform Rules for Collection(Publication No. 522) of the International Chamber of Commerce, Paris as far as these are applicable.</td></tr>
<tr><td colspan="4">Goods ⑩</td></tr>
<tr><td>Documents ⑪</td><td>No</td><td rowspan="2">Deliver commercial documents⑫
□ against acceptance
□ against payment

Accepted bill of exchange⑮
□ collect when due
□ to be returned to you

Protest for non-acceptance⑯ □ Yes □ No

Protest for non-payment □ Yes □ No

Also collect⑰   Waive if refused
□ interest as per bill of exchange □ Yes □ No
□ interest as detailed below □ Yes □ No
□ your charges □ Yes □ No
□ further collection charges □ Yes □ No</td><td rowspan="3">Hold until arrival of goods?⑬
□ Yes, or request of drawee only
□ No

Accept deposit in local currency?⑭
□ Yes, against drawee's guarantee concerning exchange risk
□ No

In case of need, consult ⑱
□ for assistance only
□ see powers described below

□ Request teletransmitted advice to you(of)⑲
□ Acceptance and due date
□ Payment
□ Non-acceptance and reason
□ Non-payment and reason

Proceeds to be remitted to you ⑳
□ by teletransmission method upon receipt, credit proceed to our account No.</td></tr>
<tr><td>Bill of exchange

Commercial invoice

Transport document

Insurance document

Certificate of _</td><td></td></tr>
<tr><td colspan="3">Additional instructions㉑</td></tr>
<tr><td colspan="4">Place, date and principal's authentication or signature</td></tr>
</table>

부록 1

No. 6 거절증서

거절자의 성명 또는 명칭	갑을병 주식회사
피거절자의 성명 또는 명칭	American ××× Co.
거절자에 대하여 청구를 한 뜻 및 거절자가 그 청구에 응하지 아니하였거나 거절자와 면회할 수 없었던 것 또는 청구를 할 장소를 알 수 없었던 뜻	거절자가 그 청구에 응하지 아니함
청구를 하였거나 이를 할 수 없었던 장소 및 연월일	서울특별시 중구 을지로 1가 4-1 우리은행본점 서기 20XX년 X월 XX일
거절증서작성의 장소 및 연월일	서울특별시 중구 을지로 1가 41 공증인합동사무소 서기 20XX년 X월 XX일
법정 장소 이외의 지역에서 거절증서를 작성하는 때에는 거절자가 이를 승낙한 것	승낙하였음
지급인이 어음법 제24조 1항 전단의 규정에 의하여 제2의 제시를 할 것을 청구한 때에는 그 뜻	서기 20XX년 X월 XX일내로 지불하겠음

서기 20xx년 x월 xx일

서울특별시 중구 을지로 1가 41
서울지방검찰청소속

공증인

성명 인

No. 7 화환신용장 개설 신청서

APPLICATION FOR IRREVOCABLE DOCUMENTARY CREDIT
- 취소불능 화환신용장 개설 신청서 -

보람은행 앞　　Please advise by ☐ air mail ☐ telex ☑ swift

Credit Number M45N0403NS00057　　Date 20xx / 02/ 25

Advising Bank THE INTERNATIONAL COMMERCIAL BANK OF CHINA
TA AN BRANCH, NO. 62, AN-HO RD. SEC.2, TAIPEI, TAIWAN, R.O.C

Confirmation ☐ Yes ☑ No　　Transferable ☐ Yes ☑ No

Applicant ABC CO., LTD. 777-77 GURO-DONG GURO-GU SEOUL, KOREA
T)+82 2 2222 7777 F)+82 2 222 7788

Beneficiary BABY WORLD LTD. 7F NO.77 AN-HO RD., SEC.7, TAIPEI, TAIWAN, R.O.C.

Amount USD20,113.50　　Date and places of expiry
(date) 20xx / 06/ 15
(place) AT THE NEGOTIATING BANK

Tenor of draft/payment ☑ At sight ☐ Usance(Usance L/C only) (　　) days after sight
☐ Banker's usance L/C(A/C, D/C: 선취☐ 후취☐)
☐ Shipper's usance L/C

Drawee Bank BORAMRSEXXX KORAM BANK 39, DA-DONG, CHUNG-GU　　T/T Reimbursement ☐ Allowed ☑ Not allowed

Shipment FROM : HONG KONG
TO : KOREA PORT　　Partial shipment ☐ Allowed ☑ Not allowed

Latest shipment Date 20xx/05/08

Country of origin CHINA　　Transhipment ☐ Allowed ☑ Not allowed

DOCUMENTS :
☑ Signed commercial invoice in FIVE fold
☑ Full set of clean on board ocean bills of lading made out to the order of BORAM BANK, SEOUL, marked "Freight ☑ collect ☐ prepaid" and "Notify ☑ applicant ☐ "
☐ Airway bill consigned to BORAM BANK, SEOUL, marked 'Freight ☐ collect ☐ prepaid' and 'Notify ☐ applicant'
☐ Insurance policy or certificate in duplicate, endorsed in blank for 110% of the invoice value, expressly stipulating that claims are payable in and it must include:
Covering Institute War Clauses and Institute Cargo Clauses
☐ All risks ☐ W.A % ☐ W.A.I.O.P ☐ F.P.A ☑ Insurance to be effected by Buyer
☑ Packing list in FIVE fold

Covering:

Commodity Descriptions	Quantity	Unit Price	Amount
ITEM NO. NE6A PACO RABANNE STROLLER ALUMINUM AND IRON TUBE MIXED WHEELS:EVA TYRE AND PLASTIC SURCHARGE OF 1X20" TOTAL H.S. CODE : 8715.00-0000 COUNTRY OF ORIGIN : CHINA	235PCS	USD84.10 FOB HONG KONG	USD19,763.50 USD350.00 USD20,113.50

- Documents must be presented within 15 days after the date of shipment but within the validity of this credit
- All banking charges including postage outside korea are for account of ☐ Applicant ☑ Beneficiary ☐ Others
- Shipment must be effected by ______________________
- **Other conditions and other required documents (if any):**
  + 10 percent more or less on both quantity and credit amount are acceptable
  + third party document are acceptable
  + spare parts or samples are acceptable
  + shipment must be containerized and b/l must show 20"s container shipment

This Documentary Credit is subject to the Uniform Customs and Practice for Documentary Credits(2007 Revision, International Chamber of Commerce, Paris, France, Publication No. 600).

위와 같이 신용장 발행을 신청함에 있어서 따로 제출한 외국환거래약정서의 해당 조항을 따를 것을 확약하며 아울러 위 수입물품에 관한 모든 권리를 은행에 양도하겠습니다.

20xx년 2월 24일
주소 : 서울특별시 구로구 구로동 777-77
신청인 : ABC주식회사 대표 김 길 동 (인)
TEL.02 222 7788

보 람 은 행 장 귀하

No. 7-1 화환신용장 개설신청에 의한 신용장(checking)

From BORAM BANK Ref: 5453652H9387
DOC ID : 92837373HG737373　　REF NO : M45N0403NS00057
MIR NO : 65412323232HGFTDS888　　NUR NO :
MOR NO:　　STATUS : SWIFT [90]

TO : ICBCTWIPXXX
INTERNATIONAL COMMERCIAL BANK OF CHINA, THE 100 CHIN LIN ROAD
FLOOR 9

: : MT700 ISSUE OF A DOCUMENTARY CREDIT
: 27 Sequence of Total : 1/1
:40A Form of Documentary Credit : IRREVOCABLE
:20 Documentary Credit Number : M45N0403NS00057
:31C Date of Issue : 20xx / 03/ 02
:40E Applicable Rules : UCP LATEST VERSION
:31D Date and Place of Expiry : (date) 20xx / 06/ 15
(place) AT THE NEGOTIATING BANK
:50 Applicant : ABC CO., LTD. 777-77 GURO-DONG GURO-GU SEOUL, KOREA
T)+82 2 2222 7777 F)+82 2 222 7788
:59 Beneficiary : BABY WORLD LTD. 7F NO.77 AN-HO RD., SEC.7, TAIPEI.
TAIWAN, R.O.C.
:32B Currency Code, Amount : USD20,113.50
:39A Percentage Credit Amount Tolerance : 10/10

:41a Available With... By... : ANY BANK BY NEGOTIATION
:42c Drafts at : BENEFICIARY'S DRAFTS AT SIGHT
:42a Drawee : BORAMRSEXXX BORAM BANK 39, DA-DONG, CHUNG-GU

:43P Partial Shipments : PROHIBITED
:43T Trans Shipments : NOT ALLOWED
:44E Port of Loading/Airport of Departure : HONG KONG, CHINA
:44F Port of Discharge/Airport of Destination : KOREAN PORTS
:44C Latest Date of Shipment : 20xx / 05 / 08

:45A Description of Goods and/or Service :
ITEM NO. NE6A PACO RABANNE
STROLLER 235PCS AT USD84.10 USD19,763.50
ALUMINUM AND IRON TUBE MIXED
WHEELS: EVA TYRE AND PLASTIC

SURCHARGE OF 1x20″ USD350.00

TOTAL USD20,113.50
H.S. CODE : 8715.00-0000
COUNTRY OF ORIGIN : CHINA FOB HONG KONG

:46A Documents Required
+ FULL SET CLEAN ON BOARD OCEAN BILLS OF LADING, MADE OUT TO THE ORDER OF BORAM BANK, SEOUL, MARKED FREIGHT COLLECT AND NOTIFY APPLICANT
+ SIGNED COMMERCIAL INVOICE IN FIVE FOLDS
+ PACKING LIST IN FIVE FOLDS
:47A Additional Conditions
+ 10 PERCENT MORE OR LESS ON BOTH QUANTITY AND CREDIT AMOUNT ARE ACCEPTABLE
+ THIRD PARTY DOCUMENT ARE ACCEPTABLE
+ SPARE PARTS OR SAMPLES ARE ACCEPTABLE
+ SHIPMENT MUST BE CONTAINERIZED AND B/L MUST SHOW 20″S CONTAINER SHIPMENT
:71B Charges
ALL BANKING CHARGES INCLUDING POSTAGE OUTSIDE KOREA ARE FOR ACCOUNT OF THE BENEFICIARY
:48 Period for Presentation
DOCUMENTS MUST BE PRESENTED WITHIN 15 DAYS AFTER THE DATE OF SHIPMENT BUT WITHIN THE VALIDITY OF THIS CREDIT
:49 Confirmation Instructions : WITHOUT
:78 Instruction to the Paying/Accepting/Negotiating Bank :
+ T/T REIM-CLAIM NOT ALLOWED
+ UPON RECEIPT OF DOCUMENTS IN ORDER, WE WILL REMIT PROCEEDS TO YOUR DESIGNATING ACCOUNT
+ ALL DOCUMENTS MUST BE SENT TO ISSUING BANK(BORAM BANK, 39, DADONG, CHUNG-GU, SEOUL KOREA) IN ONE LOT.(FOR OUR BANK'S FILING, PLS ATTACH TWO YOUR NEGO COVER LETTER TO ONE LOT DOCUMENT. DO NOT MAKE DOCS TWO LOT)
:57D "Advice Through" Bank : TA AN BR.

---------------------- END OF MESSAGE ----------------------

No. 8 SWIFT신용장[1)]

HSBC Trade Services

The Hongkong and Shanghai Banking Corporation Limited. 6th Floor Kyobo Building, 1.1-Ka, Jongno, Jongno-Gu, Seoul, Korea, Telephone:3700-9630/6, Facsimile: 722-6547
EXPORT DEPARTMENT

NEW DC ADVICE

ICOM CO LTD, SEOUL KOREA, TEL 598-1206
A6302-803-15194
TEL/FAX NO. 598-1209

DEAR SIR,
DOCUMENTARY CREDIT NO. MGK248186
FOR USD 28,240.35
ISSUED BY HONGKONG AND SHANGHAI BANKING CORP, HONGKONG

WE ADVISE RECEIVED THE ATTACHED DOCUMENTARY CREDIT. PLEASE CHECK THE TERMS AND CONDITIONS OF THIS CREDIT IMMEDIATELY AND NOTE THAT WE ARE UNABLE TO MAKE ANY CHANGES WITHOUT THE ISSUING BANK'S AUTHORITY. ACCORDINGLY, SHOULD ANY OF ITS TERMS/CONDITIONS BE UNACCEPTABLE PLEASE CONTACT THE OPENER DIRECTLY WITH A VIEW TO OBTAINING A SUITABLE AMENDMENT WITHOUT DELAY TO BE ADVISED TO US. YOU ARE NOT ENTITLED TO RELY ON ANY COMMUNICATIONS OR ANY DISCUSSIONS AT ANY TIME WITH US, THE ISSUING BANK OR THE OPENER AS IN ANY WAY AMENDING THIS CREDIT, SAVE TO THE EXTENT THAT THE CREDIT HAS BEEN AMENDED IN WRITING UNDER AN ADVICE SIGNED BY OUR AUTHORIZED SIGNATORIES. YOUR ATTENTION IS ALSO DRAWN TO ARTICLE 4 AND 5 OF UCP600.

THIS ADVICE IS SUBJECT TO UNIFORM CUSTOMS AND PRACTICE FOR DOCUMENTARY CREDITS (2007 REVISION) INTERNATIONAL CHAMBER OF COMMERCE PUBLICATION NO. 600.

THIS ADVICE CONSTITUTES A DOCUMENTARY CREDIT ISSUED BY THE ABOVE BANK AND SHOULD PRESENTED WITH DOCUMENT/DRAFTS FOR NEGOTIATION/ PAYMENT/ACCEPTANCE.

THIS IS A SYSTEM GENERATED ADVICE AND THEREFORE NO SIGNATURE IS REQUIRED.

*** FIRST COPY ***

*** AUTH. CORRECT WITH CURRENT KEY ***

** FIN UAK { 1: F21HSBCKRSEAXXX1078463827}
** {4:{177: Date and Time(YYMMDDHHMM) : 20xx0320 1845}
** {451: acceptance/rejection : 0}}
** --
** {1: FIN MESSAGE/Session/OSN F01 HSBCKRSEAXXX 1078 463827}
** {2: Output Message Type700 issue of a documentary credit

1) 한국무역협회 무역아카데미, 수출입대금결제, 자료 일부 가공

```
**       Input Time/MIR 1743 980320HSBCHKHHAHKH9838295090
**       Received from HSBCHKHHAHKH, hongkong and shanghai banking corporation limited, hong kong
**       Output Date/time 20xx0320 1843
**       Priority/Delivery/Obsol. Normal}
**   MUR : 079059650 {3:{108:079059650}}
**   ----------------------------------------------------------------------
**   {4:
**   27    sequence of total : 1/1
**   40A   form of documentary credit: IRREVOCABLE
**   20    documentary credit no. : MGK248186.
**   31C   date of issue : 20xx0320
**   31D   date and place of expiry : 20××0422, KOREA
**   50    applicant  : KALMAX GARMENTS FTY. LTD. BLOCK C, 10FL., DONTEX BLDG., 10-3
                        SHEUNS HEI ST., SANPOKONG, KOWLOON, HONG KONG
**   59    beneficiary : ICOM CO.,LTD. Rm202 HONGIL B/D, 1551-9, SOCHO-DONG, SOCHO-GU,
                         SEOUL, KOREA
**   32B   currency code amount :
**         currency code        : USD   US DOLLAR
**         amount               : #28,240.35#
**   39A   pct credit amount tolerance: 03/03
**   41A   available with/by-name, address: HK SHANGHAI BANKING CORPORATION LTD, SEOUL,  KOREA,
                                            BY NEGOTIATION
**   42C   drafts at: DRAFTS TO BE DRAWN AT SIGHT FOR FULL INVOICE VALUE
**   42D drawee  name and address: THE HONGKONG AND SHANGHAI BANKING
           CORPORATION LIMITED  MONGKOK OFFICE,
**   43P partial shipments : ALLOWED
     43T transshipment : PROHIBITED
**   44A on board/disp/taking charge: KOREA
**   44B for transportation to: HONG KONG
**   45A description of goods and/or services :
**         9,573 YARDS 40 PERCENT NYLON 60 PERCENT COTTON WOVEN FABRIC
**         WIDTH : 56 inches,  Item NO : IE-1003,  Finish : PD. WR. W/S
**         AT USD 2.95 PER YD CIF HONG KONG
**         COLOUR ASSORTMENT :
**         COLOUR         QTY(YDS)          SHIPMENT LATEST
**           BLACK          6,277              30 MAR, 20xx
**           STONE          2,150              15 APR,  20xx
**           NAVY           1,146              15 APR,  20xx

** : 46A  documents required
**   + SIGNED COMMERCIAL INVOICE IN TRIPLICATE. (AN EXTRA COPY OF
       INVOICE FOR ISSUING BANK'S FILE IS REQUIRED.)
**   + SIGNED PACKING AND WEIGHT LIST IN TRIPLICATE.
**   + FULL SET ORIGINAL CLEAN 'ON BOARD' MARINE BILLS OF LADING MADE
       OUT TO ORDER, ENDORSED IN BLANK, MARKED 'FREIGHT PREPAID', NOTIFY
       APPLICANT WITH FULL ADDRESS AND MENTIONING THIS DC NO.
**   + MARINE INSURANCE POLICY OR CERTIFICATE IN NEGOTIABLE FORM,
       ENDORSED IN BLANK FOR FULL CIF VALUE PLUS 10 PERCENT COVERING INSTITUTE
       CARGO CLAUSES (A) INCLUDING FROM WAREHOUSE TO WAREHOUSE, INSTITUTE WAR
       CLAUSES (CARGO) AND INSTITUTE STRIKES CLAUSES (CARGO), AND SHOWING CLAIMS
       PAYABLE AT DESTINATION IN THE CURRENCY OF THIS DOCUMENTARY CREDIT.
**   + COPY OF APPLICANT'S FAX TO BENEFICIARY CERTIFYING THAT SHIPMENT
       3SAMPLES HAVE BEEN APPROVED BEFORE SHIPMENT.
```

** + COPY OF BENEFICIARY'S FAX SHIPMENT ADVICE TO APPLICANT (FAX NO. 852-3452-3223) DATED ON OR BEFORE SHIPMENT ADVISING NAME OF THE CARRYING VESSEL, SHIPMENT DATE, NUMBER OF CARTONS, QUANTITY AND VALUE OF THE GOODS TO BE SHIPPED AND NAME OF THE SHIPPING COMPANY'S AGENT IN HONG KONG.

** + BENEFICIARY'S SIGNED CERTIFICATE CERTIFYING THAT ONE SET OF NON-NEGOTIABLE SHIPPING DOCUMENTS INCLUDING SIGNED COMMERCIAL INVOICE, SIGNED PACKING AND WEIGHT LIST AND MARINE BILL OF LADING HAS BEEN FAXED TO APPLICANT (FAX NO. 852-3452-3223) ON OR BEFORE SHIPMENT.

** + INSPECTION CERTIFICATE ISSUED AND SIGNED BY TEXTILE LIMITED.

** 47A additional conditions:

** + DOCUMENTS TO BE PRESENTED WITHIN 7 DAYS AFTER THE DATE OF SHIPMENT BUT WITHIN THE VALIDITY OF THIS CREDIT. DOCUMENTS MUST BE PRESENTED TO US THROUGH YOUR BANKER.

** + 3 PERCENT MORE OR LESS IN QUANTITY AND AMOUNT FOR EACH COLOUR ALLOWED.

** + IN CASE OF DC OVERDRAWN AND IF SUCH DISCREPANCY IS ACCEPTED BY APPLICANT. THEN A DC OVERDRAWN COMMISSION AT 1/4 PERCENT ON OVERDRAWN AMOUNT (MINIMUM HKD450.00 OR EQUIVALENT) WILL BE DEDUCTED FROM PROCEEDS.

** + AT THE TIME OF NEGOTIATION. THE NEGOTIATING BANK WILL PAY YOU THE AMOUNT OF THE DRAFT LESS REIMBURSING BANK'S CHARGES.

** + A USD 50.00 FEE PLUS ALL RELATIVE CABLE CHARGES WILL BE DEDUCTED FROM THE REIMBURSEMENT CLAIM FOR EACH PRESENTATION OF DISCREPANT DOCUMENT UNDER THIS DOCUMENTARY CREDIT. NOTWITHSTANDING ANY INSTRUCTIONS TO THE CONTRARY. THIS CHARGE SHALL BE FOR THE ACCOUNT OF THE BENEFICIARY.

** 71B charges: ALL BANKING CHARGES OUTSIDE HONG KONG. INCLUDING ADVISING AND NEGOTIATION COMMISSION, ARE FOR THE ACCOUNT OF BENEFICIARY.

** 49 confirmation instructions: WITHOUT

** 78 instructions to pay/acc/neg bk: DOCUMENTS MUST BE DESPATCHED BY REGISTERED AIRMAIL IN ONE COVER TO OUR MONGKOK OFFICE, 673 NATHAN ROAD, KOWLOON, HONG KONG. ON RECEIPT OF DOCUMENTS CONFORMING TO THE TERMS OF THIS CREDIT, WE UNDERTAKE TO REIMBURSE YOU IN THE CURRENCY OF THIS CREDIT AS PER YOUR INSTRUCTIONS LESS REIMBURSEMENT FEES AND PAYMENT CABLE CHARGES (PLS PROVIDE REIMBURSEMENT BANK'S ABA NO AND YOUR CHIPS UID NO.). NEGOTIATING BANK'S DISCOUNT AND/OR INTEREST, IF ANY, PRIOR TO REIMBURSEMENT BY US ARE FOR BENEFICIARY'S A/C.

** 72 sender to receiver information: PLS. CONTACT BENEFICIARY AT TEL. NO. 598-1206 IMMEDIATELY UPON RECEIPT OF THIS CREDIT.

** -}

** {5:{MAC:13B4493A} Authentication Result

** {CHK:F55F958409A5} Checksum Trailer}

* End

No. 8-1 SWIFT신용장

--- Message Trailer ---
{MAC : 2550B2DD}
{CHK : 3927D4BAADIC}
-------------------------------------- Instance Type and Transmmission ------------------------------------
Original receiver from SWIFT
Priority : Normal
Message Output Reference : 2122 050117UBAFKRSXAXXXX38437363
Correspondent Input Reference : q822 051117UCBLBDDHARSA575987665

-- Message Header --
Swift OUTPUT : Fin 701 Issue of a Documentary Credit
Sender : UCBLBDDHPRB
UNITED COMMERCIAL BANK LTD
(PRINCIPAL BRANCH)
DHAKABD
Receiver : UBAGKRSXXX
U.B.A.F.-UNIONDEBANQUESARABESETFRANCAISES

-- Message Text ---
27 : Sequenced of Total : 1/2
40A Form of Documentary Credit : IRREVOCABLE
20 Documentary Credit Number : 100305060029
31C Date of Issue : 20xx0817
40E : Applicable Rules : UCP LATEST VERSION
31D Date and Place of Expiry : 20xx0920 KOREA

51A Applicant Bank - BIC
UCBLBDDHPRB UNITED COMMERCIAL BANK LTD (PRINCIPAL BRANCH) DHAKABD
50 Applicant : M/S. T. J. FASHIONS LTD, 777/7, KACHUKHET (7TH FLOOR), DHAKACANTT.DHAKA, BANGLADESH
59 Beneficiary : M/S. LUCKY CORP. N0.77-7, YOIDO-DONG, YOUNG DEUNGPO GU, SEOUL,KOREA
32 Currency Code, Amount : USD 8,208.30
39a Maximum Credit Amount : NOT EXCEEDING

41a Available With … By : BCITIT22076 By DEF PAYMENT
42c Drafts at.. : 60 DAYS from shipment date
42a Drawee : UNITED COMMERCIAL BANK LTD, PRINCIPAL BRANCH, 58, MOTIJHEEL COMMERCIAL, AREA,, DHAKA-1000, BANGLADESH

42P Deferred Payment Details: Ay 60 days from shipment date

43P Partial Shipments : ALLOWED
43T Trans Shipments : ALLOWED

44A Loading on Board/Dispatch/Taking in Charge at/from :
ON BOARD FROM ANY TAIWAN/CHINA/KOREA PORT

44B For Transportation to : CHITTAGONG/DHAKA BY SEA/AIR
44C Latest Date of Shipment : 20xx0910

45A Description of goods and/or Service :
FABRICS FOR READY MADE GARMENTS INDUSTRY : QUANTITY, QUALITY UNIT PRICE(CFR) CHITTAGONG/DHAKA SPECIFICATION AND OTHER DETAILS AS PER BENEFICIARY'S PRO FORMA INVOICE NO. CW-050109 DTD 04.01.20xx/

46A Documents Required
THE FOLLOWING DOCUMENTS REQUIRED IN ENGLISH MANUALLY SIGNED FOR NEGOTIATION OF DOCUMENTS

A) YOUR SIGNED COMMERCIAL INVOICE IN OCTUPLICATE CERTIFYING MERCHANDISE TO BE OF KOREA/TAIWAN/CHINA ORIGIN.
B) FULL SET OF CLEAN SHIPPED ON BOARD OCEAN BILLS OF LADING/ AIRWAY BILL DRAWN OR ENDORSED TO THE ORDER OF UNITED COMMERCIAL BANK LED., PRINCIPAL BRANCH, 58, MOTIJHEEL C/A.,
C) INSURANCE COVERED BY OPENER ALL SHIPMENT UNDER THIS CREDIT MUST BE ADVISED BY YOU IMMEDIATELY AFTER SHIPMENT DIRECT TO TAKAFUL, ISLAMI INSURANCE LIMITED, 42, DILKUSHA C/A., DHAKA BANGLADESH AND TO THE OPENER REFERRING TO THEIR COVER NOTE NO. TIL/KILC/MC-031/02/20xx (OPEN) DTD 17. 94. 20xx GIVING FULL DETAILS OF SHIPMENT, A COPY OF THIS ADVICE TO ACCOMPANY EACH SET OF DOCUMENTS. ALL EVIDENCING SHIPMENT FROM KOREA/TAIWAN/CHINA TO CHITTAGONG/DHAKA BY SEA/ AIR.
D) 'SHORT FORM' BILL OF LADING/AIRWAY BILL AND THROUGH BILL OF LADING/AIRWAY BILL COVERING SEVERAL OF TRANSPORT ARE NOT ACCEPTABLE.

71B Charges : BENEFICIARY'S ACCOUNT.
48 Period for Presentation ;
DOCUMENTS TO BE PRESENTED WITHIN 11 DAYS AFTER THE DATE OF SHIPMENT BUT WITHIN THE VALIDITY OF THE CREDIT

49 Confirmation Instructions : WITHOUT

78 Instruction to the Paying/Accepting/Negotiating Bank :

A) AMOUNT OF DRAFT NEGOTIATED SHOULD BE ENDORSED ON THE REVERSE SIDE OF THE CREDIT
B) YOUR ADVISING/CONFIRMATION, CABLE AND OTHER CHARGES INCLUDING REIMBURSING CHARGES WILL BE ON ACCOUNT OF BENEFICIARY.
C) IN REIMBURSEMENT WE SHALL HONOUR YOUR CLAIM COMPLYING L/C TERM ON PRESENTATION AS PER OUR INSTRUCTION THROUGH OUR FOREIGN CORRESPONDENT IN NEWYORK
D) REIMBURSEMENT UNDER THIS CREDIT ARE SUBJECT TO U.R.R. PUBLICATION 525 I.C.C. WERE APPLICABLE.
E) DOCUMENTS CONTAINING ANY DISCREPANCY MUST NOT BE NEGOTIATED EVEN AGAINST GUARANTEE OR UNDER RESERVE WITHOUT OUR PRIOR APPROVAL.

57A 'Advise Through' Bank - BIC
UVAFKRSXXXX
U.B.A.F.-UNIONDEBANQUESARAVESETFRANCAISES

-- Message Text --

27 Sequence of Total : 2/2
20 Documentary Credit Number : 100305060029

47B Additional Conditions

A) IMPORT AUTHORIZATION FORM NO. UCB LCAF NO. 20506,
IRC NO. BA-112456, H.S. CODE NO. 6001.10 TO 6001.9119 AND
EXPORT L/C NO. 4N01/00082/3156
DTD 31.07.20xx TO APPEAR ON THE INVOICES.
B) CERTIFICATE OF ORIGIN FORM CHAMBER OF COMMERCE / BENEFICIARY IS REQUIRED.
C) PACKING LIST REQUIRED IN QUAR DUPICATE
D) WEIGHT AND MEASUREMENT LIST REQUIRED IN QUAR DUPICATE
E) DOCUMENT EVIDENCING SHIPMENT MUST NOT BE DATED EARLIER THAN THE DATE OF OPENING OF THIS CREDIT.
F) SHIPMENT(S)/TRANSHIPMENT(S) ON ISRAELI FLAG VESSEL/AIRLINES ARE PROHIBITED.
G) THIS CREDIT IS SUBJECT TO UNIFORM CUSTOMS AND PRACTICE FOR DOCUMENTARY CREDIT (2007 REVISIONS) INTERNATIONAL CHAMBER OF COMMERCE PUBLICATION NO.600
H) DISCREPANCY FEE FOR USD50/00 WILL BE DEDUCTED FROM THE BILL OR HANDLING OF EACH SET OF DISCREPANT DOCUMENTS.

I) THIRD PARTY SHIPPERS DOCUMENTS ARE NOT ACCEPTABLE.

J) PRE-SHIPMENT INSPECTION CERTIFICATE ISSUED AND SIGNED BY THE AUTHORIZED REPRESENTATIVE OF THE BENEFICIARY CERTIFYING THAT THE QUANTITY, QUALITY, SPECIFICATION OF MERCHANDISE ARE CONFORMED TO L/C PRO FORMA INVOICE AND HIS SIGNATURE TO BE VERIFIED BY THE NEGOTIATING/ADVISING BANK SHOULD ACCOMPANY THE ORIGINAL SHIPPING DOCUMENTS.

K) ONE SET OF NON-NEGOTIABLE DOCUMENTS TO BE SENT TO THE OPENER BY DHL/EMS IMMEDIATELY AFTER SHIPMENT AND A CERTIFICATE TO THIS EFFECT FROM BENEFICIARY ALONG WITH DHL/EMS RECEIPT SHOULD ACCOMPANY THE ORIGINAL SHOPPING DOCUMENTS.

L) SHIPPED ON BOARD NOTATION IN B/L IS REQUIRED DULY VALIDATED IN CASE OF SHIPMENT BY SEA.

M) MATURITY DATE WILL BE CALCULATED FROM THE DATE OF ACCEPTANCE.

N) INTEREST ON OPENER'S ACCOUNT FOR THE USANCE PERIOD TO BE CHARGED AT LIBOR FROM THE DATE OF NEGOTIATION.

O) SIX COPIES OF INVOICES TO BE SENT WITH ORIGINAL SET OF DOCS BY FIRST CLASS COURIER MAIL AND TWO COPIES OF INVOICE WITH DUPLICATE SET BY SUBSEQUENT AIR MAIL.
DRAFT MUST BE MARKED "DRAWN UNDER UNITED COMMERCIAL BANK LTD." CREDIT NO. 100305060029.

WE HEREBY AGREE WITH DRAWERS, ENDORSERS AND BONAFIDE HOLDERS OF DRAFT DRAWN UNDER AND IN COMPLIANCE WITH THE TERMS OF THIS CREDIT THAT THE SAME SHALL BE HONOURED AT MATURITY ON DUE PRESENTATION.

No. 9 선적서류 매입(추심) 의뢰서

선적서류 매입(추심) 의뢰서

(20 년 06월 17일)

담당	책임자	차장	지점장

한국외환은행 지점 앞

MAIL TO

고객번호	418 -
매입번호	418 -

AMOUNT	USD	US$34,000,000.00		TENOR & MATURITY	AT SIGHT
L/C(CONTRACT)	NO	DATED		ISSUED BY	
COMMODITY				H.S.CODE	
ACCOUNTEE (DRAWEE)				BENEFICIARY (DRAWER)	
DESTINATION	FROM			TO	
PRICE TERM		E/L NO		FOB 금액	US$34,000,000

DOCUMENTS ATTACHED		DRAFT		INVOICE		B/L	AWB	P/L							
		BENE	BANK	COMM	CUST										
TO ISSUING BANK	1st														
	2st														
TO REIM BANK											TO REIM BANK CODE :				

매입대전 처리신청 명세

명 세		금 액
외화계정 대체		
원화계정 대체		
무역어음 대출	A	
	B	
수입보증금		
우편료	환가료	대체료
전신료	추심료	
예 금	계좌번호	

불일치 내용

위와 같이 화환어음의 매입(추심)을 신청함에 있어서 외국환거래약정서의 해당 조항을 따를 것을 확약하며, 신용장(계약서) 불일치 내용이 상대은행에서 통보되어 온 경우에도 매입시 불일치 내용을 신고한 것으로 인정하여 이의를 제기하지 않겠습니다. 아울러 위 수출물품에 대한 모든 권리를 은행에 양도하겠습니다.

본 인 (인) 인감대조

주 소

(은행 사용란)

※ 전산망 필수 투입 사항

①본지사 거래 ☐

②수출보험공사 부보 ☐ 수출어음보험 ☐ 단기수출보험 ☐ 기타( )

③수출형태 ☐ 선수금매입 ☐ 중계매입 ☐ 착수금매입 ☐ 기타( )

▣ 신용장

☐BANKER'S USANCE

▣ D/P, D/A

☐COLLECT INTEREST FROM DRAWEE AT % P.A. FROM TO (DAYS IN A YEAR)

☐DO NOT WAIVE 1.INTEREST ☐ 2.CHARGES ☐ WITHOUT OUR PRIOR APPROVAL.

☐ALL CHARGES AND/OR EXPENSES OUTSIDE KOREA ARE FOR DRAWEE'S ACCOUNT

▣ 특수조건 기재란

EP-B-FM-024(2003. 9월개정, 210X297)

KEB First Choice Bank 외환은행

No. 9-1 수출환어음 매입(추심) 신청서

수출환어음매입(추심)신청서

☐ 추심인 경우(V 표시)

담 당	검 토 자	결재권자

매입번호*	
고객번호*	
승인신청번호*	

우리은행 앞

아래와 같이 화환어음의 매입/추심을 신청함에 있어서 따로 제출한 외국환거래약정서의 해당 조항에 따를 것을 확약하며 신용장(계약서) 불일치 내용이 상대은행에서 통보되어 온 경우 매입시 불일치 내용을 신고한 것으로 인정하여도 이의를 제기하지 않겠습니다. 아울러 위 수출물품에 대한 모든 권리를 귀 은행에 양도하겠습니다.

(1) L/C 및 운송서류 내용		(2) 매입(추심)신청내역	
L/C 번 호*		통 화*	USD
개 설 일 자*		금 액*	
수출신고필증번호*		외화대체금액	
선 적 기 일		수입보증금	
유 효 기 일		원화입금액	

(3) 신용장(계약서)불일치 내용 *

①

②

③

④

⑤

⑥

위 신용장(계약서)에 의한 수출환어음매입 또는 선적서류매입과 관련하여 본인은 아래와 같은 신용장(계약서) 조건과의 불일치 또는 기타 사유로 인한 하자사항을 확인하며 이로 말미암은 비용 및 손해는 외국환거래약정서에 따라 부담하겠습니다.

년 월 일

*주 소

*신청인 (인)

인감 및 원본확인

*DOCS	DRAFT	COMM INV	B/L	AWB	PKG LIST	INSU PO/CE	CERT ORIG	INSP CERT	CONS INV	BENEF CERT	SHIP ADV		
1 ST			C	C		C							
2 ND			C	C		C							
DRAWEE													

MAIL TO			
DRAWEE BANK		*수출보험등 부보여부	Y N
OPENING / COLLECTING BANK		COMM/INTEREST	
BENEFICIARY		특별문구(코드)	
ACCOUNTEE		H.S. NO.	
COMMODITY		TRANSSHIPMENT	ALLOWED, NOT
DESTINATION		PARTIALSHIPMENT	ALLOWED, NOT

* 표시란은 고객/영업점께서 작성하시는 란입니다.

Ⅰ Ⅲ Ⅰ 수출 (403006, 210×297) 백상지 70g/㎡(2002. 11 개정) 우리은행

No. 10 기타 외화 지급보증 개설신청서

국민은행 앞 ☐ AIRMAIL ☐CABLE

(현지금융담보 STAND-BY L/C용)

To: DATE:

We, KOOKMIN BANK, Seoul Korea, hereby open our irrevocable Stand-By Letter of Credit No. ________________ in your favor for account of (보증의뢰인) up to an aggregate amount of US (say US Dollars________________ONLY) including accrued interest as a security for your loan extended to____(보증수혜자)

(hereinafter called the borrower) for purchasing materials and equipment for the execution to__________________________ (project name 및 contract no….)

This letter of credit is available by your sight draft drawn on us accompanied by your signed statement certifying that the borrower has failed to repay your loan and interest effected under this letter of credit.

When the repayment is made by installment the amount of this letter of credit shall be automatically reduced by the equivalent amount repaid under your advice to us.

This letter of credit will expire on (expiry date) and any claims must be received by us in writing on or before (expiry date) (including days mailing date) After which date this letter of credit shall be null and void.

All banking charge outside KoreaisforaccountofBeneficiary.

We confirm that foreign exchange control and all other necessary approvals by relevant authorities of the Republic of Korea for the issuance of letter of credit have been obtained.

This letter of credit is subject to Uniform Customs and Practice for Documentary Credits, 2007 revision, International Chamber of Commerce, Publication No. 600

위와 같이 지급보증을 신청함에 있어서 위 기재사항이 당해 보증을 요하는 거래에 대한 허가서 또는 인증서 내용과 틀림없음을 확인하고 따로 제출한 지급보증거래 약정서의 각 조항에 따를 것을 확약합니다.

20 년 월 일

주 소 :
신청인 :

지급보증 확인	

No. 11 보증신용장

CHASE MANHATTAN BANK

123 Wall Street New York, N.Y. USA

July 03. 20xx

STANDBY LETTER OF CREDIT

We hereby establish an irrevocable Standby Credit No 60301 for account of Charlies trading Corporation, and thereby undertake to honour drafts at sight on us not exceeding in the aggregate US $20,000,000(twenty million US dollars only) each such draft to be accompanied by your written statement that drawing represents sum owed to you through failure of Charlies trading Corporation, to make payment in connection with your bid invitation No. 2345.

This credit is valid until September 30, 20xx and drafts drawn hereunder if accompanied by document as specified above will be honoured if presented to us at our office on or before that date.

Except as otherwise expressly stated herein, this credit is subject to the "Uniform Customs and Practice for Commercial Documentary Credits(2007 Revision), International Chamber of Commerce, Publication No. 600"

Your faithfully,

Chase Manhattan Bank

Authorized counter signature	Authorized signature

No. 11-1 보증신용장

MIR NUMBER : 1832120118CZNBKRSEAXXX79558 BR NO : 2181 SWIFT
MOR NUMBER : MAKE : 20xx/01/18
REF NUMBER : N07E91201XD03355 STAT : 90 (ACK)

DOC ID : 20xx0118OIMS01018 MESSAGE TYPE : 760

TO : ICBKCNBJSZU
INDUSTRIAL AND COMMERCIAL BANK OF CHINA SUZHOU

:27 : Sequence of Total
1/1
:20 : Transaction Reference Number (TRN)
N07E91201XD03355
:23 : Further Identification
ISSUE
:30 : Dat
xx0118
:40C: Applicable Rules
OTHR/UCP

:77C: Details of Guarantee

· AT THE REQUEST OF MK CO.,LTD (THE APPLICANT), WE HEREBY ISSUE OUR IRREVOCABLE STAND-BY LETTER OF CREDIT NO.N07E91201XD03355 IN YOUR FAVOR FOR ACCOUNT OF MK EL(KUNSHAN) CO.,LTD.(THE BORROWER) WHICH HAS ITS REGISTERED OFFICE AT NO.1 XINXING ROAD. PENGLANG. KUNSHAN DEVELOPMENT ZONE, JIANGSU (ADDRESS OF THE BORROWER) FOR AN AMOUNT OF UNITED STATES DOLLARS PLUS INTEREST ACCRUED FROM THE AFORESAID PRINCIPAL AMOUNT, COSTS AND FEES, AND OTHER BANKING CHARGES PAYABLE BY THE APPLICANT (THE BORROWER) AT THE RELEVANT EXCHANGE RATE OF USD/CNY QUOTED BY ICBC ON THE DATE OF YOUR DRAWING.

WE KOOKMIN BANK, YONG-IN BRANCH, WITH OUR OFFICE AT 95-2, KIMRAYNGJANG-DONG, CHEOIN-GU, YONGIN-CITY, KYUNGGI-DO, KOREA HEREBY ISSUE IN YOUR FAVOUR THIS IRREVOCABLE STAND-BY LETTER OF CREDIT NO N07E91201XD03355 AMOUNTING TO USD500,000 (SAY UNITED STATES DOLLARS FIVE HUNDRED THOUSAND ONLY).

· UPON PRESENTATION OF YOUR DRAFT(S) AND YOUR TESTED SWIFT MESSAGE DEMAND NOT LATER THAN THE EXPIRY DATE OF THE L/C STATING THAT THE AMOUNT DRAWN REPRESENTS THE UNPAID BALANCE OF INDEBTEDNESS DUE TO YOU BY THE BORROWER, WE SHALL, WITHIN SEVEN(7) BUSINESS DAYS PAY YOU THE AMOUNT SPECIFIED IN YOUR DRAFT(S) DRAWN ON US.

· EXCEPT AS EXPRESSLY STATED HEREIN, THIS UNDERTAKING IS NOT SUBJECTED TO ANY AGREEMENT, CONDITION OR QUALIFICATION. THE OBLIGATION OF THE ISSUING BANK UNDER THIS LETTER OF CREDIT SHALL BE THE INDIVIDUAL OBLIGATION OF THE BANK.

· THIS STAND-BY LETTER OF CREDIT SHALL COME INTO EFFECT ON 18/01/20xx(DATE/MOMTH/YEAR) AND ITS AMOUNT SHALL BE REDUCED CORRESPONDINGLY AS AND WHEN PAYMENTS THEREOF ARE MADE BY THE BORROWER PURSUANT TO THE FACILITY AGREEMENT OR BY US. THIS STAND-BY LETTER OF CREDIT SHALL EXPIRE AT OUR COUNTER ON 17/01/20xx (DATE/MONTH/YEAR).

ALL DRAFTS DRAWN HEREUNDER MUST BE MARKED DRAWN UNDER KOOKMIN BANK, YONG-IN BRANCH (THE ISSUING BANK) STAND-BY LETTER OF CREDIT NO N07E91201XD03355 DATED 18/JAN/20xx.

· ALL NOTICE AND COMMUNICATIONS TO US SHALL BE SENT TO CZNBKRSE (SWIFT CODE) BY AUTHENTICATED SWIFT.

· ALL BANKING CHARGE OUTSIDE KOREA IS FOR ACCOUNT OF BENEFICIARY.

WE ENGAGE WITH YOU THAT DRAFTS DRAWN UNDER AND IN COMPLIANCE WITH TERMS OF THIS CREDIT SHALL BE DULY HONORED ON DUE PRESENTATION TO US.

· THIS LETTER OF CREDIT IS SUBJECT TO UNIFORM CUSTOMS AND PRACTICE FOR DOCUMENTARY CREDITS, 2007 REVISION, INTERNATIONAL CHAMBER OF COMMERCE, PUBLICATION NO. 600.

========== END OF MESSAGE ==========

No. 12 청구보증서

P-BOND

MIR NUMBER : 1203120106CZNBKRSEAXXX6658 BR NO : 5474 . SWIFT
MOR NUMBER : MAKE : 20xx/01/06
REF NUMBER : M10H81201XD0041 STAT : 90 (ACK)

DOC ID : 20xx0106OIMS00233 MESSAGE TYPE : 760

TO : HBMBMYKLXXX
HSBC BANK MALAYSIA BERHAD, MALAYSIA KUALA LUMPUR

:27 : Sequence of Total
1/1
:20 : Transaction Reference Number (TRN)
M10H81201XD0041
:23 : Further Identification
ISSUE
:30 : Date
xx0106
:40C: Applicable Rules
URDG

:77C: Details of Guarantee
TO: ALSTOM ASIA PACIFIC SDN BHD(243308H)
5TH FLOOR,CHULAN TOWER,3 JALAN CONLAY, 50450 KUALA LUMPUR, MALAYSIA
TEL:603 2055 6000

PERFORMANCE GUARANTEE NO.M10H81201XD0041

DEAR SIRS,

· WE HAVE BEEN INFORMED THAT YOU HAVE CONCLUDED ON 27TH OF MAY 20xx A CONTRACT NO.41000595/3 WITH MESSRS. CEPAS LINES CORP., 33-2, HWAJEON-DONG, SEO-GU, BUSAN, KOREA (HEREINAFTER CALLED 'SUPPLIER') FOR THE SUPPLY OF BUTTERFLY VALVE AT A TOTAL PRICE OF EUR10,131.60 ACCORDING TO THIS CONTRACT. SUPPLIER IS REQUIRED TO PROVIDE YOU WITH A PERFORMANCE GUARANTEE IN THE AMOUNT OF EUR519.74 (**PERCENT OF THE CONTRACT PRICE).

· THIS BEING STATED, WE, KOOKMIN BANK, 9, NAMMUNRO, JUNG-GU, SEOUL, KOREA(RELAY TO SINPYEONG-DONG BRANCH), IRRESPECTIVE OF THE VALIDITY AND THE LEGAL EFFECTS OF THE ABOVE-MENTIONED CONTRACT AND WAIVING ALL RIGHTS OF OBJECTION AND DEFENSE ARISING FROM THE PRINCIPAL DEBT, HEREBY IRREVOCABLY UNDERTAKE TO PAY IMMEDIATELY TO YOU UPON YOUR FIRST DEMAND, ANY AMOUNT UP TO EUR519.74(SAY EURO FIVE HUNDRED NINETEEN AND

SEVENTY FOUR ONLY) UPON RECEIPT OF DRAFT, YOUR WRITTEN REQUEST FOR PAYMENT AND YOUR WRITTEN CONFIRMATION STATING THAT IN YOUR BELIEF SUPPLIER HAS NOT FULFILLED ITS OBLIGATIONS IN CONFORMITY WITH THE TERMS OF THE ABOVE-MENTIONED CONTRACT.

· FOR THE PURPOSE OF IDENTIFICATION, YOUR REQUEST FOR PAYMENT AND YOUR CONFIRMATION HAVE TO BE PRESENTED THROUGH THE INTERMEDIARY OF A FIRST RATE BANK CONFIRMING THAT THE SIGNATURES ARE LEGALLY BINDING UPON YOUR FIRM. IF IN THIS RESPECT, SUCH BANK WILL MAKE USE OF SWIFT, IT WILL HAVE TO TRANSMIT IN ANY CASE THE FULL WORDING OF YOUR REQUEST FOR PAYMENT AND OF YOUR ABOVE-MENTIONED WRITTEN CONFIRMATION AND TO CONFIRM AT THE SAME TIME THAT THE ORIGINALS OF THESE DOCUMENTS, LEGALLY BINDING UPON YOUR FIRM, HAVE BEEN FORWARDED TO US.

· OUR GUARANTEE IS VALID UNTIL 2nd OF APRIL 20xx AND EXPIRES IN FULL AND AUTOMATICALLY.

WITH EACH PAYMENT UNDER THIS GUARANTEE OUR OBLIGATION WILL BE REDUCED PRO RATE.

· ALL BANKING CHARGE OUTSIDE KOREA IS FOR ACCOUNT OF THE BUYER.

· THIS GUARANTEE IS SUBJECT TO THE UNIFORM RULES FOR DEMAND GUARANTEES, ICC PUBLICATION NO.758.

========== END OF MESSAGE ==========

No. 13 내국신용장(Local L/C)

취소불능 내국신용장

전자문서 번호 : 통지일자 :

----------------------- < 개 설 내 역 >---------------------

개설은행 :
개설일자 :
신용장번호 :
개설의뢰인(상호, 주소, 대표자, 전화번호, 사업자등록번호) :
수혜자(상호, 주소, 대표자, 전화번호, 사업자등록번호) :
내국신용장 종류 :
개설외화금액 :
개설원화금액 :
매매기준율 :
물품매도확약서 번호 :
물품인도기일 :
유효기일 :
제출서류 : 물품수령증명서 통
공급자발행 세금계산서 사본 통
공급자발행 물품매도확약서 사본 통
본 내국신용장 사본 통

기타 구비서류

당행은 귀하(사)가 위 금액의 범위에서 상기의 서류를 첨부하여 물품대금 전액의 일람출급식 판매대금추심의뢰서를 발행할 수 있는 취소불능내국신용장을 개설합니다.
당행은 이 신용장에 의하여 발행된 판매대금추심의뢰서가 당행에 제시된 때에는 이를 이의 없이 지급할 것을 판매대금추심의뢰서의 발행인에게 확약합니다.

대표공급물품명 : **(HS부호 :)**
분할인도 허용여부 :
서류제시기간 : 물품수령증명서 발급일로부터 영업일 이내
개설근거별 용도 :
기타 :

-------------------- < 원수출신용장 등 내역> ----------------------

개설근거서류 종류 :
신용장(계약서) 번호 :

-------------------- < 발신기관 전자서명 > ----------------------

발신기관 전자서명 :

1. 이 전자문서는 「전자무역 촉진에 관한 법률」에 따라 발행된 내국신용장으로서 이 문서를 전송받은 개설의뢰인 또는 수혜자는 같은 법률 시행규정 제12조제3항의 별표4에 따라 신용장 여백에 정당발급문서임을 표시하는 적색 고무인을 날인하여야 합니다.
2. 이 신용장에 관한 사항은 다른 특별한 규정이 없는 한 국제상공회의소 제정 화환신용장 통일규칙 및 관례에 따릅니다.

출처: 한국은행 금융중개지원 대출관련 무역금융지원 프로그램 운용절차 별지 제4-3호 서식

No. 14 구매확인서

외화획득용 원료 · 기재 구매확인서

※ 구매확인서번호 :

① 구매자	(상호) (주소) (성명) (사업자등록번호)
② 공급자	(상호) (주소) (성명) (사업자등록번호)

1. 구매원료 · 기재의 내용

③ HS부호	④ 품명 및 규격	⑤ 단위 및 수량	⑥ 구매일	⑦ 단가	⑧ 금액	⑨ 비고

2. **세금계산서**(외화획득용 원료 · 기재를 구매한 자가 신청하는 경우에만 해당)

⑩ 세금계산서 번호	⑪ 작성일자	⑫ 공급가액	⑬ 세액	⑭ 품목	⑮ 규격	⑯ 수량

⑰ 구매원료 · 기재의 용도명세 : 원자재구매, 원자재 임가공위탁, 완제품 임가공위탁, 완제품구매, 수출대행 등 해당용도를 표시하되, 위탁가공무역에 소요되는 국산원자재를 구입하는 경우는 "(위탁가공)" 문구를 추가표시

* 한국은행 금융중개지원 대출 관련 무역금융지원 프로그램 운용세칙상의 용도표시 준용

위의 사항을 대외무역법 제18조에 따라 확인합니다.

확인일자 년 월 일

확인기관

전자서명

이 전자무역문서는「전자무역 촉진에 관한 법률」에 따라 전자문서교환방식으로 발행된 것으로서 출력하여 세관 또는 무역유관기관 등 제3자에게 제출하려는 경우 업체는 동 법률 시행규정 제12조 제3항에 따라 적색고무인을 날인하여야 합니다.

* 대외무역관리규정 별지 제13-1호 서식

No. 15 구매확인서 물품수령확인서

[별지 제4-2호의2 서식]

(업 체 명)

<table>
<tr><td colspan="5">구매확인서 물품수령확인서
(발급번호 :   )</td></tr>
<tr><td>물품공급자</td><td colspan="4"></td></tr>
<tr><td>물품인수일자</td><td colspan="2"></td><td>물품인수금액</td><td></td></tr>
<tr><td rowspan="2">인수물품명세</td><td>(품 명)</td><td>(수 량)</td><td>(단 가)</td><td>(금 액)</td></tr>
<tr><td></td><td></td><td></td><td></td></tr>
<tr><td colspan="5">위 물품을 틀림없이 수령하였음을 증명함
발급일자 : 20 년 월 일
물품수령인 ㊞</td></tr>
<tr><td colspan="5">*유의사항
1. 물품수령확인서는 관련세금계산서 건별로 대응하여 발급하여야 함.
2. 물품수령확인서는 공급자발행 세금계산서상의 발급일로부터 10일 이내에 발급하여야 함.
3. 물품수령확인서상의 물품수령인의 서명 또는 인감은 구매확인서의 발급 신청시 신고할 인감과 일치하여야 함.
4. 물품수령확인서의 물품명세는 발급될 구매확인서의 물품명세와 일치하여야 함.</td></tr>
</table>

No. 16 환어음

Bill of Exchange

NO. HS RS 30 **BILL OF EXCHANGE** February 20, 20xx. Seoul, Korea

FOR USD25,000.00

AT xxxxxx SIGHT OF THIS ORIGINAL BILL OF EXCHANGE

(SECOND OF THE SAME TENOR AND DATE BEING UNPAID)

PAY TO WOORI BANK OR ORDER THE SUM OF Say U.S. Dollars Twenty-Five Thousands Only

VALUE RECEIVED AND CHARGE THE SAME TO ACCOUNT OF AUSTRADE, LIMITED 25-25 CALINGFORD RD, EPPING NSW 2121,

DRAWN UNDER ANZ BANK, HOBART, AUSTRALIA L/C NO IM74771 DATE NOVEMBER 15, 20xx

TO ANZ BANK, HOBART, AUSTRALIA

C K Park
Charlie's Trading Corp.,

---

① NO. ________ ⓐ **BILL OF EXCHANGE** ② KOREA ________

③ FOR ________

AT ④ ________ Sight OF THIS **ORIGINAL** BILL OF EXCHANGE ⓑ

(⑤ SECOND OF THE SAME TENOR AND DATE BEING SIGHT UNPAID)

⑧ PAY TO ⑥ ○○○BANK OR ORDER THE ⑦ SUM OF ________

⑨ VALUE RECEIVED AND ⑩ CHARGE THE SAME TO ACCOUNT OF ________

⑪ DRAWN UNDER ________ ⑫ L/C NO. ________ ⑬ DATED ________

⑭ TO ________

⑮ ________

ⓐ 환어음 표제, ⓑ 환어음 문구
① 어음번호, ② 발행지 및 발행일, ③ 어음금액(숫자), ④ 만기, ⑤ 파훼문구, ⑥ 수취인, ⑦ 어음금액(문자), ⑧ 지급위탁, ⑨ 대가수취문구, ⑩ 계정결제인, ⑪ 신용장개설은행, ⑬ 신용장개설일, ⑭ 지급인, ⑮ 발행인&서명

No. 17 상업송장

COMMERCIAL INVOICE

<table>
<tr><td colspan="2">① Shipper/Exporter
Charlie's Trading Corporation.
159-1, Samsung-Dong, Kangnam-Gu,
Seoul, 135-729, Korea</td><td colspan="3">⑧ No. & date of invoice
HS-070413 February 13, 20xx

⑨ No. & date of L/C
IMP101133 November 15, 20xx</td></tr>
<tr><td colspan="2">② For account & risk of Messrs.
Inline Business Consulting
27, Penrose Avenue, Cherrybrook, NSW
2121, Australia

③ Notify party
Same as above</td><td colspan="3">⑩ L/C issuing bank
ANZ Bank of Australia

⑪ Remarks :
Details are as per P/O No. DIC-07-011-10
Dated November 10, 20xx to be issued by
Inline Business Consulting
Origin : Republic of Korea</td></tr>
<tr><td>④ Port of loading
Busan, Korea</td><td>⑤ Final destination
Hobart, Australia</td><td colspan="3">⑫ Payment Term :
Letter of Credit, At sight</td></tr>
<tr><td>⑥ Carrier
Elroy</td><td>⑦ Sailing on or about
February 15, 20xx</td><td colspan="3">⑬ Price Term :
CIF Hobart, Australia</td></tr>
<tr><td>⑭ Marks & numbers of Pkg</td><td>⑮ Description of Goods</td><td>⑯ Quantity</td><td>⑰ Unit-price</td><td>⑱ Amount</td></tr>
<tr><td>"IBS"
IN TRIANGLE
C/NO :1-2500
ITEM : JEAN PANTS
SIZE :
Q'TY :</td><td>JEAN PANTS</td><td>1,000 pcs</td><td>USD25.00</td><td>USD25,000</td></tr>
<tr><td colspan="2">P.O. Box :
E-mail :
Telefax No. :
Telephone No. :</td><td colspan="3">⑲ Signed by ____________________
Manager</td></tr>
</table>

No. 18 선하증권

① SHIPPER/EXPORTER Charlie's Trading Corporation 159-1, Samsung-Dong, Kangnam-Gu, Seoul, 135-729, Korea		Bill of Lading B/L No. : SW5E Hanjin Shipping Line
② CONSIGNEE To the order of ANZ Bank of Australia		
③ NOTIFY PARTY Inline Business Consulting 27, Penrose Avenue, Cherrybrook, NSW 2121, Australia		
PRE-CARRIAGE BY	④ PLACE OF RECEIPT Busan CY	
⑤ OCEAN VESSEL/VOYAGE/FLAG J. Elroy	⑥ PORT OF LOADING Busan, Korea	⑨ FOR TRANSSHIPMENT TO
⑦ PORT OF DISCHARGE Hobart, Australia.	⑧ PLACE OF DELIVERY	⑨-1 FINAL DESTINATION

PARTICULARS FURNISHED BY SHIPPER

MARKS AND NUMBERS	NO. OF CONT. OR OTHER PKGS.	DESCRIPTION OF PACKAGES AND GOODS	GROSS WEIGHT (KGS)	MEASUREMENT (CBM)
⑩ " W S " In triangle C/No. 1-2500 Item : Pant Size : Q'ty : ⑪ Container/Seal No. --------------- 20'IWTU4102/3/4/5/6/7 S/034334/5/6/7/8/9 CY/CY Total No. of CNTR or Pkgs(in words)	⑫ 2,500 Cartons 6 X 20'	⑬ Container "Shipper's Load & Count & Sealed" Said to contain : 1,000 Pieces of Jean Pant "Freight Prepaid" L/C No. IMP101133 Say : six(6) containers only ⑰	⑭ 15, 370kgs	⑮ 148 CBM ⑯ On Board Date: February 17, 20xx

FREIGHT AND CHARGES ⑱ REVENUE TONS RATE PER	PREPAID	COLLECT	Received in apparent good order and condition unless otherwise specified on board the aforementioned vessel the goods described above the particulars given being supplied by the Shipper and the measurement, wight, quantity, brand contents, marks, quality and value being unknown to the carrier) for the carriage to the port of discharge or so near thereunto as she may safely go subject to the terms and condition and .... IN WITNESS WHEREOF, the master or agent of the said ship has affirmed to THREE(3) bills of lading, all of this tenor and date, ONE of which being accomplished, the others to stand void.
"Freight As Arranged" ⑲ No. of Original B/L : Three(3) ⑳ Freight Prepaid at : Seoul, Korea ㉑ Freight Payable at :			B/L NO. SN3E ㉒ Place and date of Issue: February 15, 20xx. Seoul, Korea Sung Nam Asia Shipping Line BY ________㉓________ As Carrier

No. 19 항공화물운송장

<table>
<tr><td colspan="2">Shipper's Name and Address　　Shipper's Account Number</td><td colspan="2">Not Negotiable
Air Waybill　　KOREANA AIR
issued by
Copies 1, 2 and 3 of this Air Waybill are originals and have the same validity</td></tr>
<tr><td colspan="2">Consignee's Name and Address　　Consignee's Account Number</td><td colspan="2">It is agreed that the goods described herein are accepted in apparent good order and condition(except as noted)for carriage SUBJECT TO THE CONDITIONS OF CONTRACT ON THE REVERSE HEREOF. ALL GOODS MAY BE CARRIED BY ANY OTHER MEANS INCLUDING ROAD OR ANY OTHER CARRIER UNLESS SPECIFIC CONTRARY INSTRUCTIONS ARE GIVEN HEREON BY THE SHIPPER, AND SHIPPER AGREES THAT THE SHIPMENT MAY BE CARRIED VIA INTERMEDIATE STOP.........</td></tr>
<tr><td colspan="2">Issuing Carrier's Agent Name and City</td><td colspan="2" rowspan="2">Accounting Information</td></tr>
<tr><td>Agent's IATA Code</td><td>Account No.</td></tr>
<tr><td colspan="2">Airport of Departure(Addr. of First Carrier)and Requested Routing</td><td>Reference Number</td><td>Optional Shipping Info</td></tr>
<tr><td colspan="2">to | By First Carrier　Routing and Destination | to | by | to | by</td><td colspan="2">Curcy | CHG Cod | WT V P C | Other P C | Declared Value for Carriage | Declared Value for Customs</td></tr>
<tr><td>Airport of Destination</td><td>Requested Flight/Date</td><td>Amount of Insurance</td><td>INSURANCE If Carrier offers insurance, and such insurance is requested in accordance with the conditions on reverse hereof, indicate amount to be insured in figures in box marked 'amount of insurance.'</td></tr>
<tr><td colspan="4">Handling Information</td></tr>
</table>

No. of Pieces RCP	Gross Weight	kg lb		Rate Class Commodity Item No.	Chargeable Weight		Rate / Charge		Total		Nature and Quantity of Goods (incl. Dimensions or Volume)

<table>
<tr><td>Prepaid　　Weight</td><td>Charge　　Collect</td><td rowspan="2">Other Charges</td></tr>
<tr><td>Valuation</td><td>Charge</td></tr>
<tr><td></td><td>Tax</td><td rowspan="3">Shipper certifies that the particulars on the face hereof are correct and that insofar as any part of the consignment contains dangerous goods, such part is properly described by name and is in proper condition for carriage by air according to the applicable Dangerous Goods Regulations.

Signature of Shipper or his Agent</td></tr>
<tr><td>Total Other Charges</td><td>Due Agent</td></tr>
<tr><td>Total Other Charges</td><td>Due Carrier</td></tr>
<tr><td></td><td></td><td rowspan="3">------------------------------
Executed on(Date)　　at(Place)　　Signature of Issuing Carrier of its Agent</td></tr>
<tr><td>Total Prepaid</td><td>Total Collect</td></tr>
<tr><td>Currency Conversion Rates</td><td>CC Charges in Dest Currency</td></tr>
<tr><td>For Carrier's Use only at Destination</td><td>Charges at Destination</td><td>Total Collect Charge</td></tr>
</table>

No. 20 복합운송증권

Consignor / Shipper Charlie's Trading Corporation 159-1, Samsung-Dong, Kangnam-Gu, Seoul, 135-729, Korea		*Negotiable KIFFA* KIFFA MULTIMODAL TRANSPORT **BILL OF LADING** B/L NO. SSAX 9AL0159	
Consignee To the order of ANZ Bank of Australia		Reg No.64 **SEA ROAD** TRANS CORPORATION C.P.O BOX364 SEOUL KOREA For delivery of goods please apply to :	
Notify Party			
Pre-carriage by	Place of Receipt BUSAN CFS,KOREA		
Vessel/Voyage No.			
Port of Loading BUSAN, KOREA	Port of Discharge HOBART, AUSTRALIA	Place of Delivery	Final Destination(For the Merchant Ref.)

PARTICULARS FURNISHED BY CONSIGNOR/SHIPPER

Container no. & Marks and No.	No. & Kinds of Containers or Pkgs	Seal No.	Description of Goods	Gross Weight	Measurement
" IBC " In triangle C/No. 1-2500	2,500 Cartons	6 x 20'	Jean Pant	15,370kgs	148 CBM

PART OF 40HC X 1
(6CTNS)

SAID TO CONTAIN: 5000 MTRS OF
ART 1001
65PERCENT POLUSTER 35 PERCENT COTTON

SAY : PART OF ONE (40HC X 1)CONTAINERS ONLY

LOADED ON BOARD DATE : APR. 28, 20xx

Total Number of Containers or Packages(in words)			Freight Payable at SEOUL, KOREA
Freight & Charges AS ATTACHED	Prepaid	Collect	Received by the Carrier, the Goods specified herein in apparent good order and condition unless otherwise stated, to be transported to such place as agreed, authorized or permitted herein and subject to all the terms and conditions appearing on the front and reverse of this Multimodal Transport Bill of Lading (hereinafter called the 'K B/L') to which the Merchant agrees by accepting this K B/L, notwithstanding any local privileges, customs or any other agreements between the parties. The particulars of the Goods provided herein were stated by the shipper and the weight, measurements, quantity, condition, contents and value of the Goods are unknown to the Carrier. In witness whereof three(3) original K B/L(s) have been signed unless otherwise stated herein. If two(2) or more original K B/L(s) have been issued and either one(1) has been surrendered, all the other(s) shall be null and valid. If required by the Carrier one(1) duly endorsed original K B/L must be surrendered in exchange for the Goods or delivery order.
Place and Date of Issue SEOUL, KOREA APR.26, 20xx		No. of original B/L THREE(3)	Signature SEA ROAD TRANS CORPORATION ACTING AS A CARRIER *Authorized by KIFFA 1997(210 X 297mm)*

No. 21 보험증권

MARINE CARGO INSURANCE POLICY

<table>
<tr><td colspan="3">Assurd(s), etc CHARLIE'S TRADING CORPORATION</td></tr>
<tr><td colspan="2">Policy No. 00264782A2700</td><td rowspan="2">Ref. No.
Invoice No. HS-070413
L/C No. IMP101133</td></tr>
<tr><td colspan="2">Claims, if any, payable at :
GELLATLY HANKEY MARINE SERVICE
30, Calingford Rd., Epping, NSW 2121, Australia</td></tr>
<tr><td colspan="2">Survey should be approved by :
THE SAME AS ABOVE</td><td>Amount insured
USD27,500.00
(USD25,000 × 110%)</td></tr>
<tr><td>Local Vessel or conveyance</td><td>From(interior port or place of loading)</td><td rowspan="4">Condition

Institute Cargo Clause(A), 1982
Claims are payable in Australia
in the Currency of the draft.</td></tr>
<tr><td>Ship or Vessel called the
ELROY</td><td>Sailing on or about
March 3, 20xx</td></tr>
<tr><td>At and from
BUSAN, KOREA</td><td>transshipped at</td></tr>
<tr><td>Arrived at
Sydney, AUSTRALIA</td><td>thence to</td></tr>
<tr><td colspan="3">Goods and Merchandises
2,000 pcs of Jean pants

Subject to the following Clauses as per back hereof
Institute Classification Clause. On-Deck Clause(A)
Institute Radioactive Contamination Exclusion Clause
Co-Insurance Clauses
Marks and Numbers as per Invoice No. specified above</td></tr>
</table>

Place and Date signed : in Seoul, Korea. March 2, 20xx   No. of Policies issued : Two

IMPORTANT CONDITION

Notwithstanding anything contained herein or attached hereto to the contrary, this insurance in understood and agreed to be subject to English law and practice only as to liability for and settlement of any and all claims.

This insurance does not cover any loss or damage to the property which at the time of the happening of such doss or damage is insured by or would but for the existence of this Policy be insured by any fire or other insurance policy or policies except in respect of any excess beyond the amount which would have been payable under the fire or other insurance policy or policies hand this insurance not been effected.

We, LG Insurance Co., Ltd. hereby agree, in consideration of the payment to us by or on behalf of the Assured of the premium as arrange, to insure against loss damage liability or expense to the extent and in the manner herein provided.

For LIG INSURANCE CO., LTD.

PRESIDENT

BY________________________

No. 22 수입화물선취보증신청서

수입화물 선취보증 신청서

(Application for Letter of Guarantee)

(□수입물품대도(T/R)신청　　□EDI형 서비스 신청)

TO : WOORI Bank

선박회사명(Shipping Co.) Hanjin Shipping Line	신용장(계약서)번호 (L/C NO.) IMP101133	L/G번호(L/G NO.) XXXXXXXXX
	선하증권번호 (B/L NO.)	SW5A
송하인(Shipper) Charlie's Trading Corp. 159-1, Samsung-Dong, Kangnam-Gu, Seoul, 135-729, Korea	선박명 (Vessel Name)	ELROY
	도착(예정)일 (Arrival Date)	MARCH 4TH 20xx
상업송장금액(Invoice Value) USD25,000.00	항해번호 (Voyage NO.)	830A
선적항(Port of Loading) BUSAN, KOREA	도착항 (Port of Discharge)	HOBART, AUSTRALIA.

화 물 표 시 및 번 호 (Nos. & Marks)	포 장 수 (Packages)	상 품 명 세 (Description of Goods)
" IBC " in triangle C/No. 1-2500 Item : JEAN PANTS Size : Q'ty :	2,500 CARTONS	1,000 pcs OF JEAN PANTS

□ 본인은 위 신용자의 수입물품을 대도(T/R) 신청함에 있어 따로 제출한 외국환거래약정서 및 양도담보계약서의 모든 조항에 따를 것을 확약 합니다

□ 본인은 EDI 방식에 의한 수입물품선취보증서(L/G) 발급의 경우 소정의 서비스 이용료를 납부하고 본건이 발급된 후에는 변경 또는 취소가 불가능 함을 확약합니다.

본인은 위 신용장 등에 의한 관계선적서류가 귀행에 도착하기 전에 수입화물을 인도받기 위해 수입화물 선취보증을 신청하며 본인이 따로 제출한 수입화물 선취보증서(LETTER OF GUARANTEE)에 귀행이 서명함에 있어 다음 사항을 따를 것을 확약합니다.

1. 귀행이 수입화물 선취보증서에 서명함으로써 발생하는 위험과 책임 및 비용은 모두 본인이 부담하겠습니다.
2. 본인은 위 수입화물에 대하여는 귀행이 소유권이 있음을 확인하며 귀행이 수입화물선취보증서에 따른 보증채무를 이행하여야 할 것이 예상될 경우 또는 본인에 대하여 은행여신거래 기본약관 제7조의 사유가 발생할 경우에는 귀행의 청구를 받는 즉시 위 수입화물을 귀행에 인도하겠으며, 수입화물의 인도가 불가능할 경우에는 위 수입물품에 상당하는 대금으로 상환하겠습니다.
3. 본인은 위 수입화물에 대한 관계선적서류를 제3자에게 담보로 제공하지 않았음을 확인하며, 또한 귀행의 서면 동의 없이 이를 담보로 제공하지 않겠습니다.
4. 본인은 위 수입화물에 관한 관계 선적서류가 도착할 때는 신용장 조건과의 불일치 등 어떠한 흠에도 불구하고 이들 서류를 반드시 인수하겠습니다.

년　　월　　일

신 청 인 : 빅 친 경 (인)
주　　소 : 서울 강남구 삼성동 159-1

수입(4040051, 210×297) NCR 2매1조 ('2002.12 개정)

No. 23 수입화물대도신청서

□ 선적서류 수령증
□ 수입화물 대도(T/R) 신청서

우 리 은 행 앞

□ 본인은 아래 신용장에 의한 선적서류를 정히 수령하였습니다.

□ 본인은 아래 신용장의 수입물품을 대도 신청함에 있어 따로 제출한 외국환 거래약정서 및 양도담보계약서의 모든 조항에 따를 것을 확약합니다.

<table>
<tr><td colspan="2">신용장번호</td><td colspan="10"></td></tr>
<tr><td rowspan="3">선적서류</td><td rowspan="2">종류</td><td rowspan="2">선하증권</td><td rowspan="2">항공화물운송장</td><td rowspan="2">상업송장</td><td rowspan="2">보험서류</td><td rowspan="2">포장명세서</td><td rowspan="2">검사증명서</td><td colspan="3">기타</td></tr>
<tr><td></td><td></td><td></td></tr>
<tr><td>통수</td><td></td><td></td><td></td><td></td><td></td><td></td><td></td><td></td><td></td></tr>
<tr><td rowspan="4" colspan="2">대도(T/R)</td><td colspan="2">선하증권
(항공화물운송장)</td><td colspan="2">번호</td><td></td><td></td><td colspan="3"></td></tr>
<tr><td colspan="2" rowspan="2">상업송장</td><td colspan="2">번호</td><td></td><td></td><td colspan="3"></td></tr>
<tr><td colspan="2">번호</td><td></td><td></td><td colspan="3"></td></tr>
<tr><td colspan="4">대도금액</td><td></td><td></td><td colspan="3"></td></tr>
</table>

본인

주소 (인)

수입 (4040101. 210×297) 백상지 80g/㎡ ('99. 1. 제정)

부 록

2 | 무역결제 국제규칙 영문·한글

부록 2. 무역결제 국제규칙 영문 · 한글

(1) UCP 600

(2) ISBP 745

(3) eUCP v. 2.0

(4) URC 522

The Uniform Customs and Practice for Documentary Credits, 2007 Revision, ICC Publication no. 600 ("UCP") (화환 신용장 통일규칙, UCP 600)

Article 1 Application of UCP

The Uniform Customs and Practice for Documentary Credits, 2007 Revision, ICC Publication no. 600("UCP") are rules that apply to any documentary credit("credit") (including, to the extent to which they may be applicable, any standby letter of credit) when the text of the credit expressly indicates that it is subject to these rules. They are binding on all parties thereto unless expressly modified or excluded by the credit.

제 1 조 UCP 적용

국제상업회의소 간행물 제600호에 의한 2007년 개정 화환신용장 통일규칙 및 관행은 신용장 본문에 이 규칙이 적용됨을 명백하게 표시한 때 모든 화환신용장(신용장)(적용 가능한 범위 내에서 모든 보증신용장을 포함)에 적용되는 규칙이다. 이 규칙은 신용장에서 수정하거나 배제하지 않는 한 모든 당사자를 구속한다.

Article 2 Definitions

For the purpose of these rules:

Advising bank means the bank that advises the credit at the request of the issuing bank.

Applicant means the party on whose request the credit is issued.

Banking day means a day on which a bank is regularly open at the place at which an act subject to these rules is to be performed.

Beneficiary means the party in whose favour a credit is issued.

Complying presentation means a presentation that is in accordance with the terms and conditions of the credit, the applicable provisions of these rules and international standard banking practice.

Confirmation means a definite undertaking of the confirming bank, in addition to that of the issuing bank, to honour or negotiate a complying presentation.

Confirming bank means the bank that adds its confirmation to a credit upon the issuing bank's authorization or request.

Credit means any arrangement, however named or described, that is irrevocable and thereby constitutes a definite undertaking of the issuing bank to honour a complying presentation.

Honour means:
a. to pay at sight if the credit is available by sight payment.
b. to incur a deferred payment undertaking and pay at maturity if the credit is available by deferred payment.
c. to accept a bill of exchange ("draft") drawn by the beneficiary and pay at maturity if the credit is available by acceptance.

Issuing bank means the bank that issues a credit at the request of an applicant or on its own behalf.

Negotiation means the purchase by the nominated bank of drafts (drawn on a bank other than the nominated bank) and/or documents under a complying presentation, by advancing or agreeing to advance funds to the beneficiary on or before the banking day on which reimbursement is due to the nominated bank.

Nominated bank means the bank with which the credit is available or any bank in the case of a credit available with any bank.

Presentation means either the delivery of documents under a credit to the issuing bank or nominated bank or the documents so delivered.

Presenter means a beneficiary, bank or other party that makes a presentation.

제2조 정 의

이 규칙의 목적상 :

통지은행은 개설은행의 요청에 따라 신용장을 통지하는 은행을 의미한다.

개설의뢰인은 신용장 개설을 요청한 당사자를 의미한다.

은행영업일은 이 규칙이 적용되는 행위가 수행되는 장소에서 은행이 정식으로 영업하는 날을 의미한다.

수익자는 개설된 신용장에서 혜택을 받는 당사자를 의미한다.

일치하는 제시란 신용장 제 조건, 이 규칙의 적용 가능한 조항과 국제표준은행관행에 따른 제시를 의미한다.

확인이란 일치하는 제시에 대하여 결제 또는 매입하겠다는 개설은행의 확약에 추가하여 확인은행이 하는 확약을 의미한다.

확인은행이란 개설은행의 권한부여와 요청에 따라 신용장에 확인을 추가한 은행을 의미한다.

신용장이란 어떤 명칭을 사용하였든 어떻게 묘사되었든 간에 일치하는 제시에 대하여 취소불능으로 개설은행이 결제하겠다는 확약을 구성하는 약정을 의미한다.

결제란 다음을 의미한다.
a. 신용장이 일람지급을 약정하였다면 일람 후 지급하는 것
b. 신용장이 연지급을 약정하였다면 연지급 확약 의무를 부담하고 만기일에 지급하는 것
c. 신용장이 인수를 약정하였다면 수익자가 발행한 환어음을 인수하고 만기에 대금을 지급하는 것

개설은행은 개설의뢰인의 신청 또는 그 자신을 위하여 신용장을 개설한 은행을 의미한다.

매입이란 지정은행이 대금상환을 받은 일자 또는 그 전에 일치하는 제시에 따른 (지정은행이 아닌 은행을 지급인으로 하여 발행된) 환어음 및/또는 서류에 대하여 수익자에게 대금을 지급하거나 대금지급에 동의함으로써 매입하는 것을 의미한다.

지정은행이란 신용장이 사용될 수 있는 은행 또는 모든 은행에서 사용될 수 있는 신용장의 경우에는 모든 은행을 말한다.

제시란 개설은행 또는 지정은행에게 신용장에 따라 서류를 인도하는 행위 또는 그렇게 인도하는 서류를 의미한다.

제시자란 수익자 또는 제시를 하는 은행 또는 다른 당사자를 의미한다.

Article 3 Interpretations

For the purpose of these rules:

Where applicable, words in the singular include the plural and in the plural include the singular.

A credit is irrevocable even if there is no indication to that effect.

A document may be signed by handwriting, facsimile signature, perforated signature, stamp, symbol or any other mechanical or electronic method of authentication.

A requirement for a document to be legalized, visaed, certified or similar will be satisfied by any signature, mark, stamp or label on the document which appears to satisfy that requirement.

Branches of a bank in different countries are considered to be separate banks.

Terms such as "first class", "well known", "qualified", "independent", "official", "competent" or "local" used to describe the issuer of a document allow any issuer except the beneficiary to issue that document.

Unless required to be used in a document, words such as "prompt", "immediately" or "as soon as possible" will be disregarded.

The expression "on or about" or similar will be interpreted as a stipulation that an event is to occur during a period of five calendar days before until five calendar days after the specified date, both start and end dates included.

The words "to", "until", "till", "from" and "between" when used to deter- mine a period of shipment include the date or dates mentioned, and the words "before" and "after" exclude the date mentioned.

The words "from" and "after" when used to determine a maturity date exclude the date mentioned.

The terms "first half" and "second half" of a month shall be construed respectively as the 1st to the 15th and the 16th to the last day of the month, all dates inclusive.

The terms "beginning", "middle" and "end" of a month shall be construed respectively as the 1st to the 10th, the 11th to the 20th and the 21st to the last day of the month, all dates inclusive.

제 3 조 해 석

이 규칙의 목적상

적용 가능할 때 단수형의 단어는 복수형의 단어를 포함하고, 복수형의 단어는 단수형의 단어를 포함한다.

신용장은 다른 명시가 없더라도 취소불능이다.

서류는 수기, 모사서명, 천공서명, 스탬프, 상징 또는 그 밖의 기계식 또는 전자식 인증방법으로 서명할 수 있다.

공증, 사증, 확인되어야 하는 서류의 요구조건은 그 요구조건을 충족하는 것으로 나타나는 서류상의 서명, 표시, 스탬프 또는 부전으로 충족될 수 있다.

다른 국가에 있는 어떤 은행의 지점은 독립된 은행으로 간주된다.

"일류", "저명한", "자격 있는", "독립적인", "공적인", "능력 있는" 또는 "현지의"이라는 용어가 서류 발행자를 명시하는 것으로 사용되었다면 수익자 이외의 모든 서류 발행인이 서류를 발행하는 것이 허용된다.

서류에 사용되도록 요구되지 않았다면 "신속하게", "즉시" 또는 "가능한 한 빨리"라는 단어는 무시된다.

"~경에"(on or about) 또는 이와 유사한 표현은 어떤 사건이 시작일과 끝나는 일자를 포함하여 명시된 일자의 이전 5일부터 그 이후 5일까지의 기간 중에 발생해야 하는 것으로 해석된다.

"to", "until", "till", "from"이라는 단어가 선적기간을 결정하기 위하여 사용될 때 언급된 일자를 포함하고, "before"와 "after"는 언급된 일자를 제외한다.

"from"과 "after"라는 단어가 만기일을 결정하기 위하여 사용될 때 언급된 일자를 제외한다.

어느 달의 "전반"과 "후반"이라는 단어는 각각 해당 월의 1일부터 15일까지, 16일부터 말일까지로 해석되며 양쪽 일자를 포함한다.

어느 달의 "초", "중", "말"이라는 단어는 각각 해당월 1일부터 10일, 11일부터 20일, 21일부터 말일까지로 해석되며 양쪽 일자를 포함한다.

Article 4 Credits v. Contracts

a. A credit by its nature is a separate transaction from the sale or other contract on which it may be based. Banks are in no way concerned with or bound by such contract, even if any reference whatsoever to it is included in the credit. Consequently, the undertaking of a bank to honour, to negotiate or to fulfil any other obligation under the credit is not subject to claims or defences by the applicant resulting from its relationships with the issuing bank or the beneficiary. A beneficiary can in no case avail itself of the contractual relationships existing between banks or between the applicant and the issuing bank.

b. An issuing bank should discourage any attempt by the applicant to include, as an integral part of the credit, copies of the underlying contract, proforma invoice and the like.

제 4 조 신용장 vs 계약

a. 신용장은 그 성질상 매매계약 또는 다른 계약에 근거를 두고 있더라도 이와는 별개의 거래이다. 은행은 신용장에 그러한 계약에 대한 언급이 있더라도 그러한 계약과 아무런 관계가 없으며 또한 구속되지 않는다. 따라서 신용장에 의한 결제, 매입 또는 다른 의무이행은 개설은행과 개설의뢰인 또는 수익자와 개설의뢰인 간의 관계에서 일어난 개설의뢰인에 의한 클레임이나 항변의 구속을 받지 않는다. 수익자는 어떠한 경우에도 은행간 또는 개설의뢰인과 개설은행간의 계약관계를 원용할 수 없다.

b. 개설은행은 신용장의 필수적인 부분으로서 근거계약의 사본, 견적송장 등을 포함시키고자 하는 개설의뢰인의 모든 시도록 막아야 한다.

Article 5 Documents v. Goods, Services or Performance

Banks deal with documents and not with goods, services or performance to which the documents may relate.

제 5 조 서류 vs 물품, 용역, 의무이행

은행은 서류를 취급하는 것이며 그 서류가 관계된 물품, 용역, 의무이행을 취급하는 것은 아니다.

Article 6 Availability, Expiry Date and Place for Presentation

a. A credit must state the bank with which it is available or whether it is available with any bank. A credit available with a nominated bank is also available with the issuing bank.

b. A credit must state whether it is available by sight payment, deferred payment, acceptance or negotiation.

c. A credit must not be issued available by a draft drawn on the applicant.

d. i. A credit must state an expiry date for presentation. An expiry date stated for honour or negotiation will be deemed to be an expiry date for presentation.
   ii. The place of the bank with which the credit is available is the place for presentation. The place for presentation under a credit available with any bank is that of any bank. A place for presentation other than that of the issuing bank is in addition to the place of the issuing bank.

e. Except as provided in sub-article 29 (a), a presentation by or on behalf of the beneficiary must be made on or before the expiry date.

제 6 조 이용가능성, 유효기일 및 제시장소

a. 신용장에는 그 신용장이 이용 가능한 은행을 명시하여야 하며, 그렇지 않으면 모든 은행에서도 이용할 수 있다. 지정은행에서 이용할 수 있는 신용장은 또한 개설은행에서 이용할 수 있다.

b. 신용장은 그것이 일람지급, 연지급, 인수 또는 매입에 이용할 수 있다는 것을 명시하여야 한다.

c. 신용장은 개설의뢰인을 지급인으로 하는 환어음이 사용되도록 개설해서는 안 된다.

d. i. 신용장은 제시를 위한 유효기일을 명시하여야 한다. 결제 및 매입을 위하여 명시된 유효기일은 제시를 위한 유효기일로 간주된다.
   ii. 신용장이 이용 가능한 은행의 장소는 제시를 위한 장소이나, 어떤 은행에서라도 이용 가능한 신용장에서의 제시를 위한 장소는 어떤 은행의 장소라도 상관이 없다. 개설은행의 장소 이외의 제시를 위한 장소는 개설은행의 장소에 그 장소를 추가한 것이다.

e. 제29조 (a)항의 경우를 제외하고 수익자에 의한 또는 수익자를 대신한 제시는 유효기일 또는 유효기일 이전에 되어야 한다.

Article 7 Issuing Bank Undertaking

a. Provided that the stipulated documents are presented to the nominated bank or to the issuing bank and that they constitute a complying presentation, the issuing bank must honour if the credit is available by:
  i. sight payment, deferred payment or acceptance with the issuing bank;
  ii. sight payment with a nominated bank and that nominated bank does not pay;
  iii. deferred payment with a nominated bank and that nominated bank does not incur its deferred payment undertaking or, having incurred its deferred payment undertaking, does not pay at maturity;
  iv. acceptance with a nominated bank and that nominated bank does not accept a draft drawn on it or, having accepted a draft drawn on it, does not pay at maturity;
  v. negotiation with a nominated bank and that nominated bank does not negotiate.

b. An issuing bank is irrevocably bound to honour as of the time it issues the credit.

c. An issuing bank undertakes to reimburse a nominated bank that has honoured or negotiated a complying presentation and forwarded the documents to the issuing bank. Reimbursement for the amount of a complying presentation under a credit available by acceptance or deferred payment is due at maturity, whether or not the nominated bank prepaid or purchased before maturity. An issuing bank's undertaking to reimburse a nominated bank is independent of the issuing bank's undertaking to the beneficiary.

제 7 조 개설은행의 확약

a. 만약 신용장이 다음과 같이 이용될 수 있다면 신용장에서 요구된 서류가 지정은행 또는 개설은행에 제시되고 그 서류가 일치하는 제시가 된다면 개설은행은 결제되어야 한다.
  i. 개설은행에서 일람지급, 연지급 또는 인수중의 어느 것에 의해 사용될 수 있는 경우
  ii. 지정은행에서 일람지급에 이용할 수 있으나 지급은행이 지급하지 아니한 경우
  iii. 지정은행에서 연지급 약정에 이용할 수 있으나 지정은행이 연지급약정을 하지 아니한 경우 또는 연지급 약정을 하였으나 만기에 지급하지 않는 경우
  iv. 지정은행에서 인수에 이용할 수 있으나 지정은행이 지정은행을 지급인으로 한 환어음을 인수하지 않거나 그 환어음을 인수하였으나 만기에 지급하지 않는다면
  v. 지정은행에서 매입에 이용할 수 있으나 지정은행이 매입하지 않는 경우

b. 개설은행은 신용장을 개설하였을 때 취소불능으로 결제할 의무가 있다.

c. 개설은행은 일치하는 제시에 대하여 결제 또는 매입을 하고 그 서류를 개설은행에 송부한 지

정은행에 신용장대금을 상환할 것을 약정한다. 인수 또는 연지급에 이용될 수 있는 신용장의 일치하는 제시에 대한 상환은 지정은행이 만기 이전에 선지급하거나 매입하였는지 여부에 관계없이 만기일에 한다. 개설은행의 지정은행에 대한 상환약정은 개설은행의 수익자에 대한 약정으로부터 독립적이다.

Article 8 Confirming Bank Undertaking

a. Provided that the stipulated documents are presented to the confirming bank or to any other nominated bank and that they constitute a com- plying presentation, the confirming bank must:
   i . honour, if the credit is available by
      a. sight payment, deferred payment or acceptance with the confirming bank;
      b. sight payment with another nominated bank and that nominated bank does not pay;
      c. deferred payment with another nominated bank and that nominated bank does not incur its deferred payment undertaking or, having incurred its deferred payment undertaking, does not pay at maturity;
      d. acceptance with another nominated bank and that nominated bank does not accept a draft drawn on it or, having accepted a draft drawn on it, does not pay at maturity;
      e. negotiation with another nominated bank and that nominated bank does not negotiate.
   ii . negotiate, without recourse, if the credit is available by negotiation with the confirming bank.

b. A confirming bank is irrevocably bound to honour or negotiate as of the time it adds its confirmation to the credit.

c. A confirming bank undertakes to reimburse another nominated bank that has honoured or negotiated a complying presentation and forwarded the documents to the confirming bank. Reimbursement for the amount of a complying presentation under a credit available by acceptance or deferred payment is due at maturity, whether or not another nominated bank prepaid or purchased before maturity. A confirming bank's undertaking to reimburse another nominated bank is independent of the confirming bank's undertaking to the beneficiary.

d. If a bank is authorized or requested by the issuing bank to confirm a credit but is not prepared to do so, it must inform the issuing bank without delay and may advise the credit without confirmation.

제 8 조 확인은행의 확약

a. 만약 신용장에서 요구된 서류가 확인은행 또는 다른 지정은행에 제시되고 그것이 일치된 제시가 되면 확인은행은 다음을 이행하여야 한다.

i. 만약 신용장이 다음과 같이 이용할 수 있는 경우 결제하여야 한다.
  a. 확인은행이 일람지급, 연지급 또는 인수할 수 있는 경우
  b. 다른 지정은행에 일람지급으로 이용할 수 있으나 그 지정은행이 지급하지 않는 경우
  c. 다른 지정은행에 연지급으로 이용할 수 있으나 그 지정은행이 연지급약정을 하지 않거나 또는 연지급약정을 하였으나 만기에 대금을 지급하지 않는 경우
  d. 다른 지정은행에 인수로 이용할 수 있으나 그 지정은행이 지정은행을 지급인으로 발행된 어음을 인수하지 않거나 또는 지정은행을 지급인으로 하여 발행된 환어음을 인수하였으나 만기에 대금을 지급하지 않는 경우
  e. 다른 지정은행에 매입으로 이용할 수 있으나 그 지정은행이 매입하지 않는 경우
ii. 만약 신용장이 확인은행에 매입으로 이용할 수 있다면 상환청구 없이 매입하여야 한다.

b. 확인은행은 그 은행이 신용장에 확인을 추가한 때에 취소불능으로 결제하거나 매입하여야 한다.

c. 확인은행은 일치하는 제시에 대하여 결제 또는 매입을 하고 서류를 확인은행에 송부한 지정은행에 신용장대금을 상환하여야 한다. 인수 또는 연지급에 이용될 수 있는 신용장의 일치하는 제시에 대한 상환은 지정은행이 만기 이전에 선지급하거나 매입하였는지 여부에 관계없이 만기일에 한다. 확인은행의 지정은행에 대한 상환약정은 개설은행의 수익자에 대한 약정으로부터 독립적이다.

d. 만약 어떤 은행이 개설은행으로부터 신용장을 확인하도록 권한을 부여 받거나 요청받았으나 그렇게 할 준비가 되지 않았다면 그 은행은 지체 없이 개설은행에 그 사실을 통지하여야 하고 신용장을 확인하지 않고 통지할 수 있다.

Article 9 Advising of Credits and Amendments

a. A credit and any amendment may be advised to a beneficiary through an advising bank. An advising bank that is not a confirming bank advises the credit and any amendment without any undertaking to honour or negotiate.

b. By advising the credit or amendment, the advising bank signifies that it has satisfied itself as to the apparent authenticity of the credit or amendment and that the advice accurately reflects the terms and conditions of the credit or amendment received.

c. An advising bank may utilize the services of another bank ("second advising bank") to advise the credit and any amendment to the beneficiary. By advising the credit or amendment, the second advising bank signifies that it has satisfied itself as to the apparent authenticity of the advice it has received and that the advice accurately reflects the terms and conditions of the credit or amendment received.

d. A bank utilizing the services of an advising bank or second advising bank to advise a credit must use the same bank to advise any amendment thereto.

e. If a bank is requested to advise a credit or amendment but elects not to do so, it must so inform, without delay, the bank from which the credit, amendment or advice has been received.

f. If a bank is requested to advise a credit or amendment but cannot satisfy itself as to the apparent authenticity of the credit, the amendment or the advice, it must so inform, without delay, the bank from which the instructions appear to have been received. If the advising bank or second advising bank elects nonetheless to advise the credit or amendment, it must inform the beneficiary or second advising bank that it has not been able to satisfy itself as to the apparent authenticity of the credit, the amendment or the advice.

제 9 조 신용장 및 조건변경의 통지

a. 신용장과 모든 조건변경은 통지은행을 통하여 수익자에게 통지될 수 있다. 확인은행이 아닌 통지은행은 신용장 및 모든 조건변경을 결제 또는 매입하겠다는 확약을 하지 않고 통지하는 것이다.

b. 신용장 또는 조건변경을 통지함으로써 통지은행은 신용장의 외견상 진정성을 충족시키고 송부 받은 신용장 또는 조건변경의 조건을 정확하게 반영하고 있다는 것을 의미한다.

c. 통지은행은 수익자에게 신용장과 조건변경을 통지하기 위하여 다른 은행(제2통지은행)의 서비스를 이용할 수 있다. 신용장 또는 조건변경을 통지함으로써 제2통지은행은 신용장 외견상 진정성을 충족시키고 송부 받은 신용장 또는 조건변경의 조건을 정확하게 반영하고 있다는 것을 의미한다.

d. 신용장을 통지하기 위하여 통지은행 또는 제2통지은행 서비스를 이용하는 은행은 그 신용장의 조건 변경서를 통지하기 위하여 동일한 은행을 이용하여야 한다.

e. 어떤 은행이 신용장 또는 조건변경을 통지하도록 요청받았으나 그렇게 하지 않기로 하였다면 그 은행은 신용장, 조건변경 또는 통지를 송부한 은행에 지체 없이 그 사실을 통지하여야 한다.

f. 만약 은행이 신용장 또는 조건변경을 통지하도록 요청받았으나 신용장, 조건변경 또는 통지의 외견상 진위성을 충족시킬 수 없었다면 그 은행은 그 지시를 송부한 은행에 지체 없이 사실을 통지하여야 한다. 만약 통지은행 또는 제2통지은행이 그럼에도 불구하고 신용장 또는 조건변경을 통지하기로 하였다면 그 은행은 수익자 또는 제2통지은행에 신용장, 조건변경 또는 통지의 외견상 진위성을 충족시킬 수 없었다는 사실을 통지하여야 한다.

Article 10 Amendments

a. Except as otherwise provided by article 38, a credit can neither be amended nor cancelled without the agreement of the issuing bank, the confirming bank, if any, and the beneficiary.

b. An issuing bank is irrevocably bound by an amendment as of the time it issues the amendment. A confirming bank may extend its confirmation to an amendment and will be irrevocably bound as of the time it advises the amendment. A confirming bank may, however, choose to advise an amendment without extending its confirmation and, if so, it must inform the issuing bank without delay and inform the beneficiary in its advice.

c. The terms and conditions of the original credit (or a credit incorporating previously accepted amendments) will remain in force for the beneficiary until the beneficiary communicates its acceptance of the amendment to the bank that advised such amendment. The beneficiary should give notification of acceptance or rejection of an amendment. If the beneficiary fails to give such notification, a presentation that complies with the credit and to any not yet accepted amendment will be deemed to be notification of acceptance by the beneficiary of such amendment. As of that moment the credit will be amended.

d. A bank that advises an amendment should inform the bank from which it received the amendment of any notification of acceptance or rejection.

e. Partial acceptance of an amendment is not allowed and will be deemed to be notification of rejection of the amendment.

f. A provision in an amendment to the effect that the amendment shall enter into force unless rejected by the beneficiary within a certain time shall be disregarded.

제 10 조 조건변경

a. 제38조에서 달리 규정한 경우를 제외하고 신용장은 개설은행, 있는 경우 확인은행과 수익자의 동의 없이 조건변경되거나 취소될 수 없다.

b. 개설은행은 조건변경서를 발행하였을 때 취소불능으로 조건변경에 구속된다. 확인은행은 조건변경에 확인을 연장시킬 수 있고 조건변경을 통지한 때 취소불능으로 구속된다. 그러나 확인은행에 조건변경에 확인을 연장하지 않고 통지하기로 할 수 있으며 그렇게 선택하였다면 개설은행에 지체 없이 그 사실을 통지하여야 하고 조건변경을 통지할 때 수익자에게 그 사실을 통지하여야 한다.

c. 원신용장 조건(또는 이전에 수락된 조건변경이 있는 신용장 조건)은 수익자가 조건변경을 통지한 은행에 조건변경의 수락을 통지할 때까지 수익자에게 유효하다. 수익자는 조건변경의 수락 또는 거절을 통지하여야 한다. 만약 수익자가 그러한 통지를 하지 않고 신용장과 아직 수락되지 않은 조건변경에 일치되게 제시하는 것은 수익자에 의한 조건변경의 수락으로 볼 수 있다. 그 순간 신용장은 조건변경 된다.

d. 조건변경을 통지하는 은행은 조건변경을 송부한 은행에 조건변경의 수락 또는 거절사실을 통지하여야 한다.

e. 조건변경의 부분적 수락은 허용되지 않으면 조건변경에 대한 거절 통지로 간주된다.

f. 만약 수익자가 어떤 시점 내에 조건변경을 거절하지 않았다면 조건변경이 유효하게 성립된다는 조건은 무시되어야 한다.

Article 11 Teletransmitted and Pre-Advised Credits and Amendments

a. An authenticated teletransmission of a credit or amendment will be deemed to be the operative credit or amendment, and any subsequent mail confirmation shall be disregarded. If a teletransmission states "full details to follow" (or words of similar effect), or states that the mail confirmation is to be the operative credit or amendment, then the teletransmission will not be deemed to be the operative credit or amendment. The issuing bank must then issue the operative credit or amendment without delay in terms not inconsistent with the teletransmission.

b. A preliminary advice of the issuance of a credit or amendment ("pre-advice") shall only be sent if the issuing bank is prepared to issue the operative credit or amendment. An issuing bank that sends a preadvice is irrevocably committed to issue the operative credit or amendment, without delay, in terms not inconsistent with the preadvice.

제 11 조 전신 및 사전통지신용장과 조건변경

a. 진정성이 확인된 신용장 또는 조건변경의 전신은 유효한 신용장 또는 조건변경으로 간주된다. 그리고 어떠한 추가적인 우편확인서도 무시되어야 한다. 만약 전신에 "상세한 명세가 송부됨" 또는 우편확인서가 유효한 신용장 또는 조건변경이라는 것이 명시되어 있다면 전신은 유효한 신용장 또는 조건변경으로 간주되지 않는다. 그러한 경우 개설은행은 지체 없이 전신과 불일치하지 않는 조건으로 유효한 신용장 또는 조건변경을 발행하여야 한다.

b. 신용장 또는 조건변경 발행의 사전통지는 개설은행이 유효한 신용장 또는 조건변경을 발행할 준비가 된 경우에만 송부하여야 한다. 사전통지를 보낸 개설은행은 최소불능으로 사전통지와 불일치하지 않는 조건으로 지체 없이 유효한 신용장 또는 조건변경을 발행하여야 한다.

Article 12 Nomination

a. Unless a nominated bank is the confirming bank, an authorization to honour or negotiate does not impose any obligation on that nominated bank to honour or negotiate, except when expressly agreed to by that nominated bank and so communicated to the beneficiary.

b. By nominating a bank to accept a draft or incur a deferred payment undertaking, an issuing bank authorizes that nominated bank to prepay or purchase a draft accepted or a deferred payment undertaking incurred by that nominated bank.

c. Receipt or examination and forwarding of documents by a nominated bank that is not a confirming bank does not make that nominated bank liable to honour or negotiate, nor does it constitute honour or negotiation.

제12조 지 정

a. 만약 지정은행이 확인은행이 아니라면 지정은행이 결제 또는 매입할 것을 명백하게 동의하고 그것을 수익자에게 통지한 경우를 제외하고는 지급이행 또는 매입에 대한 수권은 지정은행이 결제 또는 매입할 의무를 부과하지 않는다.

b. 어떤 은행이 환어음을 인수하거나 연지급약정서를 발행하도록 지정하였다면 개설은행은 지정은행이 선지급하거나 또는 지정은행이 인수한 어음 또는 발행한 연지급약정서를 매입하도록 권한을 부여한 것이다.

c. 확인은행이 아닌 지정은행이 서류를 수취하거나 또는 심사 후 서류를 전달하는 것은 지정은행이 지급이행 또는 매입할 의무를 부과하는 것이 아니며 그것이 결제 또는 매입을 구성하지도 않는다.

Article 13 Bank-to-Bank Reimbursement Arrangements

a. If a credit states that reimbursement is to be obtained by a nominated bank ("claiming bank") claiming on another party ("reimbursing bank"), the credit must state if the reimbursement is subject to the ICC rules for bank-to-bank reimbursements in effect on the date of issuance of the credit.

b. If a credit does not state that reimbursement is subject to the ICC rules for bank-to-bank reimbursements, the following apply:
  i . An issuing bank must provide a reimbursing bank with a reimbursement authorization that conforms with the availability stated in the credit. The reimbursement authorization should not be subject to an expiry date.
  ii . A claiming bank shall not be required to supply a reimbursing bank with a certificate of compliance with the terms and conditions of the credit.
  iii. An issuing bank will be responsible for any loss of interest, together with any expenses incurred, if reimbursement is not provided on first demand by a reimbursing bank in accordance with the terms and conditions of the credit.
  iv. A reimbursing bank's charges are for the account of the issuing bank. However, if the charges are for the account of the beneficiary, it is the responsibility of an issuing bank to so indicate in the credit and in the reimbursement authorization. If a reimbursing bank's charges are for the account of the beneficiary, they shall be deducted from the amount due to a claiming bank when reimbursement is made. If no reimbursement is made, the reimbursing bank's charges remain the obligation of the issuing bank.

c. An issuing bank is not relieved of any of its obligations to provide reimbursement if reimbursement is not made by a reimbursing bank on first demand.

제 13 조 은행 간 대금상환약정

a. 만약 신용장이 지정은행이 다른 당사자(상환은행)에게 청구하여 대금상환을 받도록 명시하였다면 신용장에 상환이 신용장 개설일로부터 은행간 대금상환에 대한 국제상업회의소 규칙의 적용을 받는다는 사실을 명시하여야 한다.

b. 만약 신용장에 상환이 은행간 대금상환에 대한 국제상업회의소 규칙의 적용을 받는다는 사실을 명시하지 않았다면 다음과 같이 적용된다.
 i. 개설은행은 신용장에 명시된 이용가능성에 일치되게 상환수권을 상환은행에 주어야 한다. 상환수권은 유효기일의 적용을 받지 않아야 한다.
 ii. 상환청구은행은 상환은행에 신용장조건 일치증명서를 제시하도록 요구받아서는 안 된다.
 iii. 개설은행은 상환이 신용장 조건과 일치되게 상환은행에 첫 요구 시에 되지 않았다면 그에 따른 비용과 이자 손실을 부담하여야 한다.
 iv. 상환은행 수수료는 개설은행 부담이다. 그러나 만약 상환수수료가 수익자 부담이라면 개설은행은 신용장과 상환수권서에 그러한 사실을 명시할 책임을 진다. 만약 상환은행의 수수료가 수익자 부담이라면 상환수수료는 대금이 상환될 때 상환청구은행에 지급하여야 할 금액으로부터 차감할 수 있다. 만약 어떤 상환도 되지 않았다면 상환은행 수수료는 개설은행이 부담하여야 한다.

c. 개설은행은 상환은행이 첫 요구에 상환되지 않았다면 상환할 의무에서 벗어나지 못한다.

Article 14 Standard for Examination of Documents

a. A nominated bank acting on its nomination, a confirming bank, if any, and the issuing bank must examine a presentation to determine, on the basis of the documents alone, whether or not the documents appear on their face to constitute a complying presentation.

b. A nominated bank acting on its nomination, a confirming bank, if any, and the issuing bank shall each have a maximum of five banking days following the day of presentation to determine if a presentation is complying. This period is not curtailed or otherwise affected by the occurrence on or after the date of presentation of any expiry date or last day for presentation.

c. A presentation including one or more original transport documents subject to articles 19, 20, 21, 22, 23, 24 or 25 must be made by or on behalf of the beneficiary not later than 21 calendar days after the date of shipment as described in these rules, but in any event not later than the expiry date of the credit.

d. Data in a document, when read in context with the credit, the document itself and international standard banking practice, need not be identical to, but must not conflict with, data in that document, any other stipulated document or the credit.

e. In documents other than the commercial invoice, the description of the goods, services or performance, if stated, may be in general terms not conflicting with their description in the credit.

f. If a credit requires presentation of a document other than a transport document, insurance document or commercial invoice, without stipulating by whom the document is to be issued or its data content, banks will accept the document as presented if its content appears to fulfil the function of the required document and otherwise complies with sub-article 14 (d).

g. A document presented but not required by the credit will be disregarded and may be returned to the presenter.

h. If a credit contains a condition without stipulating the document to indicate compliance with the condition, banks will deem such condition as not stated and will disregard it.

i. A document may be dated prior to the issuance date of the credit, but must not be dated later than its date of presentation.

j. When the addresses of the beneficiary and the applicant appear in any stipulated document, they need not be the same as those stated in the credit or in any other stipulated document, but must be within the same country as the respective addresses mentioned in the credit. Contact details (telefax, telephone, email and the like) stated as part of the beneficiary's and the applicant's address will be disregarded. However, when the address and contact details of the applicant appear as part of the consignee or notify party details on a transport document subject to articles 19, 20, 21, 22, 23, 24 or 25, they must be as stated in the credit.

k. The shipper or consignor of the goods indicated on any document need not be the beneficiary of the credit.

l. A transport document may be issued by any party other than a carrier, owner, master or charterer provided that the transport document meets the requirements of articles 19, 20, 21, 22, 23 or 24 of these rules.

제 14 조 서류 심사 기준

a. 지정에 따라 행동하는 지정은행, 있다면 확인은행과 개설은행은 서류가 문면상 일치하는 제시가 되는지를 단지 서류 만에 의해서 결정하기 위하여 제시를 심사하여야 한다.

b. 지정에 따라 행동하는 지정은행, 있다면 확인은행과 개설은행은 각각 제시가 일치하는가를 결정하기 위하여 제시 다음 날을 기산일로부터 최장 5은행영업일이 주어진다. 이 기간은 유효기일의 제시일자 또는 제시최종일 또는 후에 발생하는 사건에 의해서 단축되거나 달리 영향을 받지 않는다.

c. 제19조, 제20조, 제21조, 제22조, 제23조, 제24조가 적용되는 하나 이상의 운송서류 원본이 포

함되어 제시되는 경우 이 규칙에서 규정하고 있는 선적일 후 21일보다 늦지 않게 제시되어야 하며 어떤 경우라도 신용장 유효기일보다 늦게 제시되어서는 안 된다.

d. 신용장 문맥에 따라 읽을 때 서류 자료, 서류 자체와 국제표준은행관행은 동일할 필요는 없으나 그 서류의 자료, 어떤 다른 제시서류 또는 신용장과 상충되어서는 안 된다.

e. 상업송장 이외의 서류에서 만약 기재되었다면 상품, 서비스 또는 의무이행 명세는 신용장의 그것의 명세와 상충되지 않는 일반적인 용어로 기재될 수 있다.

f. 만약 신용장에서 누가 서류를 발행해야 되는지 또는 자료 내용을 명시하지 않고 운송서류, 보험서류 또는 상업송장 이외의 서류 제시를 요구하였다면 은행은 자료 내용이 요구 서류의 기능을 완수하는 것으로 나타나고 제14조 (d)항의 규정과 일치한다면 은행은 제시된 대로 서류를 수리한다.

g. 신용장에서 요구하지 않았으나 제시된 서류는 무시되고 제시자에게 반환할 수 있다.

h. 만약 신용장이 조건과 일치되게 표시되는 서류를 명시함이 없이 조건만 기재하고 있다면 은행은 그러한 조건을 기재하지 않은 것으로 간주하고 무시한다.

i. 서류가 신용장 개설일 이전 일자로 발행될 수 있으나 제시일자 보다 늦은 일자로 발행되어서는 안 된다.

j. 수익자와 개설의뢰인의 주소가 어떤 제시서류에 나타날 때 그것은 신용장과 다른 제시 서류의 그것과 똑 같을 필요는 없으나 신용장에 명시된 각기의 주소와 동일국가이어야 한다. 수익자와 개설의뢰인의 주소의 일부로 기재된 접촉명세(팩스, 전화, 이메일 등)는 무시된다. 그러나 개설의뢰인의 주소와 접촉명세가 제19조, 제20조, 제21조, 제22조, 제23조, 제24조 또는 제25조의 적용을 받는 운송서류상의 수하인 또는 통지처의 일부로서 나타날 때에는 신용장에 명시된 대로 기재되어야 한다.

k. 어떤 서류에 표시된 상품 선적인과 송하인은 신용장의 수익자일 필요가 없다.

l. 만약 운송서류가 이 규칙 제19조, 제20조, 제21조, 제22조, 제23조 또는 제24조의 요구조건을 충족시킨다면 운송인, 운송수단 소유자, 선장, 용선자 이외의 자가 발행할 수 있다.

Article 15 Complying Presentation

a. When an issuing bank determines that a presentation is complying, it must honour.

b. When a confirming bank determines that a presentation is complying, it must honour or negotiate and forward the documents to the issuing bank.

c. When a nominated bank determines that a presentation is complying and honours or negotiates, it must forward the documents to the confirming bank or issuing bank.

제 15 조 일치하는 제시

a. 개설은행이 제시가 일치한다고 결정하였을 때 개설은행은 결제하여야 한다.

b. 확인은행이 제시가 일치한다고 결정하였을 때 확인은행은 결제 또는 매입하고 그 서류를 개설은행에 송부하여야 한다.

c. 지정은행이 제시가 일치한다고 결정하고 결제 또는 매입하였을 때 개설은행은 서류를 확인은행 또는 개설은행에 송부하여야 한다.

Article 16 Discrepant Documents, Waiver and Notice

a. When a nominated bank acting on its nomination, a confirming bank, if any, or the issuing bank determines that a presentation does not comply, it may refuse to honour or negotiate.

b. When an issuing bank determines that a presentation does not comply, it may in its sole judgement approach the applicant for a waiver of the discrepancies. This does not, however, extend the period mentioned in sub-article 14 (b).

c. When a nominated bank acting on its nomination, a confirming bank, if any, or the issuing bank decides to refuse to honour or negotiate, it must give a single notice to that effect to the presenter.

The notice must state:
i . that the bank is refusing to honour or negotiate; and
ii . each discrepancy in respect of which the bank refuses to honour or negotiate; and
iii. a. that the bank is holding the documents pending further instructions from the presenter; or
b. that the issuing bank is holding the documents until it receives a waiver from the applicant and agrees to accept it, or receives further instructions from the presenter prior to agreeing to accept a waiver; or
c. that the bank is returning the documents; or
d. that the bank is acting in accordance with instructions previously received from the presenter.

d. The notice required in sub-article 16 (c) must be given by telecommunication or, if that is not possible, by other expeditious means no later than the close of the fifth banking day following the day of presentation.

e. A nominated bank acting on its nomination, a confirming bank, if any, or the issuing bank may, after providing notice required by sub-article 16 (c) (iii) (a) or (b), return the documents to the presenter at any time.

f. If an issuing bank or a confirming bank fails to act in accordance with the provisions of this article, it shall be precluded from claiming that the documents do not constitute a complying presentation.
g. When an issuing bank refuses to honour or a confirming bank refuses to honour or negotiate and has given notice to that effect in accordance with this article, it shall then be entitled to claim a refund, with interest, of any reimbursement made.

제 16 조 불일치서류, 권리포기 및 통지

a. 지정에 따라 행동하는 지정은행, 있다면 확인은행 또는 개설은행이 제시가 일치하지 않는다고 결정하였을 때 그 은행은 결제 또는 매입을 거절할 수 있다.

b. 개설은행이 제시가 일치하지 않는다고 결정하였을 때 개설은행은 그의 독자적 판단으로 개설의뢰인에게 하자용인 여부를 조회할 수 있다. 그러나 이것이 제14조 (b)항에서 언급한 기간을 연장하지 않는다.

c. 지정에 따라 행동하는 지정은행, 있다면 확인은행 또는 개설은행이 결제 또는 매입을 거절하기로 결정하였다면 그 은행은 서류 제시자에게 1회만 통지하여야 한다.

통지에는 다음을 명시하여야 한다.
i. 은행은 결제 또는 매입을 거절하고 있다는 것,
ii. 은행이 결제 또는 매입을 거절하게 되는 불일치사항,
iii. a. 은행이 제시자의 추가지시를 기다리며 서류를 보관하고 있다는 것 또는
b. 개설은행이 개설의뢰인으로부터 권리포기를 수령하고 서류를 수리하기로 합의할 때까지, 또는 권리포기를 승낙하기로 합의 하기 전에 제시인으로 부터 추가지시를 수령할 때까지 개설은행이 서류를 보관하고 있다는 것, 또는
c. 은행이 서류를 반송하고 있다는 것, 또는
d. 은행이 이전에 제시자로부터 받은 지시에 따라 행동하고 있다는 것

d. 제16조 (c)항에서 요구된 통지는 전신 또는 그것의 이용이 불가능하다면 다른 신속한 수단으로 서류 제시 다음 날을 기산일로 하여 5영업일 종료보다 늦지 않아야 한다.

e. 지정에 따라 행동하는 지정은행, 있다면 확인은행 또는 개설은행은 제16조 (c) (iii) (a) 또는 (b)에서 요구된 통지를 한 후 언제라도 제시자에게 서류를 반환할 수 있다.

f. 만약 개설은행 또는 확인은행이 이 규칙에서 정하는 대로 행동하지 않았다면 그 은행은 서류가 일치하는 제시가 아니라는 주장을 할 수 없다.

g. 개설은행이 결제를 거절하거나 또는 확인은행이 지급이행 또는 매입을 거절하고 이 조항에 따른 통지를 하였다면 개설은행은 상환된 대금을 이자와 함께 반환을 청구할 자격이 있다.

Article 17 Original Documents and Copies

a. At least one original of each document stipulated in the credit must be presented.

b. A bank shall treat as an original any document bearing an apparently original signature, mark, stamp, or label of the issuer of the document, unless the document itself indicates that it is not an original.

c. Unless a document indicates otherwise, a bank will also accept a document as original if it:
   i . appears to be written, typed, perforated or stamped by the document issuer's hand; or
   ii . appears to be on the document issuer's original stationery; or
   iii. states that it is original, unless the statement appears not to apply to the document presented.

d. If a credit requires presentation of copies of documents, presentation of either originals or copies is permitted.

e. If a credit requires presentation of multiple documents by using terms such as "in duplicate", "in two fold" or "in two copies", this will be satisfied by the presentation of at least one original and the remaining number in copies, except when the document itself indicates otherwise.

제 17 조 원본 서류 및 사본

a. 적어도 신용장에서 명시된 서류의 원본 한 통은 제시되어야 한다.

b. 은행은 서류 자체가 원본이 아니라는 표시가 없다면 명백하게 서류 발행자의 원본서명, 마크, 스탬프 또는 라벨이 표시된 서류를 원본으로 취급한다.

c. 서류에 다른 명시가 없다면 은행은 또한 다음과 같은 서류를 원본으로 수리한다.
   i . 서류 발행자의 손으로 작성되거나 타이핑, 천공 서명되거나 스탬프된 것으로 나타나는 경우 또는
   ii. 서류 발행자의 원본 상에 나타난 경우
   iii. 원본이라는 표시가 제시된 서류에 적용되지 않는 것으로 나타나지 않는다면 원본이라고 표시된 경우

d. 만약 신용장이 서류 사본의 제시를 요구하였다면 원본 또는 사본이 제시되는 것이 허용된다.

e. 만약 신용장이 "in duplicate", "in two folds" 또는 "in two copies"와 같은 용어를 사용하여 복수의 서류 제시를 요구하였다면 이것은 서류 자체에 다른 명시가 없다면 적어도 한 통은 원본이고 나머지는 사본 서류가 제시되면 된다.

Article 18 Commercial Invoice

a. A commercial invoice:
   i . must appear to have been issued by the beneficiary (except as provided in article 38);
   ii . must be made out in the name of the applicant (except as provided in

sub-article 38 (g));
iii. must be made out in the same currency as the credit; and
iv. need not be signed.

b. A nominated bank acting on its nomination, a confirming bank, if any, or the issuing bank may accept a commercial invoice issued for an amount in excess of the amount permitted by the credit, and its decision will be binding upon all parties, provided the bank in question has not honoured or negotiated for an amount in excess of that permitted by the credit.

c. The description of the goods, services or performance in a commercial invoice must correspond with that appearing in the credit.

제 18 조 상업송장

a. 상업송장
i. (제38조가 적용되는 경우를 제외하고는) 수익자가 발행한 것으로 나타나야 한다.
ii. (제38조 (g)가 적용되는 경우를 제외하고는) 개설의뢰인 앞으로 발행되어야 한다.
iii. 신용장과 같은 통화로 발행되어야 한다. 그리고
iv. 서명될 필요는 없다.

b. 지정에 따라 행동하는 지정은행, 있다면 확인은행 또는 개설은행은 신용장에서 허용된 금액을 초과하여 발행된 상업송장을 수리할 수 있다. 그리고 개설은행의 결정은 만약 그 문제에서 은행이 신용장에서 허용된 금액을 초과한 금액을 결제하거나 또는 매입하지 않았다면 모든 당사자를 구속한다.

c. 상업송장의 상품, 서비스 또는 의무이행 명세는 신용장에 나타나는 것과 일치해야 한다.

Article 19 Transport Document Covering at Least Two Different Modes of Transport

a. A transport document covering at least two different modes of transport (multimodal or combined transport document), however named, must appear to:
i. indicate the name of the carrier and be signed by:
- the carrier or a named agent for or on behalf of the carrier, or
- the master or a named agent for or on behalf of the master.

Any signature by the carrier, master or agent must be identified as that of the carrier, master or agent.
Any signature by an agent must indicate whether the agent has signed for or on behalf of the carrier or for or on behalf of the master.
ii. indicate that the goods have been dispatched, taken in charge or shipped on board at the place stated in the credit, by:
- pre-printed wording, or
- a stamp or notation indicating the date on which the goods have been dispatched, taken in charge or shipped on board.

The date of issuance of the transport document will be deemed to be the date of dispatch, taking in charge or shipped on board, and the date of shipment. However, if the transport document indicates, by stamp or notation, a date of dispatch, taking in charge or shipped on board, this date will be deemed to be the date of shipment.

iii. indicate the place of dispatch, taking in charge or shipment and the place of final destination stated in the credit, even if:
   a. the transport document states, in addition, a different place of dispatch, taking in charge or shipment or place of final destination, or
   b. the transport document contains the indication "intended" or similar qualification in relation to the vessel, port of loading or port of discharge.

iv. be the sole original transport document or, if issued in more than one original, be the full set as indicated on the transport document.

v. contain terms and conditions of carriage or make reference to another source containing the terms and conditions of carriage (short form or blank back transport document). Contents of terms and conditions of carriage will not be examined.

vi. contain no indication that it is subject to a charter party.

b. For the purpose of this article, transhipment means unloading from one means of conveyance and reloading to another means of conveyance (whether or not in different modes of transport) during the carriage from the place of dispatch, taking in charge or shipment to the place of final destination stated in the credit.

c. i. A transport document may indicate that the goods will or may be transhipped provided that the entire carriage is covered by one and the same transport document.
   ii. A transport document indicating that transhipment will or may take place is acceptable, even if the credit prohibits transhipment.

제 19 조 적어도 두 가지 이상의 다른 운송방식을 커버하는 운송서류

a. 적어도 두 개 이상의 다른 운송방법을 커버하는 운송서류(복합운송서류)는 어떤 명칭을 사용하였든 간에 다음과 같이 나타나야 한다.

i. 운송인 명칭이 표시되고 다음의 자에 의해서 서명되어야 한다.
   · 운송인 또는 운송인을 대리하는 지정대리인, 또는
   · 선장 또는 선장을 대리하는 지정대리인

   운송인, 선장 또는 대리인의 서명은 운송인, 선장 또는 대리인의 서명으로서 확인되어야 한다. 대리인 서명은 그 대리인이 운송인을 위하여 또는 운송인을 대리하여 또는 선장을 위하여 또는 선장을 대리하여 서명한다는 것을 표시하여야 한다.

ii. 상품이 신용장에서 명시된 장소에서 발송, 수탁 또는 본선 적재되었다는 것을 다음과 같이 표시하여야 한다.
   · 사전에 인쇄된 문언 또는
   · 상품이 발송, 수탁 또는 본선 적재된 일자를 표시하는 스탬프 또는 부기

운송서류 발행일자는 발송일, 수탁일 또는 본선 적재일과 선적일로 간주된다. 그러나 만약 운송서류가 스탬프 또는 부기에 의해서 발송, 수탁, 본선 적재일을 표시하였다면 그 일자가 선적일로 간주된다.

iii. 비록 다음의 경우라 할지라도 신용장에서 명시된 발송지, 수탁지, 선적지와 최종목적지를 표시하여야 한다.
  a. 운송서류가 추가적으로 다른 발송지, 수탁지 또는 선적지 또는 최종목적지 또는
  b. 선박, 선적항 또는 도착항과 관련하여 "예정" 또는 이와 유사한 표시가 된 운송서류

iv. 운송서류 원본 한 통 또는 원본을 한 통을 초과하여 발행된다면 운송서류에 표시된 전통

v. 운송조건을 포함하거나 또는 운송조건이 다른 근거를 참조하라고 표시되어야 한다.(약식 또는 뒷면 백지 운송서류) 운송조건 내용은 심사되지 않는다.

vi. 용선계약에 따른다는 어떤 표시도 포함되어서는 안 된다.

b. 이 조항의 목적상, 환적은 신용장에 명시된 발송지, 수탁지 또는 선적지로부터 최종목적지까지 한 운송수단으로부터 내려져 다른 운송방법으로 재적재 되는 것을 의미한다(운송방법이 같은지 다른지 여부는 상관하지 않는다).

c. i. 운송서류는 만약 전항정이 하나의 동일한 운송서류에 의해서 커버된다면 상품이 환적되거나 될 수 있다는 것이 표시될 수 있다.

ii. 환적이 되거나 될 수 있다고 표시된 운송서류는 비록 신용장에서 환적이 금지되더라도 수리될 수 있다.

Article 20 Bill of Lading

a. A bill of lading, however named, must appear to:

i. indicate the name of the carrier and be signed by:
  - the carrier or a named agent for or on behalf of the carrier, or
  - the master or a named agent for or on behalf of the master.

  Any signature by the carrier, master or agent must be identified as that of the carrier, master or agent.

  Any signature by an agent must indicate whether the agent has signed for or on behalf of the carrier or for or on behalf of the master.

ii. indicate that the goods have been shipped on board a named vessel at the port of loading stated in the credit by:
  - pre-printed wording, or
  - an on board notation indicating the date on which the goods have been shipped on board.

  The date of issuance of the bill of lading will be deemed to be the date of shipment unless the bill of lading contains an on board notation indicating the date of shipment, in which case the date stated in the on board notation will be deemed to be the date of shipment.

  If the bill of lading contains the indication "intended vessel" or similar qualification in relation to the name of the vessel, an on board notation indicating the date of shipment and the name of the actual vessel is required.

iii. indicate shipment from the port of loading to the port of discharge stated in the credit. If the bill of lading does not indicate the port of loading stated in the credit as the port of loading, or if it contains the indication "intended" or similar qualification in relation to the port of loading, an on board notation indicating the port of loading as stated in the credit, the date of shipment and the name of the vessel is required. This provision applies even when loading on board or shipment on a named vessel is indicated by pre-printed wording on the bill of lading.

iv. be the sole original bill of lading or, if issued in more than one original, be the full set as indicated on the bill of lading.

v. contain terms and conditions of carriage or make reference to another source containing the terms and conditions of carriage (short form or blank back bill of lading). Contents of terms and conditions of carriage will not be examined.

vi. contain no indication that it is subject to a charter party.

b. For the purpose of this article, transhipment means unloading from one vessel and reloading to another vessel during the carriage from the port of loading to the port of discharge stated in the credit.

c. i. A bill of lading may indicate that the goods will or may be transhipped provided that the entire carriage is covered by one and the same bill of lading.

ii. A bill of lading indicating that transhipment will or may take place is acceptable, even if the credit prohibits transhipment, if the goods have been shipped in a container, trailer or LASH barge as evidenced by the bill of lading.

d. Clauses in a bill of lading stating that the carrier reserves the right to tranship will be disregarded.

제 20 조 선하증권

a. 선하증권은 어떤 명칭을 사용하든지 간에 다음과 같이 나타나야 한다.

i. 운송인 명칭이 표시되고 다음의 자에 의해서 서명되어야 한다.

- 운송인 또는 운송인을 대리하는 지정대리인 또는
- 선장 또는 선장을 대리하는 지정대리인

운송인, 선장 또는 대리인의 서명은 운송인, 선장 또는 대리인의 서명으로서 확인되어야 한다.

대리인 서명은 그 대리인이 운송인을 위하여 또는 운송인을 대리하여 또는 선장을 위하여 또는 선장을 대리하여 서명한다는 것을 표시하여야 한다.

ii. 상품이 신용장에서 명시된 선적항에서 자기 명칭을 표시한 선박에 본선 적재되었다는 것을 다음과 같이 표시하여야 한다.

- 미리 인쇄된 것 또는
- 상품이 본선 적재된 일자를 표시하는 스탬프 또는 부기

만약 선하증권이 선적일자를 표시하는 본선 적재부기를 하지 않았다면 선하증권 발행일자를 선적일로 간주된다. 선하증권에 본선 적재부기가 된 경우에는 본선 적재 부기일자가 선적일로 간주된다.

선박명과 관련하여 "예정선박" 또는 이와 유사한 표시가 된 경우에는 선적일과 실제 선박

명이 기재된 본선 적재부기가 요구된다.

iii. 신용장에 기재된 선적항으로부터 도착항까지의 선적을 표시하여야 한다. 만약 선하증권이 선적항으로 신용장에 기재된 선적항을 표시하지 않는다면 또는 선적항과 관련하여 "예정" 또는 이와 유사한 표시가 된 경우에는 신용장에 기재된 선적항과 선적일과 적재선박명이 기재된 본선 적재부기가 요구된다. 이 조항은 자기 명칭을 표시하는 선박에의 본선 적재가 선하증권에 미리 인쇄되어 표시된 경우에도 적용된다.

iv. 선하증권 원본 한 통 또는 원본을 한 통을 초과하여 발행된다면 선하증권에 표시된 전통

v. 운송조건을 포함하거나 또는 운송조건이 다른 근거를 참조하라고 표시되어야 한다. (약식 또는 뒷면 백지 선하증권) 운송조건 내용은 심사되지 않는다.

vi. 용선계약에 따른다는 어떤 표시도 포함되어서는 안 된다.

b. 이 조항의 목적상, 환적은 신용장에 기재된 선적항으로부터 도착항까지 운송 중 한 선박으로부터 내려져 다른 선박으로 재적재되는 것을 의미한다.

c. i. 선하증권은 만약 전항정이 하나의 동일한 선하증권에 의해서 커버된다면 상품이 환적되거나 될 수 있다는 것이 표시될 수 있다.

ii. 비록 신용장이 환적을 금지하더라도 상품이 컨테이너, 트레일러, 래시 바지에 선적되었다는 것이 선하증권에 표시되었다면 환적이 일어나거나 일어날 수 있다는 표시가 된 선하증권이 수리될 수 있다.

d. 운송인이 환적할 권리를 갖고 있다는 것을 표시한 선하증권 조항은 무시되어야 한다.

Article 21 Non-Negotiable Sea Waybill

a. A non-negotiable sea waybill, however named, must appear to:

i. indicate the name of the carrier and be signed by:
- the carrier or a named agent for or on behalf of the carrier, or
- the master or a named agent for or on behalf of the master.

Any signature by the carrier, master or agent must be identified as that of the carrier, master or agent.

Any signature by an agent must indicate whether the agent has signed for or on behalf of the carrier or for or on behalf of the master.

ii. indicate that the goods have been shipped on board a named vessel at the port of loading stated in the credit by:
- pre-printed wording, or
- an on board notation indicating the date on which the goods have been shipped on board.

The date of issuance of the non-negotiable sea way bill will be deemed to be the date of shipment unless the non-negotiable sea waybill contains an on board notation indicating the date of shipment, in which case the date stated in the on board notation will be deemed to be the date of shipment.

If the non-negotiable sea waybill contains the indication "intended vessel" or similar qualification in relation to the name of the vessel, an on board notation indicating the date of shipment and the name of the actual vessel is required.

iii. indicate shipment from the port of loading to the port of discharge stated in the credit.
If the non-negotiable sea waybill does not indicate the port of loading stated in the credit as the port of loading, or if it contains the indication "intended" or similar qualification in relation to the port of loading, an on board notation indicating the port of loading as stated in the credit, the date of shipment and the name of the vessel is required. This provision applies even when loading on board or shipment on a named vessel is indicated by pre- printed wording on the non-negotiable sea waybill.
iv. be the sole original non-negotiable sea way bill or, if issued in more than one original, be the full set as indicated on the non- negotiable sea waybill.
v. contain terms and conditions of carriage or make reference to another source containing the terms and conditions of carriage (short form or blank back non-negotiable sea waybill). Contents of terms and conditions of carriage will not be examined.
vi. contain no indication that it is subject to a charter party.

b. For the purpose of this article, transhipment means unloading from one vessel and reloading to another vessel during the carriage from the port of loading to the port of discharge stated in the credit.

c. i. A non-negotiable sea waybill may indicate that the goods will or may be transhipped provided that the entire carriage is covered by one and the same non-negotiable sea way bill.
ii. A non-negotiable sea way bill indicating that transhipment will or may take place is acceptable, even if the credit prohibits transhipment, if the goods have been shipped in a container, trailer or LASH barge as evidenced by the non-negotiable sea waybill.

d. Clauses in a non-negotiable sea waybill stating that the carrier reserves the right to tranship will be disregarded.

제 21 조 비유통성 해상화물운송장

a. 비유통성 해상화물운송장은 어떤 명칭을 사용하든지 간에 다음과 같이 나타나야 한다.
i. 운송인 명칭이 표시되고 다음의 자에 의해서 서명되어야 한다.
- 운송인 또는 운송인을 대리하는 지정대리인 또는
- 선장 또는 선장을 대리하는 지정대리인

운송인, 선장 또는 대리인의 서명은 운송인, 선장 또는 대리인의 서명으로서 확인되어야 한다. 대리인 서명은 그 대리인이 운송인을 위하여 또는 운송인을 대리하여 또는 선장을 위하여 또는 선장을 대리하여 서명한다는 것을 표시하여야 한다.
ii. 상품이 신용장에서 명시된 선적항에서 자기 명칭을 표시한 선박에 본선 적재되었다는 것을 다음과 같이 표시하여야 한다.
- 사전에 인쇄된 문언 또는
- 상품이 본선 적재된 일자를 표시하는 스탬프 또는 부기

만약 비유통성 해상화물운송장이 선적일자를 표시하는 본선 적재부기를 하지 않았다면

비유통성 해상화물운송장 발행일자를 선적일로 간주된다. 비유통성 해상화물운송장에 본선 적재 부기가 된 경우에는 본선 적재부기일자가 선적일로 간주된다.
선박명과 관련하여 "예정선박" 또는 이와 유사한 표시가 된 경우에는 선적일과 실제 선박명이 기재된 본선 적재부기가 요구된다.

iii. 신용장에 기재된 선적항으로부터 도착항까지의 선적을 표시하여야 한다. 만약 비유통성 해상화물운송장이 선적항으로 신용장에 기재된 선적항을 표시하지 않는다면 또는 선적항과 관련하여 "예정" 또는 이와 유사한 표시가 된 경우에는 신용장에 기재된 선적항과 선적일과 적재선박명이 기재된 본선 적재부기가 요구된다. 이 조항은 자기 명칭을 표시하는 선박에의 본선 적재가 비유통성 해상화물운송장에 미리 인쇄되어 표시된 경우에도 적용된다.

iv. 비유통성 해상화물운송장 원본 한 통 또는 원본을 한 통을 초과하여 발행된다면 비유통성 해상운송장에 표시된 전통

v. 운송조건을 포함하거나 또는 운송조건이 다른 근거를 참조하라고 표시되어야 한다. (약식 또는 뒷면 백지 비유통성해상운송장) 운송조건 내용은 심사되지 않는다.

vi. 용선계약이 적용된다는 어떤 표시도 포함되어서는 안 된다.

b. 이 조항의 목적상, 환적은 신용장에 기재된 선적항으로부터 도착항까지 운송 중 선박으로부터 내려져 다른 선박으로 적재되는 것을 의미한다.

c. i. 비유통성 해상화물운송장은 만약 전항정이 하나의 동일한 비유통성해상운송장에 의해서 커버된다면 상품이 환적되거나 될 수 있다는 것이 표시될 수 있다.

ii. 비록 신용장이 환적을 금지하더라도 상품이 컨테이너, 트레일러, 래시, 바지에 선적되었다는 것이 비유통성해상운송장에 표시되었다면 환적이 일어나거나 일어날 수 있다는 표시가 된 비유통성 해상화물운송장이 수리될 수 있다.

d. 운송인이 환적할 권리를 갖고 있다는 것을 표시한 비유통성해상운송장 조항은 무시되어야 한다.

Article 22 Charter Party Bill of Lading

a. A bill of lading, however named, containing an indication that it is subject to a charter party (charter party bill of lading), must appear to:

i. be signed by:
- the master or a named agent for or on behalf of the master, or
- the owner or a named agent for or on behalf of the owner, or
- the charterer or a named agent for or on behalf of the charterer.

Any signature by the master, owner, charterer or agent must be identified as that of the master, owner, charterer or agent.
Any signature by an agent must indicate whether the agent has signed for or on behalf of the master, owner or charterer.
An agent signing for or on behalf of the owner or charterer must indicate the name of the owner or charterer.

ii. indicate that the goods have been shipped on board a named vessel at the port of loading stated in the credit by:
- pre-printed wording, or
- an on board notation indicating the date on which the goods have been shipped on board.

The date of issuance of the charter party bill of lading will be deemed to be the date of shipment unless the charter party bill of lading contains an on board notation indicating the date of shipment, in which case the date stated in the on board notation will be deemed to be the date of shipment.

iii. indicate shipment from the port of loading to the port of discharge stated in the credit. The port of discharge may also be shown as a range of ports or a geographical area, as stated in the credit.

iv. be the sole original charter party bill of lading or, if issued in more than one original, be the full set as indicated on the charter party bill of lading.

b. A bank will not examine charter party contracts, even if they are required to be presented by the terms of the credit.

제 22 조 용선계약 선하증권

a. 어떤 명칭을 사용하였든 용선계약의 적용을 받는다는 선하증권(용선계약 선하증권)은 다음과 같이 나타나야 한다.

i . 다음의 자에 의해서 서명되어야 한다.

- 선장 또는 선장을 대리하는 지정대리인 또는
- 선주 또는 선주를 대리하는 지정대리인 또는
- 용선자 또는 용선자를 대리하는 지정대리인

선장, 선주, 용선자 또는 대리인의 서명은 선장, 선주, 용선자 또는 대리인의 서명으로 확인되어야 한다. 대리인 서명은 그 대리인이 선장을 위하여 또는 선장을 대리하여 또는 선주를 위하여 또는 선주를 대리하여 또는 용선자를 위하여 또는 용선자를 대신하여 서명한다는 것을 표시하여야 한다.

ii. 상품이 신용장에서 명시된 선적항에서 자기 명칭을 표시한 선박에 본선 적재되었다는 것을 다음과 같이 표시하여야 한다.

- 사전에 인쇄된 문언 또는
- 상품이 본선 적재된 일자를 표시하는 스탬프 또는 부기

만약 용선계약 선하증권이 선적일자를 표시하는 본선 적재부기를 하지 않았다면 용선계약 선하증권 발행일자가 선적일로 간주된다. 용선계약 선하증권에 본선 적재가 부기된 경우에는 본선 적재부기일자가 선적일로 간주된다.

iii. 신용장에 기재된 선적항으로부터 도착항까지의 선적을 표시하여야 한다. 도착항은 또한 신용장에 기재된 일정 범위의 항구 또는 지리적 지역을 표시할 수 있다.

iv. 용선계약 선하증권 원본 한 통 또는 원본을 한 통을 초과하여 발행된다면 용선계약 선하증권에 표시된 전통

b. 비록 신용장에서 용선계약이 제시될 것을 요구하였다 하더라도 은행은 용선계약을 심사하지 않는다.

Article 23 Air Transport Document

a. An air transport document, however named, must appear to:

i . indicate the name of the carrier and be signed by:

- the carrier, or
- a named agent for or on behalf of the carrier.

Any signature by the carrier or agent must be identified as that of the carrier or agent.
Any signature by an agent must indicate that the agent has signed for or on behalf of the carrier.
ii. indicate that the goods have been accepted for carriage.
iii. indicate the date of issuance. This date will be deemed to be the date of shipment unless the air transport document contains a specific notation of the actual date of shipment, in which case the date stated in the notation will be deemed to be the date of shipment.
Any other information appearing on the air transport document relative to the flight number and date will not be considered in determining the date of shipment.
iv. indicate the airport of departure and the airport of destination stated in the credit.
v. be the original for consignor or shipper, even if the credit stipulates a full set of originals.
vi. contain terms and conditions of carriage or make reference to another source containing the terms and conditions of carriage. Contents of terms and conditions of carriage will not be examined.

b. For the purpose of this article, transhipment means unloading from one aircraft and reloading to another aircraft during the carriage from the airport of departure to the airport of destination stated in the credit.

c. i. An air transport document may indicate that the goods will or may be transhipped, provided that the entire carriage is covered by one and the same air transport document.
ii. An air transport document indicating that transhipment will or may take place is acceptable, even if the credit prohibits transhipment.

제 23 조 항공운송서류

a. 항공운송서류는 어떤 명칭을 사용하였든 다음과 같이 나타나야 한다.
i. 운송인 명칭이 표시되고 다음의 자에 의해서 서명되어야 한다.
- 운송인 또는
- 운송인을 대리하는 지정대리인

운송인 또는 대리인의 서명은 운송인 또는 대리인의 서명으로 확인되어야 한다. 대리인 서명은 그 대리인이 운송인을 위하여 또는 운송인을 대리하여 서명한다는 것을 표시하여야 한다.
ii. 상품이 운송을 위하여 수탁되었다는 것을 표시하여야 한다.
iii. 발행일자를 표시하여야 한다. 항공운송서류에 실제 선적일에 대한 어떤 특정한 부기가 포함되어 있지 않다면 이 일자가 선적일이 된다. 항공운송서류에 실제 선적일에 대한 어떤 특성한 부기기 포함된 경우에는 부기일자가 선적일로 간주된다. 운항번호와 일자와 관련된 항공운송서류에 나타난 어떤 다른 정보는 선석일을 결정할 때 고려되지 않는다.
iv. 신용장에 기재된 출발공항과 도착공항을 표시하여야 한다.
v. 비록 신용장에서 원본 전통을 요구하였더라도 송하인 또는 선적인용 원본이 제시되면 된다.
vi. 운송조건을 포함하거나 또는 운송조건이 다른 근거를 참조하라고 표시되어야 한다. 운송조건 내용은 심사되지 않는다.

b. 이 조항의 목적상, 환적은 신용장에 기재된 출발공항으로부터 도착공항까지 운송중 항공기로부터 내려져 다른 항공기로 적재되는 것을 의미한다.

c. i. 항공운송서류는 만약 전항정이 하나의 동일한 항공운송서류에 의해서 커버된다면 상품이 환적되거나 될 수 있다는 것이 표시될 수 있다.
ii. 비록 신용장이 환적을 금지하더라도 환적이 일어나거나 일어날 수 있다는 표시가 된 항공운송서류가 수리될 수 있다.

Article 24 Road, Rail or Inland Waterway Transport Documents

a. A road, rail or inland waterway transport document, however named, must appear to:
i. indicate the name of the carrier and:
- be signed by the carrier or a named agent for or on behalf of the carrier, or
- indicate receipt of the goods by signature, stamp or notation by the carrier or a named agent for or on behalf of the carrier.

Any signature, stamp or notation of receipt of the goods by the carrier or agent must be identified as that of the carrier or agent.
Any signature, stamp or notation of receipt of the goods by the agent must indicate that the agent has signed or acted for or on behalf of the carrier.
If a rail transport document does not identify the carrier, any signature or stamp of the railway company will be accepted as evidence of the document being signed by the carrier.
ii. indicate the date of shipment or the date the goods have been received for shipment, dispatch or carriage at the place stated in the credit. Unless the transport document contains a dated reception stamp, an indication of the date of receipt or a date of shipment, the date of issuance of the transport document will be deemed to be the date of shipment.
iii. indicate the place of shipment and the place of destination stated in the credit.

b. i. A road transport document must appear to be the original for consignor or shipper or bear no marking indicating for whom the document has been prepared.
ii. A rail transport document marked "duplicate" will be accepted as an original.
iii. A rail or inland waterway transport document will be accepted as an original whether marked as an original or not.

c. In the absence of an indication on the transport document as to the number of originals issued, the number presented will be deemed to constitute a full set.

d. For the purpose of this article, transhipment means unloading from one means of conveyance and reloading to another means of conveyance, within the same mode of transport, during the carriage from the place of shipment, dispatch or carriage to the place of destination stated in the credit.

e. i. A road, rail or inland waterway transport document may indicate that the goods will or may be transhipped provided that the entire carriage is covered by one and the same transport document.
ii. A road, rail or inland waterway transport document indicating that transhipment will or may take place is acceptable, even if the credit prohibits transhipment.

제 24 조 도로, 철도 또는 내수로 운송서류

a. 도로, 철도 또는 내륙수로 운송서류는 명칭에 상관없이 다음과 같이 나타나야 한다.
i. 운송인 명칭이 표시되고 그리고;
- 운송인 또는 운송인을 대리하는 지정대리인이 서명한 것 또는
- 운송인 또는 운송인을 대리하는 지정대리인에 의해 행해진 서명, 스탬프 또는 부기에 의해서 상품 수령을 표시한 것

운송인 또는 대리인에 의한 어떤 서명, 스탬프 또는 상품수탁부기는 운송인 또는 대리인의 것으로 확인되어야 한다. 대리인에 의한 어떤 서명, 스탬프 또는 상품수탁 부기는 대리인이 운송인을 위하여 또는 운송인을 대리하여 서명하거나 행동하고 있다는 표시가 있어야 한다. 만약 철도운송서류가 운송인을 확인하지 않았다면 철도회사의 서명 또는 스탬프가 운송인이 서류에 서명한 증거로 받아들여진다.
ii. 신용장에서 기재한 장소에서 선적일 또는 상품이 선적, 발송, 운송을 위하여 수탁한 일자가 표시되어야 한다. 만약 운송서류에 일자가 표시된 접수 스탬프 또는 접수일 표시 또는 선적일 표시가 없다면 운송서류 발행일을 선적일로 간주한다.
iii. 신용장에 기재된 선적지와 목적지가 표시되어야 한다.

b. i. 도로운송서류는 하송인 또는 선적인용 원본으로 나타나거나 또는 그 서류가 누구를 위하여 작성되었는지에 대한 표시가 없어야 한다.
ii. "duplicate"라고 표시된 도로운송서류는 원본으로 수리된다.
iii. 철도 또는 내수로 운송서류는 원본 표시 여부에 관계없이 원본으로 수리된다.

c. 운송서류에 원본 통수가 표시되지 않은 경우 제시된 통수가 전통을 구성하는 것으로 간주된다.

d. 이 조항의 목적상 환적은 신용장에 기재된 선적, 발송 또는 운송지로부터 목적지까지 운송 중 동일한 운송방법 내에서 어떤 운송수단으로부터 내려져 다른 운송수단으로 적재 되는 것을 의미한다.

e. i. 도로, 철도 또는 내수로 운송서류는 만약 전항정이 하나의 동일한 운송서류에 의해 커버된다면 상품이 환적되거나 될 수 있다는 것이 표시될 수 있다.
ii. 비록 신용장이 환적을 금지하더라도 환적이 일어나거나 일어날 수 있다는 표시된 도로, 철도 또는 내수로 운송서류는 수리될 수 있다.

Article 25 Courier Receipt, Post Receipt or Certificate of Posting

a. A courier receipt, however named, evidencing receipt of goods for transport, must appear to:
   i . indicate the name of the courier service and be stamped or signed by the named courier service at the place from which the credit states the goods are to be shipped; and
   ii . indicate a date of pick-up or of receipt or wording to this effect. This date will be deemed to be the date of shipment.

b. A requirement that courier charges are to be paid or prepaid may be satisfied by a transport document issued by a courier service evidencing that courier charges are for the account of a party other than the consignee.

c. A post receipt or certificate of posting, however named, evidencing receipt of goods for transport, must appear to be stamped or signed and dated at the place from which the credit states the goods are to be shipped. This date will be deemed to be the date of shipment.

제 25 조 특송화물 수취증, 우편 수취증 또는 우편증명서

a. 특송화물 수취증은 어떤 명칭을 사용하든 관계없이 상품이 운송을 위하여 수탁되었다는 것을 다음과 같이 표시하여야 한다.
   i . 특송 배달업체의 명칭과 신용장에서 상품이 선적되기로 한 장소에서 자기 이름을 표시한 특송 배달업체가 스탬프하거나 서명하여야 한다. 그리고
   ii. 집배 또는 수취일자 또는 이러한 효력을 갖는 단어가 표시되어야 한다. 이 일자가 선적일로 간주된다.

b. 특송 배달료가 지급되거나 선지급되어야 한다는 요구조건은 특송 배달료가 수하인 이외의 제3자 부담이라는 표시를 하면서 특송배달 업체가 발행한 운송서류로 만족된다.

c. 어떤 명칭을 사용하였든 간에 운송을 위한 상품의 수탁을 증빙하는 우편 수취증 또는 우편증명서는 신용장에서 상품이 선적되어야 한다고 명시한 장소에서 스탬프되거나 또는 서명되는 것으로 나타나야 한다. 이 일자가 선적일로 간주된다.

Article 26 "On Deck", "Shipper's Load and Count", "Said by Shipper to Contain" and Charges Additional to Freight

a. A transport document must not indicate that the goods are or will be loaded on deck. A clause on a transport document stating that the goods may be loaded on deck is acceptable.

b. A transport document bearing a clause such as "shipper's load and count" and "said by shipper to contain" is acceptable.

c. A transport document may bear a reference, by stamp or otherwise, to charges additional to the freight.

제 26 조 "갑판적재", "내용물 부지약관"과 운임에 대한 추가비용

a. 운송서류에는 상품이 갑판에 적재되거나 적재될 것이라는 표시가 없어야 한다. 상품이 갑판에 적재될 수도 있다는 것을 표시하고 있는 표시하는 운송서류상의 조항은 수리될 수 있다.

b. "송화인이 적재하고 수량을 계산하였음"과 "송화인의 내용신고에 따름"이라는 조항이 있는 운송서류는 수리할 수 있다.

c. 운송서류에는 스탬프 또는 다른 방법으로 운임에 추가하는 비용을 표시할 수 있다.

Article 27 Clean Transport Document

A bank will only accept a clean transport document. A clean transport document is one bearing no clause or notation expressly declaring a defective condition of the goods or their packaging. The word "clean" need not appear on a transport document, even if a credit has a requirement for that transport document to be "clean on board".

제 27 조 무고장 운송서류

은행은 단지 무고장 운송서류만 수리한다. 무고장 운송서류는 상품 또는 포장의 하자상태를 명백하게 표시하는 조항 또는 부기가 없는 것을 말한다. "무고장"이라는 단어는 비록 신용장에서 운송서류가 "무고장 본선 적재"일 것을 요구하더라도 운송서류에 나타날 필요가 없다.

Article 28 Insurance Document and Coverage

a. An insurance document, such as an insurance policy, an insurance certificate or a declaration under an open cover, must appear to be issued and signed by an insurance company, an underwriter or their agents or their proxies. Any signature by an agent or proxy must indicate whether the agent or proxy has signed for or on behalf of the insurance company or underwriter.

b. When the insurance document indicates that it has been issued in more than one original, all originals must be presented.

c. Cover notes will not be accepted.

d. An insurance policy is acceptable in lieu of an insurance certificate or a declaration under an open cover

e. The date of the insurance document must be no later than the date of shipment, unless it appears from the insurance document that the cover is effective from a date not later than the date of shipment.

f. i . The insurance document must indicate the amount of insurance coverage and be in the same currency as the credit.

ii . A requirement in the credit for insurance coverage to be for a per- centage of the value of the goods, of the invoice value or similar is deemed to be the minimum amount of coverage required.
If there is no indication in the credit of the insurance coverage required, the amount of insurance coverage must be at least 110% of the CIF or CIP value of the goods.
When the CIF or CIP value cannot be determined from the documents, the amount of insurance coverage must be calculated on the basis of the amount for which honour or negotiation is requested or the gross value of the goods as shown on the invoice, whichever is greater.

iii. The insurance document must indicate that risks are covered at least between the place of taking in charge or shipment and the place of discharge or final destination as stated in the credit.

g. A credit should state the type of insurance required and, if any, the additional risks to be covered. An insurance document will be accepted without regard to any risks that are not covered if the credit uses imprecise terms such as "usual risks" or "customary risks".

h. When a credit requires insurance against "all risks" and an insurance document is presented containing any "all risks" notation or clause, whether or not bearing the heading "all risks", the insurance document will be accepted without regard to any risks stated to be excluded.

i. An insurance document may contain reference to any exclusion clause.

j. An insurance document may indicate that the cover is subject to a franchise or excess (deductible).

제 28 조 보험서류 및 부보범위

a. 보험증권 또는 포괄예정보험하의 보험증명서 또는 통지서와 같은 보험서류는 보험회사, 인수업자 또는 그들의 대리인이 발행하고 서명하는 것으로 나타나야 한다.
대리인에 의한 서명은 대리인이 보험회사 또는 인수업자를 위하여 또는 대리로 서명하였는지를 표시하여야 한다.

b. 보험서류가 원본 한통을 초과하여 발행되었을 때 모든 원본이 제시되어야 한다.

c. 부보각서는 수리되지 않는다.

d. 보험증권은 포괄예정보험하의 보험증명서 또는 통지서 대신에 수리될 수 있다.

e. 보험서류 일자는 부보가 선적일보다 늦지 않게 유효하다는 것이 보험서류에 나타나지 않는 한 선적일보다 늦어서는 안 된다.

f. i. 보험서류는 부보금액을 표시하고 신용장 통화와 동일한 통화로 표시되어야 한다.
ii. 상품금액, 상업송장 금액 또는 유사한 것의 비율로 표시된 보험커버에 대한 신용장 요구조건은 요구되는 최소한의 보험금액으로 간주된다.
요구되는 보험커버에 대하여 신용장에 아무런 표시가 없다면 보험커버 금액은 적어도 상품의 CIF 또는 CIP 금액의 110%가 되어야 한다.
CIF 또는 CIP 금액을 서류로부터 결정할 수 없을 때 보험커버 금액은 결제 또는 매입이 요구되는 금액 또는 송장에 나타난 상품의 총금액 중 어느 쪽이든 큰 금액을 기준으로 계산하여야 한다.
iii. 보험서류는 위험이 적어도 신용장에 기재된 수탁지 또는 선적지로부터 양륙지 또는 최종 목적지까지 커버되고 있다는 것을 표시하여야 한다.

g. 신용장은 요구되는 보험의 종류가 기재되어야 한다. 그리고 만약 있다면 커버되어야 할 추가 위험이 기재되어야 한다. 보험서류는 만약 신용장이 "통상의 위험" 또는 "관습적인 위험"과 같은 부정확한 용어를 사용하였다면 커버되지 않은 어떤 위험에 관계없이 수리된다.

h. 신용장이 "전위험"을 커버하는 보험을 요구하고 그리고 보험서류가 "전위험"이라는 표제를 갖고 있느냐에 상관없이 "전위험"이라는 부기 또는 약관을 가지는 것으로 나타날 때 보험서류는 제외되어야 한다고 명기된 어떤 위험에 관계없이 수리된다.

i. 보험서류에는 면책약관에 대한 참조문언을 기재할 수 있다.

j. 보험서류에는 커버가 소손해면책 또는 초과면책(공제)의 적용을 받는지를 표시할 수 있다.

Article 29 Extension of Expiry Date or Last Day for Presentation

a. If the expiry date of a credit or the last day for presentation falls on a day when the bank to which presentation is to be made is closed for reasons other than those referred to in article 36, the expiry date or the last day for presentation, as the case may be, will be extended to the first following banking day.

b. If presentation is made on the first following banking day, a nominated bank must provide the issuing bank or confirming bank with a statement on its covering schedule that the presentation was made within the time limits extended in accordance with sub-article 29 (a).

c. The latest date for shipment will not be extended as a result of sub- article 29 (a).

제 29 조 유효기일 연장 또는 제시최종일

a. 신용장 유효기일 또는 제시최종일이 제시가 되는 은행이 제36조 이외의 사유로 휴업한 때에는 경우에 따라서 유효기일 또는 제시최종일은 다음 첫 은행영업일까지 연장된다.

b. 제시가 다음 첫 영업일에 된 때 지정은행은 개설은행 또는 확인은행에 제29조 (a)항에 따라 연장된 제한시간 이내에 제시되었음을 표시서류에 기재하여야 한다.

c. 선적 최종일은 제29조 (a)항의 결과로 연장되지 않는다.

Article 30 Tolerance in Credit Amount, Quantity and Unit Prices

a. The words "about" or "approximately" used in connection with the amount of the credit or the quantity or the unit price stated in the credit are to be construed as allowing a tolerance not to exceed 10% more or 10% less than the amount, the quantity or the unit price to which they refer.

b. A tolerance not to exceed 5% more or 5% less than the quantity of the goods is allowed, provided the credit does not state the quantity in terms of a stipulated number of packing units or individual items and the total amount of the drawings does not exceed the amount of the credit.

c. Even when partial shipments are not allowed, a tolerance not to exceed 5% less than the amount of the credit is allowed, provided that the quantity of the goods, if stated in the credit, is shipped in full and a unit price, if stated in the credit, is not reduced or that sub-article 30(b) is not applicable. This tolerance does not apply when the credit stipulates a specific tolerance or uses the expressions referred to in sub-article 30(a).

제 30 조 신용장 금액, 수량과 단가의 과부족 허용

a. 신용장에 기재된 신용장 금액 또는 수량 또는 단가와 관련하여 사용되는 "약" 또는 "대략"이라는 단어는 그것이 언급하는 금액, 수량, 단가의 10% 과부족을 허용하는 것으로 해석된다.

b. 만약 신용장이 수량을 포장단위 개수 또는 개개품목의 개수로 명시하지 않고, 환어음 발행금액이 신용장금액을 초과하지 않는다면 상품 수량의 5% 과부족 편차가 허용된다.

c. 분할선적이 허용되지 않을 때라 할지라도 만약 신용장에 기재된 상품수량이 완전히 선적되고 신용장에 단가가 기재되었다면 단가가 감액되지 않고 제30조 (b)항이 적용되지 않는다면 신용장 금액의 5% 과부족 편차가 허용된다. 이러한 과부족편차는 신용장이 특정한 과부족 편차를 명시하거나 제30조 (a)항에 언급된 표현이 사용되었을 때에는 적용되지 않는다.

Article 31 Partial Drawings or Shipments

a. Partial drawings or shipments are allowed.

b. A presentation consisting of more than one set of transport documents evidencing shipment commencing on the same means of conveyance and for the same journey, provided they indicate the same destination, will not be regarded as covering a partial shipment, even if they indicate different dates of shipment or different ports of loading, places of taking in charge or dispatch. If the presentation consists of more than one set of transport documents, the latest date of shipment as evidenced on any of the sets of

transport documents will be regarded as the date of shipment.
A presentation consisting of one or more sets of transport documents evidencing shipment on more than one means of conveyance within the same mode of transport will be regarded as covering a partial shipment, even if the means of conveyance leave on the same day for the same destination.

c. A presentation consisting of more than one courier receipt, post receipt or certificate of posting will not be regarded as a partial shipment if the courier receipts, post receipts or certificates of posting appear to have been stamped or signed by the same courier or postal service at the same place and date and for the same destination.

제 31 조 분할청구 또는 분할선적

a. 분할청구 또는 분할선적은 허용되어진다.

b. 동일한 목적지를 향하는 동일항로를 위하여 동일 운송수단에 적재를 증명하는 1세트 이상의 운송서류의 제시는 다른 일자 또는 다른 선적항, 수탁장소, 발송장소에서 이루어졌다하더라도 분할선적으로 간주되지 않는다.
만약 서류의 제시가 1세트 이상의 운송서류로 구성되었다면, 어느 운송서류 세트에 증명된 최종 선적일자가 선적일자로 간주되어진다.
동일한 운송방식에서 2개 이상의 운송수단에 선적을 증명하는 2세트 이상 운송서류의 제시는 비록 그 운송수단이 동일 일자에 동일한 목적지로 향하더라도 분할선적으로 간주된다.

c. 2개 이상의 특송 영수증, 우편영수증, 우송증명서를 구성하는 제시는 만약 이러한 서류들이 동일한 특송인 또는 우편서비스에 의하여 동일 장소와 날짜에 동일한 목적지로 소인 또는 서명되었다면 분할선적으로 간주되지 않는다.

Article 32 Instalment Drawings or Shipments

If a drawing or shipment by instalments within given periods is stipulated in the credit and any instalment is not drawn or shipped within the period allowed for that instalment, the credit ceases to be available for that and any subsequent instalment.

제 32 조 할부청구 또는 할부선적

신용장에 정해진 기간 내 할부에 의한 청구 또는 선적이 명시되어있고, 어느 할부분이 주어진 기간 내에 청구 또는 선적되지 않았다면, 그 신용장은 당해 할부분 및 이후 할부분의 효력을 상실한다.

Article 33 Hours of Presentation

A bank has no obligation to accept a presentation outside of its banking hours.

제 33 조 제시 시간

은행은 은행영업시간 이외의 제시를 수리할 의무가 없다.

Article 34 Disclaimer on Effectiveness of Documents

A bank assumes no liability or responsibility for the form, sufficiency, accuracy, genuineness, falsification or legal effect of any document, or for the general or particular conditions stipulated in a document or superimposed thereon; nor does it assume any liability or responsibility for the description, quantity, weight, quality, condition, packing, delivery, value or existence of the goods, services or other performance represented by any document, or for the good faith or acts or omissions, solvency, performance or standing of the consignor, the carrier, the forwarder, the consignee or the insurer of the goods or any other person.

제 34 조 서류의 효력에 대한 면책

은행은 어떤 서류이든 그 형식, 충분성, 정확성, 진정성, 위조 또는 법적 효력에 대하여, 또는 그 서류에 명시된 일반 및 특정조건 또는 부가조항에 대하여 어떠한 의무나 책임도 지지 않으며, 또한 서류에 표시되어 있는 상품의 명세, 수량, 중량, 품질, 상태, 포장, 인도, 기타 가치 또는 실존여부에 대하여 또는 상품의 송하인, 운송인, 운송주선업자, 수하인, 보험자 또는 기타 모든 관계자의 성실성이나 작위 및 부작위, 지급능력, 의무이행, 업태에 관하여 어떤 의무나 책임도 지지 않는다.

Article 35 Disclaimer on Transmission and Translation

A bank assumes no liability or responsibility for the consequences arising out of delay, loss in transit, mutilation or other errors arising in the transmission of any messages or delivery of letters or documents, when such messages, letters or documents are transmitted or sent according to the requirements stated in the credit, or when the bank may have taken the initiative in the choice of the delivery service in the absence of such instructions in the credit.

If a nominated bank determines that a presentation is complying and forwards the documents to the issuing bank or confirming bank, whether or not the nominated bank has honoured or negotiated, an issuing bank or confirming bank must honour or negotiate, or reimburse that nominated bank, even when the documents have been lost in transit between the nominated bank and the issuing bank or confirming bank, or between the confirming bank and the issuing bank.

A bank assumes no liability or responsibility for errors in translation or interpretation of technical terms and may transmit credit terms without translating them.

제 35 조 전달과 번역에 대한 면책

통보, 서신, 서류가 신용장에 기재된 요구조건에 따라서 전달되거나 송부될 때, 또는 은행이 신용장에 전달 서비스의 선택에 대한 지시가 없을 때 은행이 그 선택을 주도하였더라도 은행은 어떠한 통보, 서한, 서류의 전달에서 발생하는 송달지연 또는 분실, 훼손 또는 기타 오류로 인해 발생하는 결과에 대하여 어떤 의무나 책임도 지지 않는다.
만약 지정은행이 제시가 일치하여 그 서류를 개설은행 또는 확인은행에 송부하기로 결정하였다면 지정은행이 결제 또는 매입하였는지 여부에 관계없이 개설은행 또는 확인은행은 결제 또는 매입하거나 아니면 지정은행에 대금을 상환하여야 한다. 비록 서류가 지정은행과 개설은행 또는 지정은행과 확인은행 또는 확인은행과 개설은행간 우송 중에 분실되었다 할지라도 마찬가지이다.
은행은 전문용어의 번역 또는 해석상 오류에 대하여 어떤 의무나 책임도 지지 않으며 그것을 번역하지 않고 신용장 조건을 전달할 수 있다.

Article 36 Force Majeure

A bank assumes no liability or responsibility for the consequences arising out of the interruption of its business by Acts of God, riots, civil commotions, insurrections, wars, acts of terrorism, or by any strikes or lockouts or any other causes beyond its control.
A bank will not, upon resumption of its business, honour or negotiate under a credit that expired during such interruption of its business.

제 36 조 불가항력

은행은 천재지변, 폭동, 소요, 반란, 전쟁, 테러행위 또는 파업이나 직장폐쇄 또는 그들이 통제할 수 없는 다른 요인으로 인한 업무중단에 대하여 아무런 의무나 책임도 지지 않는다.
은행은 업무가 재개되었을 때 그러한 업무중단 중에 유효기일이 경과한 신용장에 대하여 결제하거나 매입하지 않는다.

Article 37 Disclaimer for Acts of an Instructed Party

a. A bank utilizing the services of another bank for the purpose of giving effect to the instructions of the applicant does so for the account and at the risk of the applicant.

b. An issuing bank or advising bank assumes no liability or responsibility should the instructions it transmits to another bank not be carried out, even if it has taken the initiative in the choice of that other bank.

c. A bank instructing another bank to perform services is liable for any commissions, fees, costs or expenses ("charges") incurred by that bank in connection with its instructions.
If a credit states that charges are for the account of the beneficiary and charges cannot be collected or deducted from proceeds, the issuing bank

remains liable for payment of charges.
A credit or amendment should not stipulate that the advising to a beneficiary is conditional upon the receipt by the advising bank or second advising bank of its charges.

d. The applicant shall be bound by and liable to indemnify a bank against all obligations and responsibilities imposed by foreign laws and usages.

제 37 조 피지시인의 행위에 대한 면책

a. 개설의뢰인의 지시를 이행할 목적으로 다른 은행의 서비스를 이용하는 은행은 개설신청인의 비용과 위험부담으로 행동한다.

b. 개설은행 또는 통지은행은 비록 주도적으로 다른 은행을 선택하였다 할지라도 만약 그들이 전달한 지시가 수행되지 않은 경우에 어떠한 의무나 책임도 지지 않는다.

c. 다른 은행에 그러한 서비스를 이행하도록 지시한 은행은 그 지시와 관련하여 그 은행에 발생한 수수료, 요금, 대가, 지출에 대하여 책임을 진다.
만약 신용장이 수수료가 수익자 부담이라고 기재하였으나 수수료가 추심될 수 없거나 신용장 대금에서 차감할 수 없다면 개설은행이 수수료를 지급할 책임을 진다.
신용장 또는 조건변경은 수익자에 대한 통지가 통지은행 또는 제2 통지은행이 수수료를 받을 때 통지하여야 하는 것으로 조건을 부여해서는 안 된다.

d. 개설의뢰인은 외국 법률 및 관습에 의해서 부과되는 모든 의무와 책임에 구속되며 이에 대하여 은행에 보상할 책임이 있다.

Article 38 Transferable Credits

a. A bank is under no obligation to transfer a credit except to the extent and in the manner expressly consented to by that bank.

b. For the purpose of this article:
Transferable credit means a credit that specifically states it is "transferable". A transferable credit may be made available in whole or in part to another beneficiary ("second beneficiary") at the request of the beneficiary ("first beneficiary").
Transferring bank means a nominated bank that transfers the credit or, in a credit available with any bank, a bank that is specifically authorized by the issuing bank to transfer and that transfers the credit. An issuing bank may be a transferring bank.
Transferred credit means a credit that has been made available by the transferring bank to a second beneficiary.

c. Unless otherwise agreed at the time of transfer, all charges (such as commissions, fees, costs or expenses) incurred in respect of a transfer must be paid by the first beneficiary.

d. A credit may be transferred in part to more than one second beneficiary provided partial drawings or shipments are allowed.
A transferred credit cannot be transferred at the request of a second beneficiary to any subsequent beneficiary. The first beneficiary is not considered to be a subsequent beneficiary.

e. Any request for transfer must indicate if and under what conditions amendments may be advised to the second beneficiary. The transferred credit must clearly indicate those conditions.

f. If a credit is transferred to more than one second beneficiary, rejection of an amendment by one or more second beneficiary does not invalidate the acceptance by any other second beneficiary, with respect to which the transferred credit will be amended accordingly. For any second beneficiary that rejected the amendment, the transferred credit will remain unamended.

g. The transferred credit must accurately reflect the terms and conditions of the credit, including confirmation, if any, with the exception of:
- the amount of the credit,
- any unit price stated therein,
- the expiry date,
- the period for presentation, or
- the latest shipment date or given period for shipment,

any or all of which may be reduced or curtailed.
The percentage for which insurance cover must be effected may be increased to provide the amount of cover stipulated in the credit or these articles.
The name of the first beneficiary may be substituted for that of the applicant in the credit.
If the name of the applicant is specifically required by the credit to appear in any document other than the invoice, such requirement must be reflected in the transferred credit.

h. The first beneficiary has the right to substitute its own invoice and draft, if any, for those of a second beneficiary for an amount not in excess of that stipulated in the credit, and upon such substitution the first beneficiary can draw under the credit for the difference, if any, between its invoice and the invoice of a second beneficiary.

i. If the first beneficiary is to present its own invoice and draft, if any, but fails to do so on first demand, or if the invoices presented by the first beneficiary create discrepancies that did not exist in the presentation made by the second beneficiary and the first beneficiary fails to correct them on first demand, the transferring bank has the right to present the documents as received from the second beneficiary to the issuing bank, without further responsibility to the first beneficiary.

j. The first beneficiary may, in its request for transfer, indicate that honour or negotiation is to be effected to a second beneficiary at the place to which the credit has been transferred, up to and including the expiry date of the credit. This is without prejudice to the right of the first beneficiary in accordance with sub-article 38 (h).

k. Presentation of documents by or on behalf of a second beneficiary must be made to the transferring bank.

제 38 조 양도가능 신용장

a. 은행은 그 은행이 명백하게 동의한 범위와 방법 외로 신용장을 양도할 의무를 지지 않는다.

b. 이 조항의 목적상
양도가능신용장이란 "양도가능"이라고 특별히 기재된 신용장을 의미한다. 양도가능신용장은 수익자("제1수익자")의 요청에 따라 다른 수익자("제2수익자)가 전부 또는 일부 이용할 수 있다.
양도은행은 신용장을 양도하는 지정은행을 의미한다. 또는 어떤 은행이나 이용 가능한 신용장에서는 개설은행에 의해서 양도가 특별히 수권되어 신용장을 양도한 은행을 가리킨다. 개설은행은 양도은행이 될 수 있다.
양도된 신용장이란 양도은행에 의해서 제2수익자가 이용할 수 있도록 된 신용장을 의미한다.

c. 양도시에 달리 합의하지 않았다면 양도에 관련된 (수수료, 요금, 비용 또는 지출 같은) 모든 수수료는 제1수익자가 지급하여야 한다.

d. 신용장은 만약 분할청구 또는 분할선적이 허용되었다면, 한 사람 이상의 제2수익자에게 부분적으로 양도될 수 있다.
양도된 신용장은 제2수익자의 요청에 의해서 차후 수익자에게 양도될 수 없다. 제1수익자는 차후 수익자로 간주되지 않는다.

e. 양도청구에는 조건변경이 된 경우 제2수익자에게 어떤 조건으로 이것을 통지할 수 있는지를 명시하여야 한다. 양도된 신용장은 이 조건을 명확하게 표시하여야 한다.

f. 신용장이 한 사람 이상의 제2수익자에게 양도된 경우 한 사람 이상의 제2수익자가 조건 변경을 거절하였다고 하더라도 신용장 조건변경과 관련된 다른 제2수익자의 수락이 무효로 되는 것은 아니며 양도된 신용장은 이들에 대하여 조건 변경된다. 양도된 신용장은 조건변경을 거절한 제2수익자에 대하여는 조건이 변경되지 않는다.

g. 양도된 신용장은 다음 사항을 제외하고 만약 있다면 확인을 포함하여 정확하게 신용장 조건을 반영하여야 한다.
- 신용장 금액
- 신용장상의 단가
- 유효기일
- 제시기간, 또는
- 최종 선적일 또는 선적기간,

이 항목 중 일부 또는 전부는 감액 또는 단축될 수 있다.
보험커버 비율은 신용장 또는 이 규칙에 따라 명시된 부보금액을 제공하기 위하여 증가될 수 있다.
제1수익자의 이름은 신용장 개설의뢰인의 이름으로 대체될 수 있다.

개설의뢰인의 이름이 상업송장 이외의 다른 어떤 서류에 나타날 것을 신용장에서 특별히 요구하였다면, 그러한 요구조건은 양도된 신용장에 반영되어야 한다.

h. 제1수익자는 신용장에 명시된 금액을 초과하지 않는 범위 내에서 제2수익자의 송장과 환어음을 대체할 권리를 가진다. 그리고 대체되었을 때 제1수익자는 그의 송장과 제2수익자 송장간의 차액이 있다면 차액에 대하여 청구할 수 있다.

i. 제1수익자가 자신의 송장과 환어음을 제시하였으나 첫 요구 시에 그렇게 하지 못하였다면 또는 제1수익자가 제시한 송장이 제2수익자의 제시에는 존재하지 않았던 하자를 발생시켰고, 제1수익자가 첫 요구 시 수정하지 못하였다면 양도은행은 제1수익자에 대한 더 이상의 책임을 지지 않고 제2수익자로부터 받은 대로 서류를 개설은행에 제시할 권리를 가진다.

j. 제1수익자는 양도 신청을 할 때 신용장 유효기일까지 신용장이 양도된 장소에서 제2수익자에게 결제 또는 매입하도록 지시할 수 있다. 이것이 제38조 (h)항에 따른 제1수익자의 권리를 침해하지 않는다.

k. 제2수익자에 의한 또는 제2수익자를 대신한 서류는 양도은행에 제시되어야 한다.

Article 39 Assignment of Proceeds

The fact that a credit is not stated to be transferable shall not affect the right of the beneficiary to assign any proceeds to which it may be or may become entitled under the credit, in accordance with the provisions of applicable law. This article relates only to the assignment of proceeds and not to the assignment of the right to perform under the credit.

제 39 조 대금 양도

신용장이 양도가능하다고 기재되지 않았다는 사실이 수익자가 적용 가능한 법규에 따라 신용장에서 그가 받을 자격이 있거나 받아야 할 자격을 가지게 될 대금을 양도할 수 있는 권리에 영향을 주지는 않을 것이다. 이 조항은 대금 양도에만 관련되며 해당 신용장에 따라 행사하는 권리양도와는 관련되지 않는다.

International Standard Banking Practice(ISBP), ICC Pub No. 745
(국제표준은행관행, ICC No. 745)

PRELIMINARY CONSIDERATIONS
사전고려사항

Scope of the publication
적용범위

i) This publication is to be read in conjunction with UCP 600 and not in isolation.

i) 이 간행물은 UCP 600과 관련하여 해석되어야 하며 단독으로 해석되어서는 아니 된다.

ii) The practices described in this publication highlight how the articles of UCP 600 are to be interpreted and applied, to the extent that the terms and conditions of the credit, or any amendment thereto, do not expressly modify or exclude an applicable article in UCP 600.

ii) 이 간행물에 명시된 관행은 신용장 조건이나 그 조건변경이 명확하게 UCP 600의 해당 조항을 변경하거나 배제하지 않은 한도 내에서 UCP 600이 어떻게 해석되고 적용되어야 하는지를 강조한다.

The credit and amendment application, the issuance of the credit and any amendment thereto
신용장개설신청과 조건변경신청, 신용장의 개설과 조건변경

iii) The terms and conditions of a credit and any amendment thereto are independent of the underlying sale or other contract even if the credit or amendment expressly refers to that sale or other contract. When agreeing the terms of the sale or other contract, the parties thereto should be aware of the ensuing implications for the completion of the credit or amendment application.

iii) 신용장 조건과 그 조건변경은 그 신용장과 조건변경에서 그 기초가 되는 매매계약 등의 계약을 언급하고 있더라도 그러한 기초계약으로부터 독립된다. 매매계약 등의 계약을 체결할 때, 당사자들은 계약이 그에 따라 수행되는 신용장 개설신청이나 조건변경 신청에 미치는 효과를 숙지하여야 한다.

iv) Many of the problems that arise at the document examination stage could be avoided or resolved by the respective parties through careful attention to detail in the credit or amendment application and issuance of the credit or any amendment thereto. The applicant and beneficiary should carefully consider the documents required for presentation, by whom they are to be issued, their data content and the time frame in which they are to be

presented.
iv) 서류 심사단계에서 발생하는 많은 문제는 각 당사자가 신용장 개설신청이나 조건변경신청, 신용장을 개설하거나 조건변경을 할 때에 세세한 주의를 기울임으로써 회피되거나 해결될 수 있다. 개설의뢰인과 수익자는 제시되어야 하는 필요 서류들의 발행인과 기재내용, 그 제시시기를 신중하게 고려하여야 한다.

v) The applicant bears the risk of any ambiguity in its instructions to issue or amend a credit. An issuing bank may, unless the applicant expressly instructs to the contrary, supplement or develop those instructions in a manner necessary or desirable to permit the use of the credit or any amendment thereto. An issuing bank should ensure that any credit or amendment it issues is not ambiguous or conflicting in its terms and conditions.
v) 개설의뢰인은 신용장의 개설이나 조건변경에 관하여 지시를 모호하게 함으로써 발생하는 위험을 부담한다. 개설은행은 개설의뢰인이 달리 명시적으로 지시하지 않는다면 신용장이나 그 조건변경의 사용을 가능하게 하는 데 필요하거나 바람직한 방향으로 그러한 지시를 보충하거나 개선할 수 있다. 개설은행은 자신이 개설하는 신용장이나 조건변경에 담기는 조건이 모호하거나 상충되지 않도록 하여야 한다.

vi) The applicant and issuing bank should be fully aware of the content of UCP 600 and recognize that articles such as 3, 14, 19, 20, 21, 23, 24, 28(i), 30 and 31 define terms in a manner that may produce unexpected results. For example, a credit requiring presentation of a bill of lading and containing a prohibition against transhipment will, in most cases, have to exclude UCP 600 sub-article 20(c) to make the prohibition against transhipment effective.
vi) 개설의뢰인과 개설은행은 UCP 600의 내용을 충분히 숙지하여야 하고, 제3조, 제14조, 제19조, 제20조, 제21조, 제23조, 제24조, 제28조 제i항, 제30조 및 제31조가 예상하지 못한 결과를 초래할 수 있는 어투로 용어를 규정하고 있음을 인식하여야 한다. 예컨대, 신용장에서 선하증권의 제시를 요구하면서 환적을 금지시키는 때에는, 환적금지가 유효하도록 하기 위하여 대부분의 경우에 UCP 600 제20조 제c항의 적용을 배제하여야 한다.

vii) A credit or any amendment thereto should not require presentation of a document that is to be issued, signed or countersigned by the applicant. If, nevertheless, a credit or amendment is issued including such a requirement, the beneficiary should consider the appropriateness of such a requirement and determine its ability to comply with it, or seek a suitable amendment.
vii) 신용장이나 그 조건변경은 개설의뢰인이 발행하거나 서명 또는 부서(副署)하여야 하는 서류를 제시하도록 요구하여서는 아니 된다. 그럼에도 그러한 조건을 내포하는 신용장이 개설되거나 조건변경이 발행된 경우에 수익자는 그러한 조건의 적절성을 고려하여야 하고 그것을 준수할 수 있는지를 결정하거나 적절한 조건변경을 모색하여야 한다.

GENERAL PRINCIPLES
일반원칙

Abbreviations
약어

A1) Generally accepted abbreviations, such as, but not limited to, "Int'l" instead of "International", "Co." instead of "Company", "kgs" or "kos" instead of "kilograms" or "kilos", "Ind." instead of "Industry", "Ltd" instead of Limited", "mfr" instead of "manufacturer" or "mt" instead of "metric tons" may be used in documents in substitution for a word or vice versa. A credit that includes an abbreviation in its text allows a document to show the same abbreviation or any other abbreviation that has the same meaning, or to show the complete spelling of the word or vice versa.

A1) 예컨대, "International" 대신에 "Int'l", "Company" 대신에 "Co.", "kilograms" 대신에 "kgs" 이나 "kos" 또는 "kilos", "Industry" 대신에 "Ind.", "Limited" 대신에 "Ltd", "manufacturer" 대신에 "mfr" 혹은 "metric tons" 대신에 "mt"와 같이(그러나 이러한 예시에 한정되지 않음), 일반적으로 승인되는 약어는 서류에서 온전한 단어 대신에 사용될 수 있으며 그 반대로 사용될 수도 있다. 그 문면에 약어를 내포하는 신용장은 동일한 약어가 나타나거나 동일한 의미를 갖는 다른 약어가 나타나는 서류나 그 약어의 온전한 단어가 나타나는 서류 또는 그 반대의 서류를 허용한다.

A2) a. Virgules (i.e., slash marks "/") may result in different meanings and should not be used as a substitute for a word. If, nevertheless, a virgule is used and no context is apparent, this will allow the use of one or more of the options. For example, a condition in a credit stating "Red/Black/Blue" with no further clarification will mean only Red or only Black or only Blue or any combination of them.

b. The use of a comma when indicating a range of data in a credit such as ports of loading or discharge or countries of origin, may result in different meanings and should not be used as a substitute for a word. If, nevertheless, a comma is used and no context is apparent, this will allow the use of one or more of the options. For example, when a credit allows partial shipment and indicates the port of loading information as "Hamburg, Rotterdam, Antwerp" with no further clarification, this will mean only Hamburg or only Rotterdam or only Antwerp or any combination of them.

A2) a. 사선기호(즉 "/")는 상이한 의미를 낳을 수 있으므로 단어 대신에 사용되어서는 아니 된다. 그럼에도 사선기호가 사용되었고 문맥상 그 의미가 불명하다면, 이는 하나 또는 둘 이상의 선택지가 허용된다는 의미를 갖는다. 예컨대, 신용장에 "Red/Black/Blue"라고 명시되고 명확화를 위한 더 이상의 정보가 표시되지 않은 조건은 적색, 흑색 또는 청색의 단색만을 의미하거나 3자의 모든 가능한 조합을 의미한다.

b. 복수의 선적항이나 양륙항, 복수의 원산지국과 같이 신용장에 일정한 범위의 정보를 표시하면서 쉼표(",")를 사용한다면 상이한 의미를 낳을 수 있으므로 쉼표는 단어 대신에 사용되어서는 아니 된다. 그럼에도 쉼표가 사용되었고 문맥상 그 의미가 불명하다면, 이는 하나 또는 둘 이상의 선택지가 허용된다는 의미를 갖는다. 예컨대, 신용장에서 분할선

적을 허용하면서 선적항에 관한 정보를 "Hamburg, Rotterdam, Antwerp"로 명시하고 명확화를 위한 더 이상의 정보가 표시되지 않은 경우에 이는 Hamburg, Rotterdam, Antwerp 중 하나의 항구만을 의미하거나 3자의 모든 가능한 조합을 의미한다.

Certificates, Certifications, Declarations and Statements
증명서, 표명서 및 진술서

A3) When a certificate, certification, declaration or statement is required by a credit, it is to be signed.

A3) 신용장에 의하여 증명서, 표명서 또는 진술서가 요구되는 경우에, 이 서류는 서명되어야 한다.

A4) Whether a certificate, certification, declaration or statement needs to be dated will depend on the type of certificate, certification, declaration or statement that has been requested, its required wording and the wording that appears within the document.

For example, when a credit requires the presentation of a certificate issued by the carrier or its agent stating that the vessel is no more than 25 years old, the certificate may evidence compliance by indicating:

a. the date or year the vessel was built, and such date or year is no more than 25 years prior to the date of shipment or the year in which shipment was effected, in which case a date of issuance is not necessary, or

b. the wording as stated in the credit, in which case a date of issuance is required, thereby certifying that as of that date the vessel was not more than 25 years old.

A4) 증명서, 표명서 또는 진술서에 일자가 표시되어야 하는지 여부는 요구된 당해 증명서, 표명서 또는 진술서의 종류, 그에 기재되어야 하는 문구 및 그 서류에 나타나는 문구에 의존한다. 예컨대, 신용장에서 운송인이나 그 대리인에 의하여 서명되고 선박의 선령이 25년 이하라고 기재된 증명서를 요구할 때, 이 증명서는 다음과 같은 경우에 이러한 신용장조건을 충족할 수 있다.

a. 선박이 건조된 일자 또는 연도가 표시되고 그러한 일자 또는 연도가 선적일이나 선적이 완료된 연도보다 25년 이내의 과거의 일자 또는 연도인 경우, 또는

b. 발행일이 표시되어야 하는 증명서의 경우에는, 증명서에 신용장에 명시된 문구가 표시되어 있고 이러한 표시가 그 증명서의 발행일을 기준으로 선박의 선령이 25년 이하라고 증명하는 경우

A5) When a certification, declaration or statement is to appear in a document which is to be signed and dated, it does not require a separate signature or date when the certification, declaration or statement appears to have been given by the same entity that issued and signed the document.

A5) 증명서, 표명서 또는 진술서가 서명되고 일자가 표시되어야 하는 경우에, 그 증명서, 표명서 또는 진술서를 발행하고 그에 서명한 자와 동일한 자가 그러한 증명, 표명 또는 진술을 한 것으로 보이는 때에는 별도의 서명이나 일자표시가 필요 없다.

ISBP 745

Copies of transport documents covered by UCP 600 articles 19-25
UCP 600 제19조-제25조가 적용되는 운송서류의 사본

A6) a. When a credit requires the presentation of a copy of a transport document covered by UCP 600 articles 19-25, the relevant article is not applicable, as these articles only apply to original transport documents. A copy of a transport document is to be examined only to the extent expressly stated in the credit, otherwise according to UCP 600 sub-article 14(f).

b. Any data shown on a copy of a transport document, when read in context with the credit, the document itself and international standard banking practice, need not be identical to, but must not conflict with, data in that document, any other stipulated document or the credit.

c. Copies of transport documents covered by UCP 600 articles 19-25 are not subject to the default presentation period of 21 calendar days stated in UCP 600 sub-article 14(c) or any presentation period stated in the credit, unless the credit explicitly states the basis for determining such presentation period. Otherwise, a presentation may be made at any time, but in any event no later than the expiry date of the credit.

A6) a. 신용장에서 UCP 600 제19조-제25조의 적용을 받는 운송서류의 사본을 제시하도록 요구하는 경우에, 각 해당 조항은 적용되지 않는다. 이러한 조항들은 오직 원본 운송서류에만 적용되기 때문이다. 사본 운송서류는 신용장에 명시적으로 명시된 한도 내에서만 심사되어야 하고, 다른 명시가 없다면 UCP 600 제14조 제f항에 따라 심사되어야 한다.

b. 운송서류의 사본에 나타나는 정보는, 신용장과 당해 서류 및 국제표준은행관행의 맥락에서 해석할 때, 그 서류 또는 기타 명시된 서류 또는 신용장에 기재된 정보와 동일할 필요는 없으나 그와 저촉되어서는 아니 된다.

c. UCP 600 제19조-제25조의 적용을 받는 운송서류의 사본은 다른 명시가 없는 경우에 적용되는 UCP 600 제14조 제c항에 규정된 달력상 21일간의 제시기간이나 신용장에 명시된 제시기간의 제한을 받지 아니하되, 다만 신용장에서 그러한 제시기간의 결정을 위한 기초를 명백하게 명시하는 때에는 그러하지 아니하다. 신용장에 다른 명백한 명시가 없다면, 그 제시는 언제든지 할 수 있으나, 어떠한 경우에도 신용장의 유효기일 이전에 하여야 한다.

Correction and alteration ("correction")
정정과 변경 ("정정")

A7) a. i. Any correction of data in a document issued by the beneficiary, with the exception of drafts (see paragraph B16), need not be authenticated.

ii. When a document issued by the beneficiary has been legalized, visaed, certified, etc., any correction of data is to be authenticated by at least one of the entities that legalized, visaed or certified, etc., the document. Such authentication is to indicate the name of the entity authenticating the correction either by use of a stamp incorporating its name, or by the addition of the name of the authenticating entity accompanied by its signature or initials.

b. i. Any correction of data in a document, other than in a document issued by the beneficiary, is to appear to have been authenticated by the issuer or an entity acting as agent, proxy or for [or on behalf of] the issuer. Such authentication is to indicate the name of the entity authenticating the correction either by use of a stamp incorporating its name, or by the addition of the name of the authenticating entity accompanied by its signature or initials. In the case of authentication by an agent or proxy, the capacity of acting as agent or proxy for [or on behalf of] the issuer is to be stated.

ii. When a document other than one issued by the beneficiary has been legalized, visaed, certified, etc., any correction of data is, in addition to the requirements of paragraph A7)(b)(i), to be authenticated by at least one of the entities that legalized, visaed or certified, etc., the document. Such authentication is to indicate the name of the entity authenticating the correction either by use of a stamp incorporating its name, or by the addition of the name of the authenticating entity accompanied by its signature or initials.

c. Any correction of data in a copy document need not be authenticated.

A7) a. i. 수익자가 발행하는 서류상 정보의 정정은, 환어음을 제외하고는(B16항 참조), 인증될 필요가 없다.

ii. 수익자가 발행한 서류가 공증, 사증, 공인 등이 이루어지는 경우에, 정보의 정정은 그 서류에 그러한 공증, 사증 또는 공인 등을 행한 자 중의 최소한 어느 하나에 의하여 인증되어야 한다. 그러한 인증은 그 이름이 포함된 스탬프를 사용하는 방법에 의하거나 그 서명이나 약식서명과 함께 인증자의 이름을 추가하는 방법에 의하여 정정을 인증하는 자의 이름을 표시하여야 한다.

b. i. 수익자가 발행하는 서류 이외의 서류상 정보의 정정은 발행인이나 그의 대리인 또는 수탁인에 의하여 인증된 것으로 보여야 한다. 그러한 인증은 그 이름이 포함된 스탬프를 사용하는 방법에 의하거나 그 서명이나 약식서명과 함께 인증자의 이름을 추가하는 방법에 의하여 정정을 인증하는 자의 이름을 표시하여야 한다. 대리인이나 수탁인에 의한 인증의 경우에, 그 발행인의 대리인 또는 수탁인으로서의 자격이 기재되어야 한다.

ii. 수익자가 발행하는 서류 이외의 서류가 공증, 사증, 공인 등이 이루어지는 경우에, 정보의 정정은, A7(b)(i)항의 요건에 추가하여, 그 서류에 그러한 공증, 사증 또는 공인 등을 행한 자 중의 최소한 어느 하나에 의하여 인증되어야 한다. 그러한 인증은 그 이름이 포함된 스탬프를 사용하는 방법에 의하거나 그 서명이나 약식서명과 함께 인증자의 이름을 추가하는 방법에 의하여 정정을 인증하는 자의 이름을 표시하여야 한다.

c. 사본서류상 정보의 정정은 인증될 필요가 없다.

A8) When a document other than one issued by the beneficiary contains more than one correction, either each correction is to be authenticated separately, or one authentication is to indicate that it applies to all the corrections. For example, when a document issued by XXX shows three corrections numbered 1, 2 and 3, one statement such as "Correction numbers 1, 2 and 3 authenticated by XXX" or similar, together with the signature or initials of XXX, will satisfy the requirement for authentication.

A8) 수익자가 발행하는 서류 이외의 서류가 둘 이상의 정정을 내포하는 경우에, 각 정정은 각기 별도로 인증되거나 단일의 인증을 하면서 그것이 모든 정정에 적용된다고 표시하여야 한다. 예컨대, XXX가 발행한 서류가 3 곳에서 정정되면서 1, 2 및 3이라는 번호가 부여된 경우에, "Correction numbers 1, 2 and 3 authenticated by XXX"(정정번호 1, 2, 및 3번은

XXX에 의하여 인증됨)과 같은 문구 또는 그와 유사한 문구는 XXX의 서명 또는 약식서명이 붙어있다면 인증에 부과되는 요건을 충족한다.

A9) The use of multiple type styles, font sizes or handwriting within the same document does not, by itself, signify a correction.
A9) 단일한 서류 내에 복수의 글자체나 글자크기, 복수의 사람의 육필이 사용된 것은 그 자체만으로는 정정을 의미하지 않는다.

Courier receipt, post receipt and certificate of posting in respect of the sending of documents, notices and the like
서류나 통지 등에 관한 특송영수증, 우편영수증 및 우편증명서

A10) When a credit requires the presentation of a document as evidence of sending documents, notices and the like to a named or described entity, in the form of a courier receipt, post receipt or certificate of posting, such document is to be examined only to the extent expressly stated in the credit, otherwise according to UCP 600 sub-article 14(f) and not under UCP 600 article 25.
A10) 신용장에서 서류나 통지 등을 발송한 증빙서류로서 특송영수증, 우편영수증 및 우편증명서 형식의 서류를 제시하도록 요구하는 경우에, 그러한 서류는 오직 신용장에 명시적으로 명시된 범위 내에서 심사되어야 하며, 그러한 명시가 없다면 UCP 600 제25조가 아닌 제14조 제f항에 따라 심사되어야 한다.

Dates
일자

A11) a. Even when a credit does not expressly so require:
i. drafts are to indicate a date of issuance;
ii. insurance documents are to indicate a date of issuance or effectiveness of the insurance coverage as reflected in paragraphs K10) (b) and K11); and
iii. original transport documents, subject to examination under UCP 600 articles 19-25, are to indicate a date of issuance, a dated on board notation, a date of shipment, a date of receipt for shipment, a date of dispatch or carriage, a date of taking in charge or a date of pick up or receipt, as applicable.
b. A requirement that a document, other than a draft, insurance document or original transport document, be dated will be satisfied by the indication of a date of issuance or by reference in the document to the date of another document forming part of the same presentation (for example, by the wording "date as per bill of lading number xxx" appearing on a certificate issued by a carrier or its agent) or a date appearing on a stipulated document indicating the occurrence of an event (for example, by the date of inspection being indicated on an inspection certificate that otherwise does not contain a date of issuance).
A11) a. 신용장에서 명시적으로 다음과 같이 요구하지 않는 경우에도

i. 환어음에는 발행일이 표시되어야 한다.
ii. 보험서류는 K10(b)항과 K11항에 반영되어 있는 발행일이나 위험담보의 개시일이 표시되어야 한다. 그리고
iii. UCP 600 제19조-제25조의 적용을 받는 원본 운송서류에는 각기 해당되는 발행일, 일자부 본선 적재부기, 선적일, 선적을 위한 수령일, 발송일 또는 운송일, 수탁일 또는 수거일이 표시되어야 한다.

b. 환어음이나 보험서류 또는 원본 운송서류 이외의 서류에 일부(日附)가 요구되는 경우에, 이는 그 서류의 발행일을 표시하는 방법이나 그 서류에 당해 제시에서 함께 제시되는 다른 서류의 일자를 원용하는 방법(예컨대, 운송이나 그 대리인이 발행한 증명서에 "date as per bill of lading number xxx"라고 기재함)으로 충족된다.

A12) a. A document, such as, but not limited to, a certificate of analysis, inspection certificate or fumigation certificate, may indicate a date of issuance later than the date of shipment.

b. When a credit requires a document to evidence a pre-shipment event (for example, "pre-shipment inspection certificate"), the document, either by its title, content or date of issuance, is to indicate that the event (for example, inspection) took place on or prior to the date of shipment.

c. When a credit requires a document such as, but not limited to, an "inspection certificate", this does not constitute a requirement that the document is to evidence a pre-shipment event, and it need not be dated prior to the date of shipment.

A12) a. 분석증명서, 검사증명서 또는 훈증증명서와 같은 서류(이러한 서류에 한정되지 않음)는 선적일보다 나중일자로 표시될 수 있다.

b. 신용장에서 선적 전에 일어나는 사건을 증빙하는 서류(예컨대 "선적전검사증명서")를 요구하는 경우에, 이 서류는 그 제목이나 내용 또는 발행일에 의하여 해당 사건(예컨대, 선적)이 선적일이나 그 전에 발생한 것으로 표시되어야 한다.

c. 신용장에서 "검사증명서"와 같은 서류(이러한 서류에 한정되지 않음)를 요구하는 경우에, 이러한 조건은 선적전검사를 증빙하는 서류를 요구하는 것이 아니며, 선적일 전의 일자로 일부(日附)될 필요가 없다.

A13) A document indicating a date of issuance and a later date of signing is deemed to have been issued on the date of signing.

A13) 발행일을 표시하고 그보다 나중일자의 서명일을 표시하는 서류는 서명일에 발행된 것으로 본다.

A14) a. When a credit uses phrases to signify time on either side of a date or an event, the following shall apply:

i. "not later than 2 days after (date or event)" means a latest date. If an advice or document is not to be dated prior to a specified date or event, the credit should so state.
ii. "at least 2 days before (date or event)" means that an act or event is to take place not later than 2 days before that date or event. There is no limit as to how early it may take place.

b. i. For the purpose of calculation of a period of time, the term "within" when used in connection with a date or event excludes that date or the event date in the calculation of the period. For example, "within

ISBP 745

2 days of (date or event)" means a period of 5 days commencing 2 days prior to that date or event until 2 days after that date or event.

ii. The term "within" when followed by a date or a reference to a determinable date or event includes that date or event date. For example, "presentation to be made within 14 May" or "presentation is to be made within credit validity (or credit expiry)" where the expiry date of the credit is 14 May, means 14 May is the last day upon which presentation is allowed, provided that 14 May is a banking day.

A14) a. 신용장에서 어떤 일자나 사건의 전후기간을 표시하는 문구가 사용된 경우에, 다음의 규칙이 적용된다.

i. "(일자 또는 사건) 후 2일 이전에"("not later than 2 days after (date or event)")라는 문구는 최종일자를 의미한다. 통지나 서류가 그에 명시된 일자나 사건 전의 일자로 일부(日附)되지 않아야 한다면 신용장에서 이를 명시하여야 한다.

ii. "(일자 또는 사건)보다 최소한 2일 이전에"("at least 2 days before (date or event)")라는 문구는 당해 행위나 사건이 그러한 일자나 사건보다 2일 이전에 발생하여야 함을 의미한다. 얼마나 조기에 그것이 발생하여야 하는지에 대한 제한은 없다.

b. i. 기간을 산정할 때, 일자나 기간과 관련하여 사용된 "내"(within)라는 단어는 그에 지칭된 일자나 사건발생일을 배제한다. 예컨대, "(일자 또는 사건)으로부터 2일 내"("within 2 days of (date or event)")라는 문구는 그러한 일자나 사건발생일부터 2일 전부터 그러한 일자나 사건발생일부터 2일 후까지의 5일의 기간을 의미한다.

ii. 특정한 일자 앞에 있거나 결정가능한 일자나 사건을 언급하는 문구 앞에 있는 "내"(within)라는 단어는 그러한 일자나 사건발생일을 포함한다. 예컨대, "5월 14일 내에 제시되어야 한다"("presentation to be made within 14 May")는 문구나 신용장의 유효기일이 5월 14일인 경우에 "신용장의 유효기간 내에 제시되어야 한다"("presentation is to be made within credit validity (or credit expiry)"는 문구는 5월 14일이 은행영업일이라는 전제 하에 5월 14일이 제시가 허용되는 기간의 최종일임을 의미한다.

A15) The words "from" and "after" when used to determine a maturity date or period for presentation following the date of shipment, the date of an event or the date of a document, exclude that date in the calculation of the period. For example, 10 days after the date of shipment or 10 days from the date of shipment, where the date of shipment was 4 May, will be 14 May.

A15) "부터"(from)와 "후"(after)라는 단어는 선적일이나 어떤 사건의 일자 또는 서류의 일자에 연계되어 만기일이나 제시기간을 결정하는 데 사용된 경우에는 기간을 산정할 때 그에 지칭된 일자를 배제한다. 예컨대, 선적일 후 10일(10 days after the date of shipment) 또는 선적일로부터 10일(10 days from the date of shipment)이라는 문구는 만약 선적일이 5월 4일이라면 5월 14일이다.

A16) Provided that the date intended can be determined from the document or from other documents included in the presentation, dates may be expressed in any format. For example, the 14th of May 2013 could be expressed as 14 May 13, 14.05.2013, 14.05.13, 2013.05.14, 05.14.13, 130514, etc. To avoid any risk of ambiguity, it is recommended that the month be stated in words.

A16) 의도된 일자를 당해 서류로부터 또는 당해 제시에 포함된 다른 서류로부터 결정할 수만 있

다면 일자는 어떤 형태로 표현되어도 무방하다. 예컨대, 2013년 5월 14일은 4 May 13, 14.05.2013, 14.05.13, 2013.05.14, 05.14.13, 130514 등으로 표현될 수 있다. 모호함을 피하기 위하여, 월은 문자로 표기하도록 권장된다.

Documents and the need for completion of a box, field or space
서류와 공란 또는 박스의 기입필요성

A17) The fact that a document has a box, field or space for data to be inserted does not necessarily mean that such box, field or space is to be completed. For example, data are not required in the box titled "Accounting Information" or "Handling Information" commonly found on an air waybill. Also see paragraph A37) in respect of the requirements for a signature to appear in any box, field or space.

A17) 서류에 정보의 기입을 위한 공란이나 박스가 있더라도 그러한 공란 또는 박스가 반드시 기입되어야 하는 것은 아니다. 예컨대, 항공화물운송장에 일반적으로 발견되는 "Accounting Information"이나 "Handling Information"이라는 제목의 공란은 어떠한 사항도 기입되지 않을 수 있다. 공란이나 박스에 서명이 나타나야 한다는 점에 관하여는 A37항을 참조하라.

Documents for which the UCP 600 transport articles do not apply
UCP 600의 운송조항이 적용되지 않는 서류

A18) a. Documents commonly used in relation to the transportation of goods, such as but not limited to, Delivery Note, Delivery Order, Cargo Receipt, Forwarder's Certificate of Receipt, Forwarder's Certificate of Shipment, Forwarder's Certificate of Transport, Forwarder's Cargo Receipt and Mate's Receipt are not transport documents as defined in UCP 600 articles 19-25. These documents are to be examined only to the extent expressly stated in the credit, otherwise according to UCP 600 sub-article 14(f).

b. i. For documents referred to in paragraph A18)(a), a condition of a credit that presentation is to occur within a certain number of days after the date of shipment will be disregarded, and presentation may be made at any time, but in any event no later than the expiry date of the credit.

ii. The default presentation period of 21 calendar days stated in UCP 600 sub-article 14(c) only applies to a presentation including one or more original transport documents covered by UCP 600 articles 19-25.

c. For a presentation period to apply to a document referred to in paragraph A18)(a), the credit should specify that presentation is to be made within a certain number of days after the issuance date of the respective document, or a date that is to be mentioned in the document (for example, when a credit requires the presentation of a document titled cargo receipt, "documents to be presented no later than 10 days after the date of the cargo receipt").

A18) a. 예컨대 인도명세서(Delivery Note), 인도지시서(Delivery Order), 화물수령증(Cargo Receipt), 운송주선인의 수령증명서(Forwarder's Certificate of Receipt), 운송주선인의 선적증명서(Forwarder's Certificate of Shipment), 운송주선인의 운송증명서(Forwarder's Certificate of Transport), 운송주선인의 화물수령증(Forwarder's Cargo Receipt) 및 본선수취증(Mate's Receipt)과 같이 물품운송과 관련하여 일반적으로 사용되는 서류는 UCP 600 제19조-제25조에서 규정하는 운송서류가 아니다. 이러한 서류들은 신용장에서 명시적으로 명시하는 한도 내에서만 심사되어야 하고, 그러한 명시가 없다면 UCP 600 제14조 제f항에 따라 심사되어야 한다.

b. i. A18(a)항에 거명된 서류의·경우에는 선적일 후 일정한 기간 내에 제시되어야 한다는 신용장의 조건이 무시되고, 언제든지 제시되어도 무방하나 반드시 신용장의 유효기일 이전에 제시되어야 한다.

ii. 다른 명시가 없는 경우에 적용되는 UCP 600 제14조 제c항에 규정된 달력상 21일간의 제시기간은 UCP 600 제19조-제25조의 적용을 받는 하나 또는 둘 이상의 원본 운송서류를 포함하는 제시의 경우에만 적용된다.

c. A18(a)항에 거명된 서류에 적용되는 제시기간에 관하여는, 신용장에서 당해 서류의 발행일이나 당해 서류에 기재되는 어떤 일자 후 일정한 기간 내에 제시되어야 한다(예컨대, 신용장에서 화물수령증이라는 명칭의 서류를 제시하도록 요구하는 경우에, "서류는 화물수령증의 발행일 후 10일 이내에 제시되어야 한다")고 명시하여야 한다.

Expressions not defined in UCP 600
UCP 600에서 정의되지 않은 표현

A19) The expressions "shipping documents", "stale documents acceptable", "third party documents acceptable", "third party documents not acceptable", "exporting country", "shipping company" and "documents acceptable as presented" should not be used in a credit, as they are not defined in UCP 600. If, nevertheless, they are used, and their meaning is not defined in the credit, they shall have the following meaning under international standard banking practice:

a. "shipping documents" - all documents required by the credit, except drafts, teletransmission reports and courier receipts, postal receipts or certificates of posting evidencing the sending of documents.

b. "stale documents acceptable" - documents may be presented later than 21 calendar days after the date of shipment as long as they are presented no later than the expiry date of the credit. This will also apply when the credit specifies a period for presentation together with the condition "stale documents acceptable".

c. "third party documents acceptable" - all documents for which the credit or UCP 600 do not indicate an issuer, except drafts, may be issued by a named person or entity other than the beneficiary.

d. "third party documents not acceptable" - has no meaning and is to be disregarded.

e. "exporting country" - one of the following: the country where the beneficiary is domiciled, the country of origin of the goods, the country of receipt by the carrier or the country from which shipment or dispatch is made.

f. "shipping company" - when used in the context of the issuer of a certificate, certification or declaration relating to a transport document - any one of the following: carrier, master or, when a charter party bill of lading is presented, the master, owner or charterer, or any entity identified as an agent of any one of the aforementioned, regardless of whether it issued or signed the presented transport document.

g. "documents acceptable as presented" - a presentation may consist of one or more of the stipulated documents provided they are presented within the expiry date of the credit and the drawing amount is within that which is available under the credit. The documents will not otherwise be examined for compliance under the credit or UCP 600, including whether they are presented in the required number of originals or copies.

A19) "선적서류", "기간경과 운송서류 수리가능", "제3자 서류 수리가능", "제3자 서류 수리불가", "수출국", "해운회사" 및 "서류는 제시된 대로 수리가능"이라는 표현은 UCP 600에서 정의하지 않으므로 신용장에 사용되지 말아야 한다. 그럼에도 그러한 표현이 사용되고 신용장에서 그 의미를 규정하지 않았다면 이는 국제표준은행관행상 다음과 같은 의미를 갖는다.

a. "선적서류"(shipping documents) - 이는 환어음, 서류의 발송을 증빙하는 전송보고서 및 특송영수증, 우편영수증, 우편증명서를 제외한 신용장에서 요구하는 모든 서류를 의미한다.

b. "기간경과 운송서류 수리가능"(stale documents acceptable) - 이는 신용장의 유효기일 이전에 제시되는 것을 전제로 서류가 선적일 후 달력상 21일 후에도 제시될 수 있다는 의미이다. 이는 또한 신용장에서 제시기간을 "기간경과 운송서류 수리가능"이라는 조건과 함께 명시한 경우에도 적용된다.

c. "제3자 서류 수리가능"(third party documents acceptable) - 이는, 환어음을 제외하고, 신용장이나 UCP 600에서 발행인이 명기되지 않은 모든 서류는 수익자 이외의 기명된 자연인이나 실체에 의하여 발행될 수 있음을 의미한다.

d. "제3자 서류 수리불가"(third party documents not acceptable - 이는 어떠한 의미도 갖지 않으며 무시되어야 한다.

e. "수출국"(exporting country) - 이는 수익자의 주소가 있는 국가, 물품의 원산지국, 운송인이 물품을 수령한 국가, 물품 선적국 또는 물품 발송국 중의 어느 하나를 의미한다.

f. "해운회사"(shipping company) - 이는 운송서류와 관련한 증명서나 표명서의 발행인과 관련하여 사용된 경우에, 운송인이나 선장, 용선계약부 선하증권이 제시된다면 선장, 선박소유자 또는 용선자, 또는 그러한 각각의 자의 대리인으로 확인되는 자 중의 어느 하나를 의미하며, 이때 그 자가 제시된 서류를 발행 또는 서명하였는지 여부는 불문한다.

g. "서류는 제시된 대로 수리가능"(documents acceptable as presented) - 이는 서류가 신용장의 유효기일 내에 제시되고 청구금액이 신용장에서 허용되는 금액 이내라는 전제하에 신용장에 명시된 서류 중의 어느 하나 또는 둘 이상의 서류가 제시되어도 무방하다는 의미이다. 그밖에 서류는, 요구되는 부수(部數)만큼 서류의 원본 또는 사본이 제시되었는지 여부를 포함하여, 당해 신용장이나 UCP 600 하에서 일치여부의 결정을 위하여 심사되지 아니한다.

Issuer of documents
서류의 발행인

A20) When a credit requires a document to be issued by a named person or entity, this condition is satisfied when the document appears to be issued by the named person or entity by use of its letterhead, or when there is no letterhead, when the document appears to have been completed or signed by, or for [or on behalf of], the named person or entity.

A20) 신용장에서 어떤 서류가 기명된 자연인이나 실체에 의하여 발행되도록 요구하는 경우에, 그 서류가 레터헤드의 사용에 의하여 그렇게 기명된 자연인이나 실체에 의하여 발행된 것으로 보이거나 만약 레터헤드가 없는 때에는 서류가 그렇게 기명된 자연인이나 실체 또는 그 대리인에 의하여 완성되거나 서명된 것으로 보인다면 이 조건은 충족된다.

Language
언어

A21) a. When a credit stipulates the language of the documents to be presented, the data required by the credit or UCP 600 are to be in that language.

b. When a credit is silent with respect to the language of the documents to be presented, the documents may be issued in any language.

c. i. When a credit allows two or more acceptable languages, a confirming bank or a nominated bank acting on its nomination may restrict the number of acceptable languages as a condition of its engagement in the credit, and in such a case the data contained in the documents are only to be in the acceptable language or languages.

ii. When a credit allows a document to contain data in two or more acceptable languages and a confirming bank or a nominated bank acting on its nomination does not restrict the language or the number of acceptable languages as a condition of its engagement in the credit, it is required to examine the data in all of the acceptable languages appearing in the documents.

d. Banks do not examine data that have been inserted in a language that is additional to that required or allowed in the credit.

e. Notwithstanding paragraphs A21)(a) and (d), the name of a person or entity, any stamps, legalization, endorsements or similar, and the pre-printed text shown on a document, such as, but not limited to, field headings, may be in a language other than that required in the credit.

A21) a. 신용장에서 제시서류의 언어를 명시한 경우에, 신용장이나 UCP600에 의하여 요구되는 정보는 그러한 언어로 기재되어야 한다.

b. 신용장에서 제시서류의 언어에 대하여 침묵한 경우에, 서류는 어느 언어로 발행되어도 무방하다.

c. i. 신용장에서 둘 이상의 언어를 허용하는 경우에, 확인은행이나 지정에 따라 행위하는 지정은행은 자신이 신용장에 관여하는 전제조건으로 허용되는 언어의 수를 제한할 수 있으며, 이러한 경우에 서류에 기재되는 정보는 그렇게 허용된 언어로만 기재되어야 한다.

ii. 신용장에서 정보가 둘 이상의 언어로 기재될 수 있다고 허용하고 확인은행이나 지정에 따라 행위하는 지정은행이 자신이 신용장에 관여하는 전제조건으로 허용되는 언어의 수를 제한하지 않은 경우에, 그 은행은 서류에 나타나는 정보가 허용된 어떤 언어로 기재되었더라도 그 서류를 심사하여야 한다.

d. 은행은 신용장에서 요구되었거나 허용된 언어 외의 언어로 기입된 정보를 심사하지 아니한다.

e. A21(a)항과 (d)항에도 불구하고, 자연인이나 실체의 이름, 스탬프, 공증표시, 배서 등이나 예컨대 특정한 난의 제목(field heading)(이에 한정되지 않음)과 같이 서류에 나타나는 이미 인쇄된 문구는 신용장에서 요구하는 언어와 다른 언어로 작성될 수 있다.

Mathematical calculations
수리적 계산

A22) When the presented documents indicate mathematical calculations, banks only determine that the stated total in respect of criteria such as amount, quantity, weight or number of packages, does not conflict with the credit or any other stipulated document.

A22) 제시된 서류가 수리적 계산을 표시하는 경우에, 은행은 단지 금액이나 수량, 중량, 포장의 개수와 같은 수치에 관하여 기재된 총계(總計)가 신용장이나 명시된 다른 서류와 저촉되는지 여부만을 결정한다.

Misspellings or typing errors
오자나 오타

A23) A misspelling or typing error that does not affect the meaning of a word or the sentence in which it occurs does not make a document discrepant. For example, a description of the goods shown as "mashine" instead of "machine", "fountan pen" instead of "fountain pen" or "modle" instead of "model" would not be regarded as a conflict of data under UCP 600 sub-article 14(d). However, a description shown as, for example, "model 123" instead of "model 321" will be regarded as a conflict of data under that sub-article.

A23) 오자나 오타는 당해 단어나 문장의 의미에 영향을 주지 않는다면 서류의 하자로 되지 않는다. 예컨대, 물품명세에서 "machine" 대신에 "mashine", "fountain pen" 대신에 "fountan pen", "model" 대신에 "modle"이라고 표기되더라도 UCP 600 제14조 제d항 하에서 정보의 저촉으로 간주되지 않는다. 그러나 예컨대 "model 321" 대신에 "model 123"이라고 기재되면 이는 같은 조항 하에서 정보의 저촉으로 간주된다.

Multiple pages and attachments or riders
복수의 페이지로 이루어진 서류와 첨부서류 또는 부속서류

A24) When a document consists of more than one page, it must be possible to determine that the pages are part of the same document. Unless a document provides otherwise, pages which are physically bound together, sequentially numbered or contain internal cross references, however named or titled, will meet this requirement and are to be examined as one document, even if some of the pages are regarded as an attachment or rider.

A24) 2페이지 이상으로 이루어진 서류는 각 페이지가 모두 단일한 서류의 일부에 해당하는 것으로 결정 가능하여야 한다. 그 서류에서 달리 밝히지 않는다면, 복수의 페이지로 이루어진 서류는 물리적으로 합철되었거나 일련번호가 있거나 내부교차참조번호가 있는 때에는 그 명칭이나 제목이 어떠하든지 간에 이러한 요건을 충족하고, 비록 일부의 페이지가 첨부서류나 부속서류로 간주되더라도 하나의 서류로서 심사되어야 한다.

A25) When a signature or endorsement is required to be on a document consisting of more than one page, and the credit or the document itself does not indicate where a signature or endorsement is to appear, the signature or endorsement may appear anywhere on that document.

A25) 2페이지 이상으로 이루어진 서류에 서명이나 배서가 요구되고 신용장이나 그 서류 자체에서 서명이나 배서가 나타나야 하는 위치를 표시하지 않은 경우에, 서명이나 배서는 그 서류의 어느 곳에 위치하더라도 무방하다.

Non-documentary conditions and conflict of data
비서류적 조건과 정보의 저촉

A26) When a credit contains a condition without stipulating a document to indicate compliance therewith ("non-documentary condition"), compliance with such condition need not be evidenced on any stipulated document. However, data contained in a stipulated document are not to be in conflict with the non-documentary condition. For example, when a credit indicates "packing in wooden cases" without indicating that such data is to appear on any stipulated document, a statement in any stipulated document indicating a different type of packing is considered to be a conflict of data.

A26) 신용장에 그 준수여부를 알 수 있는 서류를 명시하지 않는 조건("비서류적 조건")이 들어있는 경우에, 그 조건의 준수는 명시된 서류에 의하여 입증되지 않더라도 무방하다. 그러나 명시된 서류에 담긴 정보는 비서류적 조건과 저촉되지 않아야 한다. 예컨대, 신용장에서 "packing in wooden cases"(목재상자로 포장함)이라고 명시하면서 그러한 정보가 표시되어야 하는 서류를 명시하지 않은 경우에, 명시된 어떤 서류에서 다른 종류로 포장되었음을 표시하는 기재가 있다면 이는 정보의 저촉으로 간주된다.

Originals and copies
원본과 사본

A27) A document bearing an apparently original signature, mark, stamp or label of the issuer will be considered to be an original unless it states that it is a copy. Banks do not determine whether such a signature, mark, stamp or label of the issuer has been applied in a manual or facsimile form and, as such, any document bearing such method of authentication will satisfy the requirements of UCP 600 article 17.

A27) 외관상 발행인의 원본 서명이나 표식, 스탬프 또는 라벨이 부가되어 있는 서류는 그것이 사본이라고 기재되지 않았다면 원본으로 간주된다. 은행은 발행인의 그러한 서명이나 표

식, 스탬프 또는 라벨이 육필이나 모사(模寫)의 방식으로 이루어졌는지 여부를 결정하지 않으며, 마찬가지 이유에서 그러한 방법에 의한 인증이 부가된 서류는 UCP 600 제17조의 요건을 충족한다.

A28) Documents issued in more than one original may be marked "Original", "Duplicate", "Triplicate", "First Original", "Second Original", etc. None of these markings will disqualify a document as an original.

A28) 둘 이상의 원본으로 발행되는 서류는 "Original", "Duplicate", "Triplicate", "First Original", "Second Original" 등으로 표시될 수 있다. 이러한 표시가 있더라도 그 서류의 원본성은 상실되지 아니한다.

A29) a. The number of originals to be presented is to be at least the number required by the credit or UCP 600.

b. When a transport document or insurance document indicates how many originals have been issued, the number of originals stated on the document is to be presented, except as stated in paragraphs H12) and J7)(c).

c. When a credit requires presentation of less than a full set of original transport documents, (for example, "2/3 original bills of lading"), but does not provide any disposal instructions for the remaining original bill of lading, a presentation may include 3/3 original bills of lading.

d. When a credit requires, for example, presentation of:

i. "Invoice", "One Invoice", "Invoice in 1 copy" or "Invoice - 1 copy", it will be understood to be a requirement for an original invoice.

ii. "Invoice in 4 copies" or "Invoice in 4 fold" will be satisfied by the presentation of at least one original invoice and any remaining number as copies.

iii. "photocopy of invoice" or "copy of invoice" will be satisfied by the presentation of either a photocopy, copy or, when not prohibited, an original invoice.

iv. "photocopy of a signed invoice" will be satisfied by the presentation of either a photocopy or copy of the original invoice that was apparently signed or, when not prohibited, a signed original invoice.

A29) a. 제시되어야 하는 원본의 부수는 최소한 신용장이나 UCP 600에 의하여 요구되는 부수이어야 한다.

b. 운송서류나 보험서류 자체에서 몇 부의 원본이 발행되었는지가 표시된 경우에, H12항과 J7(c)항에 규정된 바를 제외하고는, 그 서류에 기재된 부수의 원본이 제시되어야 한다.

c. 신용장에서 원본 운송서류의 전통(全通)보다 적은 부수(部數)(예컨대, 선하증권 원본 3통 중의 2통)를 제시하도록 요구하면서 나머지 원본의 처리에 관하여 어떠한 지시도 하지 않은 경우에, 3통의 원본 선하증권 모두를 제시할 수 있다.

d. 신용장에서, 예컨대,

i. "Invoicc", "One Invoice", "Invoice in 1 copy" 혹은 "Invoice - 1 copy"의 제시를 요구한다면, 이는 1부의 송장 원본을 요구하는 것으로 이해된다.

ii. "Invoice in 4 copies" 혹은 "Invoice in 4 fold"의 제시를 요구한다면, 이는 최소한 1부의 송장 원본과 나머지 부수의 사본의 제시에 의하여 충족된다.

iii. "photocopy of invoice" 혹은 "copy of invoice"의 제시를 요구한다면, 이는 사진 복사본이나 사본 1부 또는 만약 금지되지 않았다면 송장 원본 1부의 제시에 의하여 충

ISBP 745

족된다.

iv. "photocopy of a signed invoice"의 제시를 요구한다면, 이는 외관상 서명된 송장 원본의 사진 복사본 또는 사본 1부의 제시에 의하거나 만약 금지되지 않았다면 서명된 원본 송장의 제시에 의하여 충족된다.

A30) a. When a credit prohibits the presentation of an original document by stating, for example, "photocopy of invoice - original document not acceptable in lieu of photocopy" or the like, only a photocopy of an invoice or an invoice marked copy is to be presented.

b. When a credit requires the presentation of a copy of a transport document and indicates a disposal instruction for all originals of that document, a presentation is not to include any original of such document.

A30) a. 신용장에서 예컨대, "송장 사진 복사본 - 사진복사본 대신에 원본서류는 허용되지 않음" 또는 그와 유사한 문구를 명시하는 방법으로, 원본서류의 제시를 금지하는 경우에는 단지 송장의 사진 복사본이나 사본이라고 표시(mark)된 사본만이 제시되어야 한다.

b. 신용장에서 운송서류 사본의 제시를 요구하면서 그 서류의 모든 원본서류의 처분을 지시하는 경우에, 그 제시에서는 그러한 서류의 원본이 포함되어서는 아니 된다.

A31) a. Original documents are to be signed when required by the credit, the document itself (except as stated in paragraph A37)) or UCP 600.

b. Copies of documents need not be signed nor dated.

A31) a. 원본서류는 신용장이나 당해 서류 자체(A37항에 규정된 것 제외) 또는 UCP 600에 의하여 요구되는 경우에 서명되어야 한다.

b. 서류의 사본은 서명되거나 일부(日附)될 필요가 없다.

Shipping marks
하인

A32) When a credit specifies the details of a shipping mark, documents mentioning the shipping mark are to show those details. The data in a shipping mark indicated on a document need not be in the same sequence as those shown in the credit or in any other stipulated document.

A32) 신용장에서 하인에 관한 상세를 명시한 경우에, 하인을 언급하는 서류에서는 그러한 상세가 나타나야 한다. 서류에 표시되는 하인에 담기는 정보는 신용장이나 명시된 다른 서류에 나타나는 정보와 동일한 순서로 배열될 필요가 없다.

A33) A shipping mark indicated on a document may show data in excess of what would normally be considered a "shipping mark", or which is specified in the credit as a "shipping mark", by the addition of information such as, but not limited to, the type of goods, warnings concerning the handling of fragile goods or net and gross weight of the goods.

A33) 서류에 표시되는 하인은 예컨대, 물품의 종류나, 부서지기 쉬우므로 취급에 주의를 요한다는 경고 또는 물품의 순중량과 총중량 등과 같이, 통상적으로 "하인"(shipping mark)이라는 인식을 초과하는 정보나 혹은 신용장에 "하인"으로 명시된 정보를 초과하는 정보를 포함할 수 있다.

A34) a. Transport documents covering containerized goods often only show a container number, with or without a seal number, under the heading "Shipping mark" or similar. Other documents that show a more detailed marking will not be in conflict for that reason.

b. The fact that some documents show additional information as mentioned in paragraphs A33) and A34)(a), while others do not, will not be regarded as a conflict of data under UCP 600 sub-article 14 (d).

A34) a. 컨테이너화물에 관한 운송서류는 "하인"("Shipping mark") 또는 그와 유사한 제목 하에 종종 봉인번호와 함께 혹은 봉인번호 없이 단지 컨네이너번호만을 표시한다. 그러한 이유 때문에 보다 상세한 표시를 담은 다른 서류와 저촉되는 것은 아니다.

b. A33항과 A34(a)항에서 규정하는 추가정보가 일부 서류에 나타나고, 다른 서류에 나타나지 않는 것은 UCP 600 제14조 제d항 하에서 정보의 저촉으로 간주되지 않는다.

Signatures

서명

A35) a. A signature, as referred to in paragraph A31)(a), need not be handwritten. Documents may also be signed with a facsimile signature (for example, a pre-printed or scanned signature), perforated signature, stamp, symbol (for example, a chop) or any mechanical or electronic method of authentication.

b. A requirement for a document to be "signed and stamped" or a similar requirement is satisfied by a signature in the form described in paragraph A35)(a) and the name of the signing entity typed, stamped, handwritten, pre-printed or scanned on the document, etc.

c. A statement on a document such as "This document has been electronically authenticated" or "This document has been produced by electronic means and requires no signature" or words of similar effect does not, by itself, represent an electronic method of authentication in accordance with the signature requirements of UCP 600 article 3.

d. A statement on a document indicating that authentication may be verified or obtained through a specific reference to a website (URL) constitutes a form of electronic method of authentication in accordance with the signature requirements of UCP 600 article 3. Banks will not access such websites to verify or obtain authentication.

A35) a. A31(a)하에 규정된 서명은 자필서명일 필요가 없다. 모사서명(예컨대, 미리 인쇄되거나 스캔된 서명), 천공서명, 스탬프, 상징(예컨대, 도장)이나 기계적 또는 전자적 인증방법으로 서명서류에 서명하는 것도 가능하다.

b. 서류는 "서명 및 스탬프 되어야 함"("signed and stamped") 또는 그와 유사한 요건은 A35(a)항에 규정된 방식에 의한 서명이 있고 그와 함께 서류에 타자나 스탬프 또는 육필에 의한 미리 인쇄되거나 스캔된 서명자의 이름이 기재되어 있으면 충족된다.

c. "이 서류는 전자적으로 인증되었음" 또는 "이 서류는 전자적 방법으로 제작되었으며 서명이 필요하지 않음"과 같은 서류상의 기재 또는 그와 유사한 취지의 문구는 그 자체만으로는 UCP 600 제3조의 서명에 관한 요건에 일치하는 전자적 인증방법이 아니다.

d. 특정한 웹사이트에 접속하여 인증을 확인 또는 획득할 수 있다고 표시하는 서류상의

기재는 UCP 600 제3조의 서명에 관한 요건에 일치하는 전자적 인증방법의 일종이다. 은행은 인증을 확인 또는 획득하기 위하여 그러한 웹사이트에 접속하지 아니한다.

A36) a. A signature on the letterhead paper of a named person or entity is considered to be the signature of that named person or entity unless otherwise stated. The named person or entity need not be repeated next to the signature.
b. When a signatory indicates it is signing for [or on behalf of] a branch of the issuer, the signature will be considered to be that of the issuer.

A36) a. 레터헤드지에 기명된 자연인 또는 실체의 서명은 달리 기재되지 않았다면 그렇게 기명된 자연인 또는 실체의 서명으로 간주된다. 그렇게 기명된 자연인 또는 실체는 서명에 인접하여 거듭 표기될 필요가 없다.
b. 서명자가 발행인의 지점을 대리하여 서명한다고 표시하는 경우에, 서명은 발행인의 것으로 간주된다.

A37) The fact that a document has a box, field or space for a signature does not in itself mean that such box, field or space is to be completed with a signature. For example, a signature is not required in the space titled "Signature of shipper or their agent" commonly found on an air waybill or "Signature of shipper" on a road transport document. Also see paragraph A17) in respect of the requirements for data to appear in a box, field or space.

A37) 서류에 서명을 위한 공란이나 박스가 있더라도 그 자체만으로는 그 공란이나 박스에 서명이 되어야 하는 것은 아니다. 예컨대, 일반적으로 발견되는 항공운송장의 "송하인 또는 그 대리인의 서명"(Signature of shipper or their agent)이라는 제목의 난이나 도로운송서류의 "송하인의 서명"(Signature of shipper)이라는 제목의 난은 서명을 요하지 않는다. 또한 공란이나 박스에 정보가 기입되어야 하는지에 관하여 A17항을 참조하라.

A38) When a document includes wording such as "This document is not valid unless countersigned [or signed] by (name of the person or entity)" or words of similar effect, the applicable box, field or space is to contain a signature and the name of the person or entity that is countersigning the document.

A38) "이 서류는 (자연인 또는 실체의 이름)의 부서(副署)[또는 서명]이 없다면 효력이 없다"와 같은 문구나 그와 유사한 취지의 문구를 포함하는 서류의 경우에, 해당되는 공란이나 박스는 서명 및 서류에 부서하는 자연인 또는 실체의 이름이 들어 있어야 한다.

Title of documents and combined documents
서류의 제목과 결합서류

A39) Documents may be titled as called for in the credit, bear a similar title or be untitled. The content of a document must appear to fulfil the function of the required document. For example, a requirement for a "Packing List" will be satisfied by a document containing packing details whether it is titled "Packing List", "Packing Note", "Packing and Weight List", etc., or bears no title.

A39) 서류는 신용장에서 요구하는 그대로 제목을 가지거나, 유사한 제목을 가지거나 제목이 없어도 무방하다. 서류의 내용은 당해 필요서류의 기능을 충족하는 것으로 보여야 한다. 예컨대, 포장명세서에 관한 요건은 서류가 포장에 관한 세부사항을 담고 있기만 한다면 그 제목이 "포장명세서"(Packing List), "포장노트"(Packing Note) 또는 "포장 및 중량명세서"(Packing and Weight List) 등으로 되어 있거나 제목이 없더라도 충족된다.

A40) Documents required by a credit are to be presented as separate documents. However, and as an example, a requirement for an original packing list and an original weight list will also be satisfied by the presentation of two original combined packing and weight lists, provided that such documents state both packing and weight details.

A40) 신용장에 의하여 요구되는 서류는 각기 별개의 서류로서 제시되어야 한다. 그러나 예컨대, 포장명세서 원본 1부 및 중량명세서 원본 1부를 요구하는 조건은 포장 및 중량의 세부사항을 모두 기재하고 있는 하나의 결합문서인 포장 및 중량명세서 원본 2부를 제시함으로써 충족된다.

A41) A document required by a credit that is to cover more than one function may be presented as a single document or separate documents that appear to fulfil each function. For example, a requirement for a Certificate of Quality and Quantity will be satisfied by the presentation of a single document or by a separate Certificate of Quality and Certificate of Quantity provided that each document appears to fulfil its function and is presented in the number of originals and copies as required by the credit.

A41) 신용장에서 두 가지 이상의 기능을 수행하는 하나의 서류를 요구하는 경우에, 이 서류는 단일한 서류를 제시하거나 각각의 기능을 수행하는 복수의 개별서류들을 제시함으로써 충족된다. 예컨대, 품질 및 수량증명서(Certificate of Quality and Quantity)를 요구하는 조건은 단일한 서류를 제시하거나 각기 품질증명서와 수량증명서의 기능을 수행하는 것으로 보이고 신용장에서 요구된 각 원본 및 사본의 부수에 맞는 별도의 품질증명서와 수량증명서를 제시함으로써 충족된다.

DRAFTS AND CALCULATION OF MATURITY DATE
환어음과 만기일의 산정

Basic requirement
기본요건

B1) a. A draft, when required, is to be drawn on the bank stated in the credit.
b. Banks only examine a draft to the extent described in paragraphs B2)-B17).

B1) a. 환어음은 필요하다면 신용장에 명시된 은행을 지급인으로 하여 발행되어야 한다.
b. 은행은 오직 B2항-B17항에 규정된 한도 내에서 환어음을 심사한다.

Tenor
기한

B2) a. The tenor stated on a draft is to be in accordance with the terms of the credit.

b. When a credit requires a draft to be drawn at a tenor other than sight or a certain period after sight, it must be possible to establish the maturity date from the data in the draft itself. For example, when a credit calls for drafts at a tenor 60 days after the bill of lading date, and when the date of the bill of lading is 14 May 2013, the tenor is to be indicated on the draft in one of the following ways:

i. "60 days after bill of lading date 14 May 2013", or

ii. "60 days after 14 May 2013", or

iii. "60 days after bill of lading date" and elsewhere on the face of the draft state "bill of lading date 14 May 2013", or

iv. "60 days date" on a draft dated the same day as the date of the bill of lading, or

v. "13 July 2013", i.e., 60 days after the bill of lading date.

c. When the tenor refers to, for example, 60 days after the bill of lading date, the on board date is deemed to be the bill of lading date even when the on board date is prior to or later than the date of issuance of the bill of lading.

d. The words "from" and "after" when used to determine maturity dates of drafts signify that the calculation of the maturity date commences the day following the date of the document, shipment or the date of an event stipulated in the credit, for example, 10 days after or from 4 May is 14 May.

e. i. When a credit requires a bill of lading and drafts are to be drawn, for example, at 60 days after or from the bill of lading date and a bill of lading is presented evidencing unloading and reloading of the goods from one vessel to another, and showing more than one dated on board notation and indicating that each shipment was effected from a port within a permitted geographical area or range of ports, the earliest of these dates is to be used for the calculation of the maturity date. For example, a credit requires shipment from any European port, and the bill of lading evidences on board vessel "A" from Dublin on 14 May, with transhipment effected on board vessel "B" from Rotterdam on 16 May. The draft should reflect 60 days after the earliest on board date in a European port, i.e., 14 May.

ii. When a credit requires a bill of lading and drafts are to be drawn, for example, at 60 days after or from the bill of lading date, and a bill of lading is presented evidencing shipment of goods on the same vessel from more than one port within a permitted geographical area or range of ports, and shows more than one dated on board notation, the latest of these dates is to be used for the calculation of the maturity date. For example, a credit requires shipment from any European port, and the bill of lading evidences part of the goods loaded on board vessel "A" from Dublin on 14 May and the remainder on board the same vessel from Rotterdam on 16 May. The draft should reflect 60 days after the latest on board date, i.e., 16 May.

iii. When a credit requires a bill of lading and drafts are to be drawn, for example, at 60 days after or from the bill of lading date, and more than one set of bills of lading is presented under one draft, the on board date of the latest bill of lading will be used for the calculation of the maturity date.

B2) a. 환어음에 기재되는 기한은 신용장조건과 일치하여야 한다.

b. 신용장에서 환어음의 만기에 관하여 일람출급이나 일람후정기출급 이외의 만기를 요구하는 경우에, 그 환어음 자체 내에 있는 정보로부터 만기일을 산정하는 것이 가능하여야 한다. 예컨대, 신용장에서 선하증권일자 후 60일을 만기로 하는 환어음을 요구하고 그 선하증권일자가 2013년 4월 14일인 경우에, 환어음의 만기는 다음과 같은 방법 중의 하나로 그 환어음에 표시되어야 한다.

i. "2013년 5월 14일 선하증권일자 후 60일"("60 days after bill of lading date 14 May 2013") 또는

ii. "2013년 5월 14일 후 60일"("60 days after 14 May 2013") 또는

iii. "선하증권일자 후 60일"("60 days after bill of lading date") 및 환어음 앞면 어느 곳에 "선하증권일자가 2013년 5월 14일임"이 함께 기재됨. 또는

iv. "환어음의 발행일 후 60일"("60 days date")이고 그 환어음의 발행일이 선하증권일자와 동일함. 또는

v. "2013년 7월 13일"("13 July 2013"), 즉, 이 날이 선하증권일자 후 60일이 되는 날임.

c. 만기가 예컨대 선하증권일자 후 60일로 기재된 경우에, 본선 적재일자가 선하증권의 발행일 전이건 후이건 간에 본선 적재일자가 선하증권일자로 간주된다.

d. 환어음의 만기일을 결정하는 데 사용된 "부터"(from)와 "후"(after)라는 단어는 당해 서류의 일자나 선적일 또는 신용장에 명시된 사건의 발생일의 다음날부터 만기일이 기산된다는 것을 의미하며, 예컨대 5월 4일 후 또는 5월 4일부터는 5월 14일을 의미한다.

e. i. 신용장에서 선하증권과 환어음의 발행을 요구하면서 환어음의 만기를 예컨대 선하증권일자 후 또는 선하증권일자로부터 60일로 할 것을 요구하고, 또한 제시된 선하증권상 물품이 어느 선박에서 양하되어 다른 선박으로 다시 선적된 것으로 나타나고 또한 둘 이상의 일자가 부여된 본선 적재부기가 나타나고 또한 각 선적이 허용된 지리적 영역 또는 범위 내에 있는 항구에서 이루어진 것으로 표시되는 경우에, 본선 적재부기상의 여러 일자 중에서 가장 빠른 일자가 만기일의 산정에 사용되어야 한다. 예컨대, 신용장에서 유럽의 어느 항구에서 선적될 것을 요구하고, 선하증권상 5월 14일에 Dublin에서 "A" 선박에 선적되고 5월 16일에 Rotterdam에서 "B" 선박에 환적된 것으로 나타난다고 할 때, 환어음은 유럽의 어느 항구에서 가장 빠른 본선 적재일자인 5월 14일 후 60일이 만기가 되도록 발행되어야 한다.

ii. 신용장에서 선하증권과 환어음의 발행을 요구하면서 환어음의 만기를 예컨대 선하증권일자 후 또는 선하증권일자로부터 60일로 할 것을 요구하고, 또한 제시된 선하증권상 물품이 동일한 선박에 허용된 지리적 영역 또는 범위 내에 있는 둘 이상의 항구에서 선적된 것으로 나타나고 또한 둘 이상의 일자가 부여된 본선 적재부기가 나타나는 경우에, 본선 적재부기상의 여러 일자 중에서 가장 늦은 일자가 만기일의 산정에 사용되어야 한다. 예컨대, 신용장에서 유럽의 어느 항구에서 선적될 것을 요구하고, 선하증권상 물품의 일부가 5월 14일에 Dublin에서 "A" 선박에 선적되고 나머지는 5월 16일에 Rotterdam에서 동일한 선박에 선적된 것으로 나타난다고 할 때, 환어음은 가장 늦은 본선 적재일자인 5월 16일 후 60일이 만기가 되도록 발행되어야 한다.

iii. 신용장에서 선하증권과 환어음의 발행을 요구하면서 환어음의 만기를 예컨대 선하증권

권일자 후 또는 선하증권일자로부터 60일로 할 것을 요구하고, 또한 하나의 환어음 하에서 두 세트 이상의 선하증권이 제시되는 경우에, 가장 늦은 선하증권의 본선 적재일이 만기일의 산정에 사용된다.

B3) While the examples in paragraphs B2)(e)(i-iii) refer to bill of lading dates, the same principles apply to any basis for determining a maturity date.

B3) B2(e)(i-iii)항의 예시에서 선하증권일자를 참조하는데, 동일한 원리는 만기일을 결정하는 데 사용되는 다른 기준에도 적용된다.

Maturity date
만기일

B4) When a draft states a maturity date by using an actual date, that date is to reflect the terms of the credit.

B4) 환어음에서 실제의 일자를 사용하여 만기일을 기재하는 경우에, 그 일자는 신용장조건을 반영하여야 한다.

B5) For drafts drawn, for example, "at 60 days sight", the maturity date is established as follows:

a. in the case of a complying presentation, the maturity date will be 60 days after the day of presentation to the bank on which the draft is drawn, i.e., the issuing bank, confirming bank or a nominated bank that agrees to act on its nomination ("drawee bank").

b. in the case of a non-complying presentation:

i. when such drawee bank has not provided a notice of refusal, the maturity date will be 60 days after the day of presentation to it;

ii. when the drawee bank is the issuing bank and it has provided a notice of refusal at the latest 60 days after the date the issuing bank accepts the waiver of the applicant;

iii. when the drawee bank is a bank other than the issuing bank and it has provided a notice of refusal, at the latest 60 days after the date of the acceptance advice of the issuing bank. When such drawee bank does not agree to act on the acceptance advice of the issuing bank, the undertaking to honour on the due date is that of the issuing bank.

c. The drawee bank is to advise or confirm the maturity date to the presenter.

B5) 예컨대 "일람후 60일 출급"으로 발행된 환어음의 경우에, 만기일은 다음과 같이 결정된다.

a. 일치하는 제시인 경우에, 환어음의 지급인인 은행 즉 개설은행, 확인은행 또는 지정에 따라 행동하는 지정은행("지급인 은행")에 제시된 일자의 다음 날부터 60일이 되는 일자가 만기일이다.

b. 불일치한 제시인 경우에,

i. 지급인인 은행이 거절통지를 하지 않았다면, 그 은행에 제시된 일자의 다음날부터 60일이 되는 일자가 만기일이다.

ii. 지급인인 은행이 개설은행이고 또한 거절통지를 하였다면, 개설은행이 개설의뢰인의 권리포기를 수락한 날의 다음날부터 60일이 되는 일자가 만기일이다.

iii. 지급인인 은행이 개설은행이 아니고 그리고 거절통지를 하였다면, 개설은행의 서류수리 통지일의 다음날부터 60일이 되는 일자가 만기일이다. 그러한 지급인인 은행이 개설은행의 서류수리 통지에 따라 행위하기를 거절한다면, 그 지급기일에 결제의무를 부담하는 자는 개설은행이다.

c. 지급인인 은행은 제시인에게 만기일을 통지하거나 확인해주어야 한다.

B6) The method of calculation of tenor and maturity dates, as shown above, also applies to a credit available by deferred payment or, in some cases, negotiation, i.e., when there is no requirement for a draft to be presented by the beneficiary.

B6) 위에서 규정하는 기한과 만기일의 산정방법은 또한 연지급에 의하여 경우에 따라서는 매입에 의하여 이용 가능한 신용장, 즉, 수익자가 환어음을 제시하여야 한다는 요건이 없는 경우에도 적용된다.

Banking days, grace days, delays in remittance
은행영업일, 유예기간, 송금지연

B7) Payment is to be made in immediately available funds on the due date at the place where the draft or documents are payable, provided that such due date is a banking day in that place. When the due date is a non-banking day, payment is due on the first banking day following the due date. Delays in the remittance of funds, for example grace days, the time it takes to remit funds, etc., are not to be in addition to the stated or agreed due date as defined by the draft or documents.

B7) 그 지급기일이 그 지급지에서 은행영업일이라면, 지급은 당해 환어음이나 서류의 지급지에서 만기일에 즉시 이용가능한 자금의 형태로 이루어져야 한다. 지급기일이 은행영업일이 아닌 경우에, 지급은 그 지급기일 이후 최초의 은행영업일에 지급되어야 한다. 예컨대 유예기간(grace days)이나 송금에 소요되는 기간 동안 등에 의한 송금의 지연은 당해 환어음이나 서류에 의하여 정하여지는 명시 또는 합의된 지급기일에 추가되어서는 아니 된다.

Drawing and signing
발행과 서명

B8) a. A draft is to be drawn and signed by the beneficiary and to indicate a date of issuance.

b. When the beneficiary or second beneficiary has changed its name, and the credit mentions the former name, a draft may be drawn in the name of the new entity provided that it indicates "formerly known as (name of the beneficiary or second beneficiary)" or words of similar effect.

B8) a. 환어음은 수익자에 의하여 발행되고 서명되어야 하며 발행일이 표시되어야 한다.

b. 수익자나 제2수익자의 이름이 변경되었고 신용장에는 이전의 이름이 거명되어 있는 경우에, 환어음은 이전에 (수익자 또는 제2수익자의 이름)라고 알려진"이라는 문구 또는 그와 유사한 취지의 문구를 표시한다면 새로운 실체의 이름으로 발행될 수 있다.

B9) When a credit indicates the drawee of a draft by only stating the SWIFT address of a bank, the draft may show the drawee with the same details or the full name of the bank.

B9) 신용장에서 단지 은행의 SWIFT 주소를 기재하는 방법으로 환어음의 지급인을 표시하는 경우에, 환어음에서는 그것과 동일한 기재를 하거나 그 은행의 완전한 이름을 기재함으로써 지급인을 표시할 수 있다.

B10) When a credit is available by negotiation with a nominated bank or any bank, the draft is to be drawn on a bank other than the nominated bank.
B10) 신용장이 특정한 지정은행이나 모든 은행에서 매입에 의하여 이용가능한 경우에, 환어음은 그 지정은행 이외의 어느 은행을 지급인으로 하여 발행되어야 한다.

B11) When a credit is available by acceptance with any bank, the draft is to be drawn on the bank that agrees to accept the draft and is thereby willing to act on its nomination.
B11) 신용장이 모든 은행에서 인수에 의하여 이용가능한 경우에, 환어음은 그 환어음을 인수하는 데 동의할 뿐 아니라 지정에 따라 행위할 의사가 있는 은행을 지급인으로 하여 발행되어야 한다.

B12) When a credit is available by acceptance with:
a. a nominated bank or any bank, and the draft is to be drawn on that nominated bank (which is not a confirming bank), and it decides not to act on its nomination, the beneficiary may choose to:
i. draw the draft on the confirming bank, if any, or request that the presentation be forwarded to the confirming bank in the form as presented;
ii. present the documents to another bank that agrees to accept a draft drawn on it and thereby act on its nomination (applicable only when the credit is available with any bank); or
iii. request that the presentation be forwarded to the issuing bank in the form as presented with or without a draft drawn on the issuing bank.
b. a confirming bank, and the draft is to be drawn on that confirming bank and the presentation is non-complying, and it decides not to reinstate its confirmation, the beneficiary may request that the presentation be forwarded to the issuing bank in the form as presented, with or without a draft drawn on the issuing bank.
B12) 신용장이 인수에 의하여 이용가능하고 또한 다음과 같은 경우에
a. 특정한 지정은행 또는 모든 은행에서 이용가능하고, 또한 환어음이 (확인은행이 아닌) 그 지정은행을 지급인으로 하여 발행되어야 하고, 또한 그 지정은행이 지정에 따라 행위하지 않기로 결정하는 경우에, 수익자의 선택은 다음과 같다.
i. 수익자는 확인은행이 있다면 확인은행을 지급인으로 하여 환어음을 발행하거나 당해 서류를 제시된 그대로 확인은행에 송부하도록 요청할 수 있다.
ii. 수익자는 자신을 지급인으로 하여 발행된 환어음을 인수하기로 동의하고 지정에 따라 행위하는 다른 은행에 서류를 제시할 수 있다(신용장이 모든 은행에서 이용가능한 경우에만 적용될 수 있음). 또는
iii. 수익자는 개설은행을 지급인으로 하는 환어음을 발행하거나 발행하지 않으면서 당해 서류를 제시된 그대로 개설은행에 송부하도록 요청할 수 있다.
b. 확인은행에서 이용가능하고, 또한 환어음이 그 확인은행을 지급인으로 하여 발행되어야 하고, 또한 당해 제시가 불일치한 제시이고, 또한 그 확인은행이 자신의 확인을 복위시키지 않기로 결정하는 경우에, 수익자는 개설은행을 지급인으로 하는 환어음을 발행하

거나 발행하지 않으면서 당해 서류를 제시된 그대로 개설은행에 송부하도록 요청할 수 있다.

Amounts
금액

B13) A draft is to be drawn for the amount demanded under the presentation.
B13) 환어음은 당해 제시에서 청구하는 금액과 동일한 액수로 발행되어야 한다.

B14) The amount in words is to accurately reflect the amount in figures when both are shown, and indicate the currency as stated in the credit. When the amount in words and figures are in conflict, the amount in words is to be examined as the amount demanded.
B14) 어음금액이 문자 및 숫자로 표기되는 경우에, 문자로 표기되는 금액은 숫자로 표기되는 금액을 정확하게 반영하여야 하고 신용장에 명시된 통화로 표시되어야 한다. 문자로 표기되는 금액과 숫자로 표기되는 금액이 상충하는 경우에, 문자로 표기되는 금액을 청구금액으로 하여 심사되어야 한다.

Endorsement
배서

B15) A draft is to be endorsed, if necessary.
B15) 환어음은 필요하다면 배서되어야 한다.

Correction and alteration ("correction")
정정과 변경 ("정정")

B16) Any correction of data on a draft is to appear to have been authenticated with the addition of the signature or initials of the beneficiary.
B16) 환어음상 정보의 정정은 수익자의 서명이나 약식서명의 추가에 의하여 인증된 것으로 보여야 한다.

B17) When no correction of data is allowed in a draft, an issuing bank should have included a suitable stipulation in its credit.
B17) 환어음상 어떠한 정보의 정정도 불허하고자 하는 경우에, 개설은행은 이를 신용장에 적절히 명시하여야 한다.

Drafts drawn on the applicant
개설의뢰인을 지급인으로 하는 환어음

B18) a. A credit must not be issued available by a draft drawn on the applicant.
b. However, when a credit requires the presentation of a draft drawn on the applicant as one of the required documents, it is to be examined only to the extent expressly stated in the credit, otherwise according to UCP 600 sub-article 14(f).

B18) a. 신용장은 개설의뢰인을 지급인으로 하여 발행되는 환어음에 의하여 이용가능하도록 개설되어서는 아니 된다.

b. 그러나 신용장에서 필요서류의 하나로 개설의뢰인을 지급인으로 하여 발행된 환어음을 제시하도록 요구하는 경우에, 이는 오직 신용장에 명시적으로 명시된 범위 내에서, 그러한 명시가 없다면 UCP 600 제14조 제f항에 따라 심사되어야 한다.

INVOICES
송장

Title of invoice
송장의 제목

C1) a. When a credit requires presentation of an "invoice" without further description, this will be satisfied by the presentation of any type of invoice (commercial invoice, customs invoice, tax invoice, final invoice, consular invoice, etc.). However, an invoice is not to be identified as "provisional", "pro-forma" or the like.

b. When a credit requires presentation of a "commercial invoice", this will also be satisfied by the presentation of a document titled "invoice", even when such document contains a statement that it has been issued for tax purposes.

C1) a. 신용장에서 "송장"(invoice)의 제시를 요구하면서 더 이상의 명시가 없는 경우에, 이는 (상업송장, 세관송장, 세금송장, 최종송장, 영사송장 등) 여하한 종류의 송장의 제시에 의하여 충족된다. 그러나 송장은 "임시"송장, "견적"송장 또는 이와 유사한 것으로 확인되지 않아야 한다.

b. 신용장에서 "상업송장"의 제시를 요구하는 경우에, 이는 "송장"이라는 제목의 서류를 제시함으로써 충족되며 그러한 서류가 세금의 목적으로 발행되었다는 기재를 담고 있더라도 무방하다.

Issuer of an invoice
서류의 발행인

C2) a. An invoice is to appear to have been issued by the beneficiary or, in the case of a transferred credit, the second beneficiary.

b. When the beneficiary or second beneficiary has changed its name and the credit mentions the former name, an invoice may be issued in the name of the new entity provided that it indicates "formerly known as (name of the beneficiary or second beneficiary)" or words of similar effect.

C2) a. 송장은 수익자 혹은 신용장이 양도된 경우에는 제2수익자가 발행한 것으로 보여야 한다.

b. 수익자나 제2수익자의 이름이 변경되었고 신용장에서는 이전의 이름이 거명되어 있는 경우에, 송장은 이전에 (수익자 또는 제2수익자의 이름)라고 알려진"이라는 문구 또는 그와 유사한 취지의 문구를 표시한다면 새로운 실체의 이름으로 발행될 수 있다.

Description of the goods, services or performance and other general issues related to invoices

물품, 서비스 또는 의무이행에 관한 명세 및 송장에 관한 기타 일반적 사항

C3) The description of the goods, services or performance shown on the invoice is to correspond with the description shown in the credit. There is no requirement for a mirror image. For example, details of the goods may be stated in a number of areas within the invoice which, when read together, represent a description of the goods corresponding to that in the credit.

C3) 송장에 나타나는 물품, 서비스 또는 의무이행에 관한 명세는 신용장에 나타나는 명세에 상응하여야 한다. 경상(鏡像, mirror image)과 같은 기재가 요구되는 것은 아니다. 예컨대, 물품의 세부사항은 송장 내의 여러 곳에 산재할 수 있으며, 단지, 그것들을 통합하여 읽을 때, 물품명세가 신용장의 그것에 상당하는 것으로 충분하다.

C4) The description of goods, services or performance on an invoice is to reflect what has actually been shipped, delivered or provided. For example, when the goods description in the credit indicates a requirement for shipment of "10 trucks and 5 tractors", and only 4 trucks have been shipped, an invoice may indicate shipment of only 4 trucks provided that the credit did not prohibit partial shipment. An invoice indicating what has actually been shipped (4 trucks) may also contain the description of the goods stated in the credit, i.e., 10 trucks and 5 tractors.

C4) 송장상의 물품, 서비스 또는 의무이행에 관한 명세는 실제로 선적되거나 인도 또는 제공된 것을 반영하여야 한다. 예컨대, 신용장의 물품명세에서 "10대의 트럭과 5대의 트랙터"가 선적되어야 한다고 표시하고 있고 실제로 단지 4대의 트럭이 선적된 경우에, 신용장에서 분할선적을 금지하지 않았다면, 송장에서는 트럭 4대의 선적만을 표시할 수 있다. 송장에서 실제로 선적된 것(트럭 4대)을 표시할 때에는 신용장에 명시된 물품명세, 즉, 트럭 10대과 트랙터 5대도 함께 기재할 수 있다.

C5) An invoice showing a description of the goods, services or performance that corresponds with that in the credit may also indicate additional data in respect of the goods, services or performance provided that they do not appear to refer to a different nature, classification or category of the goods, services or performance.

For example, when a credit requires shipment of "Suede Shoes", but the invoice describes the goods as "Imitation Suede Shoes", or when the credit requires "Hydraulic Drilling Rig", but the invoice describes the goods as "Second Hand Hydraulic Drilling Rig", these descriptions would represent a change in nature, classification or category of the goods.

C5) 송장상 물품, 서비스 또는 의무이행에 관한 명세가 신용장에 명시된 그것과 상응하는 것으로 나타난다면 그 송장에서는 물품, 서비스 또는 의무이행에 관한 추가적 정보를 표시하고 있어도 무방하되, 다만 그러한 추가적 정보가 물품, 서비스 또는 의무이행의 상이한 성질, 분류 또는 카테고리를 언급하지 않아야 한다.

예컨대, 신용장에서 "Suede Shoes"의 선적을 요구하는데 송장에서 물품을 "Imitation Suede Shoes"라고 명세하거나, 신용장에서 "Hydraulic Drilling Rig"를 요구하는데 송장에서 물품을 "Second Hand Hydraulic Drilling Rig"라고 명세하는 경우에, 이러한 명세는 물품의 성질이나 분류 또는 카테고리를 변경하는 것이 된다.

C6) An invoice is to indicate:
a. the value of the goods shipped or delivered, or services or performance provided.
b. unit price(s), when stated in the credit.
c. the same currency as that shown in the credit.
d. any discount or deduction required by the credit.

C6) 송장에서는 다음을 표시하여야 한다.
a. 선적 또는 인도되는 물품이나 제공되는 서비스 또는 의무이행의 금액
b. 신용장에 명시된 경우에, 단가
c. 신용장에 나타나는 통화와 동일한 통화
d. 신용장에서 요구되는 할인 또는 공제

C7) An invoice may indicate a deduction covering advance payment, discount, etc., that is not stated in the credit.

C7) 송장에서는 신용장에 명시되지 않은 선지급이나 할인 등에 따른 공제가 표시될 수 있다.

C8) When a trade term is stated as part of the goods description in the credit, an invoice is to indicate that trade term, and when the source of the trade term is stated, the same source is to be indicated. For example, a trade term indicated in a credit as "CIF Singapore Incoterms 2010" is not to be indicated on an invoice as "CIF Singapore" or "CIF Singapore Incoterms". However, when a trade term is stated in the credit as "CIF Singapore" or "CIF Singapore Incoterms", it may also be indicated on an invoice as "CIF Singapore Incoterms 2010" or any other revision.

C8) 신용장에서 정형거래조건이 물품명세의 일부로 기재된 경우에, 송장에서는 그 정형거래조건이 표시되어야 하고, 그 정형거래조건의 출처까지 기재된 경우에는 동일한 출처가 송장에 표시되어야 한다. 예컨대, 신용장에서 정형거래조건이 "CIF Singapore Incoterms 2010"로 표시된 경우에, 송장에서 "CIF Singapore" 또는 "CIF Singapore Incoterms"로 표시되어서는 아니 된다. 그러나 용장에서 정형거래조건이 "CIF Singapore" 또는 "CIF Singapore Incoterms"라고 표시된 경우에, 송장에서는 "CIF Singapore Incoterms 2010"이나 다른 개정본이 표시될 수 있다.

C9) Additional charges and costs, such as those related to documentation, freight or insurance costs, are to be included within the value shown against the stated trade term on the invoice.

C9) 서류발급비용, 운임 또는 보험비용과 같은 추가적 수수료나 비용은 송장에 기재되는 정형거래조건과 함께 나타나는 금액 내에 포함될 수 있다.

C10) An invoice need not be signed or dated.

C10) 송장은 서명되거나 일부(日附)될 필요가 없다.

C11) Any total quantity of goods and their weight or measurement shown on the invoice is not to conflict with the same data appearing on other documents.

C11) 송장에 나타나는 물품의 총량 및 그 중량 또는 부피는 다른 서류에 나타나는 같은 정보와 저촉되어서는 아니 된다.

C12) An invoice is not to indicate:
a. over-shipment (except as provided in UCP 600 sub-article 30 (b)), or
b. goods, services or performance not called for in the credit. This applies even when the invoice includes additional quantities of goods, services or performance as required by the credit or samples and advertising material and are stated to be free of charge.

C12) 송장에서는 다음이 표시되지 않아야 한다.
a. 초과선적 (다만 UCP 600 제30조 제b항 규정 제외), 또는
b. 신용장에서 요구되지 않은 물품, 서비스 또는 의무이행. 이는 송장이 신용장에서 요구되는 물품, 서비스 또는 의무이행에 추가되는 수량이나 견본 및 광고용품을 포함하고 있다면 그것들이 무료라고 기재된 경우에도 적용된다.

C13) The quantity of goods required in the credit may be indicated on an invoice within a tolerance of +/-5%. A variance of up to +5% in the quantity of the goods does not allow the amount demanded under the presentation to exceed the amount of the credit. The tolerance of +/-5% in the quantity of the goods will not apply when:
a. a credit states that the quantity is not to be exceeded or reduced; or
b. a credit states the quantity in terms of a stipulated number of packing units or individual items.

C13) 신용장에서 요구되는 물품의 수량은 +/-5%의 오차범위 내로 송장에 표시될 수 있다. 물품수량의 +/-5%까지 오차가 허용되더라도 신용장금액을 초과하는 금액으로 지급청구를 하는 것은 허용되지 않는다. 물품수량 +/-5% 오차의 허용은 다음의 경우에는 적용되지 않는다.
a. 신용장에서 수량의 초과 또는 부족을 금지하는 경우
b. 신용장에서 포장단위나 개별품목의 개수를 명시하는 방법으로 수량을 명시하는 경우

C14) When no quantity of goods is stated in the credit, and partial shipments are prohibited, an invoice issued for an amount up to 5% less than the credit amount will be considered to cover the full quantity and not a partial shipment.

C14) 신용장에 물품의 수량이 명시되지 않았고 분할선적이 금지되지 않은 경우에, 5% 이내에서 신용장금액보다 적은 금액으로 발행된 송장은 수량 전부를 선적한 것으로 간주되며 분할선적으로 간주되지 않는다.

Instalment drawings or shipments

할부청구와 할부선적

C15) a. i. When a drawing or shipment by instalments within given periods is stipulated in the credit, and any instalment is not drawn or shipped within the period allowed for that instalment, the credit ceases to be available for that and any subsequent instalment. Given periods are a sequence of dates or timelines that determine a start and end date for each instalment. For example, a credit requiring shipment of 100 cars in March and 100 cars in April is an example of two periods of time that start on 1 March and 1 April and end on 31 March and 30 April respectively.

ii. When partial drawings or shipments are allowed, any number of drawings or shipments is permitted within each instalment.

b. When a credit indicates a drawing or shipment schedule by only indicating a number of latest dates, and not given periods (as referred to in paragraph C15)(a)(i):

i. this is not an instalment schedule as envisaged by UCP 600, and article 32 will not apply. The presentation is to otherwise comply with any instructions in respect of the drawing or shipment schedule and UCP 600 article 31;

ii. when partial drawings or shipments are allowed, any number of drawings or shipments is permitted on or before each latest date for a drawing or shipment to occur.

C15) a. i. 신용장에서 주어진 기간 내에 할부로 청구 또는 선적하는 것으로 명시되었고, 당해 할부청구나 할부선적이 허용된 기간 내에 할부청구나 할부선적이 없었던 경우에, 신용장은 그 할부부분 및 그 후의 할부부분에 관하여 더 이상 이용이 허용되지 않는다. 여기의 주어진 기간이란 각 할부부분의 시작일과 종료일을 정하는 일련의 일자 또는 시간계획을 말한다. 예컨대, 3월에 차량 100대 및 4월에 차량 100대의 선적을 요구하는 신용장은 3월 1일과 4월 1일에 각각 시작하고 3월 31일과 4월 30일에 각각 종료하는 두 기간의 일예이다.

ii. 분할청구나 분할선적이 허용된 경우에, 각 할부부분 내에서 수차의 청구나 선적이 허용된다.

b. 신용장에서 수개의 최종일만을 표시하고 (C15(a)(i)항에서 규정하는) '주어진 기간'(given period)을 표시하지 않은 채 청구스케줄이나 선적스케줄을 표시하는 경우에,

i. 이는 UCP 600에서 상정하는 할부스케줄이 아니며, 제32조가 적용되지 않는다. 이러한 경우에 제시는 청구스케줄이나 선적스케줄에 관한 모든 지시가 준수되어야 하며 UCP 600 제31조가 적용된다.

ii. 분할청구나 분할선적이 허용되었다면, 당해 청구나 선적이 이루어져야 하는 각 최종일 이전에는 수차로 청구나 선적하는 것이 허용된다.

= 생략한 조문 =	
D	**TRANSPORT DOCUMENT COVERING AT LEAST TWO DIFFERENT MODES OF TRANSPORT ("multimodal or combined transport document")** 적어도 두 가지 이상의 다른 운송방법을 포괄하는 운송서류("복합운송서류")
F	**NON-NEGOTIABLE SEA WAYBILL** 비유통 해상화물운송장
G	**CHARTER PARTY BILL OF LADING** 용선계약부 선하증권
H	**AIR TRANSPORT DOCUMENT** 항공운송서류
J	**ROAD, RAIL OR INLAND WATERWAY TRANSPORT DOCUMENTS** 도로, 철도 또는 내수로운송서류

BILL OF LADING
선하증권

Application of UCP 600 Article 20
UCP600 제20조의 적용

E1) a. A requirement in a credit for the presentation of a transport document, however named, only covering a port-to-port shipment, i.e., a credit that contains no reference to a place of receipt or taking in charge or place of final destination means that UCP 600 article 20 is to be applied in the examination of that document.

b. A bill of lading is not to contain any indication of a charter party as described in paragraphs G2) (a) and (b).

E1) a. 신용장에서 그 명칭이 어떠한든지 간에 오직 항대항운송만을 커버하는 운송서류를 제시하도록 요구하는 것, 즉, 신용장에서 수령지, 수탁지 또는 최종목적지에 대하여 아무런 언급도 하지 않는 것은 그 서류심사에 UCP600 제20조가 적용되어야 한다는 것을 의미한다.

b. 선하증권에는 G2(a)와 (b)항에서 규정하는 용선계약에 대한 어떠한 표시도 포함되어서는 아니 된다.

E2) A bill of lading need not be titled "marine bill of lading", "ocean bill of lading", "port-to-port bill of lading" or words of similar effect even when the credit so names the required document.

E2) 신용장에서 필요운송서류의 명칭으로 "해상선하증권", "항대항 선하증권" 또는 이와 유사한 문구를 사용하더라도 선하증권은 반드시 그러한 제목일 필요가 없다.

Issuance, carrier, identification of the carrier and signing of a bill of lading
선하증권의 발행, 운송인, 운송인의 확인 및 서명

E3) a. A bill of lading may be issued by any entity other than a carrier or master (captain), provided it meets the requirements of UCP 600 article 20.

b. When a credit indicates "Freight Forwarder's Bill of Lading is acceptable" or "House Bill of Lading is acceptable" or words of similar effect, a bill of lading may be signed by the issuing entity without it being necessary to indicate the capacity in which it has been signed or the name of the carrier.

E3) a. 선하증권은 UCP600 제20조의 요건을 충족시킨다면 운송인 또는 선장 이외의 자가 발행할 수 있다.

b. 신용장에서 "운송주선인 선하증권 수리가능" 또는 "하우스 선하증권 수리가능" 또는 이와 유사한 취지의 문구를 표시하는 경우에, 선하증권은 그 발행인이 서명할 수 있으며, 그 서명에 서명자의 자격이나 운송인의 상호를 표시할 필요는 없다.

E4) A stipulation in a credit that "Freight Forwarder's Bills of Lading are not acceptable" or "House Bills of Lading are not acceptable" or words of similar effect has no meaning in the context of the title, format, content or signing of a bill of lading unless the credit provides specific requirements detailing how the bill of lading is to be issued and signed. In the absence of these requirements, such a stipulation is to be disregarded, and the bill of lading presented is to be examined according to the requirements of UCP 600 article 20.

E4) 신용장에서 "운송주선인 선하증권 수리불능" 또는 "하우스 선하증권 수리불능" 또는 이와 유사한 취지의 문구를 표시하는 것은 그 신용장에서 선하증권의 발행방법과 서명방법에 대한 더 이상의 상세한 요구사항이 없다면 선하증권의 제목이나 형식, 내용 또는 서명에 관하여 아무런 의미도 갖지 않는다. 이러한 요구사항이 없는 경우에 그러한 명시는 무시되고, 제시된 선하증권은 UCP600 제20조의 요건에 따라 심사된다.

E5) a. A bill of lading is to be signed in the form described in UCP 600 sub-article 20 (a) (i) and to indicate the name of the carrier, identified as the carrier.

b. When a bill of lading is signed by a named branch of the carrier, the signature is considered to have been made by the carrier.

c. When an agent signs a bill of lading for [or on behalf of] the carrier, the agent is to be named and, in addition, to indicate that it is signing as "agent for (name), the carrier" or as "agent on behalf of (name), the carrier" or words of similar effect. When the carrier is identified elsewhere in the document as the "carrier", the named agent may sign, for example, as "agent for [or on behalf of] the carrier" without naming the carrier again.

d. When the master (captain) signs a bill of lading, the signature of the master (captain) is to be identified as the "master" ("captain"). The name of the master (captain) need not be stated.

e. When an agent signs a bill of lading for [or on behalf of] the master (captain), the agent is to be named and, in addition, to indicate that it is signing as "agent for the master (or captain)", or as "agent on behalf of the master (or captain)" or words of similar effect. The name of the master (captain) need not be stated.

E5) a. 선하증권은 UCP600 제20조 제a항 제i호에 규정된 형태로 서명되어야 하고, 운송인의 상호가 표시되고, 그 운송인은 운송인으로 확인되어야 한다.

b. 운송인의 기명지점(記名支店)이 선하증권에 서명한 경우에, 서명은 운송인에 의한 것으로 간주된다.

c. 대리인이 운송인을 위하여 선하증권에 서명한 경우에, 대리인의 이름이 표시되고, 추가적으로 "agent for (name), the carrier" 또는 "agent on behalf of (name), the carrier"("운송인인 (운송인의 상호)의 대리인") 또는 이와 유사한 문구로써 그것이 대리인의 서명이라고 표시되어야 한다. 당해 서류의 다른 곳에서 운송인이 "운송인"인 것으로 확인되는 경우에, 기명대리인은 다시 운송인의 상호를 기재함이 없이 예컨대 "agent for [or on behalf of] the carrier"("운송인의 대리인")으로서 서명할 수 있다.

d. 선장이 선하증권에 서명하는 경우에, 선장의 서명은 "선장"의 것으로 확인되어야 한다. 선장의 성명은 기재될 필요가 없다.

e. 대리인이 선장을 대리하여 선하증권에 서명하는 경우에, 대리인의 이름이 표시되고, 추가적으로 "agent for the master (or captain)" 또는 "agent on behalf of the master (or captain)"("선장의 대리인") 또는 이와 유사한 문구로써 그것이 대리인의 서명이라고

표시되어야 한다. 선장의 성명은 기재될 필요가 없다.

On board notation, date of shipment, pre-carriage, place of receipt and port of loading
본선 적재부기, 선적일, 사전운송, 수령지 및 선적항

E6) a. When a pre-printed "Shipped on board" bill of lading is presented, its issuance date will be deemed to be the date of shipment unless it bears a separate dated on board notation. In the latter event, such date will be deemed to be the date of shipment whether that date is before or after the issuance date of the bill of lading. The on board date may also be indicated in a designated field or box.

b. Notwithstanding that a credit may require a bill of lading to evidence a port-to-port shipment:

i. when a bill of lading indicates a place of receipt that is the same as the port of loading, for example, place of receipt Rotterdam CY and the port of loading Rotterdam, and there is no indication of a means of pre-carriage (either in the pre-carriage field or the place of receipt field); or

ii. when a bill of lading indicates a place of receipt different from the port of loading, for example, place of receipt Amsterdam and port of loading Rotterdam, and there is no indication of a means of pre-carriage (either in the pre-carriage field or the place of receipt field), then:

(a) when a bill of lading is pre-printed "shipped on board", the date of issue will be deemed to be the date of shipment, and no further on board notation is required.

(b) when a bill of lading is pre-printed "received for shipment", a dated on board notation is required, and the date appearing in the notation will be deemed to be the date of shipment. The on board date may also be indicated in a designated field or box.

c. Notwithstanding that a credit may require a bill of lading to evidence a port-to- port shipment, when a bill of lading:

i. indicates a place of receipt different from the port of loading, for example, place of receipt Amsterdam and port of loading Rotterdam, and there is an indication of a means of pre-carriage (either in the pre-carriage field or the place of receipt field), regardless of whether it is pre-printed "shipped on board" or "received for shipment", it is to bear a dated on board notation which also indicates the name of the vessel and the port of loading stated in the credit. Such notation may also appear in a designated field or box. The date appearing in the on board notation or designated field or box will be deemed to be the date of shipment.

ii. indicates a means of pre-carriage (either in the pre-carriage field or the place of receipt field), no matter if no place of receipt is stated or whether it is pre-printed "shipped on board" or "received for shipment", it is to bear a dated on board notation which also indicates the name of the vessel and the port of loading stated in the credit. Such notation may also appear in a designated field or box. The date appearing in the on board notation or designated field or box will be deemed to be the date of shipment.

d. When a bill of lading indicates wording such as "When the place of receipt box has been completed, any notation on this bill of lading of "on board", "loaded on board" or words of similar effect shall be deemed to be on board the means of transportation performing the carriage from the place of receipt to the port of loading" or words of similar effect, and if, in addition, the place of receipt box is completed, a bill of lading is to bear a dated on board notation. The dated on board notation is also to indicate the name of the vessel and the port of loading stated in the credit. Such notation may also appear in a designated field or box. The date appearing in the on board notation or designated field or box will be deemed to be the date of shipment.

e. The named port of loading, as required by the credit, should appear in the port of loading field on a bill of lading. However, it may also be stated in the field headed "Place of receipt" or words of similar effect, provided there is a dated on board notation evidencing that the goods were shipped on board a named vessel at the port stated under "Place of receipt" or words of similar effect.

f. A bill of lading is to indicate the port of loading stated in the credit. When a credit indicates the port of loading by also stating the country in which the port is located, the name of the country need not be stated.

g. When a credit indicates a geographical area or range of ports of loading (for example, "Any European Port" or "Hamburg, Rotterdam, Antwerp Port"), a bill of lading is to indicate the actual port of loading, which is to be within that geographical area or range of ports. A bill of lading need not indicate the geographical area.

h. When a bill of lading indicates more than one port of loading, it is to evidence an on board notation with the relevant on board date for each port of loading, regardless of whether it is pre-printed "received for shipment" or "shipped on board". For example, when a bill of lading indicates that shipment has been effected from Brisbane and Adelaide, a dated on board notation is required for both Brisbane and Adelaide.

E6) a. 미리 인쇄된 "선적선하증권"이 제시되는 경우에, 별도의 일자부 본선 적재부기가 없다면 발행일을 선적일로 간주한다. 그러한 부기가 있다면, 그 일자가 선하증권의 발행일 전인지 또는 후인지 간에 선적일로 간주된다. 별도의 일자부 부기는 또한 지정된 난 또는 박스 내에 표시될 수 있다.

b. 신용장에서 항구간 운송을 증명하는 선하증권을 요구하는 경우에,

i. 선하증권에 수령지가 선적항과 동일하다고 표시되고, 예컨대, 수령지는 Rotterdam CY이고 선적항은 Rotterdam이라고 표시되고, (사전운송 난 또는 수령지 난에서) 사전운송수단에 관하여 아무런 표시도 없는 경우, 또는

ii. 선하증권에 수령지가 선적항과 다르다고 표시되고, 예컨대 수령지는 Amsterdam이고 선적항은 Rotterdam이라고 표시되고, (사전운송 난 또는 수령지 난에서) 사전운송수단에 관하여 아무런 표시도 없는 경우에,

(a) 선하증권에 "본선 적재됨"이라는 미리 인쇄된 문구가 있다면, 발행일이 선적일로 간주되고, 더 이상의 본선 적재부기가 필요 없다.

(b) 선하증권에 "선적을 위하여 수령됨"이라는 미리 인쇄된 문구가 있다면, 일자부(日

字附) 본선 적재부기가 요구되고, 그 부기에 나타나는 일자가 선적일로 간주된다. 본선 적재일자는 지정된 난 또는 박스에 기재될 수도 있다.

c. 신용장에서 항구간 운송을 증명하는 선하증권을 요구하는 경우에,

i. 선하증권에 수령지가 선적항과 다르다고 표시되고, 예컨대 수령지는 Amsterdam이고 선적항은 Rotterdam이라고 표시되고, (사전운송 난 또는 수령지 난에서) 사전운송수단에 관하여 아무런 표시도 없는 경우에, "본선 적재됨" 또는 "선적을 위하여 수령됨"이라는 미리 인쇄된 문구가 있든지 없든지 간에, 그 선하증권에는 적재선박명과 신용장에 명시된 선적항을 표시하는 일자부 본선 적재부기가 있어야 한다. 그 부기는 지정된 난 또는 박스에 표시될 수도 있다. 그러한 본선 적재부기 혹은 지정된 난 또는 박스에 나타나는 일자가 선적일로 간주된다.

ii. 선하증권에 (사전운송 난 또는 수령지 난에서) 사전운송수단이 표시된 경우, 수령지가 기재되어 있는지 또는 "본선 적재됨" 또는 "선적을 위하여 수령됨"이라는 미리 인쇄된 문구가 있는지 여부에 관계없이 적재선박명과 신용장에서 명시된 선적항을 표시하고 있는 일자부(日字附) 본선 적재부기가 있어야 한다. 그 부기는 지정된 난 또는 박스에 표시될 수도 있다. 그러한 본선 적재부기 혹은 지정된 난 또는 박스에 나타나는 일자가 선적일로 간주된다.

d. 선하증권에 "만약 수령지 난에 기입이 된다면, 본 선하증권상의 "본선 적재" 또는 이와 유사한 취지의 문구에 의한 본선 적재부기는 수령지로부터 선적항까지 운송을 수행하는 운송수단에 적재된 것으로 본다"와 같은 문구 또는 이와 유사한 문구가 기재되어 있고, 또한 그 선하증권의 수령지 난이 기입되어 있는 경우에, 선하증권에는 일자부 본선 적재부기가 있어야 한다. 일자부 본선 적재부기에는 또한 적재선박명과 신용장에 명시된 선적항이 표시되어야 한다. 그러한 부기는 지정된 난 또는 박스에 나타날 수도 있다. 그러한 본선 적재부기 혹은 지정된 난 또는 박스에 나타나는 일자가 선적일로 간주된다.

e. 신용장에서 요구된 선적항은 선하증권의 선적항 난에 나타나야 한다. 그러나 물품이 수령지 또는 이와 유사한 문구로 기재된 항구에서 기명(記名)선박에 본선 적재되었다는 일자부 본선 적재부기가 있다면 "수령지" 또는 이와 유사한 문구의 제목을 가진 난에 기재될 수도 있다.

f. 선하증권에는 신용장에 명시된 선적항이 표시되어야 한다. 신용장에서 선적항을 명시하면서 그 선적항이 위치한 국가도 함께 명시한 경우에 국가명은 기재될 필요가 없다.

g. 신용장에서 선적항에 관하여 일정한 지리적 구역 또는 범위(예컨대, "Any European Port"("유럽의 어느 항구") 또는 "Hamburg, Rotterdam, Antwerp Port")를 표시하는 경우에, 선하증권은 그러한 지리적 구역 또는 범위 내에 있는 실제의 선적항을 표시하여야 한다. 선하증권은 지리적 구역을 표시할 필요가 없다.

h. 선하증권에 복수의 선적항이 표시된 경우에, "선적을 위하여 수령됨" 또는 "본선 적재됨"이라는 미리 인쇄된 문구가 있는지 여부에 관계없이 각각의 선적항에 해당되는 본선 적재일자가 있는 본선 적재부기가 있어야 한다. 예컨대 선하증권에 Brisbane 및 Adelaide에서 선적이 이루어졌다는 표시가 있다면 Brisbane에 관한 일자부 본선 적재부기 및 Adelaide에 관한 일자부 본선 적재부기가 요구된다.

E7) Terms such as "Shipped in apparent good order", "Laden on board", "Clean on board" or other phrases that incorporate "shipped" or "on board" have the same effect as the words "Shipped on board".

E7) "외견상 양호한 상태로 선적됨(Shipped in apparent good order)", "본선 적재됨(Laden on board)", "무고장 본선 적재(clean on board)"와 같은 용어 또는 기타의 "선적됨(shipped)"이나 "본선 적재(on board)"라는 표현을 내포하는 문구는 "본선 적재됨(Shipped on board)"이라는 문구와 동일한 효력을 갖는다.

Port of discharge
양륙항

E8) a. The named port of discharge, as required by the credit, should appear in the port of discharge field within a bill of lading.
b. However, the named port of discharge may be stated in the field headed "Place of final destination" or words of similar effect provided there is a notation evidencing that the port of discharge is that stated under "Place of final destination" or words of similar effect. For example, when a credit requires shipment to be effected to Felixstowe, but Felixstowe is shown as the place of final destination instead of the port of discharge, this may be evidenced by a notation stating "Port of discharge Felixstowe".

E8) a. 신용장에서 요구된 바에 따라, 선하증권의 양륙항 난에는 기명양륙항이 나타나야 한다.
b. 그러나 양륙항이 "최종목적지" 또는 이와 유사한 문구의 제목이 붙어있는 곳에 기재된 그것과 동일함을 나타내는 부기가 있는 때에는, 기명양륙항은 "최종목적지" 또는 이와 유사한 문구의 제목을 가진 난에 기재될 수 있다. 예컨대, 신용장에서 Felixstowe까지 운송될 것을 요구하였으나, Felixstowe가 양륙항이 아닌 최종목적지 난에 기재되어 있는 경우에, Felixstowe가 양륙항이라는 사실은 "Port of discharge Felixstowe"라는 부기에 의하여 증명될 수 있다.

E9) A bill of lading is to indicate the port of discharge stated in the credit. When a credit indicates the port of discharge by also stating the country in which the port is located, the name of the country need not be stated.

E9) 선하증권에는 신용장에 명시된 양륙항이 표시되어야 한다. 신용장에서 양륙항을 명시하면서 그 양륙항이 위치한 국가도 함께 명시한 경우에 국가명은 기재될 필요가 없다.

E10) When a credit indicates a geographical area or range of ports of discharge (for example, "Any European Port" or "Hamburg, Rotterdam, Antwerp Port"), a bill of lading is to indicate the actual port of discharge, which is to be within that geographical area or range of ports. A bill of lading need not indicate the geographical area.

E10 신용장에서 양륙항에 관하여 일정한 지리적 구역 또는 범위(예컨대, "Any European Port" ("유럽의 어느 항구") 또는 "Hamburg, Rotterdam, Antwerp Port")를 표시하는 경우에, 선하증권에는 그러한 지리적 구역 또는 범위 내에 있는 실제의 양륙항이 표시되어야 한다. 선하증권에 그러한 지리적 구역을 표시할 필요는 없다.

Original bill of lading
원본 선하증권

E11) a. A bill of lading is to indicate the number of originals that have been issued.
b. Bills of lading marked "First Original", "Second Original", "Third Original", or "Original", "Duplicate", "Triplicate" or similar expressions are all originals.

E11) a. 선하증권은 발행된 원본의 부수를 표시하여야 한다.
b. "제1원본(First Original)", "제2원본(Second Original)", "제3원본 (Third Original)", "원본(Original)", "부본(Duplicate)", "제3본(Triplicate)" 등 또는 유사한 표현이 있는 선하증권은 모두 원본이다.

Consignee, order party, shipper and endorsement, and notify party
수하인, 지시당사자, 선적인과 배서 및 통지처

E12) When a credit requires a bill of lading to evidence that goods are consigned to a named entity, for example, "consigned to (named entity)" (i.e., a "straight" bill of lading or consignment) rather than "to order" or "to order of (named entity)", it is not to contain the expressions "to order" or "to order of" preceding the named entity, or the expression "or order" following the named entity, whether typed or pre-printed.
E12) 신용장에서 선하증권이 특정한 기명인을 수하인으로 하여 발행될 것, 예컨대, "단순지시식"("to order") 또는 "특정인지시식"("to order of (named entity)")이 아니라 기명식("consigned to (named entity)")(즉, "기명식"선하증권 또는 탁송장)으로 발행될 것을 요구하는 경우에, 선하증권에는, 타자되었건 또는 미리 인쇄되었건 간에, 그 기명인 앞에 "to order" 또는 "to order of"라는 표현이 기재되거나 그 기명인 뒤에 "or order"라는 표현이 기재되어서는 아니 된다".

E13) a. When a bill of lading is issued "to order" or "to order of the shipper", it is to be endorsed by the shipper. An endorsement may be made by a named entity other than the shipper, provided the endorsement is made for [or on behalf of] the shipper.
b. When a credit requires a bill of lading to evidence that goods are consigned "to order of (named entity)", it is not to indicate that the goods are straight consigned to that named entity.
E13) a. 선하증권이 단순지시식("to order") 또는 선적인지시식("to order of the shipper")으로 발행되었다면, 선하증권은 선적인에 의하여 배서되어야 한다. 선적인을 대리하여 배서하는 때에는, 선적인 이외의 기명인이 배서할 수 있다.
b. 신용장에서 선하증권이 수하인에 관하여 "특정인지시식"("to order of (named entity)")으로 발행될 것을 요구하는 경우에, 선하증권은 그러한 기명인을 수하인으로 하는 기명식으로 발행되어서는 아니 된다.

E14) a. When a credit stipulates the details of one or more notify parties, a bill of lading may also indicate the details of one or more additional notify parties.
b. i. When a credit does not stipulate the details of a notify party, a bill of lading may indicate the details of any notify party and in any manner (except as stated in paragraph E14) (b) (ii)).
ii. When a credit does not stipulate the details of a notify party, but the details of the applicant appear as notify party on a bill of lading, and these details include the applicant's address and contact details, they are not to conflict with those stated in the credit.
E14) a. 신용장에서 하나 또는 둘 이상의 통지처의 세부정보를 명시하였다면 선하증권에는 하나

ISBP 745

또는 둘 이상의 추가적 통지처의 세부정보가 표시될 수 있다.

b. i. 신용장에서 통지처의 세부정보를 명시하지 않은 경우에, (E14(b)(ii)항의 규정을 예외로 하고) 선하증권에는 여느 통지처의 세부정보가 표시될 수 있고 이는 어떤 방법으로도 표시될 수 있다.

ii. 신용장에서 통지처의 세부정보를 명시하지 않았는데, 선하증권에 개설의뢰인의 세부정보가 통지처 난에 나타나고, 이 세부정보에 개설의뢰인의 주소 및 세부연락처가 포함되어 있다면, 이는 신용장에 명시된 그것과 저촉되지 않아야 한다.

E15) When a credit requires a bill of lading to evidence goods consigned to or to the order of "issuing bank" or "applicant" or notify "applicant" or "issuing bank", a bill of lading is to indicate the name of the issuing bank or applicant, as applicable, but need not indicate their respective addresses or any contact details that may be stated in the credit.

E15) 신용장에서 선하증권이 물품의 수하인에 관하여 "개설은행" 또는 "개설의뢰인" 기명식 또는 지시식으로 발행되거나, 그 통지처를 "개설의뢰인" 또는 "개설은행"으로 하여 발행되도록 요구하는 경우에, 선하증권에는 해당되는 개설은행 또는 개설의뢰인의 이름이 표시되어야 하나, 신용장에 명시된 그 각각의 주소와 세부연락처는 기재할 필요가 없다.

E16) When the address and contact details of the applicant appear as part of the consignee or notify party details, they are not to conflict with those stated in the credit.

E16) 개설의뢰인의 주소와 세부연락처가 수하인 또는 통지처의 일부로 나타나는 경우에, 이는 신용장에 명시된 그것과 저촉되지 않아야 한다.

Transhipment, partial shipment and determining the presentation period when multiple sets of bills of lading are presented

환적, 분할선적과 복수 세트의 선하증권이 제시되었을 때 제시기간의 결정

E17) Transhipment is the unloading and reloading of goods from one vessel to another during the carriage of those goods from the port of loading to the port of discharge stated in the credit. When a bill of lading does not indicate unloading and reloading between these two ports, it is not transhipment in the context of the credit and UCP 600 sub-articles 20 (b) and (c).

E17) 환적은 신용장에 명시된 선적항으로부터 양륙항까지 물품운송 중에 한 선박으로부터 물품을 양하하여 다른 선박에 재적재하는 것이다. 선하증권에 그러한 두 항구 사이의 어떠한 양하 및 재적재가 표시되어 있지 않다면 이는 신용장과 UCP600 제20조 제b항과 제c항에서 말하는 환적이 아니다.

E18) Shipment on more than one vessel is a partial shipment, even if each vessel leaves on the same day for the same destination.

E18) 복수의 선박에 선적하는 것은 비록 각 선박이 동일한 일자에 동일한 목적지로 출항하더라도 분할선적이 된다.

E19) a. When a credit prohibits partial shipment, and more than one set of original bills of lading are presented covering shipment from one or more ports of loading (as specifically allowed, or within a geographical area or range of ports stated in the credit), each set is to indicate that it covers the shipment of goods on the same vessel and same journey and that the goods are destined for the same port of discharge.

b. When a credit prohibits partial shipment, and more than one set of original bills of lading are presented in accordance with paragraph E19) (a) and incorporate different dates of shipment, the latest of these dates is to be used for the calculation of any presentation period and must fall on or before the latest shipment date stated in the credit.

c. When partial shipment is allowed, and more than one set of original bills of lading are presented as part of a single presentation made under one covering schedule or letter and incorporate different dates of shipment, on different vessels or the same vessel for a different journey, the earliest of these dates is to be used for the calculation of any presentation period, and each of these dates must fall on or before the latest shipment date stated in the credit.

E19) a. 신용장에서 분할선적을 금지하고 있고, 또한 단일 또는 복수의 선적항(신용장에서 특정적으로 허용되었거나 신용장에 명시된 지리적 구역이나 범위 내에 소재하는 것)에서 선적이 이루어진 운송을 커버하는 복수 세트의 선하증권 원본이 제시되는 경우에, 각 세트는 동일한 선박과 동일한 항로에 의한 운송을 커버하고 있고 물품이 동일한 양륙항을 향하고 있다고 표시되어야 한다.

b. 신용장에서 분할선적을 금지하고 있고, 또한 E19(a)항에 따라 복수 세트의 원본 선하증권이 제시되고, 그 복수의 세트에 선적일이 상이하게 기재되어 있는 경우에, 그 중의 최종일자가 서류제시기간을 산정하는 데 사용되어야 하고, 그러한 최종일자는 신용장에서 정한 최종선적일과 같은 일자이거나 그 전의 일자이어야 한다.

c. 분할선적이 허용되고, 복수 세트의 원본 선하증권이 하나의 표지서류하에서 단일한 제시의 일부로서 제시되고, 그 복수의 세트에 선적일이 상이하게 기재된 경우에, 이 일자 중의 최초의 일자가 서류제시기간을 산정하는 데 사용되고, 이 각각의 일자는 신용장에서 정한 최종선적일과 같은 일자이거나 그 전의 일자이어야 한다.

Clean bill of lading
무고장 선하증권

E20) A bill of lading is not to include a clause or clauses that expressly declare a defective condition of the goods or their packaging.
For example:

a. A clause on a bill of lading such as "packaging is not sufficient for the sea journey" or words of similar effect is an example of a clause expressly declaring a defective condition of the packaging.

b. A clause on a bill of lading such as "packaging may not be sufficient for the sea journey" or words of similar effect does not expressly declare a defective condition of the packaging.

E20) 선하증권에는 물품 또는 포장의 결함을 명백히 표시하는 문구가 포함되지 않아야 한다.
예컨대,

a. "포장이 해상운송에 충분하지 않다" 또는 이와 유사한 취지의 선하증권상의 문구는 포장의 결함을 명백하게 표시하는 문구의 예이다.

b. "포장이 해상운송에 충분하지 않을 수 있다" 또는 이와 유사한 취지의 선하증권상의 문구는 포장의 결함을 명백하게 표시하는 것이 아니다.

E21) a. It is not necessary for the word "clean" to appear on a bill of lading even when the credit requires a bill of lading to be marked "clean on board" or "clean".

b. Deletion of the word "clean" on a bill of lading does not expressly declare a defective condition of the goods or their packaging.

E21) a. 신용장에서 선하증권을 요구하면서 "무고장 본선 적재" 또는 "무고장"이라는 표시를 하도록 요구하더라도 선하증권에 "무고장"이라는 단어가 나타날 필요는 없다.

b. 선하증권상 "무고장"이라는 단어가 삭제되더라도 이는 물품 또는 포장의 결함을 명백하게 표시하는 것이 아니다.

Goods description
물품명세

E22) A goods description indicated on a bill of lading may be in general terms not in conflict with the goods description in the credit.

E22) 선하증권상 물품명세는 신용장의 물품명세와 저촉되지 않는 일반적인 용어로 표시될 수 있다.

Indication of name and address of delivery agent at port of discharge
양륙항 착하인도대리점의 이름과 주소 표시

E23) When a credit requires a bill of lading to indicate the name, address and contact details of a delivery agent or words of similar effect, at or for the port of discharge, the address need not be one that is located at the port of discharge or within the same country as that of the port of discharge.

E23) 신용장에서 양륙항 착하인도대리점의 이름, 주소 및 세부연락처 또는 이와 유사한 취지의 문구가 선하증권에 표시되도록 요구하는 경우에, 그 주소는 양륙항에 소재하거나 양륙항이 속한 국가와 동일한 국가 내에 소재하는 것이 아니더라도 무방하다.

Corrections and alterations ("corrections")
정정과 변경 ("정정")

E24) Any correction of data on a bill of lading is to be authenticated. Such authentication is to appear to have been made by the carrier, master (captain) or any one of their named agents, who may be different from the agent that may have issued or signed a bill of lading, provided they are identified as an agent of the carrier or the master (captain).

E24) 선하증권상 정보의 정정은 인증되어야 한다. 그러한 인증은 운송인, 선장 또는 그 각 기명대리인의 것으로 나타나야 하되, 그 대리인은, 운송인 또는 선장의 대리인으로 확인되기만 한다면, 선하증권을 발행하거나 그에 서명한 대리인과 다를 수 있다.

E25) Non-negotiable copies of a bill of lading need not include authentication of any corrections that may have been made on the original.
E25) 선하증권의 비유통성 사본에는 그 원본에 이루어진 어떠한 정정에 대한 인증이 포함될 필요가 없다.

Freight and additional costs
운임과 추가비용

E26) A statement appearing on a bill of lading indicating the payment of freight need not be identical to that stated in the credit, but is not to conflict with data in that document, any other stipulated document or the credit. For example, when a credit requires a bill of lading to be marked “freight payable at destination”, it may be marked “freight collect”.
E26) 선하증권에 나타나는 운임지급을 표시하는 기재는 신용장에 명시된 것과 동일한 필요는 없으나, 그 서류나 기타 명시된 다른 서류 또는 신용장에 명시되는 그것과 저촉되지 않아야 한다. 예컨대 신용장에서 선하증권에 “운임이 목적지에서 지급됨”을 표시할 것을 요구한 경우에 선하증권에는 “운임추심”으로 표시되어도 무방하다.

E27) a. When a credit states that costs additional to freight are not acceptable, a bill of lading is not to indicate that costs additional to the freight have been or will be incurred.
b. An indication of costs additional to freight may be made by express reference to additional costs or by the use of trade terms which refer to costs associated with the loading or unloading of goods, such as, but not limited to, Free In (FI), Free Out (FO), Free In and Out (FIO) and Free In and Out Stowed (FIOS).
c. Reference in a bill of lading to costs which may be levied, for example, as a result of a delay in unloading the goods, or after the goods have been unloaded (demurrage costs) or costs covering the late return of containers (detention costs) is not an indication of costs additional to freight.
E27) a. 신용장에서 운임에 추가되는 비용을 허용하지 않는 경우에, 선하증권에는 운임에 추가되는 비용이 있다거나 발생할 수 있다고 표시되지 않아야 한다.
b. 운임에 추가되는 비용에 관한 표시는 추가비용을 명시적으로 언급하는 방법에 의하거나 예컨대 선적비용 하주부담[Free In (FI)], 양륙비용 하주부담[Free Out (FO)], 선적 · 양륙비용 하주부담[Free In and Out (FIO)], 선적 · 양륙 · 적부비용 하주부담[Free In and Out Stowed (FIOS)]과 같은 물품의 선적 또는 양륙과 관련된 비용을 언급하는 정형거래조건을 사용하는 방법으로 할 수 있다.
c. 선하증권상 예컨대 물품의 양륙 중이나 후에 발생하는 지연 때문에 부과되는 비용(체선료) 또는 컨테이너를 늦게 반납함으로 부과되는 비용(반납지체료)에 대한 언급은 운임에 추가되는 비용에 관한 표시로 보지 않는다.

Release of goods with more than one bill of lading to be surrendered
복수의 선하증권이 제시되어야 하는 물품의 인도

E28) A bill of lading is not to expressly state that goods covered by that bill of

lading will only be released upon its surrender together with one or more other bills of lading, unless all of the referenced bills of lading form part of the same presentation under the same credit.
For example, "Container XXXX is covered by B/L No. YYY and ZZZ and can only be released to a single merchant upon presentation of all bills of lading of that merchant" is considered to be an express statement that one or more other bills of lading, related to the referenced container or packing unit, must be surrendered prior to the goods being released.

E28) 선하증권에는 당해 선하증권이 하나 또는 둘 이상의 다른 선하증권과 함께 제시되는 때에만 그 선하증권에 의하여 커버되는 물품이 인도될 수 있다는 명시적 기재가 없어야 하되, 다만 그러한 다른 모든 선하증권이 동일한 신용장 하에서 단일한 제시를 구성하는 경우에는 그러하지 아니하다.
예컨대 "컨테이너 XXXX는 선하증권번호가 YYY와 ZZZ인 선하증권에 의하여 커버되고, 그 수하인인 상인의 모든 선하증권이 제시되는 때에만 그에게 인도될 수 있다"는 선하증권상의 기재는 그에 언급된 컨테이너 또는 포장단위에 관한 하나 또는 둘 이상의 다른 선하증권이 제시되어야만 비로소 수하인에게 물품이 인도된다는 취지의 명시적 기재로 간주된다.

INSURANCE DOCUMENT AND COVERAGE
보험서류와 부보범위

Application of UCP 600 article 28
UCP 600 제28조의 적용

K1) A requirement in a credit for the presentation of an insurance document, such as an insurance policy, insurance certificate or declaration under an open cover, means that UCP 600 article 28 is to be applied in the examination of that document.

K1) 신용장에서 보험증권이나 포괄보험상의 보험증명서 또는 확정통지서와 같은 보험서류의 제시를 요구하는 것은 그 서류의 심사에 UCP 600 제28조가 적용되어야 함을 의미한다.

Issuer, signing and original of an insurance document
보험서류의 발행인, 서명 및 원본

K2) a. An insurance document is to appear to have been issued and signed by an insurance company or underwriter or their agent or proxy. For example, an insurance document issued and signed by "AA Insurance Ltd" appears to have been issued by an insurance company.
b. When an issuer is identified as "insurer", the insurance document need not indicate that it is an insurance company or underwriter.

K2) a. 보험서류는 보험회사나 보험인수인 또는 그 대리인 또는 수탁인에 의하여 발행되고 서명된 것으로 나타나야 한다. 예컨대, "AA Insurance Ltd"가 발행하고 서명한 보험서류는 보험회사에 의하여 서명된 것으로 나타난다.
b. 발행인이 "보험자"인 것으로 확인된다면, 보험서류에서는 그 발행인이 보험회사나 보험인수인이라고 표시될 필요가 없다.

K3) An insurance document may also be issued on an insurance broker's stationery, provided the insurance document has been signed by an insurance company or underwriter or their agent or proxy. An insurance broker may sign an insurance document as agent or proxy for [or on behalf of] a named insurance company or named underwriter.
K3) 보험서류는 또한 당해 서류가 보험회사나 보험인수인 또는 그 대리인 또는 수탁인에 의하여 서명된다고 한다면 보험중개인의 고유용지로 발행될 수 있다. 보험중개인은 기명된 보험회사나 기명된 보험인수인의 대리인이나 수탁인으로서 보험서류에 서명할 수 있다.

K4) An insurance document signed by an agent or proxy is to indicate the name of the insurance company or underwriter for [or on behalf of] which the agent or proxy is signing, unless the insurance company or underwriter name has been identified elsewhere in the document. For example, when "AA Insurance Ltd" has been identified as the insurer, the document may be signed "John Doe (by proxy) on behalf of the insurer" or "John Doe (by proxy) on behalf of AA Insurance Ltd".
K4) 대리인이나 수탁인에 의하여 서명된 보험서류에서는 만약 보험회사나 보험인수인의 이름이 그 서류 내의 어디에서도 확인되지 않는다면 그 대리인이나 수탁인이 대리해주는 보험회사나 보험인수인의 이름이 표시되어야 한다. 예컨대, "AA Insurance Ltd"가 보험자라고 확인이 되는 경우에, 그 서류는 "John Doe (by proxy) on behalf of the insurer" 또는 "John Doe (by proxy) on behalf of AA Insurance Ltd"의 방법으로 서명될 수 있다.

K5) When an insurance document requires a countersignature by the issuer, the assured or a named entity, it must be countersigned.
K5) 당해 보험서류 자체에 의하여 서류에 발행인이나 피보험자 또는 어떤 기명된 실체에 의한 부서(副署)가 필요한 경우에, 보험서류는 부서되어야 한다.

K6) An insurance document may show only the trading name of the insurance company in the signing field, provided it is identified as the insurance company elsewhere on the document, for example, when an insurance document is issued and signed "AA" in the signing field but shows "AA Insurance Ltd" and its address and contact information elsewhere in the document.
K6) 보험서류는 그 서류 내의 다른 어느 곳에서 그 회사가 보험회사라고 확인된다면, 예컨대, 보험서류의 서명란에 "AA"가 서명하였는데, 그 서류의 다른 곳에서 "AA Insurance Ltd"라는 상호 및 그 회사의 주소와 연락처가 나타나는 경우에, 이 보험서류의 서명란에는 보험회사의 상호만이 나타나더라도 무방하다.

K7) a. An insurance document that indicates that cover is provided by more than one insurer may be signed by a single agent or proxy on behalf of all insurers or be signed by an insurer for [or on behalf of] all co-insurers. An example of the latter will be when an insurance document is issued and signed "AA Insurance Ltd, leading insurer for [or on behalf of] the co-insurers".
b. Notwithstanding the provisions in paragraphs K2), K3) and K4), an insurance document which indicates that cover is provided by more than

one insurer need not show the names of each insurer or the percentage of cover of each insurer.

K7) a. 둘 이상의 보험자에 의하여 보험이 제공되는 것으로 표시된 보험서류는 모든 보험자를 대리하는 단일의 대리인이나 수탁인에 의하여 서명되거나 모든 공동보험자를 대리하는 한 보험자에 의하여 서명될 수 있다. 후자의 예로서, 보험서류는 "AA Insurance Ltd, leading insurer for [or on behalf of] the co-insurers"(공동보험자들을 대표하는 대표보험자 AA Insurance Ltd)에 의하여 발행되고 서명될 수 있다.

b. K2항, K3항 및 K4항의 규정에도 불구하고, 둘 이상의 보험자에 의하여 보험이 제공되는 것으로 표시된 보험서류에는 각 보험자의 이름이나 각 보험자의 보험부담비율이 나타나지 않아도 무방하다.

K8) When a credit requires the insurance document to be issued in more than one original, or when the insurance document indicates that it has been issued in more than one original, all originals are to be presented and are to appear to have been signed.

K8) 신용장에서 2부 이상의 원본 보험서류의 발행을 요구하거나 당해 보험서류에서 2부 이상의 원본이 발행된 것으로 나타나는 경우에, 모든 원본이 제시되어야 하고 또한 서명된 것으로 보여야 한다.

Dates

일자

K9) An insurance document is not to indicate an expiry date for the presentation of any claims thereunder.

K9) 보험서류에서는 보험금지급청구를 위한 만료일이 표시되어 있지 않아야 한다.

K10) a. An insurance document is not to indicate that cover is effective from a date later than the date of shipment.

b. When an insurance document indicates a date of issuance later than the date of shipment (as defined in UCP 600 articles 19-25), it is to clearly indicate by addition or note that coverage is effective from a date not later than the date of shipment.

c. An insurance document that indicates coverage has been effected from "warehouse-to-warehouse" or words of similar effect, and is dated after the date of shipment, does not indicate that coverage was effective from a date not later than the date of shipment.

K10) a. 보험서류에서는 선적일보다 후에 위험담보가 개시된다고 표시되지 않아야 한다.

b. 보험서류의 발행일이 선적일(UCP 600 제19조-제25조 기준)보다 후일자로 표시된 경우에, 별도로 부기 또는 표기하는 방법으로, 선적일보다 늦지 않은 일자부터 위험담보가 개시되었다고 분명하게 표시되어야 한다.

c. 보험서류가 "창고부터 창고까지"("warehouse-to-warehouse") 또는 그와 유사한 취지의 문구로 위험담보가 제공되는 것으로 표시되고 그 발행일이 선적일보다 후일자인 경우에 이는 위험담보가 선적일보다 늦지 않은 일자부터 개시되었음을 나타내는 것은 아니다.

K11) In the absence of any other date stated to be the issuance date or effective date of insurance coverage, a countersignature date will be deemed to be evidence of the effective date of the insurance coverage.

K11) 발행일이나 위험담보 개시일이라고 기재된 다른 어떤 일자도 없는 경우에, 부서일(countersignature date)이 위험담보 개시일의 증거로 간주된다.

Amount of cover and percentage

보험금액과 비율

K12) When a credit does not indicate an amount to be insured, an insurance document is to be issued in the currency of and, as a minimum, for the amount indicated under UCP 600 sub-article 28(f)(ii). There is no maximum percentage of insurance coverage.

K12) 신용장에 보험금액이 표시되지 않은 경우에, 보험서류는 UCP 600 제28조 제f항 제ii호에서 규정하는 통화와 최소한의 보험금액으로 발행되어야 한다. 부보범위의 최대비율에 대한 제한은 없다.

K13) There is no requirement for insurance coverage to be calculated to more than two decimal places.

K13) 부보범위가 소수점 세 자리 이상으로 계산되어야 한다는 요건은 없다.

K14) An insurance document may indicate that cover is subject to a franchise or excess (deductible). However, when a credit requires the insurance cover to be irrespective of percentage, the insurance document is not to contain a clause stating that the insurance cover is subject to a franchise or an excess (deductible). An insurance document need not state "irrespective of percentage".

K14) 보험서류는 부보범위가 소손해면책(franchise)이나 소율공제면책(excess (deductible))의 적용을 받는 것으로 표시될 수 있다. 그러나 신용장에서 부보범위가 그러한 비율에 따른 면책을 불허하는 경우에, 보험서류에는 부보범위가 소손해면책이나 소율공제면책의 적용을 받는다는 조항이 들어 있지 않아야 한다. 보험서류는 "irrespective of percentage"(비율에 따른 면책은 없음)라고 기재될 필요가 없다.

K15) When it is apparent from the credit or from the presentation that the amount demanded only represents a certain part of the gross value of the goods (for example, due to discounts, pre-payments or the like, or because part of the value of the goods is to be paid at a later date), the calculation of insurance cover is to be based on the full gross value of the goods as shown on the invoice or the credit and subject to the requirements of UCP 600 sub-article 28(f)(ii).

K15) 지급청구금액이 (예컨대, 할인이나 선지급 등에 의하여 또는 물품가액의 일부는 추후에 지급될 것이기 때문에) 총 물품가액의 일부에 해당한다는 것이 신용장이나 당해 제시로부터 명백한 경우에, 부보비율은 송장이나 신용장에 나타나는 총 물품가액을 기초로 산정되어야 하고 또한 UCP 600 제28조 제f항 제ii호의 적용을 받는다.

K16) Insurance covering the same risk for the same shipment is to be covered under one document unless more than one insurance document is presented indicating partial cover, and each document clearly reflects, by percentage or otherwise:

a. the value of each insurer's cover;

b. that each insurer will bear its share of the liability severally and without pre-conditions relating to any other insurance cover that may have been effected for that shipment; and

c. the respective coverage of the documents, when totalled, equals at least the insured amount required by the credit or UCP 600 sub-article 28(f)(ii).

K16) 동일한 선적에 대한 동일한 위험을 담보하는 보험은 단일한 서류로 부보되어야 한다. 분할 보험임을 나타내는 둘 이상의 보험서류가 제시되는 경우에, 각 보험서류는 명확하게 부보 비율 또는 그 밖의 문구로 다음의 사항을 기재하여야 한다.

a. 각 보험자의 부보금액

b. 각 보험자가 개별적으로 책임지분을 부담하고, 동일 선적분에 대한 다른 보험과 관련되는 전제조건은 없음

c. 보험서류들의 각 부보금액은 그 총액이 적어도 신용장 또는 UCP600 제28조 제f항 제ii호에서 요구되는 금액과 일치하여야 한다.

Risks to be covered

담보위험

K17) a. An insurance document is to cover the risks required by the credit.

b. Even though a credit may be explicit with regard to risks to be covered, there may be a reference to exclusion clauses in the insurance document.

K17) a. 보험서류는 신용장에서 요구하는 위험을 담보하는 것이어야 한다.

b. 신용장에서 담보위험에 관하여 명시되어 있더라도 보험서류에는 면책위험조항이 기재될 수 있다.

K18) When a credit requires "all risks" coverage, this is satisfied by the presentation of an insurance document evidencing any "all risks" clause or notation, whether or not it bears the heading "all risks", even when it is indicated that certain risks are excluded. An insurance document indicating that it covers Institute Cargo Clauses (A) or Institute Cargo Clauses (Air), when dispatch is effected by air satisfies a condition in a credit calling for an "all risks" clause or notation.

K18) 신용장에서 "전위험"("all risks")의 부보를 요구하는 경우에, 이는 보험서류에 "전위험"("all risks")이라는 제목이 붙어 있는지를 불문하고 "전위험"("all risks")을 담보하는 약관이나 특기가 들어 있는 보험서류를 제시하는 것으로 충족되며, 또한 일부의 위험이 배제된다는 표시가 있어도 무방하다. 보험서류에서 협회적하약관 (A)(Institute Cargo Clauses (A)) 또는 협회적하약관 (항공)(Institute Cargo Clauses (Air))으로 부보된 것으로 나타난다면 물품이 항공으로 발송된 경우에 이는 전위험"("all risks")을 담보하는 약관이나 특기를 요구하는 신용장의 조건을 충족한다.

Insured party and endorsement

피보험자와 배서

K19) An insurance document is to be in the form required by the credit and, where necessary, be endorsed by the entity to whose order or in whose favour claims are payable.

K19) 보험서류는 신용장에서 요구하는 형식으로 발행되고, 필요하다면 배서권자나 보험금청구권자의 배서가 있어야 한다.

K20) a. A credit should not require an insurance document to be issued "to bearer", or "to order". A credit should indicate the name of an insured party.

b. When a credit requires an insurance document to be issued "to order of (named entity)" the document need not indicate "to order" provided that the named entity is shown as the insured party or claims are payable to it, and assignment by endorsement is not expressly prohibited.

K20) a. 신용장에서 보험서류가 소지인식("to bearer")이나 지시식("to order")으로 발행되도록 요구하여서는 아니 된다. 신용장에는 피보험자의 이름이 표시되어야 한다.

b. 신용장에서 보험서류가 특정인지시식("to order of (named entity)")으로 발행되도록 요구한 경우에도, 그에 기명된 특정인이 피보험자로 나타나고 그가 보험금청구권을 가지며 배서에 의한 양도가 명시적으로 금지되지 않았다면 보험서류는 지시식("to order")으로 표시될 필요가 없다.

K21) a. When a credit is silent as to the insured party, an insurance document is not to evidence that claims are payable to the order of, or in favour of, the beneficiary or any entity other than the issuing bank or applicant, unless it is endorsed by the beneficiary or that entity in blank or in favour of the issuing bank or applicant.

b. An insurance document is to be issued or endorsed so that the right to receive payment under it passes upon, or prior to, the release of the documents.

K21) a. 신용장에서 피보험자에 관하여 침묵한 경우에, 수익자에 의하거나 개설은행이나 개설의뢰인 이외의 자에 의한 백지배서 또는 개설은행이나 개설의뢰인을 피배서인으로 하는 배서가 있는 경우를 제외하고, 보험서류는 보험금이 수익자가 지시하는 자 또는 수익자에게 지급되도록 하거나 개설은행이나 개설의뢰인 이외의 자가 지시하는 자 또는 개설은행이나 개설의뢰인 이외의 자에게 지급되도록 개설되어서는 아니 된다.

b. 보험서류는 보험금지급청구권이 당해 보험서류의 교부와 동시에 또는 그 전에 양도되도록 발행되거나 배서되어야 한다.

General Terms and Conditions of an Insurance Document

보험서류의 일반약관

K22) Banks do not examine general terms and conditions in an insurance document.

K22) 은행은 보험서류상의 일반약관을 심사하지 아니한다.

Insurance Premium
보험료

K23) Any indication on an insurance document regarding payment of an insurance premium is to be disregarded unless the insurance document indicates that it is not valid unless the premium has been paid and there is an indication that the premium has not been paid.

K23) 보험서류에 보험료가 지급되지 않으면 당해 보험서류가 효력이 없다는 표시와 함께 보험료가 지급되지 않았다는 표시가 있는 경우를 제외하고, 보험서류상 보험료의 지급에 관한 표시는 무시된다.

CERTIFICATE OF ORIGIN
원산지증명서

Basic requirement and fulfilling its function
기본요건 및 기능충족

L1) When a credit requires the presentation of a certificate of origin, this will be satisfied by the presentation of a signed document that appears to relate to the invoiced goods and certifies their origin.

L1) 신용장에서 원산지증명서의 제시를 요구하는 경우에, 이는 송장상의 물품에 관련되고 그 원산지를 증명하는 것으로 보이는 서명된 서류의 제시에 의하여 충족된다.

L2) When a credit requires the presentation of a specific form of certificate of origin such as a GSP Form A, only a document in that specific form is to be presented.

L2) 신용장에서 일반특혜관세제도양식(GSP Form)과 같은 특정한 형식의 원산지증명서의 제시를 요구하는 경우에, 그와 같은 특정한 형식의 서류가 제시되어야 한다.

Issuer of a certificate of origin
원산지증명서의 발행인

L3) a. A certificate of origin is to be issued by the entity stated in the credit.

b. When a credit does not indicate the name of an issuer, any entity may issue a certificate of origin.

c. i. When a credit requires the presentation of a certificate of origin issued by the beneficiary, the exporter or the manufacturer, this condition will also be satisfied by the presentation of a certificate of origin issued by a Chamber of Commerce or the like, such as, but not limited to, Chamber of Industry, Association of Industry, Economic Chamber, Customs Authorities and Department of Trade or the like, provided it indicates the beneficiary, the exporter or the manufacturer as the case may be.

ii. When a credit requires the presentation of a certificate of origin issued by a Chamber of Commerce, this condition will also be satisfied by the presentation of a certificate of origin issued by a Chamber of Industry, Association of Industry, Economic Chamber, Customs Authorities and Department of Trade or the like.

L3) a. 원산지증명서는 신용장에 명시된 실체에 의하여 발행되어야 한다.
b. 신용장에서 발행인의 이름을 표시하지 않은 경우에, 원산지증명서는 어느 누구에 의하여 발행되어도 무방하다.
c. i. 신용장에서 수익자나 수출자 또는 제조자가 발행한 원산지증명서를 제시하도록 요구하는 경우에, 이 조건은 예컨대 산업회의소(Chamber of Industry), 산업협회(Association of Industry), 경제단체(Economic Chamber), 세관(Customs Authorities), 무역부(Department of Trade) 등과 같은 상업회의소(Chamber of Commerce) 등에 의하여 발행된 원산지증명서의 제시에 의하여도 충족되되, 다만 그 원산지증명서에는 사안에 따라 수익자나 수출자 또는 제조자가 표시되어 있어야 한다.
ii. 신용장에서 상업회의소(Chamber of Commerce)에서 발행한 원산지증명서의 제시를 요구하는 경우에, 이 조건은 산업회의소(Chamber of Industry), 산업협회(Association of Industry), 경제단체(Economic Chamber), 세관기구(Customs Authorities), 무역부(Department of Trade) 등에 의하여 발행된 원산지증명서의 제시에 의하여도 충족된다.

Content of a certificate of origin
원산지증명서의 내용

L4) A certificate of origin is to appear to relate to the invoiced goods, for example, by:
a. a goods description that corresponds to that in the credit or a description shown in general terms not in conflict with the goods description in the credit; or
b. referring to a goods description appearing in another stipulated document or in a document that is attached to, and forming an integral part of, the certificate of origin.

L4) 원산지증명서는 다음과 같은 방법에 의하여 송장상의 물품에 관한 것으로 보여야 한다.
a. 신용장에 명시된 물품명세와 상응하는 물품명세 또는 신용장에 명시된 물품명세와 저촉되지 않는 일반용어로 기재된 명세를 원산지증명서에 기재하는 방법, 또는
b. 신용장에 명시된 다른 서류에 나타나는 물품명세나 원산지증명서에 첨부되거나 원산지증명서와 일체의 서류를 구성하는 서류에 나타나는 물품명세를 참조하는 방법

L5) Consignee information, when shown, is not to conflict with the consignee information in the transport document. However, when a credit requires a transport document to be issued "to order", "to the order of shipper", "to order of issuing bank", "to order of nominated bank (or negotiating bank)" or "consigned to issuing bank", a certificate of origin may show the consignee as any entity named in the credit except the beneficiary. When a credit has been transferred, the first beneficiary may be stated to be the consignee.

L5) 수하인정보가 나타나는 경우에 이는 운송서류에 있는 수하인정보와 저촉되지 않아야 한다. 그러나 신용장에서 운송서류가 지시식("to order")이나 선적인지시식("to the order of shipper"), 개설은행지시식("to order of issuing bank"), 지정은행(또는 매입은행)지시식("to order of nominated bank (or negotiating bank)") 또는 개설은행기명식("consigned to issuing bank")으로 발행되도록 요구하는 경우에, 원산지증명서에는 수익자 이외의 신용장에 기명된 어떤 실체가 수하인으로 나타날 수 있다. 신용장이 양도된 경우에는, 제1수익자가 수하인으로 기재될 수 있다.

L6) A certificate of origin may indicate as the consignor or exporter an entity other than the beneficiary of the credit or the shipper as shown on any other stipulated document.

L6) 원산지증명서에는 신용장 수익자 이외의 자 혹은 명시된 다른 서류상 선적인(shipper)으로 나타나는 자가 송하인(consignor)이나 수출자로 표시될 수 있다.

L7) When a credit indicates the origin of the goods without stipulating a requirement for the presentation of a certificate of origin, any reference to the origin on a stipulated document is not to conflict with the stated origin. For example, when a credit indicates "origin of the goods: Germany" without requiring the presentation of a certificate of origin, a statement on any stipulated document indicating a different origin of the goods is to be considered a conflict of data.

L7) 신용장에서 원산지증명서의 제시를 요구하지 않으면서 물품의 원산지를 표시한 경우에, 명시된 서류에 언급되는 원산지는 신용장에 명시된 원산지와 저촉되어서는 아니 된다. 예컨대, 신용장에서 "origin of the goods: Germany"(물품의 원산지: 독일)이라고 표시하면서 원산지증명서의 제시를 요구하지 않는 경우에, 명시된 다른 서류에 (독일이 아닌) 다른 원산지를 표시하는 기재가 있다면, 정보의 저촉이 있는 것으로 간주된다.

L8) A certificate of origin may indicate a different invoice number, invoice date and shipment routing to that indicated on one or more other stipulated documents, provided the exporter or consignor shown on the certificate of origin is not the beneficiary.

L8) 원산지증명서에 나타나는 수출자나 송하인이 수익자가 아니라면, 원산지증명서에는 하나 또는 둘 이상의 명시된 다른 서류에 나타나는 것과 상이한 송장번호와 송장일자, 선적경로가 표시될 수 있다.

PACKING LIST, NOTE OR SLIP ("Packing List")
포장명세서, 포장노트 또는 포장약기서 ("포장명세서")

Basic requirement and fulfilling its function
기본요건 및 기능충족

M1) When a credit requires the presentation of a packing list, this will be satisfied by the presentation of a document titled as called for in the credit, or bearing a similar title or untitled, that fulfils its function by containing any information as to the packing of the goods.

M1) 신용장에서 포장명세서의 제시를 요구하는 경우에, 이는, 당해 서류가 물품의 포장에 관한 정보를 담고 있어서 포장명세서의 기능을 수행한다면, 신용장에서 요구한 대로 제목이 붙거나 그와 유사한 제목이 붙거나 혹은 제목이 없는 서류의 제시로 충족된다.

Issuer of a packing list
포장명세서의 발행인

M2) A packing list is to be issued by the entity stated in the credit.
M2) 포장명세서는 신용장에 명시된 실체에 의하여 발행되어야 한다.

M3) When a credit does not indicate the name of an issuer, any entity may issue a packing list.
M3) 신용장에서 발행인의 이름을 표시하지 않은 경우에, 포장명세서는 어떠한 실체에 의하여 발행되어도 무방하다.

Content of a packing list
포장명세서의 내용

M4) When a credit indicates specific packing requirements, without stipulating the document to indicate compliance with these requirements, any data regarding the packing of the goods mentioned on a packing list, if presented, are not to conflict with those requirements.
M4) 신용장에서 포장에 관하여 특정한 요구사항을 표시하면서 그 요건의 준수여부를 알 수 있는 서류를 명시하지 않은 경우에, 만약 포장명세서가 제시된다면, 그에 기재된 물품포장에 관한 정보는 신용장에 표시된 요구사항과 저촉되지 않아야 한다.

M5) A packing list may indicate a different invoice number, invoice date and shipment routing to that indicated on one or more other stipulated documents, provided the issuer of the packing list is not the beneficiary.
M5) 수익자가 포장명세서의 발행인이 아니라면, 포장명세서에는 하나 또는 둘 이상의 명시된 다른 서류에 나타나는 것과 상이한 송장번호와 송장일자, 선적경로가 표시될 수 있다.

M6) Banks only examine total values, including, but not limited to, total quantities, total weights, total measurements or total packages, to ensure that the applicable total does not conflict with a total shown in the credit and on any other stipulated document.
M6) 은행은 총수량이나 총중량, 총부피, 포장의 총수(이러한 예시에 한정되지 않음)를 포함한 포장명세서상의 총액이 신용장이나 명시된 다른 서류에 나타나는 당해 총액이나 총수와 저촉되지 않는지 여부만을 심사한다.

WEIGHT LIST, NOTE OR SLIP ("Weight List")
중량명세서, 중량노트 또는 중량약기서 ("중량명세서")

Basic requirement and fulfilling its function
기본요건 및 기능충족

N1) When a credit requires the presentation of a weight list, this will be satisfied by the presentation of a document titled as called for in the credit, or bearing a similar title or untitled, that fulfils its function by containing any information as to the weight of the goods.

N1) 신용장에서 중량명세서의 제시를 요구하는 경우에, 이는, 당해 서류가 물품의 중량에 관한 정보를 담고 있어서 중량명세서의 기능을 수행한다면, 신용장에서 요구한 대로 제목이 붙거나 그와 유사한 제목이 붙거나 혹은 제목이 없는 서류의 제시로 충족된다.

Issuer of a weight list

중량명세서의 발행인

N2) A weight list is to be issued by the entity stated in the credit.

N2) 중량명세서는 신용장에 명시된 실체에 의하여 발행되어야 한다.

N3) When a credit does not indicate the name of an issuer, any entity may issue a weight list.

N3) 신용장에서 발행인의 이름을 표시하지 않은 경우에, 중량명세서는 어느 누구에 의하여 발행되어도 무방하다.

Content of a weight list

중량명세서의 내용

N4) When a credit indicates specific weight requirements, without stipulating the document to indicate compliance with these requirements, any data regarding the weight of the goods mentioned on a weight list, if presented, are not to conflict with those requirements.

N4) 신용장에서 중량에 관하여 특정한 요구사항을 표시하면서 그 요건의 준수여부를 알 수 있는 서류를 명시하지 않은 경우에, 만약 중량명세서가 제시된다면, 그에 기재된 물품중량에 관한 정보는 신용장에 표시된 요구사항과 저촉되지 않아야 한다.

N5) A weight list may indicate a different invoice number, invoice date and shipment routing to that indicated on one or more other stipulated documents, provided the issuer of the weight list is not the beneficiary.

N5) 수익자가 중량명세서의 발행인이 아니라면, 중량명세서에는 하나 또는 둘 이상의 명시된 다른 서류에 나타나는 것과 상이한 송장번호와 송장일자, 선적경로가 표시될 수 있다.

N6) Banks only examine total values, including, but not limited to, total quantities, total weights, total measurements or total packages, to ensure that the applicable total does not conflict with a total shown in the credit and on any other stipulated document.

N6) 은행은 총수량이나 총중량, 총부피, 포장의 총수(이러한 예시에 한정되지 않음)를 포함한 중량명세서상의 총액이 신용장이나 명시된 다른 서류에 나타나는 당해 총액이나 총수와 저촉되지 않는지 여부만을 심사한다.

BENEFICIARY'S CERTIFICATE
수익자의 증명서

Basic requirement and fulfilling its function
기본요건 및 기능충족

P1) When a credit requires the presentation of a beneficiary's certificate, this will be satisfied by the presentation of a signed document titled as called for in the credit, or bearing a title reflecting the type of certification that has been requested or untitled, that fulfils its function by containing the data and certification required by the credit.

P1) 신용장에서 수익자의 증명서의 제시하도록 요구하는 경우에, 이는, 당해 서류가 신용장에서 요구하는 정보와 증명사항을 담고 있어서 증명서의 기능을 수행한다면, 신용장에서 요구하는 제목을 가진 서명된 서류나 혹은 요구된 종류의 증명을 반영하는 제목을 갖거나 제목이 없는 서류의 제시로 충족된다.

Signing of a beneficiary's certificate
수익자의 증명서의 서명

P2) A beneficiary's certificate is to be signed by, or for [or on behalf of], the beneficiary.

P2) 수익자의 증명서는 수익자나 그 대리인에 의하여 서명되어야 한다.

Content of a beneficiary's certificate
수익자의 증명서의 내용

P3) Data mentioned on a beneficiary's certificate are not to conflict with the requirements of the credit.

P3) 수익자의 증명서에 기재되는 정보는 신용장의 요건과 저촉되지 않아야 한다.

P4) The data or certification mentioned on a beneficiary's certificate:

a. need not be identical to that required by the credit, but are to clearly indicate that the requirement prescribed by the credit has been fulfilled;
b. need not include a goods description or any other reference to the credit or another stipulated document.

P4) 수익자의 증명서에 기재되는 정보나 증명사항은

a. 신용장에서 요구되는 것과 동일할 필요가 없으나, 신용장에 명시된 요건이 충족되었음이 명백하게 표시되어야 한다.
b. 물품명세를 포함하거나 신용장 또는 명시된 다른 서류에 대한 참조를 포함할 필요가 없다.

ANALYSIS, INSPECTION, HEALTH, PHYTOSANITARY, QUANTITY QUALITY AND OTHER CERTIFICATES ("certificate")
분석증명서, 검사증명서, 위생증명서, 검역증명서, 수량증명서, 품질증명서 기타 증명서 ("증명서")

Basic requirement and fulfilling its function
기본요건 및 기능충족

Q1) When a credit requires the presentation of such a certificate, this will be satisfied by the presentation of a signed document titled as called for in the credit, or bearing a similar title or untitled, that fulfils its function by certifying the outcome of the required action, for example, the results of the analysis, inspection, health, phytosanitary, quantity or quality assessment.

Q1) 신용장에서 위와 같은 증명서의 제시를 요구하는 경우에, 이는, 당해 서류가 예컨대 분석 또는 검사의 결과나 위생이나 검역, 수량 또는 품질의 평가결과와 같이 요구된 당해 조치의 결과를 증명함으로써 증명서의 기능을 수행한다면, 신용장에서 요구한 대로 제목이 붙거나 그와 유사한 제목이 붙거나 혹은 제목이 없는 서류의 제시로 충족된다.

Q2) When a credit requires the presentation of a certificate that relates to an action required to take place on or prior to the date of shipment, the certificate is to indicate:

a. an issuance date that is no later than the date of shipment; or
b. wording to the effect that the action took place prior to, or on the date of, shipment, in which event, when an issuance date is also indicated, it may be subsequent to the shipment date but no later than the date of presentation of the certificate; or
c. a title indicating the event, for example, "Pre-shipment Inspection Certificate".

Q2) 신용장에서 선적일이나 그 전에 수행되어야 하는 조치에 관한 증명서를 제시하도록 요구하는 경우에, 증명서는 다음을 표시하여야 한다.

a. 선적일보다 늦지 않는 발행일
b. 조치가 선적일이나 그 전에 수행되었다는 취지의 문구. 다만 이 경우에, 만약 발행일도 표시된다면 발행일은 선적일보다 후일자일 수 있으나 그 증명서의 제시일보다 이전의 일자이어야 한다.
c. "선적전검사증명서"("Pre-shipment Inspection Certificate")의 예와 같이 당해 사건을 표시하는 제목

Issuer of a certificate
증명서의 발행인

Q3) A certificate is to be issued by the entity stated in the credit.

Q3) 증명서는 신용장에 명시된 실체에 의하여 발행되어야 한다.

Q4) When a credit does not indicate the name of an issuer, any entity including the beneficiary may issue a certificate.
Q4) 신용장에서 발행인의 이름을 표시하지 않은 경우에, 증명서는 수익자를 포함한 어떠한 실체에 의하여 발행되어도 무방하다.

Q5) When a credit makes reference to an issuer of a certificate in the context of its being "independent", "official", "qualified" or words of similar effect, a certificate may be issued by any entity except the beneficiary.
Q5) 신용장에서 증명서의 발행인을 명시하면서 "독립적"("independent"), "공식적" ("official"), "자격 있는"("qualified") 또는 그와 유사한 취지의 문구를 사용한 경우에, 증명서는 수익자를 제외한 어떠한 실체에 의하여 발행되어도 무방하다.

Contents of a certificate
증명서의 내용

Q6) A certificate may indicate:
a. that only a sample of the required goods has been tested, analyzed or inspected;
b. a quantity that is greater than that stated in the credit or on any other stipulated document; or
c. more hold, compartment or tank numbers than that stated on the bill of lading or charter party bill of lading.
Q6) 증명서에는 다음이 표시될 수 있다.
a. 오직 요구된 물품의 샘플만 시험되거나 분석 또는 검사되었음.
b. 신용장에 명시된 수량이나 명시된 다른 서류에 기재된 수량보다 많은 수량
c. 선하증권이나 용선계약부 선하증권에 기재된 것보다 많은 수의 선창, 격실 또는 탱커

Q7) When a credit indicates specific requirements with respect to analysis, inspection, health, phytosanitary, quantity or quality assessment or the like, with or without stipulating the document to indicate compliance with these requirements, the data regarding the analysis, inspection, health, phytosanitary, quantity or quality assessment or the like mentioned on the certificate or any other stipulated document are not to conflict with those requirements.
Q7) 신용장에서 분석이나 검사, 위생, 검역, 수량 또는 품질의 평가 등에 관하여 특정한 요구사항을 표시하면서 그 요건의 준수여부를 알 수 있는 서류를 명시하지 않은 경우에, 그 증명서나 명시된 다른 서류에 기재된 분석이나 검사, 위생, 검역, 수량 또는 품질의 평가 등에 관한 정보는 신용장에 표시된 요구사항과 저촉되지 않아야 한다.

Q8) When a credit is silent as to the specific content to appear on a certificate, including, but not limited to, any required standard for determining the results of the analysis, inspection or quality assessment, the certificate may include statements such as "not fit for human consumption", "chemical composition may not meet required needs" or words of similar effect, provided such statements do not conflict with the credit, any other stipulated document or UCP 600.

Q8) 분석이나 검사 또는 품질평가의 결과를 결정하는 데 사용되어야 하는 기준(이러한 기준에 한정되지 않음)을 포함하는 특정한 내용이 증명서에 나타나야 하는지에 관하여 신용장에서 아무런 언급이 없는 경우에, 증명서에는 "사람의 식용으로 부적합함"(not fit for human consumption)이나 "화학성분이 필요를 충족하지 못함"(chemical composition may not meet required needs) 또는 그와 유사한 취지의 문구가 기재되어도 무방하되, 다만 그러한 기재가 신용장이나 명시된 다른 서류 또는 UCP 600과 저촉되어서는 아니 된다.

Q9) Consignee information, when shown, is not to conflict with the consignee information in the transport document. However, when a credit requires a transport document to be issued "to order", "to the order of shipper", "to order of issuing bank", "to order of nominated bank (or negotiating bank)" or "consigned to issuing bank", a certificate may show the consignee as any entity named in the credit except the beneficiary. When a credit has been transferred, the first beneficiary may be stated to be the consignee.

Q9) 수하인정보가 나타나는 경우에 이는 운송서류에 있는 수하인정보와 저촉되지 않아야 한다. 그러나 신용장에서 운송서류가 지시식("to order")이나 선적인지시식("to the order of shipper"), 개설은행지시식("to order of issuing bank"), 지정은행(또는 매입은행)지시식("to order of nominated bank (or negotiating bank)") 또는 개설은행기명식("consigned to issuing bank")으로 발행되도록 요구하는 경우에, 증명서에는 수익자 이외의 신용장에 기명된 어떤 실체가 수하인으로 나타날 수 있다. 신용장이 양도된 경우에는, 제1수익자가 수하인으로 기재될 수 있다.

Q10) A certificate may indicate as the consignor or exporter an entity other than the beneficiary of the credit or the shipper as shown on any other stipulated document.

Q10) 증명서에는 신용장 수익자 이외의 자 혹은 명시된 다른 서류상 선적인(shipper)으로 나타나는 자가 송하인(consignor)이나 수출자로 표시될 수 있다.

Q11) A certificate may indicate a different invoice number, invoice date and shipment routing to that indicated on one or more other stipulated documents, provided the exporter or consignor shown on the certificate is not the beneficiary.

Q11) 증명서에 나타나는 수출자나 송하인이 수익자가 아니라면, 증명서에는 하나 또는 둘 이상의 명시된 다른 서류에 나타나는 것과 상이한 송장번호와 송장일자, 선적경로가 표시될 수 있다.

UNIFORM CUSTOMS AND PRACTICE FOR DOCUMENTARY CREDITS (UCP 600) SUPPLEMENT FOR ELECTRONIC PRESENTATIONS ("eUCP") : eUCP Version 2.0
(UCP 600의 전자적 제시 보칙, eUCP, No 2.0)

PRELIMINARY CONSIDERATIONS

The mode of presentation to the nominated bank, confirming bank, if any, or the issuing bank, by or on behalf of the beneficiary, of electronic records alone or in combination with paper documents, is outside the scope of the eUCP.
The mode of presentation to the applicant, by the issuing bank, of electronic records alone or in combination with paper documents, is outside the scope of the eUCP.
Where not defined or modified in the eUCP, definitions given in UCP 600 will continue to apply.
Before agreeing to issue, advise, confirm, amend or transfer an eUCP credit, banks should satisfy themselves that they can examine the required electronic records in a presentation made thereunder

사전 고려사항

수익자에 의해 또는 수익자를 대신하여 전자기록 혹은 전자기록과 종이 서류와의 조합을 지정은행, 확인은행 또는 개설은행에게 제시하는 방법은 eUCP의 적용 대상이 되지 아니한다.
개설은행에 의하여 전자기록 혹은 전자기록과 종이서류와의 조합을 개설의뢰인에게 제시하는 방법은 eUCP의 적용대상이 되지 아니한다. eUCP에서 정의되거나 수정되지 않은 경우, UCP 600에서 제공된 용어의 정의는 여전히 적용된다.
은행은 eUCP 신용장을 발행, 통지, 확인, 조건변경 또는 양도하는 것에 동의하기 전에 그 신용장 하에서 이루어질 제시에 포함되어 요구되는 전자기록을 심사할 수 있는지에 대해서 스스로 요건을 갖추어야 한다.

Article e. Scope of the Uniform Customs and Practice for Documentary Credits (UCP 600) Supplement for Electronic Presentations ("eUCP")

a. The eUCP supplements the Uniform Customs and Practice for Documentary Credits (2007 Revision, ICC Publication No. 600) ("UCP") in order to accommodate presentation of electronic records alone or in combination with paper documents.
b. The eUCP shall apply where the credit indicates that it is subject to the eUCP ("eUCP credit").
c. This version is Version 2.0. An eUCP credit must indicate the applicable version of the eUCP. If not indicated, it is subject to the latest version in effect on the date the eUCP credit is issued or, if made subject to the eUCP by an amendment accepted by the beneficiary, the date of that amendment.

d. An eUCP credit must indicate the physical location of the issuing bank. In addition, it must also indicate the physical location of the confirming bank, if any, when such location is known to the issuing bank at the time of issuance. If the physical location of any nominated bank and/or confirming bank is not indicated in the credit, such bank must indicate its physical location to the beneficiary no later than the time of advising or confirming the credit or, in the case of a credit available with any bank, and where another bank willing to act on the nomination to honour or negotiate is not the advising or confirming bank, at the time of agreeing to act on its nomination.

제e1조. 전자적 제시에 대한 UCP 600 보충("eUCP")의 범위

a. eUCP는 전자기록 자체 또는 종이서류와 결합하여 제시할 적용할 목적으로 화환신용장통일관습 및 관례(2007년 개정 국제상업회의소 간행물 번호 600)("UCP")를 보충한다.
b. eUCP는 eUCP에 따른다는 명시가 있는 신용장("eUCP 신용장")의 경우에 적용된다.
c. 본 버전은 2.0이다. eUCP 신용장은 적용 가능한 eUCP 버전을 반드시 명시하여야 한다. 적용 가능한 버전이 명시되지 아니할 경우, eUCP 신용장이 발행된 날짜에 시행되는 최신 버전을 따르거나 수익자가 승낙한 조건변경이 eUCP에 따르게 되어 있는 경우 조건변경 일자에 시행되는 버전에 따른다.
d. eUCP 신용장은 개설은행의 물리적인 장소를 반드시 나타내야 한다. 장소가 신용장 발행 시에 개설은행에게 알려진 때에는 추가로 지정은행의 물리적인 장소를 또한 표시해야 하며 만약 지정은행과 다른 경우 확인은행(확인은행이 있는 경우)의 물리적인 장소도 또한 나타내야 한다. 만약 기타 지정 은행 그리고/또는 확인은행의 물리적인 장소가 신용장상 명시되어 있지 않다면, 그러한 은행은 신용장을 통지하거나 확인하는 것보다 늦지 않게 수익자에게 물리적인 장소를 표시하거나, 신용장이 모든 은행에서 이용할 수 있는 경우에 지급 또는 매입에 대한 지정에 따라 행동할 의지가 있는 기타의 은행이 통지은행 또는 확인은행이 아닌 경우, 지정에 따라 행동할 것을 동의한 시점에 물리적인 장소를 명시해야 한다.

Article e2. Relationship of the eUCP to the UCP

a. An eUCP credit is also subject to the UCP without express incorporation of the UCP.
b. Where the eUCP applies, its provisions shall prevail to the extent that they would produce a result different from the application of the UCP.
c. If an eUCP credit allows the beneficiary to choose between presentation of paper documents or electronic records and it chooses to present only paper documents, the UCP alone shall apply to that presentation. If only paper documents are permitted under an eUCP credit, the UCP alone shall apply.

제e2조. UCP에 대한 eUCP의 관계

a. eUCP 신용장은 UCP 편입의 명시적인 문구가 없더라도 UCP에 따른다.
b. eUCP가 적용되는 조항은 UCP의 적용과 다른 결과를 낳을 수 있는 범위에 우선한다.
c. 만약 eUCP 신용장이 수익자가 종이 서류 또는 전자기록의 제시 사이에 선택할 수 있도록 허용하고 수익자가 오직 종이 서류의 제시만을 선택하는 경우, UCP는 그와 같은 제시에 독자적으로 적용된다. 만약 eUCP 하에서 오직 종이 서류만이 허용되는 경우, UCP가 독자적으로 적

용된다.

Article e3. Definitions

a. Where the following terms are used in the UCP, for the purpose of applying the UCP to an electronic record presented under an eUCP credit, the term:
  i. Appear on their face and the like shall apply to examination of the data content of an electronic record.
  ii. Document shall include an electronic record.
  iii. Place for presentation of an electronic record means an electronic address of a data processing system.
  iv. Presenter means the beneficiary, or any party acting on behalf of the beneficiary who makes a presentation to a nominated bank, confirming bank, if any, or to the issuing bank directly.
  v. Sign and the like shall include an electronic signature.
  vi. Superimposed, notation or stamped means data content whose supplementary character is apparent in an electronic record.

b. The following terms used in the eUCP shall have the following meaning:
  i. Data corruption means any distortion or loss of data that renders the electronic record, as it was presented, unreadable in whole or in part.
  ii. Data processing system means a computerised or an electronic or any other automated means used to process and manipulate data, initiate an action or respond to data messages or performances in whole or in part.
  iii. Electronic record means data created, generated, sent, communicated, received or stored by electronic means, including, where appropriate, all information logically associated with or otherwise linked together so as to become part of the record, whether generated contemporaneously or not, that is:
    a. capable of being authenticated as to the apparent identity of a sender and the apparent source of the data contained in it, and as to whether it has remained complete and unaltered, and
    b. capable of being examined for compliance with the terms and conditions of the eUCP credit.
  iv. Electronic signature means a data process attached to or logically associated with an electronic record and executed or adopted by a person in order to identify that person and to indicate that person's authentication of the electronic record.
  v. Format means the data organisation in which the electronic record is expressed or to which it refers.
  vi. Paper document means a document in a paper form.
  vii. Received means when an electronic record enters a data processing system, at the place for presentation indicated in the eUCP credit, in a format capable of being accepted by that system. Any acknowledgement of receipt generated by that system does not imply that the electronic record has been viewed, examined, accepted or refused under an eUCP credit.
  viii. Re-present or re-presented means to substitute or replace an electronic record already presented.

제e3조. 정의

a. 다음과 같은 용어가 UCP에서 사용된 경우, eUCP 신용장 하에서 제시된 전자기록에 UCP를 적용하기 위한 용어의 정의는 다음과 같다.
   i. 문면상 또는 이와 유사한 표현이란 전자기록의 자료 내용의 심사에 적용한다.
   ii. 서류는 전자기록을 포함한다.
   iii. 전자기록의 제시장소는 자료 처리 시스템의 전자 주소를 의미한다.
   iv. 제시자는 수익자를 의미하거나 지정은행, 확인은행(있는 경우), 또는 개설은행에게 직접 제시하는 수익자를 대리하여 행동하는 모든 당사자를 의미한다.
   v. 서명 또는 이와 유사한 표현은 전자서명을 포함한다.
   vi. 부기된, 표기 또는 스탬프 됨이란 전자기록에서 보충하는 성격이 분명한 자료 내용을 의미한다.

b. eUCP에서 사용된 용어는 다음과 같은 의미가 있다.
   i. 자료변조란 제시가 되었을 때, 그 전부나 일부를 읽을 수 없는 전자기록 자료의 모든 왜곡이나 멸실을 의미한다.
   ii. 자료 처리 시스템은 처리와 조작 데이터, 작동을 개시하거나 자료 메시지 또는 이행 전부나 일부를 대응하는 데 있어 컴퓨터화되거나 전자적 또는 기타의 자동적인 방법으로 사용되는 것을 의미한다.
   iii. 전자기록은 전자적인 수단에 의하여 작성, 생성, 송신, 통신, 수신 또는 저장된 자료를 의미하고, 적용될 때 논리적으로 결합하거나 기타의 방법으로 함께 연결되어 동시에 생성되는지 아닌지에 관계없이 전자기록 일부가 되는 모든 정보를 포함한다. 즉:
      a. 송신자의 분명한 신원 및 그 속에 포함된 자료의 분명한 출처, 또한 완전하고 변하지 않는 상태로 남아있는지 여부에 관하여 인증될 수 있는 것, 그리고
      b. eUCP 신용장 거래 조건과의 일치성 여부에 관하여 심사될 수 있는 것.
   iv. 전자서명이란 전자기록에 첨부되거나 논리적으로 연합시키는, 또한 특정인의 신원을 확인하고 전자기록 특정인의 인증을 표시하기 위하여 수행되거나 채용된 자료 처리 과정을 의미한다.
   v. 형식이란 전자기록이 표시되거나 그것이 참조하는 자료구성을 의미한다.
   vi. 종이서류란 종이 형식의 서류를 의미한다.
   vii. 수신이란 어떠한 전자기록이 eUCP 신용장에 의하여 지정된 제시장소에서 특정 시스템에 의하여 받아들여질 수 있는 형식으로 자료 처리 시스템으로 유입되는 시점을 의미한다. 그 시스템에 의하여 생성된 어떤 수신 확인도 eUCP 신용장 하에서 전자기록이 검토, 심사, 인수 또는 거절되었다는 것을 암시하지 아니한다.
   viii. 다시 제시 또는 다시 제시됨이란 이미 제시된 전자기록을 대체하거나 대신하는 것을 의미한다.

Article e4. Electronic Records and Paper Documents v. Goods, Services or Performance

Banks do not deal with the goods, services or performance to which an electronic record or paper document may relate.

제e4조. 전자기록 및 종이 서류와 물품, 서비스 또는 이행

은행은 전자기록 및 종이 서류와 관련될 수 있는 물품, 서비스, 이행을 취급하는 것이 아니다.

Article e5. Format

An eUCP credit must indicate the format of each electronic record. If the format of an electronic record is not indicated, it may be presented in any format.

제e5조. 형식

eUCP 신용장은 전자기록이 제시되는 형식을 명시하여야 한다. 만약 전자기록의 형식이 명시되지 아니하였다면 전자기록은 어떠한 형식으로도 제시될 수 있다.

Article e6. Presentation

a.
- i . An eUCP credit must indicate a place for presentation of electronic records.
- ii . An eUCP credit requiring or allowing presentation of both electronic records and paper documents must, in addition to the place for presentation of the electronic records, also indicate a place for presentation of the paper documents.

b. Electronic records may be presented separately and need not be presented at the same time.

c.
- i . When one or more electronic records are presented alone or in
- ii . combination with paper documents, the presenter is responsible for providing a notice of completeness to the nominated bank, confirming bank, if any, or to the issuing bank, where a presentation is made directly. The receipt of the notice of completeness will act as notification that the presentation is complete and that the period for examination of the presentation is to commence.
- iii. The notice of completeness may be given as an electronic record or paper document and must identify the eUCP credit to which it relates.
- iv. Presentation is deemed not to have been made if the notice of completeness is not received.
- v . When a nominated bank, whether acting on its nomination or not, forwards or makes available electronic records to a confirming bank or issuing bank, a notice of completeness need not be sent.

d.
- i . Each presentation of an electronic record under an eUCP credit must identify the eUCP credit under which it is presented. This may be by specific reference thereto in the electronic record itself, or in metadata attached or superimposed thereto, or by identification in the covering letter or schedule that accompanies the presentation.
- ii . Any presentation of an electronic record not so identified may be treated as not received.

e.
- i . If the bank to which presentation is to be made is open but its system is unable to receive a transmitted electronic record on the stipulated expiry date and/or the

last day for presentation, as the case may be, the bank will be deemed to be closed and the expiry date and/or last day for presentation shall be extended to the next banking day on which such bank is able to receive an electronic record.

ii. In this event, the nominated bank must provide the confirming bank or issuing bank, if any, with a statement on its covering schedule that the presentation of electronic records was made within the time limits extended in accordance with sub-article e6 (e) (i).

iii. If the only electronic record remaining to be presented is the notice of completeness, it may be given by telecommunication or by paper document and will be deemed timely, provided that it is sent before the bank is able to receive an electronic record.

f. An electronic record that cannot be authenticated is deemed not to have been presented

제e6조. 제시

a. i. eUCP 신용장은 전자기록의 제시장소를 반드시 명시해야만 한다.

ii. 전자기록과 종이 서류 둘 다의 제시를 요구하거나 허용하는 eUCP 신용장은 전자기록의 제시장소에 더하여 또한 종이 서류의 제시장소를 반드시 명시해야만 한다.

b. 전자기록은 독립적으로 제시될 수 있으며 동시에 제시될 필요는 없다.

c. i. 하나 또는 그 이상의 전자기록이 독자적으로 제시되거나

ii. 종이서류와 결합하여 제시되는 때에는, 제시자는 제시가 직접 이루어질 때 지정은행, 확인은행(있는 경우), 또는 개설은행에게 완료의 통지를 제공해야 할 책임이 있다. 완료 통지의 수신은 제시가 완료되고 제시의 심사 기간이 개시될 것이라는 통고로서 수행되어 진다.

iii. 완료 통지는 전자기록 또는 종이 서류로 이루어질 수 있고, 관련되는 eUCP 신용장과의 동일성을 반드시 확인하여야 한다.

iv. 완료 통지가 수신되지 않는다면 제시는 이루어지지 않은 것으로 간주한다.

v. 지정에 따라 행동하는지 아닌지에 관계없이 지정은행이 전자기록을 확인은행 또는 개설은행에 보내거나 사용할 수 있도록 만드는 경우, 완료 통지는 송부될 필요가 없다.

d. i. eUCP 신용장 하에서의 전자기록의 각 제시는 제시되는 eUCP 신용장과의 동일성을 반드시 확인하여야 한다. 이는 전자기록 그 자체 또는 전자기록에 첨부되거나 부기된 메타데이터의 구체적인 참조에 의하거나, 또는 제시에 첨부되는 표제 문서(covering letter, covering schedule)에 있는 동일성 확인으로 이루어질 수 있다.

ii. 동일성을 확인하지 아니한 모든 전자기록의 제시는 수신되지 아니한 것으로 간주한다.

e. i. 제시가 이루어지는 은행이 영업하고 있으나 그 시스템이 약정된 유효기일 그리고/또는 제시를 위한 최종일에 전송된 전자기록을 수신할 수 없는 경우라면, 때에 따라서 은행은 영업을 종료한 것으로 간주하며, 유효기일 그리고/또는 제시를 위한 최종일은 그러한 은행이 전자기록을 수신할 수 있는 다음 은행영업일까지 연장된다.

ii. 이러한 경우에, 지정은행은 확인은행 또는 개설은행에게 전자기록의 제시가 제e6조 (e)항 i에 따라 연장된 기간 내에 제시되었다는 진술을 서류 송부장으로 제공해야 한다.

iii. 만약 제시되기 위하여 남아있는 유일한 전자기록이 완료의 통지라면, 이는 통신 또는 종이서류에 의하여 제공될 수 있으며, 또한 은행이 전자기록을 수신하기 전에 발송되었다면 시의적절한 것으로 간주한다.

f. 인증될 수 없는 전자기록은 제시가 완료되지 아니한 것으로 간주한다.

Article e7. Examination

a.

i. The period for the examination of documents commences on the banking day following the day on which the notice of completeness is received by the nominated bank, confirming bank, if any, or by the issuing bank, where a presentation is made directly.

ii. If the time for presentation of documents or the notice of completeness is extended, as provided in sub-article e6 (e) (i), the time for the examination of documents commences on the next banking day following the day on which the bank to which presentation is to be made is able to receive the notice of completeness, at the place for presentation.

b.

i. If an electronic record contains a hyperlink to an external system or a presentation indicates that the electronic record may be examined by reference to an external system, the electronic record at the hyperlink or the external system shall be deemed to constitute an integral part of the electronic record to be examined.

ii. The failure of the external system to provide access to the required electronic record at the time of examination shall constitute a discrepancy, except as provided in sub-article e7 (d) (ii).

c. The inability of a nominated bank acting on its nomination, a confirming bank, if any, or the issuing bank, to examine an electronic record in a format required by an eUCP credit or, if no format is required, to examine it in the format presented is not a basis for refusal.

d. The forwarding of electronic records by a nominated bank, whether or not it is acting on its nomination to honour or negotiate, signifies that it has satisfied itself as to the apparent authenticity of the electronic records.

e.

i. In the event that a nominated bank determines that a presentation is complying and forwards or makes available those electronic records to the confirming bank or issuing bank, whether or not the nominated bank has honoured or negotiated, an issuing bank or confirming bank must honour or negotiate, or reimburse that nominated bank, even when a specified hyperlink or external system does not allow the issuing bank or confirming bank to examine one or more electronic records that have been made available between the nominated bank and the issuing bank or confirming bank, or between the confirming bank and the issuing bank

제e7조. 심사

a. i. 서류심사 기간은 제시가 직접 이루어지면 지정은행, 확인은행(있는 경우), 개설은행에 의하여 완료의 통지가 수신된 날의 다음 은행영업일에 개시된다.

ii. 만일 제e6조 (e)항 i 에 규정된 대로 서류의 제시 또는 완료의 통지를 위한 기간이 연장되었다면, 서류심사를 위한 기간은 제시받는 은행이 제시장소에서 완료의 통지를 수신할 수 있는 날의 다음 은행영업일에 개시된다.

b. i. 만약 전자기록이 외부 시스템에 하이퍼링크를 포함하거나 전자기록이 외부 시스템을 참조하여 심사되는 것을 나타낸 경우, 하이퍼링크 또는 외부 시스템에 있는 전자기록은 심사돼

야 할 전자기록의 중요 부분을 구성하는 것으로 간주한다.

ii. 제e7조 (d)항 ii를 제외하고 심사 시점에 요구된 전자기록에 대하여 외부 시스템으로의 접근 실패는 불일치를 구성한다.

c. eUCP 신용장에 의하여 요구되는 형식의 전자기록 또는 아무런 형식이 요구되지 아니한 경우 제시된 형식의 전자기록을 심사하는 데 지정에 따라 행동하는 지정은행, 확인은행(확인은행이 있는 경우), 개설은행의 무능력은 거절을 위한 근거가 되지 아니한다.

d. 지급 또는 매입에 대한 지정에 따라 행동하는지 아닌지에 관계없이, 지정은행에 의한 전자기록의 발송은 전자기록에 대한 외관상 진정성을 스스로 충족시켰다는 것을 나타낸다.

e. i. 지정은행이 지급 또는 매입하는지 아닌지와 관계없이, 지정은행이 제시가 일치한다고 결정하고 그러한 전자기록을 확인은행 또는 개설은행에게 발송하거나 이용할 수 있도록 만들면, 개설은행 또는 확인은행은 지급 또는 매입해야 하고, 또는 지정은행에 상환하여야 한다. 심지어는 명시된 하이퍼링크 또는 외부 시스템이 개설은행 또는 확인은행이 지정은행과 개설은행 또는 확인은행 사이에, 또는 확인은행과 개설은행 사이에 이용할 수 있도록 만들어진 하나 또는 그 이상의 전자기록을 심사하는 것을 허용하지 않을 때도 그러하다.

Article e8. Notice of Refusal

If a nominated bank acting on its nomination, a confirming bank, if any, or the issuing bank, provides a notice of refusal of a presentation which includes electronic records and does not receive instructions from the party to which notice of refusal is given for the disposition of the electronic records within 30 calendar days from the date the notice of refusal is given, the bank shall return any paper documents not previously returned to that party, but may dispose of the electronic records in any manner deemed appropriate without any responsibility.

제e8조. 거절통지

지정에 따라 행동하는 지정은행, 확인은행(확인은행이 있는 경우), 또는 개설은행이 전자기록을 포함하는 제시에 대한 거절통지를 행하였으면 그리고 거절 통지 일자로부터 30일 이내에 전자기록의 처분을 위하여 거절통지를 행한 당사자로부터 지시를 수신하지 아니한 경우, 은행은 이전에 그 당사자에게 반송되지 않은 모든 종이 서류를 반송해야 하고, 아무런 책임 없이 적절하다고 간주하는 방법으로 전자기록을 처분할 수 있다.

Article e9. Originals and Copies

Any requirement for presentation of one or more originals or copies of an electronic record is satisfied by the presentation of one electronic record.

제e9조. 원본과 사본

전자기록의 하나 또는 그 이상의 원본 또는 사본의 제시를 위한 요구는 하나의 전자기록 제시로 충족된다.

Article e10. Date of Issuance

An electronic record must provide evidence of its date of issuance.

제e10조. 개설일

전자기록은 개설일의 증명을 반드시 제공해야 한다.

Article e11. Transport

If an electronic record evidencing transport does not indicate a date of shipment or dispatch or taking in charge or a date the goods were accepted for carriage, the date of issuance of the electronic record will be deemed to be the date of shipment or dispatch or taking in charge or the date the goods were accepted for carriage. However, if the electronic record bears a notation that evidences the date of shipment or dispatch or taking in charge or the date the goods were accepted for carriage, the date of the notation will be deemed to be the date of shipment or dispatch or taking in charge or the date the goods were accepted for carriage. Such a notation showing additional data content need not be separately signed or otherwise authenticated.

제e11조. 운송

운송을 증명하고 있는 전자기록이 선적이나 발송 또는 수탁 또는 물품이 운송을 위하여 수취된 일자를 명시하고 있지 아니할 경우, 전자기록의 발행일자는 선적이나 발송 또는 수탁 또는 운송을 위하여 수취된 일자로 간주한다. 그러나 전자기록이 선적이나 발송 또는 수탁 또는 운송을 위하여 수취된 일자를 증명하는 표기를 포함하는 경우, 표기 일자는 선적이나 발송 또는 수탁 또는 운송을 위하여 수취된 일자로 간주한다. 부가적인 자료 내용을 보여주는 표기는 독립적인 서명이나 별도의 인증을 필요로 하지 아니한다.

Article e12. Data Corruption of an Electronic Record

a. If an electronic record that has been received by a nominated bank acting on its nomination or not, confirming bank, if any, or the issuing bank, appears to have been affected by a data corruption, the bank may inform the presenter and may request it to be re-presented.

b. If a bank makes such a request:
   i. the time for examination is suspended and resumes when the electronic record is represented; and
   ii. if the nominated bank is not a confirming bank, it must provide any confirming bank and the issuing bank with notice of the request for the electronic record to be re-presented and inform it of the suspension; but
   iii. if the same electronic record is not re-presented within 30 calendar days, or on

or before the expiry date and/or last day for presentation, whichever occurs first, the bank may treat the electronic record as not presented.

제e12조. 전자기록의 변조

a. 지정에 따라 행동하는지 아닌지에 관계없이 지정은행, 확인은행(있는 경우) 또는 개설은행에 의하여 수신된 전자기록이 자료변조에 의해 영향을 받은 것으로 보이는 경우, 그 은행은 제시자에게 통지할 수 있고 전자기록의 재제시를 요구할 수 있다.
b. 은행에 그러한 요구를 하는 경우
  i. 심사기간은 정지되며, 전자기록이 재제시 될 때 재개된다. 그리고,
  ii. 지정은행이 확인은행이 아닌 경우, 모든 확인은행 및 개설은행에게 전자기록의 재제시 요청에 대한 통지 및 정지 기간에 대해 통지하여야 한다.
  iii. 같은 전자기록이 30일 이내 또는 유효기일 그리고/또는 제시를 위한 최종일이나 그 이전에 재제시 되지 아니한 경우 더 먼저 발생한 일자에, 은행은 전자기록이 제시되지 아니한 것으로 취급한다.

Article e13. Additional Disclaimer of Liability for Presentation of Electronic Records under eUCP

a. By satisfying itself as to the apparent authenticity of an electronic record, a bank assumes no liability for the identity of the sender, source of the information, or its complete and unaltered character other than that which is apparent in the electronic record received by the use of a data processing system for the receipt, authentication, and identification of electronic records.
b. A bank assumes no liability or responsibility for the consequences arising out of the unavailability of a data processing system other than its own.

제e13조 eUCP 하의 전자기록 제시 의무에 대한 추가적인 면책

a. 전자기록의 외관상 진정성을 스스로 충족함으로써 은행은 수신, 인증 및 전자기록의 동일성 확인을 위한 자료 처리 시스템 사용에 따라 수신된 전자기록이 분명한지 이외에도 송신자의 신원, 정보의 출처 또는 전자기록이 완전하고 변하지 않는 성격인지에 대하여 아무런 의무를 부담하지 아니한다.
b. 은행은 자기 소유가 아닌 자료처리시스템의 사용불능으로 기인한 결과에 대해 어떠한 의무 혹은 책임을 부담하지 아니한다.

Article e14. Force Majeure

A bank assumes no liability or responsibility for the consequences arising out of the interruption of its business, including but not limited to its inability to access a data processing system, or a failure of equipment, software or communications network, caused by Acts of God, riots, civil commotions, insurrections, wars, acts of terrorism, cyberattacks, or by any strikes or lockouts or any other causes, including failure of equipment, software or communications networks, beyond its control.

제e14조. 불가항력

은행은 장치, 소프트웨어 또는 통신 네트워크의 실패, 그의 통제를 넘어서는 것을 포함하여 천재지변, 폭동, 시민 소요, 반란, 전쟁, 테러 행위, 사이버 공격 또는 모든 파업 또는 직장폐쇄나 기타 모든 사유에 기인하는 자료 처리 과정에의 접근 불능 또는 장치, 소프트웨어 또는 통신 네트워크의 실패를 포함한(단, 이에 국한되지 않는다) 영업 중단으로부터 발생하는 결과에 대하여 의무를 부담하지 아니한다.

Uniform Rules for Collections, 1995 Revision, ICC Publication No. 522
(추심통일규칙, URC 522)

A. GENERAL PROVISIONS AND DEFINITIONS

Article 1. Application of URC 522

a. The Uniform Rules for Collections, 1995 Revision, ICC Publication No. 522, shall apply to all collections as defined in Article 2 where such rules are incorporated into the text of the "collection instruction" referred to in Article 4 and are binding on all parties thereto unless otherwise expressly agreed or contrary to the provisions of a national, state or local law and/or regulation which cannot be departed from.

b. Banks shall have no obligation to handle either a collection or any collection instruction or subsequent related instructions.

c. If a bank elects, for any reason, not to handle a collection or any related instructions received by it, it must advise the party from whom it received the collection or the instructions by telecommunication or, if that is not possible, by other expeditious means, without delay.

A. 총칙 및 정의

[제 1 조] 추심통일규칙의 적용

a. 1995년 개정, ICC 간행물 번호 522, 추심에 관한 통일규칙은 본 규칙의 준거문언이 제4조에 언급된 '추심지시서'의 본문에 삽입된 경우에 제2조에 정의된 모든 추심에 적용할 수 있으며, 별도의 명시적인 합의가 없거나 또는 국가, 주, 또는 지방의 법률 및/또는 위반할 수 없는 규칙의 규정에 반하지 아니하는 한 모든 관계당사자를 구속한다.

b. 은행은 추심 또는 추심지시 또는 관련된 후속지시를 취급해야 할 의무를 지지 아니한다.

c. 은행이 어떠한 이유에서 접수된 추심 또는 관련지시를 취급하지 않을 것을 선택한 경우에는 추심 또는 지시를 송부한 당사자에게 전신, 또는 전신이 가능하지 않은 경우, 다른 신속한 수단으로 지체 없이 통지해야 한다.

Article 2. Definition of Collection

For the purposes of these Articles:

a. "Collection" means the handling by banks of documents as defined in b below, in accordance with instructions received, in order to:

1. obtain payment and/or acceptance, or
2. deliver documents against payment and/or against acceptance, or
3. deliver documents on other terms and conditions.

b. "Documents" means financial documents and/or commercial documents:
1. "Financial documents" means bills of exchange, promissory notes, cheques, or other similar instruments used for obtaining the payment of money;
2. "Commercial documents" means invoices, transport documents, documents of title or other similar documents, or any other documents whatsoever, not being financial documents.

c. "Clean collection" means collection of financial documents not accom- panied by commercial documents.

d. "Documentary collection" means collection of:
1. Financial documents accompanied by commercial documents;
2. Commercial documents not accompanied by financial documents.

[제 2 조] 추심의 정의

본 규칙의 목적상 :

a. "추심"이란 은행이 접수된 지시에 따라 다음과 같은 목적으로 아래 b항에 정의된 서류를 취급하는 것을 의미한다.
1. 지급 및/또는 인수를 취득하거나
2. 서류를 지급인도 및/또는 인수인도 하거나
3. 기타의 제조건으로 서류를 인도하는 목적

b. "서류"란 다음의 금융서류 및/또는 상업서류를 의미한다.
1. "금융서류"란 환어음, 약속어음, 수표 또는 기타 금전의 지급을 취득하기 위하여 사용되는 이와 유사한 증서를 의미하며,
2. "상업서류"란 송장, 운송서류, 권리증권 또는 이와 유사한 서류, 또는 그밖에 금융서류가 아닌 모든 서류를 의미한다.

c. "무담보추심"이란 상업서류가 첨부되지 않은 금융서류의 추심을 의미한다.

d. "화환추심"이란 다음과 같은 추심을 의미한다.
1. 상업서류가 첨부된 금융서류의 추심
2. 금융서류가 첨부되지 않은 상업서류의 추심

Article 3. Parties to a Collection.

a. For the purposes of these Articles the "parties thereto" are :
1. the "principal" who is the party entrusting the handling of a collection to a bank
2. the "remitting bank" which is the bank to which the principal has entrusted

the handling of a collection ;
3. the "collecting bank" which is any bank, other than the remitting bank, involved in processing the collection;
4. the "presenting bank" which is the collecting bank making presentation to the drawee.

b. The "drawee" is the one to whom presentation is to be made according to the collection instruction.

[제 3 조] 추심 당사자

a. 본조의 목적상 관계당사자란 다음과 같은 자를 의미한다.
1. 은행에 추심업무를 의뢰하는 당사자인 "추심의뢰인"
2. 추심의뢰인으로 부터 추심업무를 의뢰받은 은행인 "추심요청은행"
3. 추심요청이외에 추심의뢰과정에 참여하는 모든 은행인 "추심은행"
4. 지급인에게 제시를 행하는 추심은행인 "제시은행"

b. "지급인"이란 추심지시서에 따라 제시를 받아야 할 자를 말한다.

B. FORM AND STRUCTURE OF COLLECTIONS

Article 4. Collection Instruction

a. 1. All documents sent for collection must be accompanied by a collection instruction indicating that the collection is subject to URC 522 and giving complete and precise instructions. Banks are only permitted to act upon the instructions given in such collection instruction, and in accordance with these Rules.
 2. Banks will not examine documents in order to obtain instructions.
 3. Unless otherwise authorised in the collection instruction, banks will disregard any instructions from any party/bank other than the party/bank from whom they received the collection.

b. A collection instruction should contain the following information as appropriate.
1. Details of the bank from which the collection was received including full name, postal and SWIFT addresses, telex, telephone, facsimile numbers and reference.
2. Details of the principal including full name, postal address, and if applicable telex, telephone and facsimile numbers.
3. Details of the drawee including full name, postal address, or the domicile at which presentation is to be made and if applicable telex, telephone and facsimile numbers.
4. Details of the presenting bank, if any, including full name, postal address, and if applicable telex, telephone and facsimile numbers.
5. Amount(s) and currency(ies) to be collected.

6. List of documents enclosed and the numerical count of each document.
7-a. Terms and conditions upon which payment and/or acceptance is to be obtained.
b. Terms of delivery of documents against :
1) payment
2) acceptance
3) other terms and conditions
It is the responsibility of the party who sends the collection in- struction to ensure that the terms for the delivery of documents are clearly and unambiguously stated, otherwise banks will not be responsible for any consequences arising thereto.
8. Charges to be collected, indicating whether they may be waived or not.
9. Interest to be collected, if applicable, indicating whether it may be waived or not, including :
a) rate of interest
b) interest period
c) basis of calculation (for example 360 or 365 days in a year) as applicable.
10. Method of payment and form of payment advice.
11. Instructions in case of non-payment, non-acceptance and/or non- compliance with other instructions.

c. 1. Collection instructions should bear the complete address of the drawee or of the domicile at which the presentation is to be made. If the address is incomplete or incorrect, the collecting bank may, without any liability and responsibility on its part, endeavour to ascertain the proper address.
2. The collecting bank will not be liable or responsible for any ensuing delay as a result of the incomplete/incorrect address.

B. 추심의 형식과 구조

[제 4 조] 추심 지시서

a. 1. 추심을 위해 송부되는 모든 서류에는 URC 522의 적용을 받고 있음을 명시하고 완전하고 정확한 지시가 기재된 추심지시서를 첨부해야 한다. 은행은 그러한 추심지시서에 기재된 지시에 의거하여, 그리고 본 규칙에 따라서만 업무를 수행하여야 한다.
2. 은행은 지시를 찾아 서류를 검토하지 않는다.
3. 추심지시서에 별도의 수권이 없으면 은행은 추심을 송부한 당사자/은행 이외의 어느 당사자/은행으로 부터의 어떠한 지시도 무시한다.

b. 추심지시서는 다음과 같은 정보를 적절하게 포함하여야 한다.
1. 추심을 송부한 은행의 완전한 이름, 우편주소 및 SWIFT 주소, 텔렉스, 전화, 팩스 번호 및 참조사항을 포함한 명세
2. 추심의뢰인의 완전한 이름, 우편주소, 그리고 해당되는 경우, 텔렉스, 전화, 팩스 번호를 포함한 명세
3. 지급인의 완전한 이름, 우편주소 또는 제시가 행해질 주소(domicile) 및 해당되는 경우 텔렉스, 전화, 팩스 번호를 포함한 명세
4. 제시은행이 있는 경우에는, 그 완전한 이름, 우편주소, 및 가능한 한 텔렉스, 전화, 팩스번

호를 포함한 명세
5. 추심되는 금액과 통화
6. 동봉한 서류의 목록과 각 서류의 숫자
7-a. 지급 및/또는 인수가 취득되는 조건(terms and conditions)
  b. 다음과 상환으로 서류의 인도 조건
    1) 지급
    2) 인수
    3) 기타 조건(other terms and conditions)
       추심지시서를 송부하는 당사자는 서류의 인도조건을 분명하고 명확하게 기술되도록 할 책임이 있으며, 그렇지 않을 경우 이로 인해 발생하는 어떠한 결과에 대해서도 은행은 책임을 지지 아니한다.
8. 추심될 수수료. 수수료가 포기 될 수 있는지의 여부를 기재한다.
9. 추심될 이자. 해당되는 경우 포기될 수 있는 지의 여부와 다음 사항을 포함한다.
  a. 이자율
  b. 환산기간
  c. 해당되는 경우, 계산 방법(예, 1년을 365일로 할지 아니면 360일로 할 것인지)
10. 지금방법과 지급통지의 형식
11. 지급거절, 인수거절, 및/또는 다른 지시의 준수 거절의 경우에 대한 지시

c. 1. 추심지시서에는 지급인의 완전한 주소 또는 제시가 행해져야 할 곳(domicile)의 완전한 주소. 주소가 불완전하거나 부정확한 경우에는 추심은행은 의무나 책임없이 올바른 주소를 확인하기 위해 노력할 수 있다.
  2. 추심은행은 불완전하거나 부정확한 주소로 인해 발생하는 어떠한 지연에 대해서도 의무나 책임을 지지 아니한다.

C. FORM OF PRESENTATION

Article 5. Presentation

a. For the purposes of these Articles, presentation is the procedure whereby the presenting bank makes the documents available to the drawee as instructed and in accordance with local banking practice.

b. The collection instruction should state the exact period of time within which any action is to be taken by the drawee. Expressions such as "first", "prompt", "immediate", and the like should not be used in connection with presentation or with reference to any period of time within which documents have to be taken up or for any other action that is to be taken by the drawee. If such terms are used banks will disregard them.

c. Documents are to be presented to the drawee in the form in which they are received, except that banks are authorized to affix any necessary stamps, at the expense of the party from whom they received the collection unless otherwise instructed, and to make any necessary endorsements or place any rubber stamps or other identifying marks or symbols customary to or required for the collection operation.

d. For the purpose of giving effect to the instructions of the principal, the remitting bank will utilise the bank nominated by the principal as the collecting bank. In the absence of such nomination, the remitting bank will utilize any bank of its own, or another bank's choice in the country of payment or acceptance or in the country where other terms and conditions have to be complied with.

e. The documents and collection instruction may be sent directly by the remitting bank to the collecting bank or through another bank as intermediary.

f. If the remitting bank does not nominate a specific presenting bank, the collecting bank may utilise a presenting bank of its choice.

C. 제시의 형식

[제 5 조] 제 시

a. 이 조항들의 목적상, 제시란 제시은행이 지시받은대로 그리고 본 규칙에 따라서 서류를 지급인이 취득할 수 있도록 만드는 절차이다.

b. 추심지시서는 지급인이 조치를 취해야 하는 정확한 기한을 기재하여야 한다.
제시 또는 지급인에 의해 서류가 인수되거나 지급인에 의해 서류가 인수되어야 하는 기간에 대한 언급과 관련하여, 또는 지급인에 의해 취해져야 하는 다른 조치에 대하여 "첫째", "신속한", "즉시" 그리고 이와 유사한 표현들은 사용되어져서는 아니된다. 만일 그러한 용어가 사용된 경우 은행은 이를 무시한다.

c. 서류는 접수된 형태로 지급인에게 제시되어야 한다. 다만 은행은 별도의 지시가 없는 한 추심의뢰인의 비용부담으로 필요한 인지를 첨부할 수 있도록 수권되어 있는 경우, 그리고 필요한 배서를 하거나 또는 추심업무에 관례적이거나 요구되는 고무인 또는 기타 인식표지나 부호를 표시할 수 있도록 수권되어 있는 경우에는 그러하지 아니하다.

d. 추심의뢰인의 지시를 실행할 목적으로, 추심요청은행은 추심의뢰인에 의해 지정된 은행을 추심은행으로 이용할 수 있다. 그러한 지정이 없는 경우에는 추심요청은행은 지급국가 또는 인수국가, 또는 기타 조건이 준수되어야 하는 국가내에 자신이 선택하거나 다른 은행이 선택한 모든 은행을 이용할 수 있다.

e. 서류와 추심지시서는 추심요청은행이 추심은행으로 직접 송부되거나, 다른 은행을 중개인으로 하여 송부될 수 있다.

f. 추심요청은행이 특정 제시은행을 지정하지 않은 경우에는 추심은행은 자신이 선택한 제시은행을 이용할 수 있다.

Article 6. Sight/Acceptance

In the case of documents payable at sight the presenting bank must make presentation for payment without delay. In the case of documents payable at

URC 522

a tenor other than sight the presenting bank must, where acceptance is called for, make presentation for acceptance without delay, and where payment is called for, make presentation for payment not later than the appropriate maturity date.

[제 6 조] 일람출급 / 인수

서류가 일람출급인 경우에는 제시은행은 지체없이 지급을 위한 제시를 하여야 한다. 서류가 일람출급이 아닌 기한부 지급조건인 경우에는 제시은행은 인수가 요구되는 때에는 지체없이 인수를 위한 제시를, 그리고 지급이 요구되는 때에는 적합한 만기일 내에 지급을 위한 제시를 해야 한다.

Article 7. Release of Commercial Documents (Documents Against Acceptance(D/A) vs. Documents Against Payment(D/P))

a. Collections should not contain bills of exchange payable at a future date with instructions that commercial documents are to be delivered against payment.

b. If a collection contains a bill of exchange payable at a future date, the collection instruction should state whether the commercial documents are to be released to the drawee against acceptance (D/A) or against payment (D/P). In the absence of such statement commercial documents will be released only against payment and the collecting bank will not be responsible for any consequences arising out of any delay in the delivery of documents.

c. If a collection contains a bill of exchange payable at a future date and the collection instruction indicates that commercial documents are to be released against payment, documents will be released only against such payment and the collecting bank will not be responsible for any consequences arising out of any delay in the delivery of documents.

[제 7 조] 상업서류의 인도 - 인수인도(D/A) vs. 지급인도(D/P)

a. 추심은 장래의 확정일 지급조건의 환어음을 상업서류는 지급과 상환으로 인도되어야 한다는 지시와 함께 포함하여서는 아니된다.

b. 만일 추심이 장래확정일 지급조건의 환어음을 포함하는 경우에는 추심지시서에는 상업서류가 인수인도(D/A) 또는 지급인도(D/P) 중 어느 조건으로 지급인에게 인도되어야 하는 지를 명시해야 한다.
그러한 명시가 없는 경우에는, 상업서류는 지급과 상환으로만 인도되어야 하며, 서류인도의 지연에 기인하는 어떠한 결과에 대해서도 추심은행은 책임을 지지 아니한다.

c. 만일 추심이 장래확정일 지급조건의 환어음을 포함하고 추심지시서에 상업서류는 지급과 상환으로 인도되어야 한다고 기재된 경우에는, 서류는 오직 그러한 지급과 상환으로만 인도되고, 추심은행은 서류인도의 지연에서 기인하는 어떠한 결과에 대해서도 책임을 지지 아니한다.

Article 8. Creation of Documents

Where the remitting bank instructs that either the collecting bank or the drawee is to create documents (bills of exchange, promissory notes, trust receipts, letters of undertaking or other documents) that were not included in the collection, the form and wording of such documents shall be provided by the remitting bank; otherwise the collecting bank shall not be liable or responsible for the form and wording of any such document provided by the collecting bank and/or the drawee.

[제 8 조] 서류의 작성

추심요청은행이 추심은행 또는 지급인이 추심에 포함되어 있지 않은 서류 (환어음, 약속어음, 수입화물위탁증서(Trust Receipts), 약속증서(letter of undertaking) 또는 기타 서류)를 작성할 것을 지시하는 경우에는 그러한 서류의 형식과 자구는 추심요청은행에 의해 제공되어야 한다. 그렇지 않은 경우 추심은행은 추심은행 및/또는 지급인에 의해 제공된 그러한 서류의 형식과 자구에 대하여 의무나 책임을 지지 아니한다.

D. LIABILITIES AND RESPONSIBILITIES

Article 9. Good Faith and Reasonable Care

Banks will act in good faith and exercise reasonable care.

D. 의무 및 책임

[제 9 조] 신의성실과 상당한 주의

은행은 신의성실에 따라 행동하고 또 상당한 주의를 기울여야 한다.

Article 10. Documents vs. Goods/Services/Performances

a. Goods should not be despatched directly to the address of a bank or consigned to or to the order of a bank without prior agreement on the part of that bank. Nevertheless, in the event that goods are despatched directly to the address of a bank or consigned to or to the order of a bank for release to a drawee against payment or acceptance or upon other terms and conditions without prior agreement on the part of that bank, such banks shall have no obligation to take delivery of the goods, which remain at the risk and responsibility of the party despatching the goods.

b. Banks have no obligation to take any action in respect of the goods to which a documentary collection relates, including storage and insurance of the goods even when specific instructions are given to do so. Banks will only take such action if, when, and to the extent that they agree to do so. Notwithstanding the provisions of sub-Article 1.c. this rule applies even in the absence of any specific advice to this effect by the collecting bank.

c. Nevertheless, in the case that banks take action for the protection of the goods, whether instructed or not, they assume no liability or responsibility with regard to the fate and/or condition of the goods and/or for any acts and/or omissions on the part of any third parties entrusted with the custody and/or protection of the goods. However, the collecting bank must advise without delay the bank from which the collection instruction was received of any such action taken.

d. Any charges and/or expenses incurred by banks in connection with any action taken to protect the goods will be for the account of the party from whom they received the collection.

e. 1. Notwithstanding the provisions of sub-Article 10.a., where the goods are consigned to or to the order of the collecting bank and the drawee has honoured the collection by payment, acceptance or other terms and conditions, and the collecting bank arranges for the release of the goods, the remitting bank shall be deemed to have authorized the collecting bank to do so.
   2. Where a collecting bank on the instructions of the remitting bank or in terms of e.1. above arranges for the release of the goods, the remitting bank shall indemnify such collecting bank for all damages and expenses incurred.

[제 10 조] 서류 vs. 물품/용역/이행

a. 물품은 은행의 사전 동의 없이 은행의 주소로 직접 발송되거나 은행 또는 은행의 지시인에게 탁송되어서는 아니된다.
그럼에도 불구하고 물품이 은행은 사전동의 없이 지급인에게 지급인도, 인수인도, 또는 기타의 조건으로 인도하기 위하여 직접 발송되거나, 은행 또는 은행의 지시인에게 탁송되는 경우에는 그 은행은 물품을 인수하여야 할 의무를 지지 아니하며 그 물품은 물품을 발송하는 당사자의 위험과 책임으로 남는다.

b. 은행은 화환추심이 관계되는 물품에 관하여 물품의 보관, 부보를 포함한 어떠한 조치도 취할 의무가 없으며, 그러한 조치를 하도록 지시를 받은 경우에도 그러하다. 은행은 그러한 조치를 취할 것을 동의한다면, 동의한 때에 동의한 한도까지만 그러한 조치를 취한다. 1조 c의 규정에도 불구하고 이 규칙은 추심은행에 의한 어떠한 명확한 통지가 없는 경우에도 이러한 효력을 갖도록 적용된다.

c. 그럼에도 불구하고, 은행이 지시를 받았는지 받지 않았는지 간에, 그 물품의 보호를 위해 조치를 취한 경우에는 그 결과 및/또는 물품의 상태 및/또는 물품의 보관 및/또는 보호를 위임받은 어떠한 제삼자측의 어떠한 작위 및/또는 부작위에 관하여 어떠한 의무나 책임도 지지 아니한다. 그러나, 추심은행은 취한 조치에 대하여 지체없이 추심지시를 송부한 은행에게 통지

해야 한다.

d. 물품을 보호하기 위해 취해진 조치와 관련하여 은행에게 발생한 어떠한 수수료 및/또는 비용은 추심을 송부한 당사자의 부담으로 한다.

e. 1. 제10조 a의 규정에도 불구하고, 물품이 추심은행 또는 추심은행의 지시인에게 탁송되고, 지급인이 추심에 대해 지급, 인수, 또는 기타 조건을 충족시켰으며, 추심은행이 물품의 인도를 주선하는 경우에는, 추심요청은행이 추심은행에게 그렇게 하도록 수권한 것으로 간주된다.
 2. 추심은행이 추심요청은행의 지시에 의거하여 또는 전항의 e 1과 관련하여 물품의 인도를 주서하는 경우에는 추심요청은행은 그 추심은행에게 발생한 모든 손해와 비용을 보상해야 한다.

Article 11. Disclaimer for Acts of an Instructed Party

a. Banks utilising the services of another bank or other banks for the purpose of giving effect to the instructions of the principal, do so for the account and at the risk of such principal.

b. Banks assume no liability or responsibility should the instructions they transmit not be carried out, even if they have themselves taken the initiative in the choice of such other bank(s).

c. A party instructing another party to perform services shall be bound by and liable to indemnify the instructed party against all obligations and responsibilities imposed by foreign laws and usages.

[제 11 조] 지시받은 당사자의 행동에 대한 면책

a. 추심의뢰인의 지시를 이행하기 위하여 다른 은행의 서비스를 이용하는 은행은 그 추심의뢰인의 비용과 위험부담으로 이를 행한다.

b. 은행이 전달한 지시가 이행되지 않는 경우에 그 은행은 의무나 책임을 지지 아니하며, 그 은행 자신이 그러한 다른 은행의 선택을 주도한 경우에도 그러하다.

c. 다른 당사자에게 서비스를 이행하도록 지시하는 당사자는 외국 법률과 관행에 의해 부과되는 모든 의무와 책임을 져야하며, 또 이에 대하여 지시받은 당사자에게 보상하여야 한다.

Article 12. Disclaimer on Documents Received

a. Banks must determine that the documents received appear to be as listed in the collection instruction and must advise by telecommunication or, if that is not possible, by other expeditious means, without delay, the party from whom the collection instruction was received of any documents missing, or found to be other than listed. Banks have no further obligation in this respect.

b. If the documents do not appear to be listed, the remitting bank shall be precluded from disputing the type and number of documents received by the collecting bank.

c. Subject to sub-Article 5.c. and sub-Articles a. and b. above, banks will present documents as received without further examination.

[제 12 조] 접수된 서류에 대한 면책

a. 은행은 접수된 서류가 추심지시서에 열거된 것과 외관상 일치하는지를 결정하여야 하며, 또 누락되거나 열거된 것과 다른 서류에 대하여 지체 없이 전신으로, 이것이 가능하지 않은 경우에는 다른 신속한 수단으로 추심지시서를 송부한 당사자에게 통지해야 한다.
은행은 이와 관련 더 이상의 의무가 없다.

b. 만일 서류가 외관상 열거된 것과 다른 경우에 추심요청은행은 추심은행에 의해 접수된 서류의 종류와 숫자를 반박할 수 없다.

c. 제5조 c 그리고 a와 b의 적용을 받으면서, 은행은 서류를 더이상 심사하지 않고 접수된 대로 제시한다.

Article 13. Disclaimer on Effectiveness of Documents

Banks assume no liability or responsibility for the form, sufficiency, accuracy, genuineness, falsification or legal effect of any document(s), or for the general and/or particular conditions stipulated in the document(s) or superimposed thereon; nor do they assume any liability or responsibility for the description, quantity, weight, quality, condition, packing, delivery, value or existence of the goods represented by any document(s), or for the good faith or acts and/or omissions, solvency, performance or standing of the consignors, the carriers, the forwarders, the consignees or the insurers of the goods, or any other person whomsoever.

[제 13 조] 서류의 유효성에 대한 면책

은행은 서류의 형식, 충분성, 정확성, 진정성, 허위성 또는 법적 효력에 대하여, 서류에 규정되거나 첨가된 일반적 조건 및/또는 특정조건에 대하여 어떠한 의무나 책임도 지지 아니한다. 또한 은행은 서류에 의해 표시되는 물품의 명세, 양, 무게, 품질, 상태, 포장, 인도, 가격, 또는 존재에 대하여, 또는 물품의 탁송인, 운송인, 운송주선인, 수하인, 또는 보험자, 또는 다른 모든 사람의 신의성실, 작위 및 또는 부작위, 파산, 이행 또는 지위에 대하여 어떠한 의무나 책임도 지지 아니한다.

Article 14. Disclaimer on Delays, Loss in Transit and Translation

a. Banks assume no liability or responsibility for the consequences arising out of delay and/or loss in transit of any message(s), letter(s) or document(s), or for delay, mutilation or other error(s) arising in transmission of any telecommunication or for error(s) in translation and/or interpretation of technical terms.

b. Banks will not be responsible for any delays resulting from the need to obtain clarification of any instructions received.

[제 14 조] 송달 및 번역중의 지연, 멸실에 대한 면책

a. 은행은 모든 통보, 서신, 또는 서류의 송달중의 지연 및/또는 멸실에 기인하여 발생하는 결과, 또는 모든 전기통신의 송신중에 발생하는 지연, 훼손 또는 기타의 오류, 또는 전문용어의 번역이나 해석상의 오류에 대하여 어떠한 의무나 책임을 지지 아니한다.

b. 은행은 접수된 지시의 설명을 취득할 필요에서 기인하는 어떠한 지연에 대해서도 책임을 지지 아니한다.

Article 15. Force Majeure

Banks assume no liability or responsibility for consequences arising out of the interruption of their business by Acts of God, riots, civil commotions, insurrections, wars, or any other causes beyond their control or by strikes or lockouts.

[제 15 조] 불가항력

은행은 천재, 소요, 폭동, 반란, 전쟁 또는 기타 불가항력의 사유 또는 동맹파업이나 직장폐쇄로 인해 발생하는 결과에 대하여 어떠한 의무 또는 책임을 지지 아니한다.

E. PAYMENT

Article 16. Payment without Delay

a. Amounts collected (less charges and/or disbursements and/or expenses where applicable) must be made available without delay to the party from whom the collection instruction was received in accordance with the terms and conditions of the collection instruction.

b. Notwithstanding the provisions of sub-Article 1.c. and unless otherwise agreed, the collecting bank will effect payment of the amount collected only in favour of the remitting bank.

E. 지 급

[제 16 조] 지체없는 지급

a. 추심된 금액은 (해당되는 경우 수수료 및/또는 지출금 및/또는 비용을 공제하고) 추심지시서의 조건에 따라 추심지시서를 송부한 당사자에게 지체없이 지급되어야 한다.

b. 1조 c의 규정에도 불구하고, 별도의 합의가 없는 경우에는 추심은행은 추심요청은행을 위하여 추심금액의 지급을 행한다.

Article 17. Payment in Local Currency

In the case of documents payable in the currency of the country of payment(local currency), the presenting bank must, unless otherwise instructed in the collection instruction, release the documents to the drawee against payment in local currency only if such currency is immediately available for disposal in the manner specified in the collection instruction.

[제 17 조] 내국통화에 의한 지급

지급국가의 통화(내국통화)로 지급하도록 한 서류의 경우에는, 제시은행은 추심지시서에 별도의 지시가 없는 한, 내국통화가 추심지시서에 명시된 방법으로 즉시 처분할 수 있는 경우에만 현지화에 의한 지급과 상환으로 지급인에게 서류를 인도해야 한다.

Article 18. Payment in Foreign Currency

In the case of documents payable in a currency other than that of the country of payment(foreign currency), the presenting bank must, unless otherwise instructed in the collection instruction, release the documents to the drawee against payment in the relative foreign currency only if such foreign currency can immediately be remitted in accordance with the instructions given in the collection instruction.

[제 18 조] 외국통화에 의한 지급

지급국가의 통화 이외의 통화(외국통화)로 지급하도록 한 서류의 경우에는, 제시은행은 추심지시서에 별도의 지시가 없는 한, 그 외국통화가 추심지시서의 지시에 따라 즉시 송금될 수 있는 경우에 한하여 그 외국통화에 의한 지급과 상환으로 지급인에게 서류를 인도해야 한다.

Article 19. Partial Payments

a. In respect of clean collections, partial payments may be accepted if and to the extent to which and on the conditions on which partial payments are authorised by the law in force in the place of payment. The financial document(s) will be released to the drawee only when full payment thereof has been received.

b. In respect of documentary collections, partial payments will only be accepted if specifically authorised in the collection instruction. However, unless otherwise instructed, the presenting bank will release the documents to the drawee only after full payment has been received, and the presenting bank will not be responsible for any consequences arising out of any delay in the delivery of documents.

c. In all cases partial payments will be accepted only subject to compliance with the provisions of either Article 17 or Article 18 as appropriate.

Partial payment, if accepted, will be dealt with in accordance with the provisions of Article 16.

[제 19 조] 분할 지급

a. 무담보추심에 있어서 분할 지급은 지급지의 유효한 법률에 의하여 허용되는 경우에 그 허용되는 범위와 조건에 따라 인정될 수 있다. 금융서류는 지급전액이 수령되었을 때에만 지급인에게 인도된다.

b. 화환 추심에 있어서, 분할 지급은 추심지시서에서 특별히 허용된 경우에만 인정된다. 그러나 별도의 지시가 없는 한, 제시은행은 지급전액을 수령한 후에 한하여 서류를 지급인에게 인도하며, 제시은행은 서류인도의 지체에서 비롯되는 어떠한 결과에 대해서도 책임을 지지 아니한다.

c. 모든 경우에 있어서 분할지급은 제17조 또는 제18조의 해당되는 규정에 따라서만 허용된다. 분할지급은 허용되는 경우 제16조의 규정에 따라 취급된다.

F. INTEREST, CHARGES AND EXPENSES

Article 20. Interest

a. If the collection instruction specifies that interest is to be collected and the drawee refuses to pay such interest, the presenting bank may deliver the document(s) against payment or acceptance or on other terms and conditions as the case may be, without collecting such interest, unless sub-Article 20.c. applies.

b. Where such interest is to be collected, the collection instruction must bear an indication of the rate of interest, interest period and basis of calculation.

c. Where the collection instruction expressly states that interest may not be waived and the drawee refuses to pay such interest the presenting bank will not deliver documents and will not be responsible for any consequences arising out of any delay in the delivery of document(s). When payment of interest has been refused, the presenting bank must inform by telecommunication or, if that is not possible, by other expeditious means without delay the bank from whom the collection instruction was received.

F. 이자, 수수료 및 비용

[제 20 조] 이 자

a. 추심지시서에서 이자가 추심되어야 함을 명시하고 지급인이 그 이자의 지급을 거절할 경우에는 제20조 c에 해당되지 아니하는 한 제시은행은 그 이자를 추심하지 아니하고 서류를 경우에 따라 지급인도 또는 인수인도, 또는 기타의 조건으로 인도할 수 있다.

b. 그 이자가 추심되어야 하는 때에는, 추심지시서에는 이자율, 환산기간과 계산방법을 기재하여야 한다.

c. 추심지시서가 이자는 포기될 수 없음을 명확하게 기재하고, 지급인이 그 이자의 지급을 거절하는 경우, 제시은행은 서류를 인도하지 아니하며, 서류인도의 지연에서 비롯되는 어떠한 결과에 대해서도 책임을 지지 아니한다. 이자의 지급이 거절되었을 때, 제시은행은 전신, 또는 이것이 가능하지 않은 경우에는 다른 신속한 수단으로 지체없이 추심지시서를 송부한 은행에 통지해야 한다.

Article 21. Charges and Expenses

a. If the collection instruction specifies that collection charges and/or ex- penses are to be for account of the drawee and the drawee refuses to pay them, the presenting bank may deliver the document(s) against payment or acceptance or on other terms and conditions as the case may be, without collecting charges and/or expenses, unless sub-Article 21.b. applies.
Whenever collection charges and/or expenses are so waived they will be for the account of the party from whom the collection was received and may be deducted from the proceeds.

b. Where the collection instruction expressly states that charges and/or expenses may not be waived and the drawee refuses to pay such charges and/or expenses, the presenting bank will not deliver documents and will not be responsible for any consequences arising out of any delay in the delivery of the document(s). When payment of collection charges and/or expenses has been refused the presenting bank must inform by telecommunication or if that is not possible by other expeditious means without delay the bank from whom the collection instruction was received.

c. In all cases where in the express terms of a collection instruction or under these Rules, disbursements and/or expenses and/or collection charges are to be borne by the principal, the collecting bank(s) shall be entitled to recover promptly outlays in respect of disbursements, expenses and charges from the bank from whom the collection instruction was received, and the remitting bank shall be entitled to recover promptly from the principal any amount so paid out by it, together with its own disbursements, expenses and charges, regardless of the fate of the collection.

d. Banks reserve the right to demand payment of charges and/or expenses in advance from the party from whom the collection instruction was received to cover costs in attempting to carry out any instructions, and pending receipt of such payment, also reserve the right not to carry out such instructions.

[제 21 조] 수수료 및 비용

a. 추심지시서에 추심수수료 및/또는 비용은 지급인의 부담으로 하도록 명시하고 있으나 그 지급인이 이의 지급을 거절하는 경우에는 제시은행은 21조 b에 해당하지 아니하는 한 수수료 및/또는 비용을 추심하지 아니하고 서류를, 경우에 따라 지급인도, 인수인도, 또는 기타 조건으로 인도할 수 있다.
이와 같이 포기되는 추심수수료 및/또는 비용은 언제나 추심을 송부한 당사자의 부담으로 하며 대금으로부터 공제될 수 있다.

b. 추심지시서에서 수수료 및/또는 비용은 포기하여서는 아니됨을 명확하게 기재하고 지급인이 이의 지급을 거절하는 경우에는 제시은행은 서류를 인도하지 아니하며 서류인도의 어떠한 지체에서 비롯되는 어떠한 결과에 대해서도 책임을 지지 아니한다. 추심 수수료 및/또는 비용의 지급이 거절되었을 때 제시은행은 반드시 전신, 또는 이것이 가능하지 않은 때에는, 다른 신속한 수단으로 추심지시서를 송부한 은행에 지체없이 통지하여야 한다.

c. 추심지시서의 명시된 조건에서 또는 이 규칙에 따라 지출금 및/또는 비용 및/또는 추심수수료를 추심의뢰인의 부담으로 하는 모든 경우에 있어서 추심은행은 지출금, 비용, 수수료와 관련한 지출경비를 추심지시서를 송부한 은행으로 부터 즉시 회수할 권리가 있다. 또 추심요청은행은 추심의 결과에 관계없이 그가 이렇게 지급한 모든 금액과 자신의 지출금, 비용및 수수료를 추심의뢰인으로 부터 즉시 회수할 권리가 있다.

d. 은행은 어떤 지시를 이행하려고 시도하는 데 있어서의 경비를 충당하기 위하여 수수료 및/또는 비용의 사전지급을 추심지시서를 송부한 당사자에게 요구할 권리를 보유한다. 또한 그 지급을 수령할 때까지 그 지시를 이행하지 아니 할 권리를 보유한다.

G. OTHER PROVISIONS

Article 22. Acceptance

The presenting bank is responsible for seeing that the form of the acceptance of a bill of exchange appears to be complete and correct, but is not responsible for the genuineness of any signature or for the authority of any signatory to sign the acceptance.

G. 기타 규정

[제 22 조] 인 수

제시은행은 환어음의 인수의 형식이 완전하고 정확하게 나타나 있는지를 확인해야 할 책임이 있다. 그러나 제시은행은 어떠한 서명의 진정성이나 인수의 서명을 한 어떠한 서명인의 권한에 대하여 책임을 지지 아니한다.

Article 23. Promissory Notes and Other Instruments

The presenting bank is not responsible for the genuineness of any signature or for the authority of any signatory to sign a promissory note, receipt, or other instruments.

[제 23 조] 약속어음 및 기타 증서

제시은행은 어떠한 서명의 진정성 또는 약속어음, 영수증, 또는 기타 증서에 서명을 한 어떠한 서명인의 권한에 대하여 책임을 지지 아니한다.

Article 24. Protest

The collection instruction should give specific instructions regarding protest (or other legal process in lieu thereof), in the event of non-acceptance or non-payment.
In the absence of such specific instructions, the banks concerned with the collection have no obligation to have the document(s) protested(or subjected to other legal process in lieu thereof) for non-payment or non-acceptance.
Any charges and/or expenses incurred by banks in connection with such protest, or other legal process, will be for the account of the party from whom the collection instruction was received.

[제 24 조] 거절증서

추심지시서에는 인수거절 또는 지급거절의 경우에 있어서의 거절증서(또는 이에 갈음하는 기타 법적절차)에 관한 별도의 지시를 명기하여야 한다.
그러한 별도의 지시가 없는 경우에는 추심에 관여하는 은행은 지급거절 또는 인수거절에 대하여 서류의 거절증서를 작성토록 하거나(또는 이에 갈음하는 법적절차가 취해지도록 할) 아무런 의무를 지지 아니한다.
그러한 거절증서 또는 기타 법적 절차와 관련하여 은행에게 발생하는 모든 수수료 및/또는 비용은 추심지시서를 송부한 당사자의 부담으로 한다.

Article 25. Case-of-Need

If the principal nominates a representative to act as case-of-need in the event of non-acceptance and/or non-payment the collection instruction should clearly and fully indicate the powers of such case-of-need. In the absence of such indication banks will not accept any instructions from the case-of-need.

[제 25 조] 예비지급인

만일 추심의뢰인이 인수거절 및/또는 지급거절의 경우에 예비지급인으로서 행동할 대표자를 지명하는 경우에는, 추심지시서에 그러한 예비지급인의 권한을 명확하고 완전하게 기재하여야 한다. 그러한 지시가 없는 경우에는 은행은 예비지급인으로부터의 어떠한 지시에도 응하지 아니한다.

Article 26. Advices

Collecting banks are to advise fate in accordance with the following rules:

a. Form of Advice: All advices or information from the collecting bank to the bank from which the collection instruction was received, must bear appropriate details including, in all cases, the latter bank's reference as stated in the collection instruction.

b. Method of advice: It shall be the responsibility of the remitting bank to instruct the collecting bank the method by which the advices detailed in c.1., c.2. and c.3. are to be given. In the absence of such instructions, the collecting bank will send the relative advices by the method of its choice at the expense of the bank from which the collection instruction was received.

c. 1. Advice of Payment: The collecting bank must send without delay advice of payment to the bank from which the collection instruction was received, detailing the amount or amounts collected, charges and/or disbursements and/or expenses deducted, where appropriate, and method of disposal of the funds.
   2. Advice of Acceptance: The collecting bank must send without delay advice of acceptance to the bank from which the collection instruction was received.
   3. Advice of Non-Payment or Non-Acceptance: The presenting bank should endeavour to ascertain the reasons for non-payment or non- acceptance and advise accordingly, without delay, the bank from which the collection instruction was received. The presenting bank must send without delay advice of non-payment or advice of non- acceptance to the bank from which the collection instruction was received. On receipt of such advice the remitting bank must give appropriate instructions as to the further handling of the documents. If such instructions are not received by the presenting bank within 60 days after its advice of non-payment or non-acceptance, the documents may be returned to the bank from which the collection instruction was received without any further responsibility on the part of the presenting bank.

[제 26 조] 통 지

추심은행은 다음과 같은 규칙에 따라 추심결과를 통지하여야 한다.

a. 통지의 형식 : 추심은행이 추심지시서를 송부한 은행으로 보내는 모든 지시 또는 정보에는 항상 추심지시서에 기재된 대로의 은행참조번호를 포함한 적절한 명세가 기재되어야 한다.

b. 통지의 방법 : 추심요청은행은 추심은행에게 c1, c2 및 c3에 상술된 통지가 행해져야 하는 방법에 대해 지시해야 할 의무가 있다. 그러한 지시가 없는 경우에는, 추심은행은 자신이 선택한 방법으로 추심지시서를 송부한 은행의 부담으로 관련된 통지를 보낸다.

c. 1. 지급통지 : 추심은행은 추심의뢰서를 송부한 은행에게 추심한 금액, 해당되는 경우 공제한 수수료 및/또는 지출금 및/또는 비용 및 그 자금의 처분방법을 상술한 지급의 통지를 지체없이 송부하여야 한다.

2. 인수통지 : 추심은행은 추심의뢰서를 송부한 은행으로 인수의 통지를 지체없이 송부하여야 한다.

3. 지급거절 또는 인수거절의 통지 : 제시은행은 지급거절 또는 인수거절의 사유를 확인하기 위하여 노력하고 그 결과를 추심지시서를 송부한 은행에게 지체없이 통지하여야 한다.
제시은행은 지급거절 또는 인수거절의 통지를 지체 없이 추심지시서를 송부한 은행으로 송부해야 한다.
추심요청은행은 그러한 통지를 수령한 때에는 향후의 서류취급에 대한 적절한 지시를 하여야 한다. 만일 그러한 지시가 지급거절 또는 인수거절을 통지한 후 60일 내에 제시은행에 의해 접수되지 않는 경우에는 서류는 제시은행측에 더 이상의 책임 없이 추심지시서를 송부한 은행으로 반송될 수 있다.

참고문헌

김병술, 「알기쉬운 신용장실무」, 한국재정경제연구소, 2002

김희준, Open Account 거래에서의 당사자 간 법률관계 검토, 아주법학, Vol.8 No.4, 2015

마상천, 새로운 무역대금 결제수단인 BPO에 대한 이해와 도입과제, 금융네비게이터, 2015

박광서, 신용장 대금양도에 관한 실무상 유의점, 무역학회지, 제37권 제1호, 2012. 2

_____, 스탠드바이 신용장의 활용증대 가능성에 관한 연구, 무역학회지, 제30권 제2호, 2005. 4

_____, 「알기쉬운 수출입실무」, 한국무역협회, 2001

_____, 우리나라중소수출기업의 수출팩토링 활용증대 방안에 관한 연구, 무역상무연구, 제33권, 2007. 2

박광서 · 김병술, 국제무역거래상의 환어음에 관한 법적 · 실무적 고찰, 한국해법학회지, 제29권 제1호, 2007. 4

박광서 · 박은옥, 「표준무역실무」, 한국무역협회, 2012

박세운 · 허해관 · 정용혁 · 지정준, 「국제표준은행관행 ISBP 745 공식번역 및 실무가이드」, 대한상공회의소 · ICC Korea 국제금융위원회, 2013.7

박세운 · 채동헌 · 석광현 · 장상균 · 송창순, 「UCP600 공식번역 및 해설서」, 대한상공회의소 · ICC Korea · 전국은행연합회, 2007.5

박세운 · 한기문 · 한재필 · 허해관, 「ICC 청구보증통일규칙 2010」, 대한상공회의소 · ICC Korea, 2010.11

박세운 · 한기문 · 김상만 · 허해관, 「ISP98 보증신용장통일규칙 공식번역 및 해설」, 대한상공회의소 · ICC Korea 국제금융위원회, 2008.10

박세운 · 허해관 · 정용혁 · 지정준, 「국제표준은행관행 ISBP745 공식번역 및 실무가이드」, 대한상공회의소 · ICC Korea · 한국금융연수원, 2013.7

배정한, 「무역대금결제」, 삼영사, 2007

박종삼 · 신승관, Open Account 결제방식의 활성화방안에 관한 연구, 동중앙아시아연구(구 한몽경상연구), 2001

송정남, 한국 팩토링제도 운용의 활성화방안에 관한 연구, 성균관대학교 박사학위 청구논문, 2013

양영환 · 오원석 · 서정두, 「신용장론」, 삼영사, 1993

양영환 · 서정두, 「국제무역법규」, 삼영사, 2003

오원석 · 박광서, 「무역상무 제4판」, 삼영사, 2020

우리은행, 「수출업무 전문가 되기」, 우리은행, 2003

_______, 「외환길라잡이」, 우리은행, 2004

_______, 「외환ACADEMY연수」, 우리은행, 2004

유광현, 「무역초보자가 꼭 알아야 할 139가지」, 원앤원북스, 2006

장은희, 국제결제에서 BPO제도의 활용방안에 관한 연구, 성균관대학교 박사학위 청구논문, 2017

진형석 · 박광서, 스마트계약신용장 도입에 관한 탐색적 연구, 무역상무연구, 제83권, 2019. 8

최영주, 국제리스계약에서 계약당사자의 의무와 실무상 유의점에 관한 연구, 성균관대학교 박사학위 청구논문, 2014

최준선, 「어음수표법」 제4판, 삼영사, 2008

한국무역협회, 「2021 알기쉬운 무역실무 길라잡이」, 2021

__________, 「수출입대금결제」, 2013

__________, 「월간무역(International Trade)」, 2001~2013.

한국은행, 「2016 지급결제보고서」, 한국은행, 2017.3.

_______, 「한국의 지급결제제도」, 한국은행, 2014. 12

한빛은행, 「영문전신문예문집」, 한빛은행, 1999.

홍지상, 「수출결제방식의 변화와 대응방안」, 한국무역협회 국제무역연수원 Trade Focus, 2011

Anders Grath, *The Handbook of International Trade and Finance, 2nd* ed., Koganpage, 2012

Carole Murray · David Holloway · Daren Timson-Hunt, *Schmitthoff "The law and practice of international trade", 12th edition*, SWEET & MAXWELL, 2012

David J. Hennah, *The ICC Guide to the Uniform Rules for Bank Payment Obligations*, ICC, 2013

Guillermo C. Jimenez, *ICC Guide to Export/Import Global Standards for International Trade, 4th ed.*, International Chamber of Commerce, 2012

H. C. Gutteridge & M. Megrah, *The Law of Banker's Commercial Credits*, 7th ed., London, 1984

ICC, *Uniform Rules for Bank Payment Obligations*, Version 1.0, ICC Publication No. 750E, 2013.

James, E. Byrne, *The Comparison of UCP600 & UCP500*, The Institute of International Banking Law and Practice Inc., 2006

Justin Malbon · Bernard Bishop, *Australian Export–A Guide to Law and Practice*, Cambridge University Press, 2006

King Tak Fung, *UCP600 Legal Analysis and Case Studies*, P.E.E.R. Consultancy Ltd. 2008.7

Rob and Terry Adams, *Start Your Own Import/Export Business*, Entrepreneur Media Inc., 2003

Roeland F. Bertrams, *Bank Guarantees in International Trade 4th ed.*, Kluwer Law International, 2013

Shani Shamah, *A Foreign Exchange Primer*, John Wiley & Sons Ltd., 2003

Thomas E. Johnson, *Export/Import Procedures and Documentation*, 4th ed., AMCOM, 2004

UCP600 Drafting Group, *Commentary on UCP600*, ICC, 2007

U.S. Small Business Administration, *Breaking into the Trade Game*, 3rd ed., 2005

찾아보기

ㅌ

ㅍ

ㅎ

A~Z

박 광 서

저자 약력

- 성균관대학교 대학원 박사과정 졸업(경영학 박사)
- 美, Arthur D. Little School of Management 졸업 (MBA)
- 성균관대학교 무역대학원 석사과정 졸업(경영학 석사)
- 충남대학교 법과대학 법학과 졸업
- 한국무역협회 근무(1991~2006)
- 대한상사중재원 중재인
- (사)한국무역상무학회 회장
- 건국대학교 조교수(2006), 부교수(2010)

(현) 건국대학교 국제무역학과 교수(2015~현재)
산업통상자원부 규제개혁위원회 위원(2021~현재)
한국무역보험공사 이의신청협의회 위원장(2019~현재)
대한무역투자진흥공사 GtoG수출계약심의위원회 위원(2015~현재)
국제무역사 출제위원
한국무역협회 무역아카데미 객원교수

저서

- 무역상무(공저, 삼영사)
- 표준 무역실무(공저, 한국무역협회)
- 무역보험(공저, 삼영사)
- 무역법규(탑북스)
- 글로벌무역학개론(공저, 삼영사)
- 서비스무역(삼영사)

저자와의
협의하에
인지생략

무역결제[제5판]

2008년 8월 25일 1판 1쇄 발행
2010년 3월 1일 2판 1쇄 발행
2014년 2월 20일 3판 1쇄 발행
2017년 8월 15일 4판 1쇄 발행
2023년 2월 6일 5판 1쇄 인쇄
2023년 2월 10일 5판 1쇄 발행
2025년 2월 27일 5판 2쇄 발행

저 자 박 광 서
발행인 고 성 익

05027
발행처 서울특별시 광진구 아차산로 335 삼영빌딩
도서출판 三 英 社
등 록 1972년 4월 27일 제2013-21호
전 화 737-1052 · 734-8979 FAX 739-2386

정가 28,000원

ISBN 978-89-445-0555-3-93320